高等学校规划教材·体育科学

篮球运动教程

张 超 郭 雅 编

西北工业大学出版社

【内容简介】 本书是依据篮球运动教学规律,结合篮球运动理论、最新规则、场地规格变化,以及借鉴篮球运动相关研究成果编写而成的。全书内容包括篮球运动概述、基本技术、战术原理、进攻战术、防守战术、教学组织与练习方法等六章。

本书可作为高等学校篮球教学的教材,也可供篮球运动爱好者学习参考。

图书在版编目(CIP)数据

篮球运动教程/张超,郭雅编 . —西安:西北工业大学出版社,2013.3(2017.9重印)
高等学校规划教材·体育科学
ISBN 978 - 7 - 5612 - 3633 - 8

Ⅰ.①篮…   Ⅱ.①张… ②郭…   Ⅲ.①篮球运动—高等学校—教材   Ⅳ.①G841

中国版本图书馆 CIP 数据核字(2013)第 050445 号

出版发行:西北工业大学出版社
通信地址:西安市友谊西路 127 号   邮编:710072
电 话:(029)88493844 88491757
网 址:www.nwpup.com
印 刷 者:陕西宝石兰印务有限责任公司
开 本:787 mm×1 092 mm   1/16
印 张:17
字 数:413 千字
版 次:2013 年 3 月第 1 版   2017 年 9 月第 2 次印刷
定 价:36.00 元

前　　言

　　篮球运动不仅仅是一项国际性影响很大的竞技体育项目,在我国,也是一项人民群众喜闻乐见的运动项目,特别是在青少年中更为普及,因此,篮球运动在我国学校体育教育中也占有重要的地位。

　　本教程的编写整合了篮球运动教学、训练的最新成果,紧紧抓住篮球运动发展的最前沿,以"科学性、时代性、可操作性、严谨性"等作为本教程编写的指导思想。

　　科学性主要体现在,在编写过程中对教程内容的设置,教学组织方法和练习方法、手段的设计等,不仅仅是依据运动技能形成规律进行设置和设计,还结合了我国体育教学特点和现状,使教与学两个过程能够得到统一。在此基础上,为了迎合业余爱好者,依据运动技能形成规律,在不同阶段,针对不同内容选取了一定量的自我练习和提高的方法与手段,为篮球运动爱好者的"自学"提供帮助。

　　时代性主要体现在,由于篮球运动不断的创新和发展,竞赛规则、场地设施、运动技术、运动战术等也都得到不断的发展。尤其是场地的规格的修改和美国职业篮球联赛对联防的解禁,使联防、进攻联防战术和中锋篮下对抗、投篮技术都得到了很大的发展。为了使篮球教学紧跟时代的步伐、适应新的教学要求,为篮球专项课教师、学生和篮球业余爱好者提供最新的教学理念、练习方法,笔者大量地吸纳和借鉴了近几年国内外较为成熟的篮球教学、练习方法和科研成果。

　　可操作性是篮球运动技战术练习的核心要素,不仅要体现练习内容的可操作性,还要考虑练习组织的可操作性。因此,在编写过程中,尤其是在技战术和教学组织方法等章节,刻意避免了对理论知识的长篇赘述,而是通过图示等方法较为直观地描述教学组织方法和练习者的跑动路线、传球路线、运球路线等。

　　严谨性体现在教程的稳定性和时代性的统一。由于篮球运动是在技战术水平和理论知识两个纬度交互作用中不断发展和前进的,既要吸取先进的、前沿的理论知识和实践方法,同时还要考虑教材的稳定性,因此,笔者在吸纳先进理论知识的时候,不仅特别注意"前瞻性"的问题,而且尽量选择代表该内容发展方向的或一定时间内不至于发生较大变化的知识,使本教程具有相对的稳定性。

　　本教程共六章,第一、二、五章由郭雅编写,第三、四、六章由张超编写。

　　在本教程的编写过程中,参阅了大量篮球运动的科研成果和文献,在此,对各位编著者一并表示衷心的感谢!

　　由于受水平、经验所限,不足之处在所难免,书中不妥或疏漏之处,敬请读者批评指正。

编　者

2012 年 12 月

目　　录

第一章　篮球运动概述

第一节　篮球运动的起源与发展

一、篮球运动的起源

1891 年 12 月,J.奈史密斯博士(美国马萨诸塞州斯普林菲尔德(旧译春田)市基督教青年会训练学校体育教师)发明了篮球,当时人们称这种游戏为"奈史密斯球"或"筐球"。后来,J.奈史密斯博士被誉为"现代篮球之父"。

J.奈史密斯博士于 1939 年去世,终年 78 岁。他未曾料到,由他创建的篮球项目竟然在 200 多个国家流传着,而且至今美国篮球还誉满全球。为了纪念 J.奈史密斯博士发明篮球的功绩,在斯普林菲尔德学院校园内修建了美国篮球名人馆——詹姆斯·奈史密斯纪念馆。

最初,J.奈史密斯博士将两只桃篮分别钉在健身房内看台的栏杆上,桃篮上沿距离地面 3.04 米,把足球当作比赛工具,向桃篮投掷,每次投球进篮后,要爬梯子将球取出再重新开始比赛,这给比赛带来了极大的不便,而挡板则用铁丝网代替,投球入篮得 1 分,按得分多少决定胜负。最初的篮球比赛,对上场人数、场地大小、比赛时间均无严格限制,只要求双方参加比赛的人数必须相等。比赛开始,双方队员分别站在两端线外,裁判员鸣哨并将球掷向球场中间,双方跑向场内抢球,开始比赛。持球者可以抱着球跑向篮下投篮,首先达到预定分数的一方为胜。

1892 年 7 月,J.奈史密斯博士依据足球、橄榄球、曲棍球等其他球类项目的特点,制定出最初 13 条篮球比赛规则,主要规定是不准持球跑,不准有粗野动作,不准用拳击球,否则即判犯规,连续 3 次犯规判负 1 分;比赛时间规定为上、下半时各 15 分钟;对场地大小也作了规定。

1893 年篮球运动进行了较大的变革,逐渐形成近似现代的篮板、篮圈和篮网。上场比赛人数逐步缩减为每队 10 人、9 人、7 人,直至规定为每队 5 人。

1904 年在第 3 届奥林匹克运动会上第 1 次进行了篮球表演赛。1908 年美国制定了全国统一的篮球规则,并有多种文字出版,发行于全世界,这样,篮球运动逐渐传遍美洲、欧洲和亚洲,成为世界性运动项目。

1936 年第 11 届奥运会将男子篮球列为正式比赛项目,并统一了世界篮球竞赛规则,此后,到 1948 年的 10 多年间,规则曾多次修改,与现行规则有关的重要变化是:将得分后的中圈跳球,改为失分队在后场端线外掷界外球继续比赛;进攻队必须在 10 秒钟内把球推进到前场;球进前场后不得再回后场;进攻队员不得在"限制区"内停留 3 秒钟;投篮队员被侵犯时,投中罚球 1 次,投不中罚球 2 次等。

在 1952 年和 1956 年的第 15、16 两届奥运会的篮球比赛中,出现了身高 2 米以上的多名球员,国际业余篮球联合会曾两次扩大篮球场地的"限制区"(也叫"3 分区")。还规定,一个队控制球后,必须在 30 秒内投篮出手。

20 世纪 60 年代初,有关 10 秒和球回后场的规定,一度因 1960 年第 17 届奥运会后取消了中场线改画边线的中点而中止。1964 年第 18 届奥运会后,又恢复了中场线,这些规定又继续执行。

1977 年增加了每队满 10 次犯规后,在防守犯规时罚球两次,防投篮时犯规两罚有 1 次不中再加罚 1 次的规定(1+1 罚球)。1981 年又将 10 次犯规后罚球的规定缩减到 8 次。很明显,人员的变化和技术、战术的发展引起了规则的改变,而规则的改变又促进了人员和技术、战术的进一步发展变化。特别是 20 世纪 50 年代后期以来,规则的改变对篮球比赛的攻守速度,对运动员的身体、技术、战术以及意志、作风等各方面都不断提出新的更高的要求,促进了篮球技术水平的迅速提高。

女子篮球是在 1976 年第 21 届奥运会上才被列为正式比赛项目的。

二、中国篮球运动发展

篮球运动是 1896 年前后由天津中华基督教青年会传入中国的,随后在北京、上海基督教青年会里也有了此项活动。

在 1910 年的全运会上举行了男子篮球表演赛之后,篮球运动在全国各大城市的大、中学校逐渐开展起来,其中以天津、北京、上海开展得较好,水平也较高。当时的比赛规则很简单,在球场中间画一个约有 1 米直径的中圈,中锋队员跳球时一只手必须置于背后腰部,任何一足不得踏出圈外。技术也简单,中圈跳球后,谁接到球就自己运球,超过防守人就投篮。当时只会直线运球前进,传球方法是单、双手胸前传球,跑动投篮是用单手低手上篮,立定投篮无论远近都是用双手腹前低手投篮。

1925 年前后,进攻和防守的 5 名运动员,有了较明确的分工,中锋对中锋,后卫对前锋,防守时,各自盯住自己的对手。但前锋的职责是只管进攻投篮,不管退守;后卫的职责是只管防守抢截球,不管投篮。前锋和后卫很少全场跑动,只有中锋要攻守兼顾。以后又逐渐改为两后卫,1 人助攻(活动后卫)、1 人留守后场(固定后卫),两前锋也变为 1 人留在前场专管偷袭、快攻,1 人退守后场助防。技术动作也有所发展,跑动投篮出现了单手、高手投篮,立定投篮出现了双手胸前投篮,传球出现了单、双手击地传球,运球出现了两手交替运球躲闪防守和超越防守向前推进的技术。规则中增加了罚球区和罚球线,队员犯规 4 次即被取消比赛资格,犯规罚球可由队长指定任何 1 个队员主罚。比赛时间分为上、下半时各 20 分钟,中间休息 10 分钟。每次投中或罚中后,都在中圈跳球,重新开始比赛。

1926 年后,中国篮球开始了快速的发展。

1950 年中国学生篮球队参加了在捷克斯洛伐克举行的世界学生代表大会体育比赛。这是新中国篮球队的首次出访。

1952 年中华全国体育总会秘书长荣高棠致函国际篮联声明中华人民共和国成立后,原"中华全国体育协进会"改组为"中华全国体育总会"。国际业余篮球联合会致函中华全国体育总会,承认中华全国体育总会为代表中国篮球界的组织,并成为该会会员。

1976 年国际业余篮球联合会在加拿大举行第 10 届代表大会。会议决定:恢复中国篮球协会为会员,撤销对台湾省篮球协会的承认。同时,张长禄当选为中国业余篮球联合会中央局委员。

第二节　篮球运动赛事介绍

一、欧洲主要赛事介绍

1. 欧洲男子篮球锦标赛

欧洲男子篮球锦标赛是由欧洲篮球协会(FIBA)主办的欧洲最高水平的篮球国家级赛事,简称"欧锦赛"。

1935 年第一届欧洲男子篮球锦标赛在瑞士举行,从 1947 年第五届比赛开始,欧洲篮球锦标赛逢奇数年举办。苏联国家男子篮球队共得到过 14 次男篮欧洲杯冠军,是得到冠军最多的球队(见表 1.1)。从 2011 年立陶宛欧洲男子篮球锦标赛开始,参赛队伍由 16 支增加到 24 支。历届欧锦赛成绩统计见表 1.1。

表 1.1　历届欧锦赛成绩统计表

年　份	冠　军	亚　军	季　军	举办地
2011 年	西班牙	法国	俄罗斯	立陶宛
2009 年	西班牙	塞尔维亚	希腊	波兰
2007 年	俄罗斯	西班牙	立陶宛	西班牙
2005 年	希腊	德国	法国	塞黑
2003 年	立陶宛	西班牙	意大利	瑞典
2001 年	南斯拉夫	土耳其	西班牙	土耳其
1999 年	意大利	西班牙	南斯拉夫	法国
1997 年	南斯拉夫	意大利	俄罗斯	西班牙
1995 年	南斯拉夫	立陶宛	克罗地亚	希腊
1993 年	德国	俄罗斯	克罗地亚	德国
1991 年	南斯拉夫	意大利	西班牙	意大利
1989 年	南斯拉夫	希腊	苏联	南斯拉夫
1987 年	希腊	苏联	南斯拉夫	希腊
1985 年	苏联	捷克斯洛伐克	意大利	德国
1983 年	意大利	西班牙	苏联	法国
1981 年	苏联	南斯拉夫	捷克斯洛伐克	捷克斯洛伐克
1979 年	苏联	以色列	南斯拉夫	意大利
1977 年	南斯拉夫	苏联	捷克斯洛伐克	比利时
1975 年	南斯拉夫	苏联	意大利	南斯拉夫
1973 年	南斯拉夫	西班牙	苏联	西班牙
1971 年	苏联	南斯拉夫	意大利	德国

续表

年　份	冠　军	亚　军	季　军	举办地
1969 年	苏联	南斯拉夫	捷克斯洛伐克	意大利
1967 年	苏联	捷克斯洛伐克	波兰	芬兰
1965 年	苏联	南斯拉夫	波兰	苏联
1963 年	苏联	波兰	南斯拉夫	波兰
1961 年	苏联	南斯拉夫	保加利亚	南斯拉夫
1959 年	苏联	捷克斯洛伐克	法国	土耳其
1957 年	苏联	保加利亚	捷克斯洛伐克	保加利亚
1955 年	匈牙利	捷克斯洛伐克	苏联	匈牙利
1953 年	苏联	捷克斯洛伐克	法国	苏联
1951 年	苏联	捷克斯洛伐克	法国	法国
1949 年	埃及	法国	希腊	埃及
1947 年	苏联	捷克斯洛伐克	埃及	捷克斯洛伐克
1946 年	捷克斯洛伐克	意大利	匈牙利	日内瓦
1939 年	立陶宛	拉脱维亚	波兰	立陶宛
1937 年	立陶宛	意大利	法国	拉脱维亚
1935 年	拉脱维亚	西班牙	捷克斯洛伐克	日内瓦

2.俱乐部赛

国际篮联对欧洲篮球的失控终于在 2000 年表面化,尽管促使欧洲篮球联赛联盟(ULEB)闹独立的导火索是电视转播提成,但国际篮联(FIBA)在欧洲职业联赛管理方面的混乱才是深层原因。

在决定合并萨波达杯和科拉奇杯这两项赛事后,国际篮联管理下的欧洲俱乐部赛事在 2003—2004 赛季减少到 FIBA 欧洲联赛和杯赛两项,再加上欧洲篮球联赛联盟旗下的欧洲联赛和杯赛,仅俱乐部之间的跨国顶级比赛在欧洲就有四项之多。

(1)FIBA 欧洲联赛

1)简介。欧洲联赛是一个篮球联赛,它已经能够像 NBA 那样为世界各国培养篮球人才。它是为世界冠军(2006 年世界锦标赛)西班牙队提供了 6 名球员的联赛;它是 2006 年世界锦标赛为击败美国队的希腊队提供了 9 名球员的联赛;它是为 2006 年世锦赛提供了超过 1/5 球员的联赛。能对世锦赛做出如此贡献的篮球联盟,除了 NBA,就只有欧洲联赛了。

ULEB 是一个职业篮球联盟,它正在沿袭着 NBA 成长的轨迹成长。它像 NBA 在建立之初吞并 ABA 一样,吸纳、整合着欧洲的篮球资源;它像 NBA 一样,重视俱乐部球队的商业运作;它像 NBA 一样,抱有向世界扩张的雄心。

ULEB 是一个令 NBA 刮目相看的职业篮球联盟。因为它从成立到初具规模仅用了 6 年时间。有这样迅猛的发展势头,连 NBA 主席斯特恩都不得不表示惊讶:"他们的职业化速度之快令人感到吃惊。他们的联赛模式和经营模式非常成功。这不仅仅让球迷认同了这个联盟,更使其得到了 NBA 的尊敬,因为我们已经把他们看成是世界篮球版图上十分重要的一股力量。"

2)历史沿革。法国的队报最早提出了欧洲俱乐部联赛的概念,导致了足球 1955 年欧冠的诞生。之后在 1957 年保加利亚欧锦赛期间 FIBA 讨论了此事,并委派博里斯拉夫·斯坦科维奇为首的一个委员会来组织。委员会邀请了欧洲各国派出国内联赛冠军参赛,队报捐献了一座奖杯,于是 1958 年,欧洲男子冠军俱乐部杯赛开打了。FIBA 一直主办这一赛事(后来改称 Euroleague)到 1999—2000 赛季。

欧洲篮球联赛(Euroleague,简称 EL),原名"欧洲篮球冠军杯"(European Champions' Cup),是欧洲最大规模的跨国男子职业篮球联赛,现有来自欧洲 18 个国家的 24 支球队参加。

欧洲篮球冠军杯原由国际篮球联合会举办,但在 2000 年,一些顶级欧洲篮球俱乐部自行成立了欧洲篮球联赛联盟(ULEB),接管了欧洲篮球冠军杯,迫使国际篮联另行举办 FIBA 超级联赛,导致欧洲篮坛出现分裂,次年出现两个冠军。

2001 年,国际篮联向 ULEB 妥协,同意将超级联赛并入冠军杯,改名为欧洲篮球联赛,此后国际篮联专职组织国家队比赛,退出俱乐部际比赛组织活动。

欧洲篮球联赛历史上,获得冠军次数最多的是西班牙的皇家马德里队,曾 8 次夺冠,不过最近一次已经是 1995 年,之后便再未晋身决赛;其次是俄罗斯的莫斯科中央陆军队,曾经 6 次称王,包括在近 4 年内 2 次夺得冠军。历届 FIBA 欧洲联赛成绩统计见表 1.2。

欧洲篮球联赛是欧洲最高水平的篮球比赛阵营。它在 2000 年根据私营机构的模式成立,突破了当时欧洲所有体育联盟的经营模式。联赛每季包括 24 个来自至少 12 个国家的球会,并在每年的春季于四强赛后加冕冠军队伍。

表 1.2 历届 FIBA 欧洲联赛成绩统计表

年 份	举办地	举办国	冠 军	国 家	亚 军	国 家
1958 年	里加和索菲亚	苏联和保加利亚	里加 ASK	苏联	索菲亚学院	保加利亚
1959 年	里加和索菲亚	苏联和保加利亚	里加 ASK	苏联	索菲亚学院	保加利亚
1960 年	第比利斯和里加	苏联	里加 ASK	苏联	第比利斯迪纳摩	苏联
1961 年	里加和莫斯科	苏联	莫斯科 CSKA	苏联	里加 ASK	苏联
1962 年	日内瓦	瑞士	第比利斯迪纳摩	苏联	皇家马德里	西班牙
1963 年	马德里和莫斯科	西班牙和苏联	莫斯科 CSKA	苏联	皇家马德里	西班牙
1964 年	布尔诺和马德里	捷克斯洛伐克和西班牙	皇家马德里	西班牙	布尔诺斯巴达	捷克斯洛伐克
1965 年	莫斯科和马德里	苏联和西班牙	皇家马德里	西班牙	莫斯科 CSKA	苏联
1966 年	博洛尼亚	意大利	米兰	意大利	布拉格斯拉维亚	捷克斯洛伐克
1967 年	马德里	西班牙	皇家马德里	西班牙	米兰	意大利
1968 年	里昂	法国	皇家马德里	西班牙	布尔诺斯巴达	捷克斯洛伐克
1969 年	巴塞罗那	西班牙	莫斯科 CSKA	苏联	皇家马德里	西班牙
1970 年	萨拉热窝	南斯拉夫	瓦雷泽	意大利	莫斯科 CSKA	苏联

续 表

年 份	举办地	举办国	冠 军	国 家	亚 军	国 家
1971年	安特卫普	比利时	莫斯科CSKA	苏联	瓦雷泽	意大利
1972年	特拉维夫	以色列	瓦雷泽	意大利	斯普利特	南斯拉夫
1973年	列日	比利时	瓦雷兹	意大利	莫斯科CSKA	苏联
1974年	南特	法国	皇家马德里	西班牙	瓦雷泽	意大利
1975年	安特卫普	比利时	瓦雷泽	意大利	皇家马德里	西班牙
1976年	日内瓦	瑞士	瓦雷泽	意大利	皇家马德里	西班牙
1977年	贝尔格莱德	南斯拉夫	特拉维夫马卡比	以色列	瓦雷泽	意大利
1978年	慕尼黑	联邦德国	皇家马德里	西班牙	瓦雷泽	意大利
1979年	格勒诺布尔	法国	萨拉热窝波斯纳	南斯拉夫	瓦雷泽	意大利
1980年	西柏林	联邦德国	皇家马德里	西班牙	特拉维夫马卡比	以色列
1981年	斯特拉斯堡	法国	特拉维夫马卡比	以色列	博洛尼亚维尔图斯	意大利
1982年	科隆	联邦德国	坎图	意大利	特拉维夫马卡比	以色列
1983年	格勒诺布尔	法国	坎图	意大利	米兰	意大利
1984年	日内瓦	瑞士	罗马	意大利	巴塞罗那	西班牙
1985年	雅典	希腊	萨格勒布希伯纳	南斯拉夫	皇家马德里	西班牙
1986年	布达佩斯	匈牙利	萨格勒布希伯纳	南斯拉夫	扎尔基里斯	苏联
1987年	洛桑	瑞士	米兰	意大利	特拉维夫马卡比	以色列
1988年	根特	比利时	米兰	意大利	特拉维夫马卡比	以色列
1989年	慕尼黑	联邦德国	斯普利特	南斯拉夫	特拉维夫马卡比	以色列
1990年	萨拉戈萨	西班牙	斯普利特	南斯拉夫	巴塞罗那	西班牙
1991年	巴黎	法国	斯普利特	南斯拉夫	巴塞罗那	西班牙
1992年	伊斯坦布尔	土耳其	游击队	南斯拉夫	巴泰罗那尤文图特	西班牙
1993年	雅典	希腊	利摩日	法国	特雷维索贝纳通	意大利
1994年	特拉维夫	以色列	尤文图特	西班牙	奥林匹亚科斯	希腊
1995年	萨拉戈萨	西班牙	皇家马德里	西班牙	奥林匹亚科斯	希腊
1996年	巴黎	法国	帕纳辛奈科斯	希腊	巴塞罗那	西班牙
1997年	罗马	意大利	奥林匹亚科斯	希腊	巴塞罗那	西班牙
1998年	巴塞罗那	西班牙	博洛尼亚维尔图斯	意大利	雅典AEK	希腊
1999年	慕尼黑	德国	扎尔基里斯	立陶宛	博洛尼亚维尔图斯	意大利
2000年	塞萨洛尼基	希腊	帕纳辛奈科斯	希腊	特拉维夫马卡比	以色列

续　表

年　份	举办地	举办国	冠　军	国　家	亚　军	国　家
2001 年	巴黎	法国	特拉维夫马卡比	以色列	帕纳辛奈科斯	希腊
2001 年	博洛尼亚和维多利亚	意大利和西班牙	博洛尼亚维尔图斯	意大利	巴斯克尼亚	西班牙
2002 年	博洛尼亚	意大利	帕纳辛奈科斯	希腊	博洛尼亚维尔图斯	意大利
2003 年	巴塞罗那	西班牙	巴塞罗那	西班牙	特雷维索贝纳通	意大利
2004 年	特拉维夫	以色列	特拉维夫马卡比	以色列	博洛尼亚福蒂图多	意大利
2005 年	莫斯科	俄罗斯	特拉维夫马卡比	以色列	巴斯克尼亚	西班牙
2006 年	布拉格	捷克	莫斯科 CSKA	俄罗斯	特拉维夫马卡比	以色列
2007 年	雅典	希腊	帕纳辛奈科斯	希腊	莫斯科 CSKA	俄罗斯
2008 年	马德里	西班牙	莫斯科 CSKA	俄罗斯	特拉维夫马卡比	以色列
2009 年	柏林	德国	帕纳辛奈科斯	希腊	莫斯科 CSKA	俄罗斯
2010 年	巴黎	法国	巴塞罗那	西班牙	奥林匹亚科斯	希腊
2011 年	巴塞罗那	西班牙	帕纳辛奈科斯	希腊	特拉维夫马卡比	以色列
2012 年	伊斯坦布尔	土耳其	奥林匹亚科斯	希腊	莫斯科 CSKA	俄罗斯

3)赛制。欧洲篮球联赛(Euroleague)包括 4 个阶段,其中首阶段(常规赛)赛事 24 支队伍经抽签分配于 3 个小组(A、B、C)赛事角逐,相同国家尽量不会编排在同组比赛,除了一个国家有多达 4 支球队参与赛事外。各组 8 支队伍进行主客双循环赛事,各队经过 14 场赛事后,各组成绩最佳的 5 支队伍及三组中成绩最佳的 1 支第六名队伍晋级次圈赛事。分组名次依胜负场数、对赛成绩及分差计算。

晋级十六强赛事队伍,按常规赛的成绩(A、B、C 组)的首三名及三组中成绩最佳的第二名抽签后分配于 4 个(D、E、F、G)不同小组成为该 4 个小组的种子球队,余下 4 组的 3 支球队亦会按常规赛成绩抽签分配,同一国家球队尽量不会编排在同组比赛。十六强赛事进行主客双循环对赛,各队经过 6 场赛事后,各组成绩最佳之首两名队伍晋身八强(季后赛)。分组名次依胜负场数、对赛成绩及分差计算。

八强(季后赛)的对赛根据十六强分组赛的成绩,首名对次名(D 组首名对 E 组次名,如此类推)。季后赛以三局二胜淘汰制(1 主—1 客—1 主)进行,首名球队获两场主场优势。胜出者直接晋身四强。

四强赛事将会在指定地点比赛并且采取单场淘汰制形式,若同一国家超过一支球队晋级四强,则两支来自同一国家之球队必须于四强赛事对阵。胜方争夺欧冠联冠军,负方则争夺赛事的第三名。

4)资格。ULEB 用 ULEB 联赛排名(ULEB League Ranking)来确定欧冠联赛和欧洲杯的参赛俱乐部。ULEB 联赛排名根据过去五年的联赛俱乐部表现,数据每三年更新一次。从 2007—2008 赛季起,电视直播、上座人数、场地容量也纳入考量。具体是成绩占 70%,其他因素占 30%。从 2012—2013 赛季开始,球场容量将成为各级俱乐部联赛准入的硬性标准,欧冠联赛球馆至少要能容纳 10 000 人,欧洲杯赛球馆至少要能容纳 5 000 人,欧洲挑战杯赛球馆至少要能容纳 3 500 人,不符合容量要求和违反 FIBA 规则的俱乐部将被禁止参加俱乐部联赛。

纳入考量范围的共有欧洲 25 个国家的俱乐部联赛,以及 4 个区域性联赛——独联体联赛、亚得里亚海联赛、波罗的海联赛和巴尔干联赛。根据目前的排名,18 个国家级联赛和 3 个区域性联赛有资格参与欧冠联赛。这些联赛中,西甲、意甲、希甲联赛,独联体联赛和亚得里亚海联赛是 A 级联赛,其他是 B 级联赛。

每年,ULEB 会根据 ULEB 联赛排名和当年俱乐部联赛成绩来分配参赛名额。A 级联赛可以有 3 个名额,B 级联赛通常有 1 个名额。不过 ULEB 用的是颁发参赛许可证的方法。许可证有 A 级、B 级和 C 级。A 级许可证就是"长期饭票",可以一直参赛到 2012 年,不管国内成绩怎么样。B 级许可证是根据 A 级联赛 3 个名额,B 级联赛 1 个名额的规则来颁发的,不过会有许多特例。C 级许可证就是给欧洲杯冠军颁发的,为期一年。此外还有外卡。

(2)FIBA 欧洲杯赛

欧洲杯赛是国际篮联在 2002 年想出的新点子,该项赛事赛制繁杂,基本框架是采用 NBA 的"分区常规赛加季后赛"模式。欧洲杯赛刚开始只有南、北、西三个赛区,后来又增加了中央赛区。这四大赛区各有 1~4 个小组,最后产生 8 支球队进入"泛欧赛"阶段,通过淘汰赛决出冠军。

(3)ULEB 欧洲联赛

2000 年以前,欧洲联赛电视转播合约全由 FIBA 操控,许多俱乐部认为自己分到的钱太少,开始酝酿出走。2000 年夏天,来自欧洲 13 个国家的 24 支顶级篮球俱乐部加入 ULEB,并且组建了自己的联赛。在 FIBA 发现这个情况后,与 ULEB 的代表进行了几次磋商,但由于双方理念不同,最终正式宣告分裂。

令人吃惊的是,由于欧洲篮联此前没有对他们的欧洲联赛(Euroleague)的名称进行官方注册,刚刚成立的欧洲篮球协会立即抢先注册了欧洲联赛(Euroleague)这个名称。欧洲篮联也不得不为他们的联赛找到一个新的名称——国际篮联超级联赛(Suproleague)。这样,从 2000—2001 赛季开始,欧洲也就拥有了两个不同的顶级篮球联赛,一个是由欧洲篮球协会主办的欧洲联赛(Euroleague),另一个是由欧洲篮联主办的国际篮联超级联赛(Suproleague)。

这种欧洲两个顶级联赛对峙的局面,造成了一些顶级俱乐部也都分别支持不同的联赛。例如希腊的帕纳辛纳科斯和以色列的马卡比等超级强队留在了 FIBA 主办的超级联赛,而巴塞罗那和雅典 AEK 等超级强队则加入了新成立的欧洲篮球协会主办的欧洲联赛。这种局面也造成了在 2001 年 5 月产生了两个欧洲顶级联赛的冠军球队。而动荡并未结束,在马卡比夺得 FIBA 旗下的欧洲超级联赛冠军后,随即和亚军希腊的帕纳辛纳科斯一同转投 ULEB 的欧洲联赛,这给了 FIBA 的超级联赛再一次沉重的打击。

一块大陆上有两个冠军产生,让 ULEB 和欧洲篮联的人都认识到了双方合作的重要性。于是,经过协商,欧洲篮联同意把他们的联赛跟 ULEB 组织的欧洲联赛合并,统一使用欧洲联赛(Euroleague)的名称。此前参加超级联赛的球队,也都转而参加欧洲联赛的比赛。

从此以后,ULEB 和欧洲篮联之间的权力划分也更加清楚了。所有关于欧洲俱乐部的篮球赛事都由 ULEB 负责,而欧洲篮联只负责欧洲跟国家队有关的篮球赛事。

（4）ULEB 杯赛

即使是在紧张对抗中,国际篮联与欧洲篮球联赛联盟仍不可避免地要接受一些让步和妥协,ULEB 杯赛就充当了缓和欧洲篮球两大阵营矛盾的角色。2002 年 ULEB 杯赛初创时,只是 ULEB 欧洲联赛的附庸杯赛,其目的是为了吸引更多球队加入 ULEB 阵营。但是到了 2003 年,国际篮联决定舍弃萨波达杯和科拉奇杯这两大鸡肋杯赛,在与欧洲篮球联赛联盟谈判后,这两项杯赛就并入了 ULEB 杯。

ULEB 杯的现行赛制是"小组双循环加淘汰赛",七个小组中的前两名外加成绩最好的两个第三名进入主客场淘汰赛,直至决出冠军。

首届 ULEB 杯冠军是西班牙强队瓦伦西亚,该队拥有蒙特齐亚和奥伯托等阿根廷国手,并借此杀入本赛季 ULEB 欧洲联赛第二轮。本赛季,另一支西班牙豪门皇家马德里一路过关斩将杀进决赛,却遭受以色列耶路撒冷哈波尔队迎头痛击,后者也成为继特拉维夫马卡比之后,第二支在欧洲顶级赛事中夺冠的以色列球队。

二、中国篮球赛事介绍

1. CBA

（1）CBA 含义

中国篮球协会成立于 1956 年 6 月,简称"中国篮协";英文名称为"Chinese Basketabll Association",缩写为"CBA"。中国篮球协会是具有独立法人资格的全国性群众体育组织,是由各省、自治区、直辖市篮球协会,各行业篮球协会及解放军相应的运动组织为团体会员组成的、全国性、非营利性的联合组织,是中华全国体育总会的团体会员,是中国奥林匹克委员会承认的奥运项目组织,是代表中国参加国际篮球联合会和亚洲篮球联合会的唯一合法组织。

（2）CBA 的历程

1995 年 10 月中国篮协推出了《中国篮球协会运动员转会暂行条例》和《俱乐部暂行管理条例》,拉开了中国篮球职业化改革的序幕,并正式推出了与国际接轨的赛季甲级联赛。同年 12 月正式推出跨年度的全国男篮 12 支甲级队主客场联赛,分预赛和决赛两个阶段（从 1995 年 12 月至 1996 年 4 月）。决赛阶段按预赛名次分为上区决 1~4 名,中区决 5~8 名,下区决 9~12 名（又称保级圈）,列第 11、12 名的队降至乙级队。1996—1997 赛季的 CBA 联赛,中国篮协将联赛分为 3 个等级:甲 A 12 支队,甲 B 10 支队,乙级联赛 6~8 支队。甲 A 和甲 B 联赛后两名降级,甲 B 和乙级联赛的前两名升级。在 1998—1999 赛季中国篮协再次对甲 A 联赛进行赛制改革,将每场比赛由原来的 2×20 分钟改为 4×12 分钟,进攻时间由 30 秒缩短到 25 秒,推进前场时间由 10 秒缩短到 7 秒,同时允许两名外援在一场比赛中总共可上场 4 人次。1999—2000 赛季,半决赛改为 3 战 2 胜制,两名外援在一场比赛中总共可上场 5 人次。

1997 年 11 月 24 日,国家体育总局实行体育管理体制改革和运行机制转变,成立了国家体育总局篮球运动管理中心。国家体育总局篮球运动管理中心是具有篮球项目行政管理职能的事业单位,又是中国篮球协会的办事机构。篮球运动管理中心下设综合部、竞赛部、国家队管理部、训练科研部、开发部、社会发展部,对全国篮球的协会建设、外事、财务、各级竞赛、各俱乐部、运动员、教练员、裁判员注册、培训、产业开发、青少年后备人才培养和群众性篮球运动的开展实行全面的管理。

(3)中国篮球联赛的发展历程

1995—1996赛季:世界著名的体育赛事推广公司——国际管理集团——成了CBA甲A联赛第一个最亲密的合作伙伴和财神,使1995—1996赛季成为第一次被商业冠名的甲A联赛——555篮球联赛。本届联赛还第一次推出七支参赛队队标——八一"火箭"、前卫"猎豹"、北京"鸭"、南京军区"麒麟"、济南军区"天马"、浙江中欣"松鼠"、广东宏远"华南虎"等。该赛季,浙江中欣队聘请了CBA甲A历史上的第一个外籍球员——乌兹别克斯坦运动员米哈依尔·萨芬科夫。

1996—1997赛季:该赛季参赛的12支甲级队全部成立了俱乐部。虽然各俱乐部的性质和形式不同(有投资赞助型、部分经营型或是"翻牌"型),但这标志着我国篮球运动从计划经济向市场经济转化的开始。

1996—1997赛季:和CBA分庭抗争的一个篮球联赛叫CNBA(又称精英联赛),CNBA精英职业联赛球队有吉林虎队、前卫寰岛队、北京京狮队、上海交大南洋队、湖北黄鹤队、福建飓风队、天津海湾开拓者队、河南雄狮队等。河南队第二年改名为河南金象队,但那年CNBA刚刚更名为CMBA后就夭折了,这个寿命仅为一年的联赛,当时被称为"精英闹剧"。

1997—1998赛季:1997年4月5日,首次将全明星赛扩充为"全明星周末"的活动在上海举行。球迷与优秀教练员、全明星球员近距离接触,还首次举办了远投和扣篮大赛。这是中国篮球的最高管理机构——国家体育总局篮球运动管理中心——在1997年11月24日正式挂牌成立后直接组织的第一个赛季。篮管中心的成立,是中国篮球管理体制的一项重大改革,改变了以前多头管理、力量分散、关系不顺的情况,形成了在原国家体委宏观指导下,以篮管中心为核心,以篮球协会为组织网络的新的管理体制,实现了篮球项目管理的集约化、系统化。本赛季,四川熊猫队引进了CBA甲A联赛的第一位外籍主教练,第一次将全明星赛变成中外明星对抗赛。

1999—2000赛季:这一赛季成立了三个新的委员会,即联赛管理委员会、联赛纪律委员会和联赛仲裁委员会,以此加大对联赛的管理力度。本赛季,上海东方队引进了中国台北选手郑志龙,开创了两岸队员转会交流的先河。

2001—2002赛季:在国际管理集团退出甲A联赛的合作后,中国篮协勇敢接受挑战,成功地组织了一个由自己招商,自己包装、推广的赛季,迈出了依靠自己的力量办联赛的第一步。该赛季,迎来了我国台湾的第一支球队——新浪狮队,这在我国体育史上有着突破性的意义。

2002—2003赛季:首次实行国内球员倒摘牌;香港飞龙正式亮相CBA甲A联赛;参赛队从原来的12支第一次扩至14支。

2004—2005赛季:这是甲A联赛改革力度最大的一个赛季,是一个过渡性的、承前启后的赛季,它的使命就是为2006年推出崭新的职业联赛探路和奠基。为了让"10岁"的CBA甲A联赛能够完成它的历史使命,中国篮协对联赛的结构、赛制及推广进行了一系列的调整和改革,首次取消升降级,首次把参赛队分成南、北两大区,并决出南、北两大赛区冠军;本赛季提出了新的口号:"我的球队,我的比赛,我的CBA,打造至尊辉煌,镶嵌冠军梦想"。

近几年,中国篮协对中国篮球运动的竞赛体制进行了一系列改革,试图尽快建立公平竞争机制,完善职业篮球俱乐部管理制度,提高运动员和运动队的竞技水平。

2000—2001赛季由八一俱乐部培养的著名中锋王邹治作为亚洲第一人首次加入NBA达拉斯小牛队,这标志着中国篮球运动员开始走向世界最高水平的联赛。

2001—2002 赛季北京首钢俱乐部中锋巴特尔又加入了 NBA 丹拂掘金队。

2002—2003 年上海俱乐部的著名中锋姚明参加 NBA 选秀，被休斯顿火箭队作为状元秀选中，成为自 NBA 有史以来第一位成为状元秀的外国选手。这标志着中国职业篮球进入了一个新的阶段。

(4)历届 CBA 联赛球队排名

1995—1996 赛季：1.八一队 2.广东宏远队 3.北京队 4.辽宁队 5.山东队 6.浙江中欣队 7.济南军区队 8.沈阳军区队 9.空军队 10.江苏诚宜队 11.南京军区队 12.前卫队。

1996—1997 赛季：1.八一队 2.辽宁队 3.广东宏远队 4.山东宝元队 5.江苏南钢队 6.上海东方队 7.空军雄鹰队 8.沈阳军区队 9.北京首钢队 10.四川队 11.浙江中欣队 12.济南军区队。

1997—1998 赛季：1.八一队 2.辽宁队 3.山东队 4.北京队 5.上海队 6.广东宏远队 7.江苏队 8.济南军区队 9.浙江中欣队 10.空军联航队 11.沈阳军区队 12.四川蓝剑队。

1998—1999 赛季：1.八一队 2.辽宁沈飞队 3.广东宏远队 4.北京首钢京师队 5.山东永安队 6.上海东方队 7.北京奥神队 8.浙江万马队 9.吉林队 10.江苏南钢队 11.双星济军队 12.四川蓝剑队。

注：由于四川蓝剑篮球俱乐部在成都赛区主场对山东队的比赛中，发生了记录台计时错误的严重事件，使整场比赛少打了三分钟；四川队主场迎战吉林队时，比赛中发生了记录台记录员的严重失误，吉林队第三节比赛中投中的一个三分球被"误记"到两分格内，致使吉林队一分惜败。中国篮协针对上述事件以及四川蓝剑俱乐部在球员转会上出现的违规舞弊行为，做出处罚决定：取消四川队 1998—1999 赛季全国男篮甲 A 联赛第十名的成绩，球队直接降至 B 组。

1999—2000 赛季：1.八一队 2.上海东方队 3.广东宏远队 4.山东永安队 5.北京首钢队 6.前卫万燕奥神队 7.辽宁盼盼队 8.江苏南钢队 9.浙江万马队 10.吉林东北虎队 11.湖北美尔雅队 12.南京军区队。

注：本赛季由于发生了所谓的"合并"风波，使得湖北队"意外"地加盟了 CBA；北京奥神和前卫万燕合并成一家俱乐部后，仍旧要以两队分别参加 CBA 联赛。北京奥神本赛季更名为前卫万燕奥神队，而原前卫万燕以"卫士亿安"的名义征战 CBA，结果此举遭到 CBA 其余 10 家俱乐部的联合反对，后来篮协不得不取消了"卫士亿安队"的参赛资格，由当时的甲 B 第三名湖北队填上这一空缺。

2000—2001 赛季：1.八一队 2.上海东方队 3.北京首钢队 4.吉林恒和队 5.辽宁盼盼队 6.广东宏远队 7.北京奥神队 8.江苏南钢队 9.山东永安队 10.浙江万马队 11.双星济军队 12.沈部鞍山队。

2001—2002 赛季：1.上海东方队 2.八一队 3.吉林吉粮队 4.山东金斯顿队 5.北京首钢队 6.浙江万马队 7.广东宏远队 8.新浪狮队 9.江苏南钢队 10.陕西东盛队 11.辽宁盼盼队 12.北京奥神队 13.深圳润迅易康队。

2002—2003 赛季：1.八一双鹿队 2.广东宏远队 3.吉林一汽队 4.北京首钢队 5.新疆广汇队 6.山东金斯顿队 7.浙江万马队 8.北京奥神队 9.江苏南钢队 10.上海东方队 11.辽宁盼盼队 12.陕西东盛队 13.明基新浪狮队 14.香港飞龙队。

2003—2004 赛季：1.广东宏远队 2.八一双鹿队 3.江苏南钢队 4.吉林通钢队 5.新疆广汇

队 6.山东金斯顿队 7.北京奥神队 8.陕西东盛队 9.上海东方队 10.北京首钢队 11.浙江万马队 12.辽宁盼盼队。

2004—2005 赛季:1.广东宏远队 2.江苏南钢队 3.八一火箭队 4.云南红河队 5.辽宁盼盼队 6.北京首钢队 7.新疆广汇队 8.吉林通钢队 9.上海东方队 10.陕西东盛队 11.河南仁和队 12.山东黄金金斯顿队 13.浙江万马队 14.福建浔兴队。

2005—2006 赛季:1.广东宏远队 2.八一火箭队 3.北京首钢队 4.江苏南钢队 5.新疆广汇队 6.云南红河队 7.辽宁盼盼队 8.吉林通钢队 9.上海东方队 10.福建浔兴队 11.浙江万马队 12.山东黄金队 13.陕西东盛队 14.东莞新世纪队 15.河南仁和队。

注:职业联赛元年,没有升降级,采用南北赛区的比赛。

2006—2007 赛季:1.八一双鹿电池队 2.广东宝马仕队 3.江苏南钢队 4.辽宁盼盼队 5.山东黄金队 6.浙江万马队 7.福建浔兴队 8.上海东方队 9.北京首钢队 10.新疆广汇队 11.吉林东北虎队 12.东莞新世纪队 13.陕西东盛队 14.广厦建设队 15.山西中宇队 16.云南红河队。

2007—2008 赛季:1.广东宝玛仕队 2.辽宁盼盼队 3.江苏南钢队 4.东莞新世纪队 5.山东黄金队 6.八一双鹿队 7.福建浔兴队 8.广厦建设队 9.北京首钢队 10.浙江万马队 11.新疆广汇队 12.云南红河队 13.上海东方队 14.吉林东北虎队 15.陕西东盛队 16.山西中宇队。

注:新疆队官秀昌所参加并获胜的 15 场比赛判为 0 比 20 负,常规赛战绩因此变为 11 胜 19 负,处罚前新疆的战绩为 26 胜 4 负排名第二。

2008—2009 赛季:1.广东宏远队 2.新疆广汇队 3.江苏南钢龙队 4.东莞新世纪队 5.陕西亚旅联盟队 6.福建浔兴队 7.浙江广厦队 8.山东黄金队 9.北京首钢队 10.山西中宇队 11.八一双鹿队 12.辽宁盼盼队 13.长春大成生化队 14.浙江万马队 15.青岛双星队 16.天津荣钢队 17.上海西洋队 18.云南红河队。

2009—2010 赛季:1.广东队 2.新疆队 3.广厦队 4.上海队 5.辽宁队 6.江苏队 7.福建队 8.八一队 9.山东队 10.浙江队 11.东莞队 12.天津队 13.吉林队 14.山西队 15.北京队 16.青岛队 17.陕西队。

2010—2011 赛季:1.广东东莞银行队 2.新疆广汇汽车队 3.东莞马可波罗队 4.江苏国信地产队 5.浙江稠州银行队 6.浙江明凯照明队 7.八一双鹿电池队 8.北京金隅队 9.山西汾酒集团队 10.辽宁盼盼队 11.山东黄金队 12.上海玛吉斯队 13.吉林龙润茶队 14.佛山能兴翠怡队 15.青岛双星队 16.福建 SBS 队 17.天津荣钢队。

2011—2012 赛季:1.北京金隅队 2.广东东莞银行队 3.山西汾酒集团队 4.新疆沃尔沃队 5.东莞马可波罗队 6.上海玛吉斯队 7.浙江广厦队 8.福建泉州银行队 9.青岛双星队 10.辽宁衡业队 11.浙江稠州银行队 12.吉林九台农商银行队 13.山东黄金队 14.八一双鹿电池队 15.天津荣钢队 16.佛山友诚金融队 17.江苏中天钢铁队。

2.中国大学生篮球联赛(CUBA)

中国大学生篮球联赛(Chinese University Basketball Association,CUBA)是中国篮球协会主办的高校间篮球联赛,其宗旨是"发展高校篮球,培养篮球人才",模式参照美国的 NCAA 大学篮球联赛形式,中央电视台体育频道及一些地方电视台每年都会现场直播部分重要场次的比赛,联赛 1996 年开始酝酿,1997 年建立章程,1998 年开始正式推行,设男子组和女子组。CUBA 影响力仅次于中国男子篮球职业联赛 CBA。赛事主要的口号有:"领悟篮球、领悟体育、领悟文化。""中国篮球新感觉!""上大学是我的梦想,打篮球是我的梦想,CUBA 是我圆梦的地方。"等。

中国大学生篮球联赛 1996 年开始酝酿,热爱篮球的前浙江大学篮球队队长、恒华(国际)集团总裁张宁飞先生与中国大学生篮球协会秘书长龚培山教授于 1996 年 4 月 10 日举行了首次会晤,就 CUBA 的创建意义及发展规划、远景等方面达成共识,恒华(国际)集团决定投资 CUBA 联赛。

1996 年 8 月 1 日,中国大学生篮球协会(简称大篮协)全委扩大会议通过与恒华(国际)集团合作的决议,并聘请张宁飞先生为大篮协顾问。同年 11 月 28 日,双方在北京人民大会堂举行正式合作签约仪式。

1997 年 2 月—4 月,国家教委批准中国大学生篮球联赛(CUBA)组织办法及在全国推行中国大学生篮球联赛。中国篮球协会批准中国大学生篮球协会为中国篮球协会会员,同时国家体育总局将 CUBA 联赛纳入 1998 年度全国竞赛计划。

1997 年 3 月 14 日,作为 CUBA 联赛的经济实体,恒华体育(广告)发展有限公司正式成立,张宁飞先生出任公司董事长。CUBA 的联赛初步建立了各种制度,制定了联赛的章程,并提出把 CUBA 建设成健康向上、充满朝气品牌的理念,设计出联赛完整的 VI 系统,包括队标、会标、会旗、会徽、会歌、吉祥物等。

1997 年 5 月 20 日,中国大学生篮球协会与恒华(国际)集团在京召开新闻发布会,宣布由双方联合主办的 CUBA 联赛将于 1998 年 2 月在全国全面推广。

1997 年建立了 CUBA 章程,1997 年 11 月 30 日,以钱伟长为名誉主席的 CUBA 中国大学生篮球联赛组织委员会成立大会在北京人民大会堂香港厅举行。

1998 年 CUBA 开始正式推行,设男子组和女子组(也称其为 WCUBA)。中国大学生篮球联赛现已成为中国篮球运动比赛中的两大赛事之一,影响力仅次于中国男子篮球职业联赛 CBA,每年的基层预赛参赛队伍已经超过 1 200 支,分区赛参赛队伍超过 100 支。

CUBA 是中国历史上第一次面向社会、面向高校的大学生专项运动联赛,其办赛宗旨是在社会化、产业化的运作模式下实现"发展高校篮球、培养篮球人才"的目标。

1998 年 3 月,CUBA 考察团赴美考察。代表团与 NCAA、NBA 的有关负责人就有关赛制的制定、篮球市场推广、篮球产业开发等问题进行了会谈,为创立 CUBA 联赛坚定了信心。

首届 CUBA 的基层预赛在全国各地如期展开,共有来自 26 个省、市、自治区的 617 支男女球队参加了基层预赛,参赛人数达到 9 130 人,比赛场次达到了 2 440 场。

为了使 CUBA 联赛健康发展,为各参赛队提供公平竞赛、公正执法的环境,CUBA 组委会建立了参赛队员管理制度,并对参赛队员资格审查的工作严格把关,采取了自查与互查相结合的方式,积极认真对待群众举报,在赛前、赛中、赛后采取了全方位的审查制度。

1998 年 3 月 19 日,首届 CUBA 联赛开幕式在中央电视台举行,著名歌手刘欢为联赛作词、作曲并演唱了会歌《CUBA 之歌》。这标志着中国大学生篮球事业进入了一个崭新的发展阶段。

1998 年 7 月 25 日,首届 CUBA 联赛北方赛区的决赛在天津财经学院揭幕,这标志着 CUBA 决赛阶段的比赛正式开始。

1998 年 8 月 8 日,首届 CUBA 联赛南方赛区决赛在武汉冶金科技大学揭幕,正值湖北灾区遭受严重的洪涝灾害,CUBA 组委会倡议全体人员向灾区捐款,受到了与会人员的热烈响应,并在社会上引起了强烈的反响。

1998 年 8 月,武汉冶金科技大学获得首届 CUBA 联赛 B 级组女子总冠军。

1998 年 9 月,西北大学获得首届 CUBA 联赛 B 级组男子总冠军。

首届联赛大获成功后,推出了首届 CUBA 男八强、女四强赛。1999 年 5 月女子四强赛首先在河南大学开战,5 月 8 日,天津财经学院获得了首届 CUBA 女四强赛的冠军,河南大学获得亚军。首届 CUBA 男八强赛在长沙、成都两个赛区分别进行,电子科技大学获得了首届 CUBA 男八强赛的冠军,湖南财经学院获得亚军。历届 CUBA 冠亚军统计见表 1.3。

表 1.3 历届 CUBA 冠亚军统计

年 份	届	男篮冠军	男篮亚军	女篮冠军	女篮亚军
1999 年	第一届	电子科技大学	湖南财经学院	天津财经大学	河南大学
2000 年	第二届	华侨大学	浙江大学	中国矿业大学	河南大学
2001 年	第三届	东北师范大学	浙江大学	天津财经大学	南京大学
2002 年	第四届	山东科技大学	华侨大学	天津财经大学	中国矿业大学
2003 年	第五届	华侨大学	电子科技大学	天津财经大学	青海师范大学
2004 年	第六届	华中科技大学	西安交通大学	天津财经大学	太原理工大学
2005 年	第七届	华侨大学	武汉理工大学	天津财经大学	华中科技大学
2006 年	第八届	华侨大学	武汉理工大学	天津财经大学	华中科技大学
2007 年	第九届	华侨大学	山东科技大学	天津财经大学	青海师范大学
2008 年	第十届	华侨大学	太原理工大学	天津财经大学	华中科技大学
2009 年	第十一届	中国矿业大学	山东科技大学	北京师范大学	北京大学
2010 年	第十二届	太原理工大学	中国矿业大学	北京师范大学	山东科技大学
2011 年	第十三届	华侨大学	中国民航大学	北京师范大学	北京大学
2012 年	第十四届	太原理工大学	华侨大学	北京师范大学	华中科技大学

首届 CUBA 联赛总共进行了 2 600 余场比赛,现场观众达 147 万人次,有关 CUBA 信息受众总量超过了 15 亿人次。

CUBA 的巨大影响先后吸引了摩托罗拉、达盛电子、中国电信、利生、FILA、康威、双星、红牛等国内外知名企业的结盟。

1999 年 8 月,首届 CUBA 篮球人才夏令营、第二届高校篮球教练员、一级裁判员培训班在井冈山举行。

1999 年 9 月,第二届 CUBA 联赛预赛暨第六届大运会基层选拔赛同期在全国各地全面展开。从第二届 CUBA 联赛开始,联赛进行重大改革:取消 A、B 级分组,在全国 34 个省、市、自治区预赛的基础上,进行东南、西南、西北、东北四个分区比赛,由各赛区的男子前两名、女子第一名形成男八强、女四强赛,最后前两名进行总决赛。原 A 级队另设试点校联赛。

1999 年 12 月 12 日—2000 年 1 月 10 日,四个分区赛的比赛先后在浙江大学、湖南师范大学、太原理工大学、北京体育师范学院举行。

2000 年 3 月 12 日第二届 CUBA 男八强赛开赛,华侨大学获得联赛男子总冠军,浙江大学获得亚军。

第二届 CUBA 联赛共进行了 2 720 场比赛,现场观众超过 180 万人次,有关 CUBA 信息受众总量超过 23.5 亿人次。

CUBA 联赛创办以来,CUBA 联赛的内部机制日渐完善,CUBA 组委会下设了东南、西南、西北、东北四个赛区的分会,这更为 CUBA 长期稳定的发展奠定了扎实的基础。

三、中国大学生篮球超级联赛

中国大学生篮球超级联赛,简称"大超联赛、CUBS",是由中国篮协和中国大学生体育协会创办的一项由官方举办、推广的大学篮球赛事,于 2004 年 6 月 1 日在北京成立。

首届大超联赛于 2004 年 10 月拉开战幕,清华、人大、复旦、厦大等全国 16 所著名高校的男子篮球队参加了比赛。大超联赛的推出对进一步提高高校篮球水平、拓展中国篮球运动员的培养渠道、扩大中国篮球市场都将发挥重要的作用。

在传统篮球人才培养渠道萎缩的情况下,CUBS 拓宽了中国篮球人才的培养渠道,堪称中国篮球事业的造血工程。

大超联赛的出现带有明确的任务:为今后必须由国家教委组队参加的"世界大学生运动会"输送人才,为 CBA 各专业队直接输送人才。

从大学生篮球联赛的角度来讲,专业选手的加盟可以带动大学篮球整体水平的发展,提高联赛的观赏性。大超联赛对大学专业篮球选手的准入,势必使大超联赛的水平、比赛精彩程度更高。

CUBS 和 CUBA 都是大学生体育协会主办的赛事。CUBS 和 CUBA 联赛是在中国大学生体育协会的共同领导下,同一系统中两个不同层次的联赛。CUBA 和 CUBS 的本质区别在于,CUBA 始终把维护业余体育的纯洁性放在第一位,不允许在中国篮协注册的专业运动员参赛,参赛队员必须是全日制在校大学生;CUBS 则首次向在中国篮协注册的专业队员敞开了大门,各高校在引进专业运动员上有了较大的运作空间,与赛季时间没有冲突的 CBL 球员、青年队球员只要入学手续完备、年龄适合并能提供"在校在读"的证明就可参赛。CUBS 的推出,对进一步提高学校篮球的竞技水平、拓展中国高水平篮球运动员的培养渠道、扩大中国篮球市场都将发挥重要作用。

四、NBA 介绍

1. NBA 概述

NBA 是 National Basketball Association 的缩写,成立于 1946 年 6 月 6 日,成立时叫 BAA,即全美篮协(Basketball Association of America)。BAA 成立时共 11 支球队:纽约尼克斯队、波士顿凯尔特人队、华盛顿国会队、芝加哥牡鹿队、克利夫兰叛逆者队、底特律猎鹰队、费城武士队、匹兹保铁人队、普罗维登蒸气队、圣路易斯轰炸机队和多伦多爱斯基摩人队。

1949 年 BAA 吞并了当时的另外一个联盟(NBL),并改名为 NBA。1949—1950 赛季,NBA 增加到 17 支球队。1976 年 NBA 吞并了美国篮球协会(ABA),球队增加到 22 支。1980 年达拉斯小牛队加入 NBA。1988 年夏洛特黄蜂队和迈阿密热火队加入 NBA。1990 年奥兰多魔术队和明尼苏达森林狼队加入 NBA。1995 年两支加拿大球队——多伦多猛龙队和温哥华灰熊队——加入 NBA,使 NBA 的球队达到 29 支。2004 年夏洛特山猫队加盟 NBA,使球队总数达到了 30 支。NBA 现有球队统计见表 1.4。

表1.4 NBA现有球队统计

西 部			东西部		
西南区	西北区	太平洋区	东南区	中区	大西洋区
圣安东尼奥马刺队	明尼苏达森林狼队	萨克拉门托国王队	迈阿密热火队	底特律活塞队	波士顿凯尔特人队
孟菲斯灰熊队	丹佛掘金队	菲尼克斯太阳队	奥兰多魔术队	印第安纳步行者队	费城76人队
达拉斯小牛队	犹他爵士队	洛杉矶湖人队	亚特兰大老鹰队	克里夫兰骑士队	纽约尼克斯队
休斯顿火箭队	波特兰开拓者队	洛杉矶快船队	华盛顿奇才队	芝加哥公牛队	布鲁克林网队
新奥尔良黄蜂队	俄克拉荷马雷霆队	金州勇士队	夏洛特山猫队	密尔沃基雄鹿队	多伦多猛龙队

2.诞生历程

NBA的出现和发展是篮球运动前50年的积累和沉淀。

自从1891年篮球运动被詹姆斯·奈史密斯博士发明之后,1898年,美国新泽西州特伦顿的一支球队用25美元租用了当地一家礼堂比赛并向观众售票。在赛后的分红中队长库珀组织比赛有功,首先领到了1美元。这场"有偿篮球赛"被不列颠大百科全书认定为第一场"职业篮球赛"。

特伦顿比赛之后,"有偿比赛"在全美迅速展开。为了保护参加"有偿比赛"选手的利益,1898年各地的球队成立了第一个职业篮球组织——"国家联盟"(NBL)。由于各球队经济实力和技术水平相差甚远,加上没有成熟的市场运作经验和规则,NBL仅仅经过三四个赛季便名存实亡了。20世纪30年代,NBL在一些中小城市中复苏,进行一些规模不大的联赛。但是由于缺乏足够的资金来推广促销,篮球的影响力始终没有形成。

1945年,第二次世界大战刚刚结束,寂寞已久的体育经纪人看准了这一点,他们联络11支球队老板,发起成立了BAA这个组织。BAA是NBA的前身,NBA的真正生日应该是1946年6月6日,这一天,在纽约中央车站附近的"舰长饭店"里,BAA召开了成立大会,会议确定了11支参赛球队和每队要进行60场常规赛。

BAA由11家冰球馆和体育馆的老板们共同发起成立,初衷是为了让体育馆在冰球比赛以外的时候不至于空闲冷场。这些体育馆的老板们对于经营体育场是行家里手,他们针对"国家篮球联盟"的球队多集中在中西部地区一些中、小城市的现实情况提出一定要在当时的大城市内建立当地有名球队,建立一个全国范围的篮球组织的概念。在常规赛季中,每个联盟内部的球队要打两个主客场,和另一个联盟的球队要打一个主客场。最后按成绩好坏排出进入季后赛的名次,只有进入季后赛才有希望夺得总冠军。BAA采用4节共48分钟制,人盯人防守并禁止联防。

BAA的发起人之一,波士顿花园体育馆的老板沃尔特·阿布郎同时提出新的职业篮球概念,即职业篮球必须有雄厚的财力支援,一名选手只能为一家俱乐部效力并要签订严格的合同,联赛还要建立选手储备制。这些贡献在于将巨额资金和法制制约引入篮球,为日后的NBA的发展奠定了高薪制和合同制这两大基石。

1949年,随着BAA吞并NBL后,为了避免可能引起的法律上的麻烦,BAA正式改名为Naional Basketball Association,即NBA。

3.赛制安排

NBA 赛季分为季前赛、常规赛和季后赛。

NBA 正式赛季于每年 11 月的第一个星期的星期二开始,分为常规赛和季后赛两部分。

常规赛为循环赛制,每支球队都要完成 82 场比赛(1998 年和 2012 年例外,1998 年由于老板们希望就联盟的工资帽体系以及球员的薪资上限进行调整,然而球员工会对于老板们的计划坚决反对,导致每支球队只有 50 场比赛;2012 年由于劳资纠纷导致每支球队只有 66 场比赛),常规赛到次年的 4 月底结束,东西部联盟的前八名,包括各个赛区的冠军,将有资格进入接下来进行的季后赛。

季后赛采用七战四胜赛制,共分四轮;季后赛的最后一轮也称为总决赛,由两个联盟的冠军争夺 NBA 的最高荣誉——总冠军。其中季后赛前三轮的赛程采用 2—2—1—1—1 赛制,总决赛采用 2—3—2 赛制(其中常规赛战绩好的球队有主场优势)。

4.发展历程

1896 年,美国第一个篮球组织"全国篮球联赛"成立,但由于当时篮球比赛规则还不完善,组织机构也不健全,经过几个赛季后,该组织就名存实亡了。

1946 年 6 月 6 日,"美国篮球协会(英文简称 BAA)"成立,共有 11 支球队参赛,首次提出了高薪制和合同制。高薪制是指职业篮球必须有雄厚的财政支援,这样才能使比赛保持在高水平上。合同制是指一名选手只能与一家俱乐部签订合同,并设立选手储备制,以防球员突然离队时受到损失。11 月 1 日,BAA 的比赛正式开始,对阵双方是多伦多爱斯基摩人队和纽约尼克斯队,比分是 66∶68,尼克斯获胜。

1947 年,费城勇士队在队中头号球星,也是联赛中首位得分王乔·福尔克斯(场均 23.2 分)的率领下,以 4∶1 战胜芝加哥牡鹿队,成为第一支总冠军。

1949 年,在布朗的努力下,美国两大篮球组织 BAA 和 NBL 合并为"NBA"。NBA 拥有 17 支球队,分成三个赛区比赛,来自 NBL 的明尼阿波利斯湖人队依靠身高 2.09 米的美国第一中锋乔治·迈肯的帮助获得 NBA 第一个赛季的冠军。

1950 年 11 月 22 日,在明尼阿波利斯湖人队和韦恩堡活塞队的比赛中,创下了 NBA 历史最低比分 19∶18。

1951 年 3 月 2 日,凯尔特人队总裁布朗免费提供波士顿花园体育馆,举办了首届全明星赛。最终比分为 111∶94,东部明星队获胜。

1952 年,首次设立最佳优秀奖,首位获奖球员为韦恩堡活塞队唐·梅尼克。

从 1954 年开始,NBA 开始实行 24 秒制。在战胜国民队后湖人队成为第一支三连冠的球队。当时 NBA 只有纽约尼克斯队、波士顿凯尔特人队、费城勇士队、韦恩堡活塞队、明尼阿波利斯湖人队、罗彻斯特皇家队、锡拉丘兹国民队、三城黑鹰队 8 支球队。

1961 年,芝加哥包装工队传奇巨星迈克尔·乔丹加入。

1966 年,凯尔特人队完成了绝无仅有的八连冠。同年,芝加哥公牛队加入 NBA,成为第 10 支球队。

1967 年,一个新的篮球组织 ABA(美国篮球协会)宣告成立,乔治·迈肯任第一位主席。圣迭戈火箭队(休斯顿火箭队)和西雅图超音速队(俄克拉荷马雷霆队)加入,球队总数上升至 12 支。

1968 年,密尔沃基雄鹿队和菲尼克斯太阳队加入。

1970年,新加入的3支球队分别是克里夫兰骑士队、波特兰开拓者队、布法罗勇敢者队,NBA联赛正式分为东、西二区。

1974年,新奥尔良爵士队(犹他爵士队)加入,球队总数达到18支。

1976年,由于经营不善,ABA被美国NBA吞并,原ABA球队丹佛掘金队、印第安纳步行者队、纽约网队和圣安东尼奥马刺队并入NBA,球队增加到22支。从此,NBA形成对美国篮球业的垄断。

1979年,NBA开始实行3分远投制。

1980年,达拉斯小牛队加入NBA。

1984年,篮球历史上最伟大的球员迈克尔·乔丹加入NBA,从此开创了一个NBA的盛世。1988年,夏洛特黄蜂队和迈阿密热火队加入NBA。

1989年,奥兰多魔术队和明尼苏达森林狼队加入NBA。

1995年,两支加拿大球队——多伦多猛龙队和温哥华灰熊队——加入NBA,使NBA的球队达到29支。

1996年,艾弗森、科比、纳什、雷·阿伦等统治联赛近15年之久的黄金一代进入联赛。

1997年,特雷西·麦克格雷迪加入联盟,又一巨星开始了NBA的征程,此后10余年,他的名字被世人铭记。

停摆1998年,1998—1999赛季,NBA因劳资纠纷发生历史上第一次最严重的停摆,赛季缩水成50场。

2003年,詹姆斯、韦德、安东尼、波什等03白金一代进入联赛。

2004年,夏洛特山猫队加入NBA,球队达到30支。

2008年,西雅图超音速队更名为俄克拉荷马城雷霆队。

2011年,NBA因经营不善(近6年亏损超过18亿美元)导致正式停摆。同年12月份,NBA劳资双方终于达成新协议,2011—2012 NBA常规赛于2011年圣诞节开始。

5. 主要规则变化

1946—1947赛季:将原来沿用的大学规则中的联防废除(1947年1月11日)。

1951—1952赛季:将3秒区由6英尺(1英尺=0.3048米)扩大为12英尺。

1953—1954赛季:为了防止故意犯规对比赛的影响,规定了每名球员每节只能有两次犯规,三次将被罚出场(现已废除)。

1954—1955赛季:引入24秒规则;全队每节累计五次犯规,对方罚球。

1964—1965赛季:将3秒区由12英尺扩大为16英尺。

1973—1974赛季:增加了抢断和盖帽的统计。

1974—1975赛季:球员在场上有不道德的行为被判技术犯规出场,需交纳50~19100美元的罚款。在延长期比赛立刻要结束时请求暂停将不会被同意。

1975—1976赛季:在一般犯规之后,将被罚掷边线球。

1976—1977赛季:在防守中使用过大的肘部动作被判犯规。如果防守球员将球打出界外,进攻球员在罚球线两端的边线发球。比赛中5秒之内不发球(原来为10秒),对方罚球一次。

1977—1978赛季:如果教练在比赛开始后对规则提出疑义,可以派助理教练与官员进行交涉(以前只能在比赛开始前进行交涉)。在得分时如果把篮球弄坏,而官员们又认为球员是故意的,那就是犯规。在所有犯规后,进攻时间都将拨回 24 秒。如果球从篮框下入篮,将被判为犯规;如果场上有人进行打斗,不在场上的球员离开长椅,进入场内将被罚款 100～150 美元;在场前热身期间,如果球员悬挂在篮框上,将被罚款 25 美元。

1978—1979 赛季:裁判人数从两人增加到三人;球在飞行中从场外拨回场内现在是被允许的,而以前则被取消控球权;第一次技术犯规,全体被警告,第二次技术犯规,全队将会被记两次犯规;在半场结束后,球员和教练要马上回到休息室,而以前的规则是比赛结束后,球员和教练要马上回到休息室;规则允许防守球员用手去干扰他所防守的球员,但不能阻止他的前进。

1979—1980 赛季:底线的三分线由 22 英尺扩大到 23 英尺。裁判人数从三人减少到两人。如果进攻方试图在 10 秒内通过自己的半场时对方球员把球破坏出界,进攻方在中线掷边线球,之前所用的时间不从 24 秒中扣除。

1980—1981 赛季:每半场各队必须叫一回 20 秒的短暂停,全场必须叫两回短暂停,加时赛同样;在暂停到时后,哨声和篮板上红灯会同时亮起;不允许在场上的球员在头、脸、鼻子、耳朵和手臂上佩戴饰物;球员佩戴的保护脸、眼睛和鼻子的保护物必须与脸形一致,且不能有突出的尖锐物;球员在场上不能使用增加自己身体优势的器具;进攻方被判技术犯规,进攻时间不会被拨回 24 秒,以前的规定就进攻或防守方被判技术犯规,时间被拨回 24 秒;被口头警告后,时间被拨回 24 秒;关于罚球的附加规定:球没碰到篮筐前,球员不得去拦截球。

1981—1982 赛季:换人时球员上场必须在记分员台前等待裁判示意进场;当全队犯规数满后,回线也被视为犯规,对方罚球两次。

1982—1983 赛季:球出界后,球队不能指派某位球员去掷界外球。

1983—1984 赛季:在罚球时不能做假动作。进攻队员球出手的同时防守队员犯规,如果球进了,则进球有效并追加罚球。

1984—1985 赛季:在 5 分钟加时赛中每支球队可叫暂停数从两次增加到三次,这个数目不会受以前比赛暂停情况的影响。如果在进攻方的前场对进攻队员犯规,且该进攻队员有明显的切入篮下并得分的机会,则防守方应该被判罚两次罚球,在第二次罚球后,由罚球方发边线球。如果在半场和全场比赛结束时,教练或球员没有直接回到休息室而在场内滞留,被罚款金额由 100 美元增至 500 美元。如果替补球员在有球员之间的打斗发生时离开他球队的长椅,被罚款金额由 150 美元增至 500 美元。

1988—1989 赛季:执法裁判由两名增至三名。恶意犯规将被判罚两罚一掷,即被侵犯者在两次罚球后还拥有球权。如果以下条件至少有一条成立,则犯规者可以被驱逐出场且自动被罚款 250 美元:犯规动作对人不对球;依据裁判的尺度,犯规动作将导致伤害。

1993 季后赛:任何在比赛中有争斗挥拳动作的球员将被立即罚出赛场,并停赛至少一场及处以适当数量的罚款;任何球员,如果在比赛中挥拳击打到其他球员,将被立即罚出赛场,停赛一至五场,并处以适当数量的罚款。球队也会被处以与其球员被罚总金额相等的罚款。在争斗中任何离开替补席的球员被罚金额将从 500 美元增加到 2 500 美元,球队将会为每一个这样离开替补席的球员被罚 5 000 美元。

1993—1994 赛季:如果一个球员在一个赛季恶意犯规超过五次,则从其第六次恶意犯规开始,对其每一次恶意犯规追加处以停赛一场的处罚。

1994—1995 赛季:将三分线到篮圈的距离统一为 22 英尺。任何球员在进攻方投三分球时犯规,都将被判三次罚球。任何在争斗中离开替补席的球员将被自动停赛至少一场,罚款金额上限增加到 20 000 美元,在该球员被停赛的场次,将不被付与该场比赛的工资。一场比赛恶意犯规两次将被罚出场。在底线到罚球线之间的区域,防守方只能曲臂防守,而不能伸手推挡进攻方,每次技术犯规将被罚款 500 美元。在以前,第一次技术犯规将被罚 100 美元,第二次是 150 美元。如果防守球员抓拉在快攻中拥有明显得分机会的球员,将会被判两次罚球,以前这一条例只对拥有篮下进攻机会的球员生效。第二次及随后的当球不在场内所叫的暂停时间减为 45 秒。

1996—1997 赛季:如果球队已经没有暂停机会而继续叫暂停,将被判技术犯规和失去控球权。

1997—1998 赛季:三分线恢复到 23 英尺 9 英寸(1 英尺=12 英寸,1 英寸=25.4 毫米),在角部区域仍为 22 英尺。当进攻球员面对篮筐时,防守球员不允许用他的前臂去阻挡其进攻。如果球员双脚都在空中,而他身体已在底线或边线以外,则该球员没有叫暂停的权利。以篮筐为圆心,4 英尺为半径的半圆区域之内,进攻球员撞击已确定防守位置的辅助防守球员将不被判进攻撞人犯规。这一区域过去是一个 2 英尺×6 英尺的矩形。

第二章 篮球技术

第一节 篮球技术概述

一、篮球技术释义

篮球技术是篮球战术的基础,任何战术意图的实施和战术创新,都必须是单个技术或多个技术的组合。因此,运动员掌握一定数量和质量的技术,是完成战术的基础。而不同位置的运动员,由于距离篮筐的距离不同,所采取进攻或者防守的方式不同,因此不同位置上的运动员在比赛中,所采用的技术也会有所不同。

只有掌握扎实的、熟练的、全面的、先进的技术,才能在比赛中获取更多的战术变化,才能更好地执行战术意图。同样,战术的创新与发展也需要技术的创新与发展,而技术的创新与发展也同样可以促进战术的发展与变化。

衡量运动员对篮球基本技术的掌握程度,不仅仅是完成技术动作的熟练程度,而是既要达到自动化,还需要在完成技术动作时考虑技术动作的准确性和实际效果,更需要在复杂、困难的条件下完成技术动作的稳定性,并在干扰条件下对技术动作的节奏、幅度等有较强的控制能力和应变能力。

但必须注意的是,篮球技术虽是有一定标准规格要求的一个或一系列动作,是为更好地实现其本质目的而设计的,其每个动作都是人体各关节的运动动作按一定顺序组合进行的运动,是以复杂的动作结合为基础的不固定动作,但是,由于运动员个体之间存在的差异,所以在完成动作技术时必须考虑技术动作的可变性和个人的差异性。

篮球技术的基本含义,应从动作方法和实际运用两个方面加以理解。篮球技术是篮球比赛中运动员为了进攻与防守所采用的专门动作方法的总称。它包括移动动作(指跑、跳、急停、转身等无球的动作方法)、控制支配球动作(指接球、传球、运球、投篮等有球的动作方法)和争夺球动作(指抢球、打球、断球、抢篮板球等动作方法),以及由这些动作各种各样的组合所组成的动作体系。

运动技术是理想化了的动作模式,有其动作的规范,既要符合篮球竞赛规则的要求,又要适应攻守对抗的需要,也要符合人体运动科学的原理,并有运动员的个人特点,能解决比赛中攻守的具体任务,从而表现出动作方法上的专门性和合理性。

篮球技术又是运动员在比赛攻守对抗情况下合理运用专门动作的能力。它不仅是动作模式的重复,更是队员有意识的运动行为和操作技巧。因此,运动员在比赛中必须独立地、果断地去运用技术动作与同伴配合,同对手抗衡,去争取时间和空间的主动,也是他们智能、体能、技能、经验和创造能力等的综合体现,反映出他们运用专门动作的技巧性和实效性。

篮球技术是进行篮球比赛的基本手段,双方运动员都以技术动作进行对抗。动作表现为运动,动作过程表现为运动过程,两者以现象和本质两个不同角度存在于对抗的过程之中,并作为竞技的手段发挥其攻守相互制约的作用。篮球技术也是运动员比赛行为的核心。

二、篮球技术的基本特征

1.身体动作与控制支配球的结合

篮球技术区别于其他运动项目技术的最显著特点,就是运动者用手直接控制和支配球,并与全身协调配合组成各种专门动作,最后通过手部的动作控制、支配球的运行和争夺获球,使身体动作与控制支配球融合为一体,展现篮球技术的魅力。

2.动态和对抗的结合

篮球竞赛本身就是一个攻守对抗的动态过程,一切篮球技术都是在动态和对抗中操作,快速、准确、实用、多变,充分体现了在争取时空主动上的合理性和创造性,两者的结合则是篮球技术的又一特征。

3.相对稳定和随机应变的结合

任何运动技术都具有相对稳定的动作环节,篮球技术也不例外,但它又是必须随着环境的变化而变化,随着对手的变化而变化,并要及时做出应答动作的开放性技能。要在攻守对抗中各种不同条件下去组合动作,随机应变,创造性地完成攻守任务。

4.规范性与个体差异的结合

任何运动技术都必须符合科学的原理而具有一定的规范性,某些动作环节的规范影响着球的运行和效果,因此,必须按规律来操作。然而,队员由于个体的差异性而表现出不同动作的特点和风格。在训练与比赛中不能强求动作外形的模式,而要讲求实效。规范性与个体差异相结合的特征,也是其他竞技运动项目技术共同具有的特征,只不过篮球技术更为突出。特别是一些具有技术特长的运动员往往也不是很规范的。

三、影响篮球技术发展的因素

篮球技术的发展是一个实践过程,推动着技术的改进、完善与创新。在这个过程中,人与人之间的一种特殊关系与篮球技术的发展息息相关。

运动员是篮球技术主体的操作者,直接影响着技术的质量与发展,而指导者的组织、身教、经验等对篮球技术的发展起着重要的作用,科研人员对篮球技术的研究也越来越发挥着积极的作用,他们之间结成主体、主导和协作相辅的关系。

这里人是最重要的因素,从设计到实践,从教学到训练,从改进到完善,从研究到创新,是促进篮球技术发展的内在动力。

当然,除了人的因素外,并不排斥物的要素,如场地、器材、设备等在一定程度上也促进篮球技术的发展。

篮球是竞技性运动项目,竞赛规则对篮球技术的发展有着导向的作用,影响着攻守技术之间平衡与不平衡的发展。由于规则的一些具体规定,在一定的时间内也直接制约和推动着某些篮球技术与战术的发展速度。

篮球竞赛所创造的竞技环境与条件,也使篮球技术得以表现发挥、广泛交流、相互学习和共同提高。尤其是篮球竞赛的商业化发展趋势,也使篮球技术受到市场价值规律的驱动而产生积极的影响。

当今体育科学中的许多基础学科和边缘学科的发展,使得它们的理论与方法为研究篮球技术的理论和动作方法的更新提供了依据,起到了指导和论证的作用。同时在教学、训练、竞赛、科研等领域中,运用一些先进的科技手段,也对篮球技术的发展有着促进的作用。

四、篮球技术分类

篮球技术通常分为进攻技术和防守技术两大部分(见图 2.1)。其中,进攻技术主要包括传接球、投篮、运球、持球突破、移动、抢篮板球等;防守技术主要包括防守对手、抢打断球、移动、抢篮板球等。

近几年也出现了不同的分类方法,认为篮球技术是以投篮为中心,以基本手法和步法为基础,由获得球、支配球和一对一技能为主组成的系列。

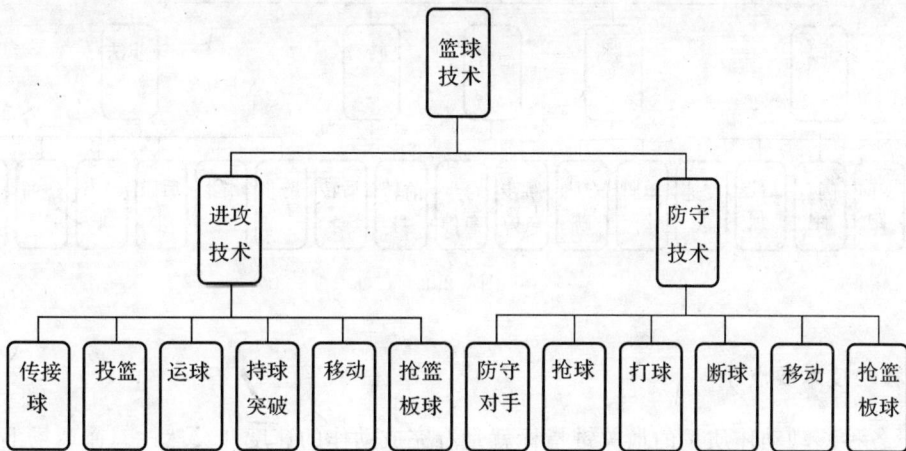

图 2.1

篮球技术中,由于完成技术动作的方法或姿态不同,有些技术动作可以采取多种形式完成。如投篮,由于投篮出手部位的不同,可以采取单手肩上投篮、单手低手上篮、单手高手投篮等;由于投篮过程中身体运动形态的不同,可以采取原地投篮、行进间上篮、急停跳投等。如传球,可以采取单手传球、双手传球、单手击地传球、双手击地传球、背后传球等等。

第二节　移动技术

一、概述

移动是篮球运动中,运动员为了改变位置、方向、速度、路线、身体姿态,并争取有利位置和空间所采取的各种脚步动作的总称。移动是篮球的基本技术之一,也是比赛中运用最多的一项技术。

在进攻中,通过运动员的移动,可以摆脱对手,获取对自己有利的路线、位置,从而完成切入、接球、投篮、掩护等;在防守中运用移动技术,是为了保持和抢占有利位置,防止对手摆脱或是为了及时完成抢球、打球、断球、抢篮板球等技术。

二、移动技术分类

依据完成移动动作的方法、方向、身体姿态等要素,可以将移动技术分为跑、跳、急停、转身等等(见图 2.2)。

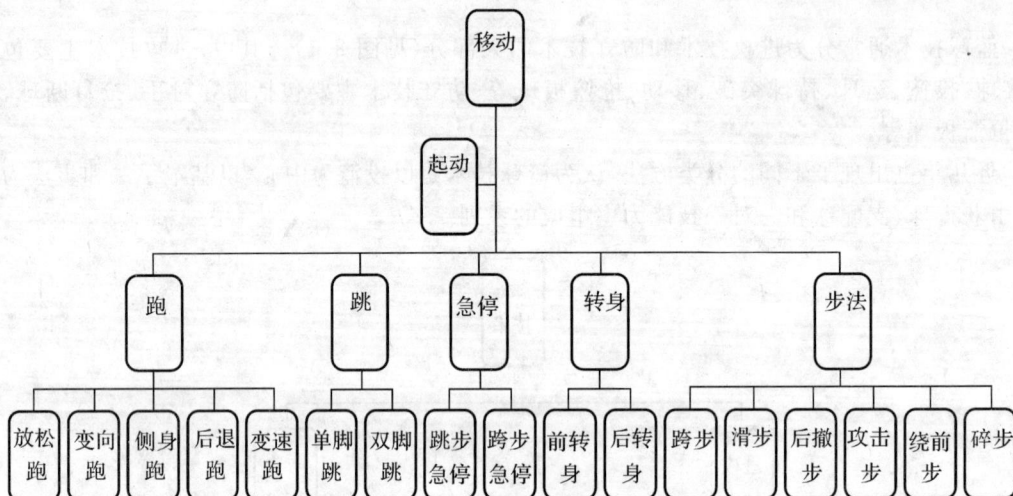

图 2.2

三、移动技术要点

衡量各种移动动作质量的最关键指标就是看完成动作的速度和突然性。篮球场上又特别强调起动和制动的突然性。而对于人的任何移动,首先都必须通过脚前掌的蹬、碾地并依靠地面给人的反作用力来获得动力,同时配合人体重心和腰腹、手臂等的协调配合来实现。较低的身体重心能减小蹬地发力的角度从而获得更大的水平分力,而这个水平分力正是移动的动力。因此,要想提高移动速度,必须要时刻保持身体重心低且靠前,重心要落在前脚掌上,以便随时能够快速蹬地发力,迅速起动。

同时,在整个移动过程中,要控制好身体重心,尽可能地保持好身体重心在较低姿势下的平稳移动,不要在移动过程中有明显的身体起伏,以便更好地衔接下一个动作。移动的质量受到遗传、生理、身体素质、技巧等多方面因素的影响。

1. 良好的准备姿势

队员在场上需要有一个随时准备向各个方向移动的准备姿势,因为移动的方向、路线、速度需要综合场上各种因素(对手或者同伴的位置、移动方向、移动速度等)来决定。因此,准备姿势不仅仅要保持身体平衡,还要有较大的应变性,这样才能快速、协调地完成移动动作。

合理的准备姿势应该是:两脚前后或左右开立,距离约与肩同宽,大、小腿之间的夹角应保持在 135°角左右,身体重心投影点在两脚之间,上体稍前倾,两臂屈肘自然下垂在体侧。

2. 控制身体重心

控制身体重心是完成移动动作的关键要点,否则可能获取不到有利自己的位置、空间,甚至造成不必要的犯规或违例。运动员在比赛中,往往急停不稳,就是由于身体重心控制不稳造成的,人体的任何一个环节的运动,都会引起身体重心的变化,所以在完成移动技术动作时,控制重心就显得尤为重要。

运动员的移动都是通过前脚掌用力蹬、碾地面或者是用脚着地时的撑地制动来实现的。因此,在做各种跑、急停、跳、转身等移动动作时,腿部应该保持一定的弯曲,尤其在转移重心和改变移动方向时,要注意脚尖和膝关节的指向,以便于控制好身体的重心,保持平衡,顺利完成移动动作的衔接和变换。

3.协调用力

虽然各种移动动作主要依靠下肢踝、膝、髋等关节肌肉的用力,但也离不开身体其他环节的协调配合,特别是腰、髋的用力配合,对协调移动动作,尤其是协调和转移重心起到重要的作用。

同时,上肢的协同动作,能更好地保证脚步动作的协调性、快速性、实效性等,有利于维持身体的平衡。

四、移动技术动作方法

1.起动

起动是队员在球场上由静止变为运动状态的技术动作。进攻时,突然快速的起动,是摆脱防守的有效手段。防守时,快速突然的起动,可以抢占有利位置,防守对手。

动作方法:准备姿势为基本站立姿势。起动时以后脚或异侧脚的前脚掌用力蹬地,同时上体迅速前倾或侧转,向移动方向移动重心,上肢协调用力,在最短的时间内充分地把速度发挥出来。

动作要求:起动突然,重心移动快。

2.跑

篮球运动中的跑,不仅仅是身体的移动,更为重要的是改变运动的节奏。节奏的改变主要体现在速度的变化和方向的变化,可以通过急停、转身、起跳等技术来完成。而在跑的过程中能熟练地控制球则是跑的诸多技术中的重要技术。

跑,通常分为放松跑、变速跑、变向跑、侧身跑、后退跑、转身跑等。

(1)放松跑

放松跑主要是攻防节奏较慢或者为了节奏变化而做出的准备动作(如放松跑中的突然加速)。

其特点是:中等速度,步幅不大。

(2)变速跑

篮球运动中,运动员在跑动过程中利用速度的变化来完成摆脱防守、占取有利位置、争取主动,或者通过速度变化来追防对手,甚至形成夹击的防守方式,以获取防守中的主动。无论是进攻或者防守,变速跑必须体现出速度节奏变化的突然性。

加速跑时,要利用两脚突然短促而有力的连续蹬地,加快跑的频率,同时上体稍向前倾和手臂相应地摆动加以配合;减速跑时,利用脚前掌用力抵地来减缓快跑的前冲力,同时上体直起,保证身体重心的后移,从而降低跑速。

要求:加速时,前几步步幅要小,动作频率要快;减速时,步幅稍大,上体逐渐立直。

(3)变向跑

变向跑是篮球比赛中最为常用的移动技术之一,指运动员在移动过程中突然改变方向来摆脱防守或者堵截进攻的一种方法。

动作方法:从右向左变向时,最后一步用右脚前脚掌内侧用力蹬地,同时脚尖稍加内扣,迅速屈膝降重心,腰部随之左转,上体向左前倾,移动重心,左脚向左前方跨出,加速前进。

动作要点:变方向的瞬间屈膝降重心、移重心,异侧脚前脚掌内侧迅速蹬地,同侧方向的脚迅速跨出,蹬地脚及时跟上。

(4)侧身跑

这是运动员在跑动过程中,为了观察场上情况,在向前跑动的过程中,扭转上体和头部向前跑进的一种方法。

动作方法:队员在向前跑动时,头部与上体侧转向球的方向,脚尖朝向跑动的前进方向,内侧腿深屈,外侧脚用力蹬地,内侧肩在前。

动作要点:面向球转体,切入方向的内侧腿深屈,外侧脚用力蹬地,重心内倾。

(5)后退跑

后退跑是队员为了观察球场上攻守情况,背对前进方向的一种跑动方法,常与撤步、交叉步等结合运用。

动作方法:后退跑时,用两脚的前脚掌交替蹬地向后跑动,同时上体放松挺直,两臂屈肘配合摆动,保持身体平衡,两眼平视,观察场上情况。

动作要点:前脚掌蹬地,向后跑动,上体放松。

3.跳

跳是队员在球场上争取高度及远度的一种动作方法。篮球比赛中很多技术动作需要队员在空中去完成。因此,队员要会单、双脚起跳,能在原地、跑动中和对抗条件下向不同方向跳、连续跳等,并要求跳得快、跳得高,滞空时间长,以便更好地在空中完成各种攻守动作。

(1)单脚跳

动作方法:起跳时,踏跳脚脚跟先着地,迅速过渡到前脚掌用力蹬地,同时提腰摆臂,另一腿快速曲膝上提,当身体达到最高点时,摆动腿自然伸直,和起跳腿并拢。落地时,双脚稍分开,屈膝缓冲,以便衔接下一个动作。

(2)双脚跳

双脚起跳多在跳球、投篮、抢篮板球、抢断球时使用。

原地双脚起跳动作方法:两脚开立,快速屈膝下蹲,上体稍前倾,两臂弯曲后摆。起跳时两脚快速用力蹬地,同时伸直膝关节,两臂配合前摆。身体腾空后,自然伸直,维持平衡。落地时,前脚掌先着地,屈膝下蹲缓冲重力,并迅速调整身体平衡,做好衔接下一个动作的准备。

行进间双脚起跳大多结合并步、跨步、交叉步等进行,起跳前的一步步幅稍小,有利于屈膝蹬地。

4.急停

急停是指在快速运动中突然制动停下来的一种动作方法,是各种脚步动作衔接和变化的过渡性动作。快跑中突然急停,能有效地甩开防守,急停要结合起动、起跳、变向跑、转身等动作才能更有效地完成攻防任务。

急停一般分为跳步急停(也称为一步急停)和跨步急停(或两步急停)。

(1)跳步急停(见图2.3)

动作方法:在跑动中,用单脚或双脚起跳(离地不高),上体稍向后仰,两臂自然摆动,两脚同时平行(略比肩宽)落地。落地时用全脚掌着地(或先用脚跟着地,然后迅速过渡到全脚掌着地),两膝弯曲,两臂屈肘微张,保持身体平衡。

动作要点:屈膝收腹双脚轻跳离地,转体屈膝落地。

图　2.3

(2)跨步急停

动作方法:在快速跑动中采用急停时,先向前跨出一大步,用全脚掌抵住地面,迅速屈膝,同时身体稍向后倾,转移重心,减缓向前冲力,然后连贯地跨出第二步。脚着地时,脚尖稍向内转,用前脚掌内侧蹬地,两膝弯屈,身体侧转(右脚跨出第一步,身体右转),微向前倾,重心落在两脚之间,两臂自然张开,协助维持身体平衡。

动作要点:第一步脚掌抵地屈膝,上体侧转移重心;第二步用力抵地体内转,臀下坐降重心。

5.转身

转身是指运动员以一脚做中枢脚进行扭转,另一脚向不同方向跨移,从而改变身体方向的一种技术方法。在实际应用中,转身通常和跨步、急停、持球突破等技术相结合,用来摆脱防守队员,获取接球、传球、运球、投篮等机会。在防守中,可以通过转身来抢占有利位置或进行堵截、抢断或抢篮板球等。

动作方法:转身前,两膝微屈,上体稍前倾,重心在两脚之间,转身时,移动脚(非中枢脚)前脚掌蹬地跨出的同时,重心移向中枢脚,以前脚掌为轴用力碾地,腰部扭转带动上体随着移动脚转动,向前或向后改变身体方向。在身体转动的过程中,要保持身体平衡。转身后,重心仍回到两脚之间。

依据转身的方向,可将转身分为前转身和后转身。

(1)前转身

动作方法:移动脚向中枢脚前方跨出,来改变身体位置和方向的转身。通常用于背对进攻方向或者防守者。转身时,要提前观察场上情况,提前做出预判,以利于发挥前转身的攻击性。

(2)后转身

动作方法:由移动脚向中枢脚后方撤步而改变身体位置和方向的转身。后转身可以在原地或者行进间进行。当队员面对或者侧对对手较近距离时,后转身可以有效地摆脱防守或抢占有利位置。

行进间后转身由于惯性的作用,身体较难以保持平衡,所以在行进间进行后转身时,要适当降低运动速度,中枢脚和移动脚要协同快速有力地蹬碾地面,身体重心适当后移,这样可以加快后转身的速度。

6.步法

步法是指运动员为了保持、抢占和调整有力位置,而采取的一些移动方法。

（1）跨步

跨步主要用于持球突破，也可以作为一种假动作或者过渡性动作。跨步是以一脚为中枢脚，另一脚向前、后、左、右跨出，但不改变身体方向的动作方法。

跨步依据移动脚移动的方向，可以分为同侧步和交叉步。

同侧步：移动脚向移动方向跨出，跨步时两腿微屈，中枢脚用力碾地，移动脚向移动侧前方跨出，上体随后侧转前倾。

交叉步：移动脚向中枢脚方向跨步的移动方法。跨步时，两膝弯曲，中枢脚用力碾地，移动脚向中枢脚侧前方跨出，上体向中枢脚方向转动并前倾。

（2）滑步

滑步是防守时最主要的移动步法，通常用来堵截对方的移动路线，调整自己的防守位置。

滑步按移动方向可分为侧滑步、前滑步、后滑步等。

前滑步：两脚前后开立、两腿微屈，向前滑步时，前脚向前迈出一步，着地的同时，后脚紧随着向前滑动，并保持两脚开立的姿势。

侧滑步：两脚平行站立，两腿微屈，向左侧滑步时，左脚向左迈出的同时，右脚蹬地滑动，跟随左脚移动，并保持身体重心降低、两腿微屈、上体稍前倾、两臂张开、注视对手。向右滑步时，动作相反。要求：在滑步过程中，重心不能上下起伏，两脚不能交叉。

后滑步：方法同侧滑步，只是方向不同。

（3）后撤步

后撤步是指在移动过程中，前脚变为后脚的一种移动方法。

防守队员为了保持有利的防守位置，特别是当进攻队员从自己前脚外侧持球突破或摆脱时，常用后撤步，并和滑步相结合运用。

动作方法：开始时，两脚前后或左右开立，上体稍前倾，两腿微屈。后撤步时，移动脚（或前脚）前脚掌内侧蹬地，腰部同时协调用力，加上后脚蹬碾地面，前脚后撤，紧接滑步，后撤角度不宜过大，上体不能起伏。后撤步结束后，一定要保持正确的防守姿势。

（4）攻击步

攻击步是防守时突然上步，逼近进攻队员，进行抢球、打球或破坏对手接球、传球、投篮等攻守行为的一种步法。

动作方法：做攻击步时，动作要突然迅速，后脚要迅猛蹬地，前脚突然迅速向前跨出迫近对手，落地时，重心偏向前脚，前脚同侧手臂前伸做出干扰和抢截性防守动作。

（5）绕步

绕步是为了抢占有利位置，阻挠对手接球或进行抢球、断球的一种移动步法。

绕步依据身体位置，分绕前步和绕后步。

绕前步（右侧绕为例）：右脚向右斜前方跨出半步，左脚迅速提腿紧靠右脚绕过对手，向左侧跨步或跃出，两臂根据防守需要做出相应的动作。

绕后步：动作方法同绕前步，只是向后方跨步绕过，多用于恢复、调整位置进行防守。

五、移动技术在实践中的运用

移动技术是篮球基本功的重要内容之一，它和手上功夫、视野、战术意识等在战术掌握和运用上相互联系，相互配合，缺一不可。

1.后撤步投篮与突破

运用后撤步投篮,既有利于投篮,又便于突破。许多运动员在投篮时(以右手为例),往往右脚向前跨一步,这样不仅缩短了与防守者的距离,增加了投篮的难度,而且也延缓了突破的起动时间。因为向前跨步使身体重心前移,此时转为突破,又必须先跨前脚(后脚为中枢脚),从而影响动作的幅度和起动速度。如果运用后撤步,即在接球后左脚向后撤一步(两脚间距离与肩同宽)投篮,这样既可以和防守保持一定的距离,自如投篮;在防守跳起封盖时,再立即由投篮变突破。做这一动作时要注意接球的一刹那保持两脚平行站立,后撤步的同时做瞄篮动作,在后撤步动作完成后即可投篮或突破。

2.跳步急停与突破

跳步急停的优点是停得快,任何一只脚都可做中枢脚,随时都可进行跨步、转身等动作,机动性强,与突破技术结合起来是一项威协性很大的技术。做动作时,要注意跳步急停时腾空不要太高,利用全脚掌落地迅速过渡到前脚掌,同时两腿弯曲,以缓冲向前的冲力,使之停稳。无论是交叉步突破还是顺步突破,都要侧身探肩贴近防守者。

3.上体虚晃与体前变向

这是一项攻击性、突然性很强的技术,变向后易于及时加速,便于变化运球的频率和高度。手上动作和上体的虚晃、脚下的点蹬结合起来,攻击性会更强。运用时要注意,无论是体前变向换手运球,还是变向不换手运球,球都要靠近身体,身体重心要控制好;变向后,后脚快速用力蹬地,以加大向前跨步的速度和步幅。

4.跳步急停与跳起投篮

这两项技术结合起来使投篮突然性强,稳定性好,便于突破防守。运用时应注意移动突然,急停时控制好身体重心,第二步落地同时起跳,使防守者还没有反应过来时,球已出手。

5.交叉步与滑步的运用

这种技术可加快动作速度,有利于抢占防守位置。滑步技术是当右脚向右跨出落地时,左脚跟随滑动。交叉步与滑步相结合运用是防守者在稍微失去防守位置时,为了抢回有利的防守位置而采用的一种防守形式,即用前交叉步的方式追防防守。抢到位置后继续用滑步。运用中要注意身体重心不能上下起伏,保持水平移动。

六、影响移动动作效果的因素

1.准备姿势

队员在球场上需要有一个既稳定又易动的准备姿势,以利迅速地、协调地进行移动去完成各种攻守行动。准备姿势是指队员的站立姿势,正确的姿势是两脚前后(或左右)开立,两脚间距离与肩同宽,脚掌着地,两膝弯曲(大小腿之间的角度在 135°左右),身体重心的投影点落在两脚之间,上体微向前倾,两臂屈肘自然下垂置于体侧(准备接球或持球),两眼注视场上情况。

2.身体平衡

身体平衡是成功地完成篮球技术的必要条件。人体的平衡与支撑面大小成比例,头部位置在支撑面中点的垂直上方。平衡又与身体重心离地面的高低有关,即便是在场上奔跑,也要降低身体重心。稳定角也是平衡的要素之一。稳定角是重心作用线(重心垂线)和重心到支撑面边缘相应点之间的夹角。稳定角大,稳度也大;稳定角小,稳度也小。控制身体平衡还需要中枢神经系统的作用,它能使运动员感受身体在空间的位置,更好地支配肌肉,改变身体姿势,并使身体各关节的关系协调来维持身体平衡。

3.蹬地力量

任何一种移动,人体必须对地面施加力的作用,并利用地面的支撑反作用,也就是通过脚蹬地、碾地、抵地的力来实现。这些力的大小和方向决定着人体所得到的加速、减速、旋转、制动、滑动、腾空等位移的变化。蹬地的力决定移动的速度与方向。其中蹬地角度与身体重心移动的距离有关。蹬地角度是指力的作用点指向身体重心连线与地面所成的夹角。夹角越小,重心投影点与力的作用点距离越远,所产生的水平分力越大;反之,夹角越大,产生的垂直分力越小。力的作用点与重心同在一垂直线上,则人体向上起跳,在重心之后则向前移动,在重心之前则向后移动或制动人体前移。

4.协调配合

移动中没有身体各部分的协调配合是难以适应比赛变化要求的。协调配合不仅反映在髋、膝、踝关节的预先弯曲和主动伸展上,还需要头、上肢、躯干和下肢各部位的动作相互配合,协调用力,使人体内力和外力很好地结合,控制用力方向和角度,充分利用反作用力和惯性力来克服阻力,这样才能正确地、迅速地完成不同的移动技术,提高移动的突然性、快速性和灵活性。

第三节　接球技术

一、概述

篮球接球技术是篮球比赛中运用最多的一项基本技术,接球技术的好坏、接球质量的高低,直接影响衔接技术的效果和战术配合的质量。

在篮球比赛中,凡持球的进攻技术无不始于接球。因此,接球既是一项基本技术,也是一项衔接技术,良好的接球技巧能够弥补传球的不足。"从生物力学角度来看,接球是终止球在空中运行的方法。不论是双手接球还是单手接球,必须沿着球飞行的相反方向对球施加相应的阻力,使来球的速度减弱为零"。

二、接球技术环节分析

在篮球比赛中要想接好每一个球,而又使每次接球都能发挥最大的效能,是很不容易的。因此解决和处理好篮球接球技术的动静关系、点面关系、快慢与变化关系以及接球动作与其他技术衔接的关系,是提高接球技术训练质量,有效发挥战术配合水平的重要方面。

在一场篮球比赛中,一个队近千次的传接球中,队员在动态状态下的接球远远多于在静态状态下的接球,篮球比赛中,要求传球队员将球传在接球队员所控制的接球面上。同样,接球队员也存在抢占接球面的问题。由于球场上队员所处位置与区域的不同,因此,所选择的控制接球范围的行动与接球的技巧也不同。接球时,抢占有利位置,合理运用接球方法,处理好接球时的点面关系也很重要。

接球技术是一个不断改变身体姿势,运用多种接球方式接好球的过程。比赛中,球速不同,位置不同,相应采取的接球方式也不同。

一般来说,在原地接球速较慢的球,要采取"抢接"即跨步接、迎步接、抢位接、卡位接等方式接球;在跑动中接球速较快的球,多运用"领接"即超位接、抢位接、控点接等方式来完成。由于接球的高度不同,所采用的接球方式也不同,因此,要熟练掌握单、双手接不同高度的各种传球。

1.观察与预测

观察,是运动员感知场上情况的一种主动形式,它是比赛中进行活动的前提。在比赛中运动员运用观察的瞬间速度和通过观察所采用的超前行动准确性是决定技术发挥好坏的重要标志。同样,接球技术的运用也存在观察场上及对手的情况通过预测的手段来选择行动的方式。因此,除了做过渡性的接球外,其他诸如有意识的移动接球、卡位接球、跳步接球、上步、撤步接球等技术的运用都应充分运用好观察与预测的效果。

选择什么时机起动,跑到哪个位置,采用何种方式接球,都直接影响接球的技术效果,它与观察与预测有直接的因果关系。在比赛中队员应观察好自身的位置、方向、角度、距离及自身应占有的范围和跑动的路线,并注意持球队员的动作、表情及眼神,预测可能出现的时机,抢占有利的接球位置,选择合适的接球方法,采取有效的攻击手段,完成进攻的有效目的。

2.抢位与移动

在篮球比赛中合理运用抢位接球和移动接球技术,更能发挥其攻击效应。"抢位接球是指队员处于无球状态时,以抢位接球动作抢占有利的投篮位置和空间的接球攻击"。该技术在占据有利空间、抢占有利时机、控制接球面积、选择战术行动等方面都比原地接球有利得多,因为队员的移动接球能抢占有利的接球路线和位置,增加投篮的机会,更具接球的突然性和隐蔽性,从而加大了防守的难度。

当然,抢位与移动不是一味地乱动,而是伺机而动,有些运动员特别是年轻的内线队员,经常在篮下做频繁的移动,有时本方队员已经在做突破动作,他还在其进攻的路线上移动,如果这样的话,不仅起不到抢位与移动接球进攻的效果,反而将防守队员带到了本方进攻队员的路线上,为本方队员增加了进攻的难度,从而阻碍了整队战术进攻意图的发挥并导致战术配合策略的失利。

在抢位接球和移动接球的技术运用中,要做到观察与行动相一致,手、身段、腰、脚步动作相互配合,同时用眼神、手势、语言等加强与持球队员的联系,使观察、抢位或移动,接球以及接球后的战术选择形成一个良好的"接球链",从而提高攻击效果。

3.衔接与运用

采用何种方法接球和接球后如何衔接好下一技术的运用,是整个接球链中最重要的两个问题。这两项技术的运用效果,往往取决于运动员临场经验的丰富与否,因为经验的形成是一个随着实践的不断深入而逐渐发展的过程,它随着运动员篮球技能的形成过程而产生,也随着篮球技、战术能力的提高而发展。篮球临场经验制约着运动员接球技术的发挥,同时,不断感悟和实践各种接球技术的运用效果,又能促进和提高运动员临场经验的水平。不同的战术形式、不同的位置、不同的防守情况,采用的接球方法也不同。

一般来说,外围队员在防守较松的情况下,多采用摆脱后的上步迎球、跳步接球和超越后的接球方式接球,而内线队员多采取抢位接球和接球抢位两种形式接球。抢位接球是指队员处于无球状态时,以抢位接球动作去抢占有利的投篮位置和有利的接球空间接球攻击;接球抢位是指队员在接球的同时,利用合理的、具有攻击性的接球动作抢占有利的投篮位置和有利的接球空间接球攻击。

在篮球比赛中抢位接球与接球抢位其进攻的意义是一致的,都存在一个队员主动要位、抢占先机的问题。

三、接球技术要点

1)无球队员接球前,要积极利用脚步的速度和方向的变化来摆脱防守者,抢得位置上的优势。在摆脱抢位时,即使不能完全超越防守者,也要注意侧身插肩,争取"一肩半步"的优势,利用自己的身体把防守者挡在身后,以便获得更好的位置,接球攻击。

2)接球后要尽快衔接下一动作,特别是要做好投篮的一切准备,以减少准备时间。若在篮下近距离得到球后,首先要考虑的就是投篮,除非队友有比自己更好的投篮机会。若在离篮圈较远的地点得到球,要立即观察最近的投篮点附近是否有自己的队友,并做好给他传球的准备。切忌获球后只顾球不看人或盲目运球,这是非常不好的习惯。

3)要注意接球后与其他多项技术的有效衔接。例如接球后与投篮、突破、传球、蹬跨、转身等技术的组合及相互转换等,借此来掩盖真实意图,迷惑防守者,以便实施更有效的攻击。

4)尽可能在接球前就注意到下一个技术动作的衔接及应变等。

四、接球技术分类

从接球类型来分,可以把接球分为原地接球、移动接球和跳起接球三大类(见图2.4)。

图 2.4

从接球姿势分,有单手高手接球、单手体侧接球、单手低手接球、双手高手接球、双手体侧接球、双手低手接球以及单、双手接中部位球等(见图2.5)。

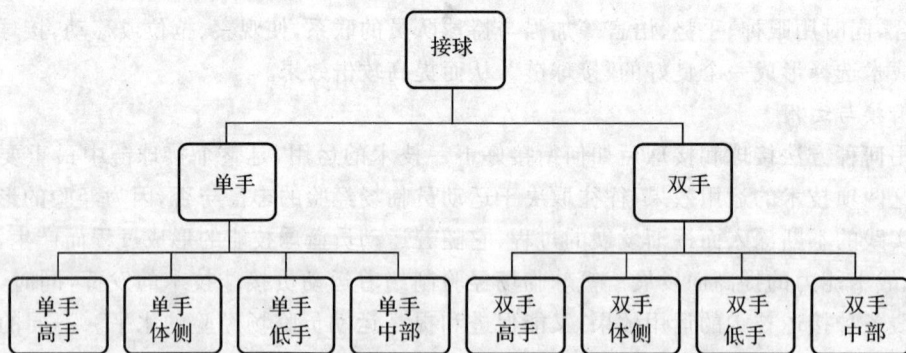

图 2.5

从接球状态分,有原地接球、跨步接球、跳步接球、撤步接球、抢位接球以及跳起接球和转身接球等(见图2.6)。

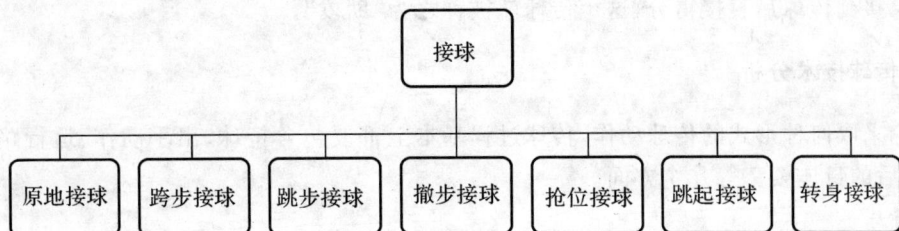

图 2.6

从接球方向分,有正面接球、侧面接球和背面接球。

从以上接球技术的分类来看,各种接球技术在比赛中的选择都有其特殊的意义,不同的位置、不同的接球方向、不同的进攻手段,其接球的方法也不尽相同。

五、接球技术动作方法

1.双手接球

(1)接中部球

动作方法:两眼注视来球,双手手指自然张开,两拇指成八字形,其他手指向前方伸出,两手形成半圆形。当手指触球时,双手将球握住,两臂顺势屈肘后引缓冲来球的力量,两手将球持于胸腹之间,身体成基本站立姿势。

动作要点:伸臂迎球,在手接触球的一刹那,收臂后引缓冲,握球于胸腹之间。

(2)接高球

接高球的方法和双手接中部高度球的方法相同,只是手臂需要向前上方迎球伸出。

(3)接反弹球

动作方法:接球时要及时迎球跨步,上体前倾,眼睛注视来球方向,两臂迎球向前下方伸出,掌心斜对来球的反弹方向,五指自然放松张开,手指触球后,两手顺势将球引致胸腹之间,保持身体平衡,成基本站立姿势。

2.单手接球

单手接球范围较大,适用于接来自身体两侧或侧后方的来球。

动作方法:原地单手接球时,接球手向来球方向伸出,五指自然分开,掌心正对来球,手腕、手指放松,在手指触球的一刹那,顺势收臂将球引致身前或体侧,另一手迅速扶球,保持身体平衡,做好下一个准备进攻的准备动作。在移动中单手接球时,要判断来球的时间和落点,及时向来球方向跨步移动,接球后要迅速降低重心,衔接运球突破或跳起投篮动作。

第四节 传球技术

一、传球概述

传球就是指进攻队员之间有目的地进行转移球的方法,是进攻队员之间联系的纽带。只有全面、熟练地掌握传球技术,才能使五个队员连成一个整体,充分发挥集体的力量,打乱对手的防守阵形和防守部署,从而创造更多、更好的投篮机会。

如果接到传球后直接得分,这个传球就被称之为"助攻"。

二、传球技术分析

无论采取何种形式的传球动作,传球过程基本上都要包含持球、出手动作、运行路线和落点、传球后的身体姿势等几个方面。

1. 持球

持球可以采取单手或者双手。

双手持球时,两臂要自然弯曲,五指自然分开,两拇指相对呈八字形,用指根以上部位触球的侧后方,掌心空出,抬头注视场上情况。

单手持球时,两脚开立,肩部肌肉放松,自然屈肘,五指自然分开,用指根以上部位触球的侧后方,掌心空出,抬头注视场上情况。

2. 出手动作

无论何种传球方式,最后都是通过手指、手腕的抖动和弹拨,使球产生自然而均匀的旋转离开指端。手腕的用力可以反映出传球技术水平的高低。

(1)运行路线

球的运行路线主要有 3 种:直线、抛物线和折线(反弹),具体采取哪种方式要依据接球人、防守人所处的位置和传球距离来决定。

直线传球路线最短、最为简洁,但容易受到传球路线附近防守者的干扰和破坏。抛物线传球虽然可以解决上述问题,但由于球运行的时间、距离较长,也容易受到防守者的抢断或给对手留下为夹击而调整的时间。折线传球的优势在于有利于避开防守者,又能减少球运行的时间,特别适合穿越防守者重点布防的区域。但长距离的传球就不太适合折线传球。

(2)时机和落点

传球的时机和落点是衡量传球技术水平的重要指标,"球到人到、以球领人"是传球技术的最佳体现。同时,在传球过程中,要注意传球的隐蔽性和准确性,不能暴露自己的传球意图。

向原地接球者传球时,球的落点要控制在接球者的胸部高度。

向行进间接球者传球时,当接球者附近有防守者接近或紧逼时,球的落点应传向远离防守者的一侧,并尽力做到"球到人到、以球领人"。

传给从内线插上接球的同伴时,要注意传球动作的隐蔽性,要突然、快速,球的落点应在同伴的胸腹之间。

传给近距离迎面跑动的同伴时,传球的力度要柔和。

由后场传球给领先向前场跑动的接球者时,传出的球既要有一定的弧线,又要快速有力,球的落点应在接球者的侧前方,要以球领人,以利于同伴在高速跑动中接球。

3. 传球后的身体姿势

将球传出后,无论任何情况下,都应保持正确的基本姿势,以利于进行下一个动作的衔接。

三、传球技术分类

传球依据球出手时和身体的位置关系,可分为头上传球、肩上传球、低手传球、体侧传球、勾手传球、背后传球、胯下传球等;依据传球者所处的运动状态,可分为原地传球、行进间传球、跳起传球及面对传、侧对传、背对传等;依据球的运行路线,可分为直线传球、弧线传球、折线

（反弹）传球等；依据单双手，可分为单手传球和双手传球（见图 2.7）。

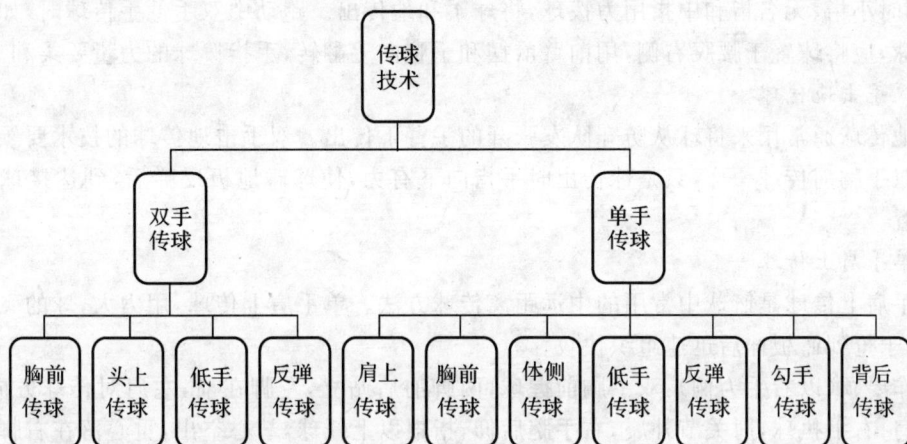

```
                        ┌──────┐
                        │ 传球 │
                        │ 技术 │
                        └──────┘
              ┌────────────┴────────────┐
          ┌──────┐                   ┌──────┐
          │ 双手 │                   │ 单手 │
          │ 传球 │                   │ 传球 │
          └──────┘                   └──────┘
   ┌───┬───┬───┬───┐        ┌───┬───┬───┬───┬───┬───┬───┐
 胸前 头上 低手 反弹    肩上 胸前 体侧 低手 反弹 勾手 背后
 传球 传球 传球 传球    传球 传球 传球 传球 传球 传球 传球
```

图 2.7

四、传球技术动作方法

1. 双手胸前传球

双手胸前传球是最基本、最常用的篮球传球技术。一般在中、近距离运用双手胸前传球。双手胸前传球是传球技术的基础，具有准确性高、容易控制、便于变化的特点。

动作要领（见图 2.8）：持球时，两手五指自然分开，拇指形成八字形，用指根以上部位握球的侧后方，手心空出，两肘自然弯曲于体侧，将球置于胸前。肩、臂、腕部肌肉放松，两眼注视传球目标，身体保持基本站位姿势。传球时，目视传球方向，两臂前伸，手腕由下向上转动，再由内外翻，急促抖腕，同时拇指用力下压，食、中指用力弹拨，将球传出。出球后手心和拇指向下，其余四指向前。远距离传球时，则需加大蹬地和腰腹的协调用力。

图 2.8

2. 双手头上传球

在篮球比赛中抢到篮板球的队员经常用这种方式将球传给位于远处前场处于有利位置的队友。双手头上传球可以越过防守队员，并且可以传得很远。

动作要领：双手从球的两侧面持球（手指尖朝上），置于头顶，肘部微屈，持球手法与双手胸前传球相同。传球时小臂前挥，手腕前扣外翻的同时，拇指、食指、中指用力拨球。传球距离较远时，加脚蹬地，腰腹用力，全身协调发力，将球传出。

3. 双手低手传球

低手传球是一种近距离的传球，通常用于将球传递给离自己较近的队友，多用于内线进行策应或外围队员交叉跑动时传球。

动作要领:传球时,双手将球置于腹部前方,上体稍屈,两脚开立。传球时,手腕由下而上翻转,同时小指、无名指和中指用力拨球,将球柔和地传出。跑动中双手低手传球时,如果左脚上步出球,应将球置于腰腹右侧,用前臂前摆和手腕向上翻转,手指拨球的力量要柔和。

4.双手击地传球

击地传球通常用来将球从防守队友张开的手臂下传出。双手击地传球的技术要领与上面讲到的双手胸前传球一样,只是球传出时手指向下有力,使球碰地板反弹后,到达接球队友的腰部位置。

5.单手肩上传球

单手肩上传球是篮球中常用的中远距离传球方法。单手肩上传球,用力大,球的飞行速度快,有利于抢到篮板球后迅速组织快攻。

动作要领(以右手为例):双手胸前握球,两脚前后站立,左脚在前,左肩对传球方向,将球引至右肩,右手执球,肘关节外展,右手腕后仰,指根以上托球,掌心空出,重心落在右脚上。传球时,右脚蹬地,转体,前臂迅速向前挥摆,手腕前屈,通过拇指、食指、中指拨球,将球传出。球出手后身体重心随之移到左脚上。单手肩上传球可分为近距离传球(见图 2.9)和远距离传球(见图 2.10)。

图 2.9

图 2.10

6.单手胸前传球

单手胸前传球是一种近距离传球的方法,较为快速、灵活、隐蔽,并便于和运球突破、投篮相结合使用。

动作要领:持球手法与单手肩上传球相同(以右手传球为例),双手将球移至右肩下部,右手手腕微屈向后,手心向前,左手扶持球的侧下部。出球时,右臂短促前伸,手腕急促向前抖翻,同时食指、中指、无名指用力弹拨,将球平直向前传出。

7.单手转体传球

单手转体传球在篮球比赛中是一种隐蔽的短距离传球方法。外围队员传球给内线时,常用这种技术,单手转体传球与跨步、突破等假动作结合使用效果较好。

技术要点：当持球手引球到体侧时，前臂摆动快，幅度小，腕、指急促用力抖动将球传出。

8.单手体侧传球

单手体侧传球是外围队员传球给内线同伴时常用的传球方法，经常与跨步、突破等技术动作结合使用。

动作要领（以右手为例）：两脚开立，两腿微屈，双手持球于胸前。传球时，左脚向左跨步的同时，将球移到右手引到身体右侧，在出球前的一刹那，持球手的拇指在上，手心向前，手腕后屈，出球时，前臂向前做弧线摆动，当身体摆过身体右前方时，迅速收前臂，用手腕、手指的力量将球传出。

9.单手背后传球

动作要领（以右手为例）：左脚向左侧前方跨步，上体前倾，侧对传球目标，双手持球后摆到身体右侧时，左手迅速离开球体，在右手引球继续沿髋关节横轴方向后摆至臀部的一刹那，右手向前方迅速扣腕，食指、中指、无名指用力拨球将球传出。在运球中进行背后传球时，要与脚步动作协调配合，在右脚跨出停球的一刹那，要将球迅速后摆与上左脚配合出球。

10.勾手传球

动作要领（以右手为例）：左脚向前跨步并转体，左肩对着传球方向，球交右手，右臂沿体侧绕环上摆的同时右腿屈膝提起，左脚起跳，当球摆至头部右侧上方时，迅速扣腕、手指拨球，将球传出。为增加出手高度，右腿要尽量高抬，身体和手臂要尽量伸展。

11.单手转体传球

单手转体传球在篮球比赛中是一种隐蔽的短距离传球方法。外围队员传球给内线时，常用这种技术，单手转体传球与跨步、突破等假动作结合使用效果较好。

技术要点：当持球手引球到体侧时，前臂摆动快，幅度小，腕、指急促用力抖动将球传出。

12.行进间传球

行进间传球是两名队员的配合动作，可以用单手或双手传球。比赛中为加快进攻节奏，缩短传球时间，经常运用行进间传球。

第五节 运球技术

一、运球概述

运球是有球队员在原地或移动中，用单手连续拍按或双手交替拍按由地面反弹起来的球的过程。

运球不但是个人攻击的有力手段，而且是组织全队进攻战术配合的桥梁。有目的地运球可以突破防守、发动进攻、调整位置、寻找有利时机进行传球和投篮，尤其是进攻紧逼人盯人防守的有力武器；盲目地运球会贻误战机，造成被动。

二、运球技术分析

运球动作由身体姿势、手臂动作、球的落点、手脚协调配合四个环节组成。

1.身体姿势

运球时应保持两脚前后自然开立，两膝微屈，上体稍前倾，头抬起，眼睛平视。非运球手臂屈肘平抬,用以保护球。脚步动作的幅度和下肢各关节的屈度随运球速度和高度的不同而有所变化。

2.手臂动作

运球主要靠手指、手腕动作对球的控制与支配。所以,手指、手腕动作是运球技术的重要环节。

(1)手的动作

运球时,五指张开,用手指和指根以上部位及手掌的外缘触球,掌心不触球。运球时以肩为轴,用大臂带动肘关节和小臂,最后通过手腕、手指用力向下按拍,并随球有一个短暂的伴随动作,当球从地面弹起时,用手由下向上迎接引领来球,并自然弯曲手臂,以缓冲球的反弹力量,控制球的反弹方向、高度和速度。

(2)按拍球的部位

运球时,球从地面的反弹方向由按拍球的部位决定,按拍球的正上方,作用力与球的纵轴一致时,球就会原地向上弹起;按拍球的后侧上方,作用力与球的纵轴有一定的角度,球就会向前上方弹起。同样,按拍球的左或者右侧上方时,球就会向右或左侧上方反弹。所以,根据不同的运球技术动作,按拍球的部位和作用力的大小也就会有不同。而运球中指、手腕动作的速度和幅度,则是调节运球力量的关键。

3.球的落点

运球时应控制球的落点,使球完全保持在自己所能控制的范围内,以便随时利用自己的上体、臂、腿来保护球,而且也要便于技术运用。例如:运球向前推进无防守时,球的落点应控制在身体的侧前方,并根据推进速度保持适当距离。在对手紧逼防守时,应使球远离对手,采用侧对防守的运球方法,将球的落点控制在身体的侧后方,以便更好地保护球和及时抓住战机变换运球方法突破防守。

4.手脚协调配合

运球时既要使移动速度和运球速度协调一致,又要保持合理的动作节奏。能否保持脚步动作和手部动作协调一致,关键在于按拍球的部位、落点的选择和力量大小的运用。脚步移动越快,拍按球的部位越靠后下方,落点越远,拍按球及反弹起来的力量越大。运球时,手拍按球和脚步动作要保持一定的比例关系和节奏。直线运球,一般拍一次球跑两步。

三、运球的时机

运球时,需根据场上攻守队员的情况,因时因地、机动灵活地进行。通常的运球时机如下:

1)当同伴被对方严密防守、无法选择传球时。

2)为了摆脱防守时。

3)运球后可以为投篮或传球提供更好的机会时。

4)在阵地进攻中,当对方扩大防区时,可运用运球压缩对手防区,创造中、远距离投篮机会;当进攻位置不好时,可运用运球调整位置,寻找配合机会;当对方采取紧逼防守时,可应用运球突破,打乱对方的防守部署。

5)组织和发动快攻时。

6)当对方每节犯规次数达到罚球次数,为了制造对方犯规,采用突破打法时。

7)为给同伴创造进攻机会时。

8)打控制球战术,为充分利用每次进攻的时间限制,有节奏、有计划地进攻时。

四、运球技术分类

依据运球时球的反弹高度,可将运球分为高运球和低运球(以运球者的腰部高度为界限),腰部以上为高运球,腰部以下为低运球;依据运球者的运动状态,又可以分为原地运球和行进间运球,进而又可分为变高度运球、变方向运球和变速度运球等;依据运球行进的路线和方向变化,可分为直线运球、曲线运球、运球变速、运球变向等;依据运球变向时,球与身体的位置关系,可分为体前变向(体前换手变向和体前不换手变向)、背后变向、胯下变向和转身运球(前转身、后转身)等(见图 2.11)。

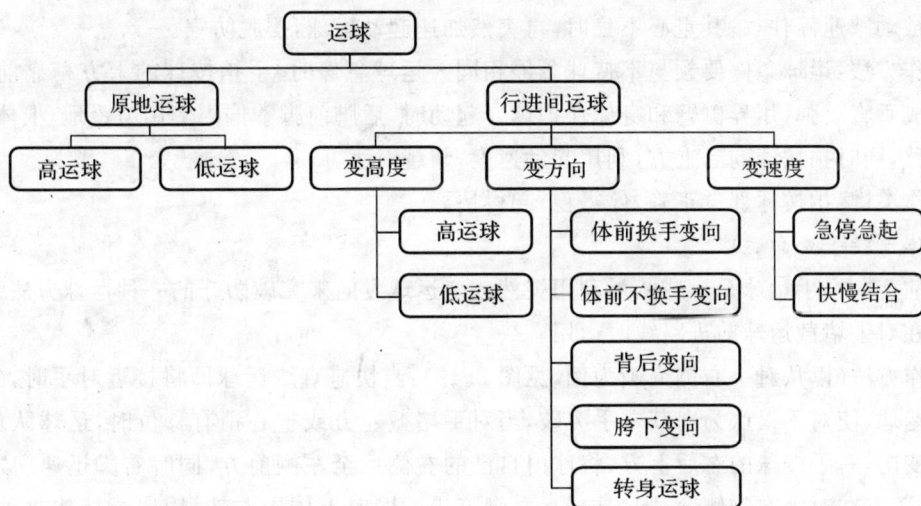

图 2.11

五、运球动作方法

1. 高运球

运球时,球反弹的高度在腰、胸之间叫高运球。它是在没有防守队员阻挠情况下,为了加快向前推进的速度或在进攻中调整进攻速度和攻击位置时,提高运球高度,加大反弹距离,与快速奔跑相结合,所采用的一种运球方法。

动作方法:膝微屈,上体稍前倾,目视前方,手按球的后半部,球落点在人的侧耳前方(根据速度快慢,决定运球距离远近),球的反弹高度在腰胸之间,手脚要协调配合,这种运球身体重心较高,便于观察场上情况。

动作关键:手拍按球的部位正确,手脚协调配合。

2. 低运球

如果运球接近防守队员或防守队员来抢球时,运球队员应改用低运球突破对手,用身体保护球,并善于运用假动作摆脱防守。

动作方法:两脚前后开立,两膝弯曲,上体稍前倾,抬头看前方,重心落在前脚掌上,手腕放松,手掌与地面平行,五指自然分开。用手指和指根拍按球。手心空出,以肘关节为轴,前臂做上下伸压动作,结合手指、手腕缓冲球向上反弹力量,以控制球的高度和落点,一般运球落点应为运球手同侧脚的外侧稍前。运球高度在膝关节以下,为了保护球,运球者应该使球、自己和防守者三者保持一条线,不运球的手臂要抬起。行进间低运球,向前时要拍球的后半部,向左变向时拍球的右半部,向右侧则反之。

动作关键:两膝弯曲迅速,降低重心,上体前倾;拍按球短促有力,手脚协调配合。

3.急停急起运球

运球急停急起是运球时利用速度的突然变化来摆脱防守的一种方法。这种方法多用在对手防守较紧的情况下,不能用快速运球超越对手时,运用运球速度上的突然变化,急停、急起,摆脱对手。或原地静止状态运球,突然急起来超越对手。在快速运球中突然停止前进,迫使防守队员被动减速停住,趁其重心不稳时,再突然加速起动运球,摆脱防守。

动作方法:运球急停要领与不持球急停相同。运球急停时,手拍按球的上方稍靠前,使球与地面成垂直反弹,用异侧臂和身体保护球。起动时,后脚前脚掌偏内侧用力蹬地,上体前倾,重心前移,同时拍按球的后上方,利用起动速度,超越对手。

动作关键:拍按球部位正确,停得稳,起得快。

4.体前换手变向运球

体前变向换手运球是运球队员利用突然改变运球方向来突破防守的一种运球方法。这种方法多在对手堵截运球前进路线时运用。

动作方法(以从对手右侧突破为例,见图2.12):当快速直线运球即将接近对手时,先向对方左侧运球,使对手误认为向其左手突破,当对手堵截左方或重心稍有移位时,运球队员立即向左侧变向,右手按球的右后上方,将球由自己的右侧运至左侧前方,同时右脚迅速向左前方跨出,脚落点在对手右脚侧面,脚尖向前,右脚跨步的同时上体向左转,用肩背挡住对手,然后换左手按球后上方,同时左脚用力蹬地、加速,超越对手。

动作关键:拍按球的部位、方向正确,同时要及时跨步、侧身护球和加速超越对手。

图 2.12

5.体前不换手变向运球

体前不换手变向运球是运球队员利用不换手地向左或向右横向运球,改变球的方向、路线来突破防守的一种运球方法。

动作方法(见图2.13):将球从身体右(左)侧按拍向身体的中间位置,手随球移至体前,上体也随着向右(左)侧晃动,再将球拉回右(左)侧,左(右)脚向右(左)迅速跨出,侧身护球并用右(左)手运球,加速突破防守。

动作关键:手按拍球的部位和拉拍球的动作要准确,同时要及时跨步、侧身护球并加速超越防守者。

图 2.13

6.背后运球

背后运球主要运用在当对手堵截运球一侧,且距离较近,不适合运用体前变向运球时,所采用的一种突然改变方向来突破防守的一种运球方法。其特点是,面对防守者,便于观察了解情况,使球从背后变向,能更好地保护球。

动作方法(见图2.14):当从右侧突破时,先向左侧方向运球,当对手重心向左侧移动时,突然用右手拉拍球的外侧,将球从背后向自己左侧前方按拍。右脚在前时,开始用手提拉球,左脚上步的同时,使球从身体后侧反弹至左侧前方,右脚迅速向左前方跨步,侧肩靠近对手右侧,以手臂、腿保护球,换左手运球,快速突破。

动作关键:抬头,目视前方;变向时,手臂迎球提拉时要右脚在前;在上左脚的同时,用屈臂、转腕、拨指的动作加力,使球从左脚后侧向前反弹,然后左手运球加速前进。

图 2.14

7.运球转身

运球转身是运球队员被防守堵截运球的一侧并且距离较近时,运用后转身改变运球方法,借以突破防守的一种方法。

动作方法(以右手运球为例,见图2.15):运球转身时,侧对防守,左脚在前做中枢脚,将球控制在身体右侧,右手按球的右侧上方,随着后转身右脚蹬地后撤的同时,将球拉向身体后侧方落地反弹,即换左手运球,从对手的右侧突破。

动作关键:转身时要加力运球,以加大球的反弹力,增加手控制球的时间,利于拉引球动作的完成。运球转身时,使上臂紧贴躯干来减小球的转动半径,同时运球手臂提拉球的动作和脚的蹬地、跨步、转身动作紧密结合。

图 2.15

第六节 投篮技术

投篮是进攻队员将球投入对方篮筐所采用的各种专门动作的总称,是篮球运动的主要进攻技术,是得分的唯一手段。

投篮是将球抛掷入安置在篮板上并与地面平行、离地面 3.05 米高的篮圈之中。

一、投篮技术分析

由于投篮的出手点一般低于篮圈的高度(扣篮及特殊的投篮除外),而要将球投进篮圈之中,就必须有正确的持球方法、瞄篮点、全身的协调用力、合理的出手角度和出手速度、规律性的旋转、适宜的飞行弧线和入篮角度。

1.持球方法

正确的持球方法是掌握投篮技术的前提,也是合理运用投篮技术最基本、最重要的条件之一。

投篮时的持球应符合下列要求:使球尽可能在手中保持稳定,便于与其他攻击技术结合,有利于球出手时合理、准确地用力。

以单手投篮的持球法为例:手腕后仰,掌心向上,五指自然分开,指根及其以上部位(包括大、小拇指的指根以上部位)触球,空出手心,肘关节自然下垂,另一手扶球的侧上部,举球于同侧头或肩的前上方。从解剖学角度分析,持球时应适当增大手腕后仰角度,即持球或球出手引腕后仰时,手腕后仰角度越大,屈腕主动肌牵拉越长,则完成投篮的条件越好,它有助于出球时均匀发力和球出手后的飞行弧线。

手掌的正确托球方法,即五指自然张开,大、小拇指间的夹角约为 80°,以扩大对球体的支撑面,指根及其以上部位都能触及球,球体的重力作用线近乎落在食指和中指的指根部位,这样不仅可以增强持球的稳定性,还有助于球出手时均匀、柔和地发力。

2.瞄篮点

瞄篮点是指运动员投篮时的瞄准点。

正确的瞄篮点能使运动员在瞬间目测出篮圈的精确方位和距离,从而决定相应的出手力量、飞行弧线和落点。

投空心篮的瞄篮点一般为篮圈前沿最近的一点；碰板投篮的瞄篮点在篮板的正面，根据投篮角度、距离、力量和飞行弧线的不同而有所区别，运动员要因势变化，善于根据情况随时调节碰板投篮的瞄篮点和出手力量。不论选择何种瞄篮点，投篮训练时运动员都应以既定的瞄篮点为参照，只有经过较长时间的反复体验，才能形成出手用力习惯，达到运用自如的效果。

3. 协调用力

投篮出手用力是指投篮时身体各部位综合、协调的用力过程，它是整个投篮动作的关键环节。

以原地单手投篮为例，力的聚合是从投篮准备姿势开始的，力量的起点源于投篮前的基本站法和身体平衡，由下肢蹬地发力，然后沿着投篮出手的方向伸展身体，特别是借助脊柱伸展的惯性促使下肢、躯干和上肢连贯、协调配合，将身体各部位肌肉的力量最后积聚于手臂、手腕和手指部位，以伸展手臂、手腕的前屈及手指的弹压动作将球投出。任何一种投篮方法，最后都是运用肩、肘、腕、指关节的活动来实现的。不同的投篮方法主要由肩、肘关节的活动和角度而定。

例如，单手头上投篮和单手肩上投篮的区别，主要是肩、肘关节的屈、伸角度不同；行进间单手高手投篮与低手投篮的差异，主要体现在肩关节的前屈和肘关节的内、外旋方向不同；而行进间的篮下背向反手投篮，则必须充分前屈肩关节和外旋前臂，上臂几乎同地面垂直。在球出手的一瞬间，手指最后作用于球体的力量大小、方向和作用位置等决定着球的出手角度、速度和旋转。

可见，伸臂举球，特别是手腕翻、转、抖、屈和手指弹拨作用于球的力量是投篮发力的关键，是功能性动作。肩、肘关节在最后用力中主要是配合腕、指动作，它们的动作就其运动性质而言，应该是一个匀加速曲线运动。匀加速运动的特点是在间隔相等的时间里速度的增长是相等的，这就要求在伸臂和屈腕时不能分先后，更不应忽动忽停，而必须协调连贯、柔和舒展，一次完成整个动作（突然改变投篮方向和方法除外）。

手指、手腕用力是最后作用于球体的环节，最后用力直接影响投篮效果。手指用力与手腕前屈动作是一个整体，手腕前屈是主动工作，手指用力是跟随手腕前屈的被动工作（因指关节几乎没有屈伸动作，故没有独立做机械功的条件）。

4. 出手角度与出手速度

出手角度是指投篮时球离手一瞬间球体重心飞行轨迹的切线与出手点、水平面所形成的夹角，它决定球在空中的飞行弧线和入篮角的大小。

出手角度主要依靠手指最后作用于球体力的方向和作用点来调节。作用点（即出球点）的高低，可以看成是产生上下偏角的条件，用力方向则是主要依据。

如果出手点过低，出手角度就不可能大。只有在保证用力方向的前提下，保持合理的出手角度并与特定出手速度相配合，才能使球沿着理想的弧线飞行而落入篮圈。

有研究表明，6～7米外远距高投篮的出手角度约为50°～55°，5米前后的中距离投篮出手角度约为70°。应当注意的是，出手角度并非一成不变，它因投篮人的身高、投篮方法以及出手速度不同而变化。出手速度是指投篮出手的一瞬间，身体各部位的综合肌力经过手腕和手指的调节而使球离手进入空间运行的初速度。

现代投篮技术发展的显著特点之一便是动作突然，出手速度快而合理。投篮出手速度首先取决于身体协调、综合用力的大小及腕指用力的调控，而手腕的翻转、抖屈和手指弹拨球动作的柔韧性、突发性和连贯性是取得合理出手速度的关键。投篮出手速度的运用,应立足于既提高出手角度,又加快出手速度,并善于根据不同方位、距离、投篮方法及防守形势等具体情况,在投篮用力的部位、力大小和投篮动作的幅度与速率等方面进行合理调控;或适当增大出手角度,提高出手点;或加大下肢蹬伸力量,加快伸臂举球动作速度;或加大出手瞬间腕指作用于球体力量及速度等。唯有如此,才能有效地避开防守封盖并保证球在空中获得适宜的飞行弧线,取得较佳入篮角。

5.球的旋转

球的旋转是指投篮队员使球在空中飞行时产生的各种规律性旋转状态。球的不同旋转方向和速度主要取决于手指的最后用力动作。

一般来说,在中、远距离投篮时,都应使球向正后方向旋转。后旋球不仅能保持合适的飞行弧线,使球获得理想的入篮角,而且在球触及篮板或篮圈后沿时也利于向下反弹落入篮圈。不同的旋转方向对各种篮下投篮也有帮助,尤其对失去角度的篮下投篮,不同旋转的碰板球往往能产生令人莫测的投篮效果。

6.投篮弧线和入篮角

投篮弧线是指球离手在空间飞行时形成的一条运动轨迹,亦称抛物线。弧线高低取决于投篮的出手角度和出手速度,投篮距离和出手高度也与弧线高低有紧密关系。不同的投篮弧线产生不同的入篮角和入篮截面,因此,它对投篮命中率有直接影响。

人们习惯将投篮弧线分为高、中、低三种。实践证明:中等投篮弧线是最理想的,它的入篮角适中,球与篮圈的径向间隙可达最大值,球心与篮心的偏差最小。中、远距离投篮一般应使球离手时上臂与身体的垂直线成30°角左右,弧线最高点在篮圈水平面上方1.2~2米为宜。但由于运动员的身高、投篮距离,投空心与碰板投篮的不同及受防守干扰等原因,投篮弧线不可能是一种模式。

二、技术原理

1)按一般规律进行分析,投篮是由运动员的身体平衡、持球动作、瞄准方法、出手动作、投篮的弧度及球的旋转6个环节组成的。

当然每个技术环节都有一定作用,但其出手动作是整个投篮技术的关键,出手动作(以单手肩上投篮为例)由提肘、伸臂、压腕和拨球等环节用力顺序紧密衔接而成,在整个投篮技术动作中,各部位协调用力应是一气呵成的,但是事实上也有先后用力顺序,如提肘、伸肩时不能压腕,而只有伸臂完成后才能压腕、拨球,故手指就是球离手前对球的最后控制与支配,假如球的最后离手一瞬间没有手指拨球或手指拨球稍有偏差,则就是失之毫厘、差之千里,导致整个投篮技术动作前功尽弃。从动作的职能上讲,手指拨球负有传递投篮力量大小、控制投篮方向、调整出手速度的快慢以及掌握出手角度高低的作用。这些直接影响投篮准确性的因素,均集中地体现在手指的最后拨球上,不过最后拨球也是和伸臂、举球、压腕等动作相衔接的。从手指拨球动作其本身所起的作用和功能来讲,它除了控制投篮方向、力量及速度以外,还对投篮的弧度及产生球的旋转具有很重要的功能,特别是对球的旋转起了直接性和决定性的作用。这是因为在整个投篮技术动作中,所出现的多种旋转(球的前旋或后旋)均是靠手指拨球而产生的。

2)球的旋转对投篮的准确性的影响。以单手肩上投篮为例:投篮时,下肢蹬地发力,右臂向前上方伸直,手腕前屈,在最后出手时,位于球正后下方的中、食指柔和地将球拨出,使球离手后沿着球横轴向后旋转。

第一,依据流体力学原理。

由于球体的后旋,使球体上、下部通过的气流量不均,上部气流通过得少而快,下部气流通过得多而慢,形成了球体气压上部小而下部大。正是由于这种气压差异,促使球体在空中运行时产生了一个上升和浮力。这从客观效果上起到了提高投篮弧度,扩大篮圈暴露面,增加命中概率的效果。

当球后旋时,球的后旋排除了空气中多种阻力的干扰,使球稳定地沿着正确的轨道运行,从而有效地保证了准确投篮的可靠性,这与排球的飘球运行方式形成了鲜明的对比。

球的后旋能有效减缓球出手后的前冲力,它有助于促成投篮时所需的柔和弧度。

后旋转的球碰在篮的后沿时,球反弹方向是朝下的,与不带旋转的球相比较更容易落入球篮。此外,还有多种碰板球,由于球的旋转缓和了篮板的弹力,使球柔和地反弹入篮,而不致于反弹的距离较远。

第二,依据运动学原理。

抛射的球体如果只受重力的作用,它的运动轨迹是抛物线,然而空气并不是理想流体,球本身也会有不同程度的旋转,在重力及空气对球的合成作用下,球将偏离初始的运行轨迹。可将空气视为稳定流体,不加旋转的球只有平动,由于球上下方气流的对称性,空气将不影响球的飞行。但在球旋转后,由于空气黏滞性的作用,以及球的表面并非绝对光滑,将产生与球体旋转方向一致的空气"环流",由于环流与空气流线的相互作用,将产生空气流线分布,在球的上面是气流速度和旋转速度的合成,在球的下面则是气流速度和旋转速度的分解,因此,$v_上 > v_下$,根据伯努利方程

$$p + \rho g h + \frac{1}{2} \rho v^2 = 恒量$$

可知,压强 $p_下 > p_上$,因此球上方的空气流速快,空气压力低,球下面的空气流速慢,空气压力高,将球向上压迫。由于这个压力差,使球受了一个向上的作用力。

3)入射角直接影响球入筐的概率,球的飞行弧度越高,入射截面就越大,命中率就越高。但是,出手弧度过高也会影响投篮动作的准确性。而带有后旋的球则能有效地克服这一不足,因为球在上升阶段几乎能接近直线飞行,这样较容易控制球的飞行路线,而下降阶段,由于空气阻力影响使水平速度变化较大,改变了垂直速度和水平速度的比例,所以当球飞行到篮圈上方时,又几乎垂直下落,将使球获得极佳的入射角度,从而大大提高了命中率。总之,球的旋转是保证投篮准确性的重要因素。

4)尽管现在投篮技术的动作方法愈来愈多,越分越细,但是影响投篮命中率的诸多因素均集中地体现在投篮的手指拨球上,因为这是投篮动作各个环节的最后出手阶段,也是人体大脑准确支配投篮的综合反馈,如这一技术掌握好了,对提高投篮命中率会起到事半功倍的效果。

三、技术分类

投篮的动作方法很多,按照握球的方法不同,可分为双手投篮和单手投篮两大类。进而可以依据投篮前球和身体的位置关系,分为胸前、肩上、头上等各种动作方法;按投篮移动时的形式,可分为原地、行进间、跳起投篮等;依据投篮的距离,可分为近、中、远距离投篮;从投球入篮

的形式,可分为碰板投篮和不碰板投篮等(见图 2.16)。

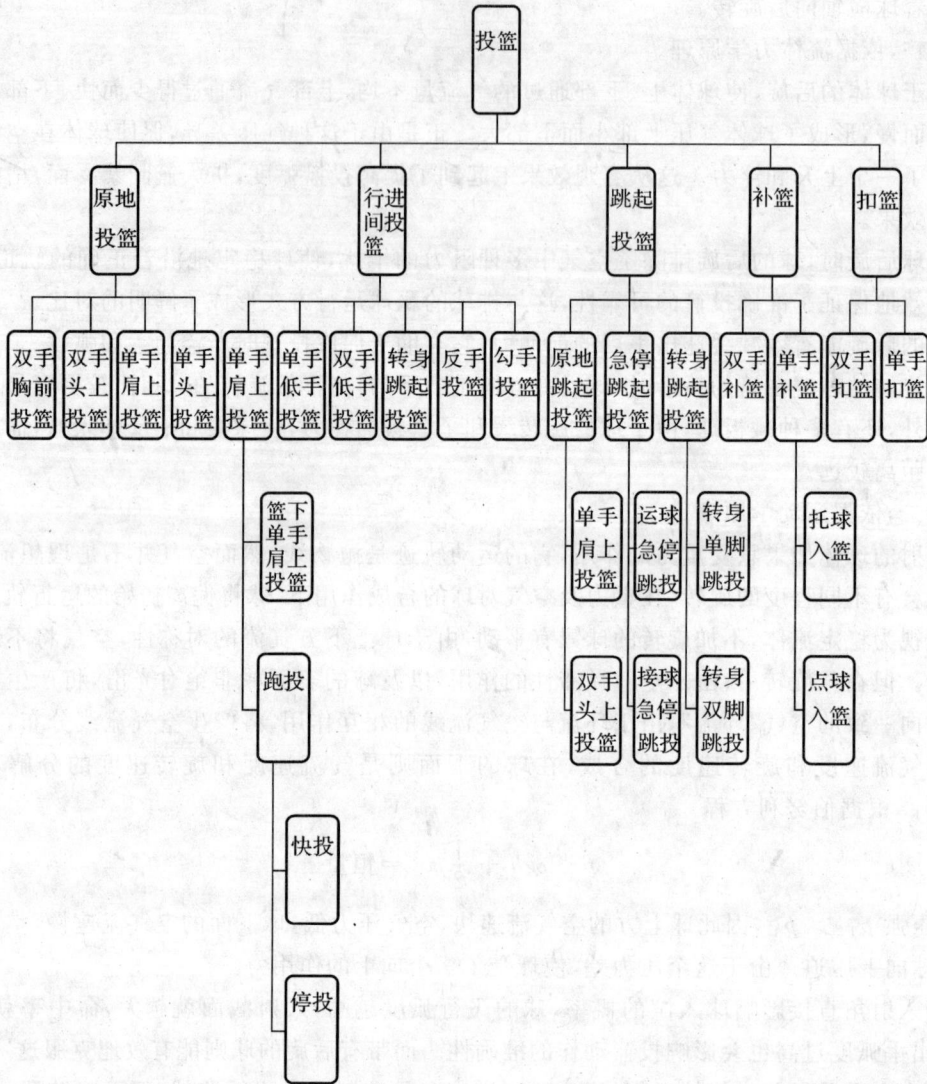

图 2.16

四、投篮技术动作方法

1. 原地双手胸前投篮

动作方法(见图 2.17):双手握球在胸部以上(高度在肩部附近),握球手法与双手胸前传球相同,肘关节自然下垂,上体稍前倾,两脚前后或左右站立,两膝微屈,重心落在两脚之间,目视投篮目标。投篮时,两脚前脚掌蹬地,腰腹伸展,同时两臂向前上方伸出,两臂即将伸直时两手腕同时外翻,拇指向前压送,指端拨球,以拇指、食指、中指的力量将球投出,最后腿、腰、臂自然伸直。

2. 原地单手肩上投篮

动作方法(以右手为例,见图 2.18):右手五指自然分开(手心空出),指根以上部位触球,向后屈腕、屈肘持球于肩上耳部左右,肘内收,前臂与地面接近垂直,左手扶球的左侧,右脚稍前,左脚稍后,重心放在两脚之间,两膝微屈,目视投篮目标。投篮时,两脚前脚掌用力蹬地,伸展腰腹,抬肘,手臂上伸,即将伸直时,手腕用力前屈,手指拨球,球最后以中指和食指的指端投出。球出手后,腿、腰、臂自然伸直。

图 2.17

图 2.18

3.双手头上投篮

动作方法:双手持球于头上,两肘关节自然弯曲,两脚左右或前后开立,两膝关节微屈,重心落在两脚之间。投篮时,两臂随下肢的蹬伸向前上方伸出,两手腕同时外翻,拇指稍用力下压,用指端拨球,使球从拇指、中指、食指指端投出。出手后,脚跟提起,腿、腰、臂随出球方向自然伸直。

4.行进间单手高手投篮

动作方法(以右手为例):右脚跨出一大步,在没落地前接球,右脚落地后左脚向前跨一小步(缓冲向前的水平冲力),并用力蹬地向上起跳,同时举球于肩上(或头部以上)。当身体至最高点时,前臂向前上方伸展,右臂即将伸直时手腕前屈,食、中指用力拨球,通过指端将球拨出,出手要柔和。

5.行进间单手低手投篮

动作方法(以右手为例,见图 2.19):右脚跨出一大步,在落地前按球,左脚紧接跨出,步幅稍小,不要减速,有力蹬地向前上方起跳,同时双手持球移至体右侧耳上举,左手离球,右手掌心向上托球,向球篮方向伸出,接着向上屈腕,食指、中指、无名指向上拨球投出。

6.原地跳起单手肩上投篮

原地跳起单手肩上投篮简称跳投,是跳起在空中完成投篮动作,具有突然性强、出手快、出手点高、不易防守的特点。

图 2.19

动作方法(以右手为例):两手持球于胸前,两脚前后或左右自然站立,两腿微屈,重心在两脚之间。起跳时两腿迅速屈膝,前脚掌用力蹬地向上起跳,同时迅速举球于头侧上方(起跳和举球动作要协调一致),用右手托球,手腕后屈,左手扶球。当身体接近最高点时,左手离球,右臂伸向前上方,前臂即将伸直时,手腕用力前屈,食、中指拨球,通过指端将球投出,手臂向出球方向自然伸直。落地时屈膝缓冲,保持身体重心稳定。

7.运球、接球急停跳起投篮

动作方法(见图 2.20):运球急停或接球急停跳起投篮时,可采用跳步或跨步急停动作方法,停步的同时双手随起跳持球上举,当身体至最高点时辅助手离球,投篮臂向前上方伸直,手腕前屈,食、中指用力拨球将球投出。

动作要点:急停突然重心稳,起跳举球紧相随,最高点出手要记准。

图 2.20

8.勾手投篮

动作方法(以运动员横切至篮下接球用右手投篮为例):运动员右脚跨出接球,同时用力侧蹬,接着左脚向篮下跨出一大步,身体重心下降,上体向左侧倾斜,左脚用力蹬地起跳,右腿屈膝上提,右手持球于胸前经体侧向上做弧形摆动,举球到头侧上方最高点,同时目视篮筐,用手腕、手指的力量将球投出。

9.反手投篮

动作方法(以从球篮右侧底线突破、到左侧上篮为例):步法与行进间篮下单手肩上投篮相同,第一步要大,第二步要制动向上起跳,控制前冲速度,同时上体稍后仰,抬头看篮筐,将球由胸前直接向球篮方向上举。当右臂快要伸直时,手腕沿小拇指方向向内捻转,用小拇指、中指、食指拨球投出,使球向侧后旋转擦板投篮。

10.跑投

跑投是进攻队员在推进过程中,遇到防守者的堵截后所采用单脚蹬地起跳投篮的一种方法。跑投具有突然性、出手点高的特点,是小个子进攻大个子较为有效的一种投篮方式。

动作方法:跑投在动作形式上与行进间篮下单手肩上投篮相同,但在运用时,为了增加动作的突然性,以便于利用惯性拉大与防守者的距离,争取出手高度,在接球(或停球)后的第二步要小,脚跟先着地,要快速充分地用力制动向上起跳,身体腾空,同时举球至肩上,在空中要利用腰腹力量控制身体平衡,注视投篮目标,跳到最高点时,向上抬肘伸臂屈腕,将球从指端投出。

11.跳起转身投篮

动作方法:接球急停时两腿屈膝,两脚自然分开,屈膝蹬地起跳的同时运用转头、转肩和腰背的力量带动上体转向球篮,跳到最高点时将球投出。

12.补篮

补篮是指当球没有投中、从篮圈上弹出时,进攻队员跳起在空中顺势再将球托入球篮的技术动作。

(1)双手补篮

动作方法:当球从篮圈上弹出时,及时起跳,同时两臂上举,两手在空中接触球,稍有缓冲停顿时间,利用手腕手指的力量,将球投出。

(2)单手补篮

动作方法:①托球入篮,跳起后身体尽量伸展,争取在接近最高点时接触球,随后手腕后屈托球,利用身体在空中稍有停顿的一刹那,将球托入篮筐。②点球入篮,控制姿势与托球相同,只是手臂在空中接触球时没有缓冲,顺势用手腕、手指的力量将球点入球筐。

13.扣篮

扣篮是投篮技术发展中的又一重要标志,它改变了投篮的一般规律。由于它投篮出手点接近球篮又高于球篮,有最佳的入射角,所以无须考虑抛物线这一因素。在世界强队比赛中,扣篮得分所占的比例愈来愈大。扣篮方式方法随着实践发展而多样化,有原地扣、行进间扣、单手扣、双手扣、正手扣、反手扣、抢臂扣、高举扣、凌空接扣等等。扣篮是直接将球由上向下灌入篮内,有出手点高、球速快、攻击性强、很难被封盖、准确性高等持点,但也是难度较大的投篮方法,必须有很好的身体素质,特别是弹跳力和控制球能力。以下是两种扣篮的基本方法:

1)行进间单脚起跳单手扣篮(以右手为例):行进间右脚跨出的同时接球,紧接着左脚迈出一小步制动并用力蹬地向上跳起,上体充分伸展,高举手臂将球举至最高点,超过篮圈的高度并有适宜的入射角时,立即用突发性向下、屈腕和压指的动作,将球自上而下地扣入篮圈之中。球离手后特别要注意身体的控制和落地屈膝缓冲。

2)行进间单脚起跳双手扣篮:行进间一脚跨出一大步的同时接球,接着另一脚向篮圈方向跨出一小步蹬地尽力高跳,随之在空中充分伸展上体,双手举球至最高点,当球举过篮圈高度时,立即用突发性动作挥动双手,前臂接着屈腕、压指,将球自上而下扣入篮圈。球离手后注意控制好身体平衡,落地屈膝缓冲。要尽力高跳并充分伸展上体。是否加挥臂动作要视球体超过篮圈的高度而定,主要靠腕指动作。

3)原地双脚起跳双手扣篮:双手持球双脚用力蹬地向上跳起,要有更高的高度超过篮圈,同时将球上举,充分伸展身体,将球举过头顶至最高点并与篮圈构成最佳入射角时,双臂用力前屈,用突发性屈腕、压指的动作,将球扣入篮圈内,球离手后注意控制身体和落地屈膝缓冲。扣篮动作关键:掌握好起跳的时机,身体协调一致并充分伸展,屈腕、压指要有突发性和力度。

14.贴身投篮

这是现代篮球比赛攻守对抗日趋激烈而出现的一种进攻手段和投篮方式。攻击性防守紧逼、推靠、阻挡着进攻队员的行动,特别是进攻队员处于持球状态,防守队员会更加积极干扰和争抢。因此,投篮时必须以合法的身体接触与某些投篮方法融为一体,把挤靠力量与自身保持相对的稳定平衡结合起来去完成投篮动作,从而使投篮在规则允许的范围内更具有攻击性和对抗力度。贴身起跳和贴身投篮以躯干、肩、臂等部位贴靠的力量与有力的起跳相结合,使对手难以做出相应的防守动作。这不同于过去的"挤投",不是挤开或冲撞对手,而是自身的内力贴着对手并在不平衡中找平衡,以身体隔开对手的防守干扰和破坏去完成投篮的动作。

动作方法:以接球急停跳投为例,用大跨步或跳步接球急停,持球于体侧,从下面接近防守者,当接近位置已经形成时,立即贴身起跳或向着防守者头部上方起跳,同时举球投篮。腾空后上体应适度向防守者头部上空前倾,甚至稍有贴靠,举球位置应在防守者的前额至头部上方,使身体在空中对防守者形成压盖之势,迫使对手难以跳起封盖。无论是贴身起跳还是跳起后贴身,都要注意控制身体平衡,使起跳、腾空和下落时只有适度的身体接触,避免产生主动冲撞动作。

15.时间差投篮

时间差投篮不是一种固定的动作方法,它是通过提前或延缓投篮时间,造成与防守者的时间差以避开防守封盖而达到投篮目的的一种进攻手段。时间差可以在地面形成,这主要通过假动作或快出手来创造;也可以在空中形成,这就要通过控制身体在空中的动作和平衡来实现。无论是提前投篮还是延缓出手投篮,均统称为时间差投篮,这种投篮可以在各个位置运用。

(1)原地跳起时间差投篮

动作方法:跨步或跳步接球,落地后深屈膝佯装起跳投篮姿势,待对手上提身体重心或跳起封盖并开始下落时,则利用对手无法控制身体重心下落的瞬间起跳投篮。此方法在篮下运用较多。

(2)抢进攻篮板球后的时间差投篮

动作方法:在与防守者同时起跳争夺篮板球时,如攻方队员抢获篮板球,则在与守方队员两人同时落地之际连续起跳(即用刚接触地面的双脚前掌落地的同时用力蹬地),迅速再起跳举球(亦可在抢获篮板球后即举球于头上)投篮。此方法主要利用与对手落地、屈膝、再起跳的时间差抢先起跳投篮。

第七节 持球突破技术

持球突破是持球队员运用脚步动作与运球技术相结合快速超越对手的一项攻击性很强的进攻技术。突破技术对防守者能造成强有力的攻击,在比赛中若能与投篮、突分、假动作等结合运用,可以创造出更多的个人和集体进攻的机会,还能有效地增强进攻的威力,打乱对方的防守阵脚,加重对方防守的负担,促使对方犯规次数增多,削弱防守的势力,是进攻直接得分、助攻的重要手段。

因此,善于合理运用突破的队员,不但具有很强的攻击性,而且能够很好地完成战术的多样化、灵活性,它是体现、衡量一个队员或一个队攻击力强弱的重要标志。

一、持球突破利用的时机

1.利用突破压缩对方防守范围,给本队中、远距离投篮创造机会

在比赛中,当对方采用联防,且身高上又有优势,而本方队员篮下得分困难,中远距离投篮又没有机会时,进攻队员应有意识地、果断地突破上篮或突破分球,有目的地将对手压向篮下,迫使对手缩小防守区域,并及时将球传给跟进或绕到无人防守处的接应队员。这种突破分球的战术不是为了篮下得分,而是为了给同伴中远距离投篮创造机会。

2.有针对性地突破,迫使对方核心队员犯规

当一方队员处于防守时,另一方进攻队员应有针对性地、有目的地朝对方核心队员防守路线上持球突破,"逗"其在防守时犯规,特别是当对方核心队员三次或四次犯规后就更应该主动地朝其防守路线持球突破,迫使对方核心队员犯规,达到对方核心队员五次犯规被罚下场的目的。如果对方核心队员在三次或四次犯规后,采取"谨慎"防守,那么进攻队员尽管大胆进攻,让其形同虚设,乘机得分。

3.当对方全队单节犯规已够罚球次数时,利用持球突破,造成对方犯规,赢得罚球权

在每节比赛中,特别是罚篮命中率高的队员,应以造成对方犯规而获得罚球权为目的地突破上篮或突破分球。这样不仅可以获得更多的得分机会,更重要的是从心理上、情绪上可以打乱防守方的防守体系,使其缩手缩脚,不敢全力防守。

4.利用突破迫使对方改变战术

在比赛中,对方根据需要往往有时采用半场人盯人或全场盯人的防守战术,特别是在比分落后的情况下紧逼盯人战术就更为常用。当对方紧逼盯人防守时,持球队员或突破技术好的队员应大胆突破分球或直接上篮得分,只有在轮番突破使对方防守阵形无法保持时,对方才会改变其防守战术。

5.对方防守区域扩大致使篮下空虚

当进攻一方远距离投篮命中率较高时,就会迫使防守队不得不扩大防守区域,或对方采用全场或半场紧逼扩大区域防守战术,或由守转攻发动快攻,这都会造成对方篮下限制区附近区域较空虚,持球队员要看准时机,在对方薄弱地区进行果断突破。

6.强对弱势时

根据对方的情况,有意识地攻击其薄弱环节,在局部形成一对一的局面。例如:当防守队采用联防时,选择防守队员之间的结合点进行突破,然后再利用分球为同伴创造投篮机会;当

防守队员的防守意识、防守观念及速度不如己时,应果断地选择持球突破。当本队队员运球、控制球、应变能力、突破能力较强,起动速度较快,而防守队员相对速度较慢时,应果断突破。

7.改变被动局面

根据本队进攻战术的需要或为了扭转当时的被动局面及使进攻战术更加主动灵活,可利用队员的个人技术,有目的、有意识、有针对性地进行大胆突破,连续运用持球突破冲击对方,使防守队员大幅度地移动和补防,从而为同伴创造投篮机会。

二、持球突破运用的依据

为了掌握正确合理的运用方法及增强攻击的实效性,持球队员要善于观察和判断防守队员的位置、距离、移动方向、移动速度、防守步法的变化及身体重心的变化等。

1.依据防守队员的位置

当防守队员与自己错位时,就从防守队员出现漏洞的一侧进行突破。

2.依据防守队员的距离

当距离自己较近时,持球队员可果断运用持球突破,而当距离较远时,要果断投篮,或利用投篮、传球等假动作吸引防守队员,使防守队员上步,移动至自己较近时再利用持球突破。

3.依据防守队员的防守步法

防守队员的脚步动作通常是平行站立或前后斜线站立。如果防守队员采用前后斜线站立时,则可以从防守队员的后脚一侧突破,这样可使防守队员不能很快地完成退防;而当防守队员平行站立时,则应利用投篮、传球等假动作吸引防守队员,等防守队员移动至自己较近或步法调整时利用持球突破技术。

4.依据防守队员的重心变化情况

当防守队员失去重心时是突破的最好时机。所以,持球队员要利用各种假动作使防守队员的重心侧移、前扑或上跳,然后寻找机会迅速突破对手。

三、技术环节分析

持球突破是一项攻击性很强的个人进攻技术。其技术结构主要由脚步动作、侧身探肩、推放球、加速摆脱等四个环节组成。

1.脚步动作

脚步动作是持球突破技术的关键。在比赛中无球队员都是在接同伴的传球后,再运用持球突破技术进行进攻的。因此,无球进攻队员在接球时,要特别注意脚步动作。

接球时脚步动作有两种:一是跨步急停接球,二是跳步急停接球。跨步急停接球后只有先着地的脚可以做中枢脚,而跳步急停接球时,两只脚都可以做中枢脚。所以,要求无球进攻队员在接球时,最好用跳步急停接球。接球后,两脚正对篮筐,重心下降且前移。

突破时持球队员要根据规则精神,积极有力地向突破方向蹬出,跨出的第一步要大,以便抢占有利的突破位置,但以不影响前进速度为宜。跨出的脚要落在紧靠防守队员的侧面,且身体紧贴对手,脚尖向着突破方向,使防守队员只能撤步或转身后重新占据防守位置。

2.侧身探肩

侧身探肩是持球突破技术的主要环节。根据篮球规则中圆柱体原则,在跨步后利用合理的侧身探肩动作,抢占有利位置,不仅有利于保护球,更有利于占据空间的有利位置,以及加速身体移动的速度。在侧身探肩时要敢于靠近防守队员,使防守队员不易做出下一个防守动作。

3. 推放球

在侧身探肩的同时,持球队员要用远离防守队员一侧的手推放球,球的落点一般在侧前方一步,球反弹的高度在腰膝之间,并用身体保护球,以防止球被防守队员打断。

4. 加速摆脱

加速摆脱是持球突破所要达到的最终目的。持球队员所做的上述所有动作都是为了摆脱防守队员,使防守队员处于不利的防守位置。因此,持球队员在完成上述动作后中枢脚要迅速用力蹬地加速前进并摆脱防守队员的防守。

四、动作方法

1. **交叉步持球突破(异侧步持球突破)**

动作方法(以左脚为中枢脚,从防守者右侧突破为例,见图 2.21):准备姿势是两脚左右开立,两膝微屈,持球于胸前,突破前应先做瞄篮或其他假动作吸引防守队员,或利用向右虚晃动作,使防守者重心偏于自己左侧,突破人立即用右脚内侧迅速蹬地,向左前方迈出一大步,脚尖向前,落在对方右脚侧,同时上体左转向防守者右前方插肩,重心向前移。右手迅速将球交到左手放于左侧,在左脚离地前,用左手放球于迈出的前脚侧面,同时左脚全力蹬地,加速超越对方。

图 2.21

2. **顺步持球突破(同侧步持球突破)**

动作方法(以左脚为中枢脚,从防守者左侧突破为例,见图 2.22):准备姿势同交叉步,同侧步突破假动作主要与投篮密切结合,突破前应先瞄篮,当防守者重心向前或上提时,突破人迅速用左脚内侧蹬地,右脚快速向右前方跨出一大步,脚落在防守者左脚侧面,同时上体右转,向防守者左前方插肩,在左脚离地前,用右手放球于右脚侧面,然后左脚全力蹬地前进,全速超越对手,右手运球时,左肩、背起到护球和与对方对抗的作用。

动作要点:转体、侧肩、加速。

3. **跳步急停持球突破**

利用向防守者侧面或前面跳步急停,与防守队员错位,进行突破,这种突破攻击性强,动作突然,并且能在移动中突然急停,做变向突破。由于是跳步、一步急停,所以两脚任何一脚都可为轴。

图　2.22

动作方法:跳步前,应清楚地了解防守者位置及同伴传球路线,随时做好向两侧或向前做跳步急停的思想准备。看到同伴传来球应迅速伸臂向来球方向迎球,同时用异侧脚蹬地,两脚稍腾空,向侧方或前方跳起接球,然后两脚平行落地(任何一脚可以做中枢脚),落地后两腿屈膝,重心降低,前脚掌支撑重心,然后再根据防守者错位情况,迅速用交叉步突破对手。

4.后转身突破

动作方法(以左脚做中枢脚为例):背向球篮站立,两脚平行开立,两腿弯曲,重心降低,两手持球于腹前。突破时以左脚为轴转身,右脚向右侧后方跨步,上体右转,脚尖指向侧后方,右手向右脚前方放球,左脚前脚掌内侧迅速蹬地,向球篮方向跨出,运球突破防守。

动作要点:要控制重心平稳。右脚向右侧后方跨出时的脚尖方向要正确,左脚前脚掌内侧蹬地积极有力。

5.前转身突破

动作方法(以左脚做中枢脚为例):突破前的准备动作与后转身准备动作相同。突破时重心移至左脚上,右脚前脚掌内侧蹬地,左脚为轴,右脚随着前转身而向球篮方向跨出,左肩向球篮方向压,右手运球后左脚蹬地,向前跨出,突破对手。

动作要点:移重心,蹬地运球动作连贯。

五、持球突破方法选择

在比赛中采用何种持球突破方法,要根据场上突破队员与防守队员之间的距离、位置、防守队员的防守能力及对方战术部署情况而定。

一般情况下,若防守队员采用平步防守,持球队员可运用交叉步或同侧步从防守队员弱侧脚一侧进行突破。

若防守队员采用前后步防守,持球队员可运用交叉步从防守队员前脚外侧突破,也可采用同侧步从防守队员前脚内侧突破。持球突破还可以结合转身动作进行,如背对或侧对球篮接球后,可做后转身持球突破或前转身持球突破。

在突破时,保持身体低重心并配合积极有力蹬地,有利于迅速起动。突破时跨出的第一步不宜过大,否则会影响前进速度。跨出的脚要尽量落在靠近防守队员的侧面,脚尖朝向突破方向,以便于突破。同时,要用身体保护好球,以达到突破的目的。

突破时,如与假动作相结合,效果更佳。

六、持球突破前和突破过程中的主要组合形式

1. 突破前的主要技术组合

(1)投篮假动作变同侧步突破

持球同侧步突破,有突破过程简捷、超越防守速度快、技术结构相对简单的特点,所以在比赛中,可以在接球的同时直接运用,也可和投篮的假动作相结合来运用。

在接球的瞬间,防守队员已经对持球的进攻队员形成正常有效的防守,在直接持球突破已无法完成的情况下,可以通过做投篮假动作,使防守队员防守的侧重点转向防守投篮,进而使防守的位置、重心都发生相应的调整,而在防守队员以防投篮为重点的位置和重心的调整过程中,持球进攻队员可抓住机会,直接运用同侧步突破防守完成攻击。

(2)同侧步突破假动作后仍用同侧步突破

在接球的瞬间观察防守队员的防守位置,有直接运用同侧步突破的可能时,可直接突破防守实施攻击。

但在突破过程中防守队员很快地做出了防守位置的有效调整时,通常这种调整是向进攻队员突破的方向上快速撤步以堵截进攻队员的突破,在正常的同侧步突破已经由于防守队员的快速调整防守位置而无法正常完成的情况下,进攻队员应立即做出相应的变化,快速收回跨步脚,使整个身体的位置和重心恢复到正常的进攻基本身体姿势,并观察防守队员防守位置和重心的变化。

此时,防守队员在第一次防守位置的调整奏效后,随着进攻队员脚步和身体位置的变化,会立即进行防守位置的第二次调整。如果说,防守队员第一次防守位置的调整是为了有效防守持球进攻队员的同侧步突破,而第二次防守位置的调整,则主要是从防突破的位置调整之后,快速地恢复一种正常的防持球的防守位置上去。

在防守队员进行这种防守位置的二次调整的过程中,持球进攻队员可快速地再次运用同侧步对防守队员实施突破,此时由于防守队员的身体重心是迎着进攻队员上移的,而进攻队员则是向球篮方向下移,这样,进攻队员和防守队员在移动的方向上是恰恰相反的,而防守队员和进攻队员的移动又都是在进行的过程中,所以,防守队员在这种情况下,要重新进行防突破的位置调整完全难以实现,进攻队员则可顺利完成突破。

(3)同侧步突破变交叉步突破

进攻队员接球的同时,可直接通过同侧步突破技术,直接完成对防守的突破,进而完成攻击。但在实施同侧步突破的过程中由于防守队员脚步的快速变化,在进攻队员运用同侧步突破的同时,抢先到达突破的移动路线上,及时完成对进攻队员同侧步突破的堵截,而此时,进攻队员的同侧步突破的整个技术动作仅仅完成了一半,也就是跨步脚刚刚跨出但身体重心已经移向突破方向。当进攻队员在发现正常的同侧步突破路线已被防守队员抢先堵截时,则快速变原先的跨步脚为蹬地脚,用该脚的脚前掌内侧向原突破方向的相反方向上蹬地。这次蹬地有两种技术上的作用:一是快速地调整转移身体重心,二是通过蹬地快速改变突破方向。在完成身体重心和突破方向的调整的同时,原先的跨步脚(变化后的蹬地脚)快速提起变同侧步突破为交叉步突破,而此时由于在动作速率上进攻队员的变化要快于防守队员半拍,所以,防守队员要再次重新调整防守位置和重心来达到对变化后的交叉步的防守已非常困难,进攻队员可由同侧步变为交叉步而顺利地完成突破。

（4）投篮变同侧步突破再变交叉步突破

这是有投篮、同侧步突破和交叉步突破三个技术动作所构成的一种突破技术组合。其中，投篮技术的运用过程会出现两种情况，一种情况是进攻持球队员本身就是要在接球后直接以投篮的方式来实施攻击，而在投篮技术运用到前半部分时，发现防守队员的身体重心和防守位置已经有所调整，在投篮出手有可能遭遇封盖的情况下，果断地由投篮变为同侧步突破；另一种情况是防守队员处于一种更为有利于防突破的选位状态中，而持球进攻队员在明确选择以突破来实施攻击的情况下，可通过投篮来吸引防守队员进行防守位置的调整，来防进攻队员的投篮，在这种情况下，进攻队员在防守队员调整防守位置的过程中，果断地完成同侧步突破。

两种情况中，前者是属于一种被动的变化，后者则是属于在直接运用突破有困难的情况下，主动对持球突破技术的一种变化。

在投篮变同侧步突破的过程中，如果防守队员快速地调整防守位置，在进攻队员的同侧步突破遭到堵截的情况下，进攻队员在实施同侧步突破的过程中快速做出变化，通过技术动作上的瞬间调整，再次变同侧步突破为交叉步突破。

2. 持球突破后的变化组合形式

所谓突破后的变化，主要指的是一种完整的持球突破技术在运用完成以后并没有达到持球突破的预期目的，同时，在遭到防守队员堵截后，进攻队员所再次运用的变化组合方法。它主要包括与传球技术、投篮技术以及运球突破技术等的组合形式。

（1）与传球技术的组合（突破分球）

在正常的持球突破没有获得直接攻击的机会，或在突破过程，遇到其他防守队员的协防或"关门"的情况下，突破队员可以在突破的过程中，及时地根据场上攻防队员布局以及进攻同伴的移动情况，将球传到有空当或最具攻击效果的同伴手中实施攻击。

（2）与投篮技术的组合

持球突破成功后，通常情况下是直接运用行进间的投篮技术来完成攻击任务。而在突破一旦受到阻截，持球进攻队员不可能直接以行进间的投篮技术来完成攻击时，此时可以选择急停跳投来结束攻击，这也是持球突破技术运用中以投篮作为变化的另一种组合。

这种变化大多是一种被动形式的变化，投篮技术一般情况下采用急停跳投技术。因为在快速突破中受阻的情况下，突然急停起跳，对于防守队员来讲要和进攻队员同步地完成起跳并封盖进攻队员的投篮是比较困难的。防守队员在移动过程中要重新调整防守的位置和重心并起跳来进行封盖，从时间上总是要慢于进攻队员半拍的。在5～6米的攻击区域内持球突破结合急停跳投，在进攻中也是一种非常有效的攻击技术组合。

（3）在运球突破技术的组合

所谓与运球突破技术的组合，是指在持球突破的运用过程中，已经进入运球超越防守队员的过程中，由于防守队员的快速移动使突破行为被防守队员瓦解的情况下，可继续与运球技术相组合，并通过进攻队员运球中的变向、变速等节奏变化，继续实施对防守队员的突破攻击，这也是持球突破中的另一种变化组合。

两种突破技术的组合，不仅增加了持球突破技术运用中的变化，同时两种技术组合也大大增强了持球进攻队员的攻击性效果。

七、持球突破技术运用中变化的几点规律

1.持球突破中的主动变化

所谓主动变化是指持球队员通过主动运用一些技术动作来调动防守队员,使其正常防守选位以及身体重心遭到破坏,而持球进攻队员则抓住这种机会,突破防守队员。

主动的变化,是出现在真正突破之前,是以各种投篮、传球,包括突破等进攻技术作为假动作诱使防守队员的防突破选位发生变化,然后实施突破。进攻队员通过技术上的主动变化迫使防守队员改变防守行为,而防守队员因变化和调整,可能会失掉正常的防突破的防守选位,从而给了进攻队员运用持球突破的机会。也就是说,这种变化,进攻队员是处在一种主动的位置上,而防守队员则相对是处在一种被动的位置上。

2.持球突破中的被动变化

所谓被动变化指的是持球进攻队员在已经正常运用持球突破的过程中,防守队员快速准确地调整防守位置,使进攻队员持球突破技术的运用受到堵截的情况下,突破队员在运用突破技术的过程中及时变化技术动作结构,而转入其他的突破技术形式或其他的进攻技术的运用。

持球突破技术的被动变化中还有一种情况,是在非突破进攻技术的运用过程中,由于防守队员的正常防守而受到制约时,被动地转入突破,这是属于其他技术的运用被动地转向持球突破技术,也是属于一种被动的变化形式。

八、运用持球突破技术时应注意的问题

1.持球突破技术要与各种假动作相结合

假动作,即为了使某一动作顺利进行,而用于引开对方注意力的动作。所以假动作要逼真,运用要合理,运用时要考虑到自己所处的位置,与防守队员之间的距离及对方的防守特点等。

如在前场的有效攻击区内形成一对一时,可采用各种假动作,在防守队员侧移、前扑或上跳的一瞬间,迅速从防守队员出现漏洞的一侧突破对手。

做假动作时,进攻队员要眼看球篮和防守自己的队员,利用上体的晃动、脚步的动作来迷惑防守队员,并且要做到真假结合。

2.持球突破技术要与投篮、传球相结合

各种技术运用的终极目的就是投篮得分,所以只要进攻队员在有效的进攻区域内做投篮动作,防守队员就会相应地做出防守动作。而当某一队员具有较准确的中、远距离投篮能力时,与投篮技术相结合的突破技术才能得到更好的发挥。

同样,如果队员具有良好的持球突破技术,那么防守队员就不敢轻易靠近,这时准确的投篮就可以得到充分发挥。防守队员防投篮时,又可果断地运用持球突破,所以说持球突破为投篮创造了机会。相反,准确的投篮又使持球突破有了用武之地。

持球突破技术与传球相结合,主要是利用传球的假动作吸引防守队员身体重心移动而进行突破,或在突破的过程中传球为同伴创造投篮机会。

3.要注意观察防守队员的补防、协防及篮下的攻防情况

如果防守队员补防、协防或关门防守就会给进攻带来不必要的损失。当篮下区域人员较少时,运用持球突破容易成功。当篮下人员密集时,运用持球突破则不易成功,而且还有可能

造成失误或犯规。

第八节　防守技术

防守技术是队员防守时，为了阻挠或破坏对手的进攻，达到争到控球权，进而进行反攻的目的所采取的专门动作的总称。

进攻和防守是篮球比赛的矛盾统一体。进攻是为了投篮得分，防守的目的就是为了阻止和破坏对方的进攻，并力图从对方手中夺得球权转守为攻。进攻和防守之间，既相互对立，又相互制约，同时又相互依存、相互促进。防守技战术水平的提高，对进攻技战术的发展有着积极的促进作用。

防守技术是防守战术的基础，要提高整队的防守质量，个人防守能力的提高是前提。

有效的抢球、打球、断球是建立在准确判断、迅速移动及正确的手部动作基础上的，也是同伴之间相互协作的结果。准确的判断就是首先看准球的位置、球的移动路线以及球的速度和球到的位置，了解对方的配合、意图及习惯动作，然后不失时机，准确出击；迅速移动就是移动的步频要快，起动要突然，无论是抢球、打球或断球，动作的突然性都是很重要的，突然跃出，逼近对手，这样才能使对手措不及防；正确的手部动作是获得球的重要因素，比赛中，要看准时机，手臂的伸、拉、挡、截，手腕和手指的拍击、点拨、扭转、封盖等动作要迅速果断，但手臂动作幅度不要太大，身体用力不要太猛，要控制身体平衡，以免犯规。

如果抢球、打球、断球不成功时，要以最快的速度恢复正确的防守姿势和重新选位。

一、防守技术结构与要素

防守技术是由脚步动作、手部动作、防守位置、距离、姿势、步法、视野等基本要素组成的。

1. 脚步动作

防守中的脚步动作主要是指防守中的各种移动步法，这是防守的基础。

防守者采取何种移动步法和移动时机，主要取决于进攻者的意图和行动，依据正确的判断，及时采取合理的、相应的防守动作，阻拦、破坏对手的进攻行动。所以，防守者的脚步移动以采取便于保持身体平衡和有利于向各个方向移动的滑步为主。在滑步的过程中，为了便于随时变化方向和速度，要始终保持屈膝动作。

防守有球队员的脚步与对手接球时所处的位置有直接关系。如果持球队员距离球筐较近，要快速滑步上前，举手防止其投篮；如果持球队员距离球篮较远，要迅速跟上，采取平步防守防止其突破运球，并随时准备运用攻击步、后撤步、交叉步等技术；防守中锋时，多采用绕前、绕后、滑步堵截等技术。

2. 手部动作

防守的目的不仅仅是阻挠或者延缓对手的进攻，而是为了通过积极的防守，与对手争夺控球权，为反击创造条件，直至得分。在防守中要合理有效地利用手部动作，大胆、果断、准确地进行抢、打、断球，阻挠对手进攻，甚至获得控球权。

良好的防守质量是建立在准确判断、快速移动、占有有利位置，以及快速准确的手臂动作的基础之上的，同时还需要同伴的密切配合。

手和手臂动作正确与否、反应快慢，是能否抢到球的关键，进行抢、打、断球时，手臂的伸、拉、挡、截和手指的拍击、点拨、扭转、封盖等动作要求短促准确,反应要快,动作幅度不能过大,用力不能太猛,要控制身体平衡,以免犯规。

进行抢、打、断球时,同伴之间要密切配合,当抢断失误造成防守失去位置时,同伴要及时补防。

3. 防守姿势

防守姿势分为平步防守和斜步防守两种。

平步防守:两脚平行站立,两臂手臂侧伸挥摆。这种姿势防守占据面积较大,攻击性强,便于向左右移动,适合于防守运球、突破等。

斜步防守:两脚前后开立,前脚同侧手臂向前伸出,另一手臂侧伸。这种防守姿势便于前后移动,对防守投篮较为有利。

4. 防守位置与距离

防守有球队员时,防守人应站在对手与球篮之间,使对方、自己和球篮保持在一条直线上。

一般对手距离篮筐较近时防守者也应距离进攻者较近,反之亦然。同时,还要考虑对手的进攻技术特点,是善于投篮,还是善于传球,以及本队的防守战术需要来调整防守距离。

5. 防守视野

人球兼顾是防守的一条基本原则。在防守的过程中只有把对手和球始终放在自己的视野范围内,观察、判断对手的行动及意图,并及时地调整自己的防守姿势和位置,才能有效地控制对手。

防守无球队员时,一定要做到人球兼顾,要观察自己的对手和球之间的较大面积,一旦失去自己的防守位置,要很快地向篮板方向移动,并随时注意断球,直至找到自己的防守对象。

防守中,队员之间一定要有交流和相互提醒,这对发挥集体防守的作用,弥补个人的防守不足,具有重要的意义。

二、防守技术分类

依据防守对象有无控制球,可分为防守有球队员和防守无球队员(见图 2.23)。

三、防守无球队员

防守无球队员是指进攻队员处于无球状态时,防守队员灵活地利用多种移动动作和手部动作的有效组合,最大限度地防止和破坏对手行动。

现代篮球比赛中无球进攻队员的行动越来越体现出快速性和攻击性,力求移动到自己有效投篮点或攻击区域内去接球,或是力图与防守者形成位置差、时间差去接球,从而达到接球后的有效攻击目的,这就对防守无球队员提出了更高的要求。

防守无球队员是一个连续的运用移动和争夺球的过程,必须具备多种防守移动步法,并能根据需要娴熟合理地组合在一起加以运用,要求在移动过程中始终保持较低的身体重心,以便随时快速改变方向和步法。

1. 技术分析

在整个比赛过程中,绝大部分时间是在防守无球队员,是和无球队员之间的对抗,而进攻方也多数是通过无球队员的跑动来获得进攻的配合。有球队员之所以能获得球,进而突破、投篮等,多数情况是从无球摆脱防守者获得有利位置接球开始的。所以,防守无球队员在篮球比赛中占有相当重要的位置。

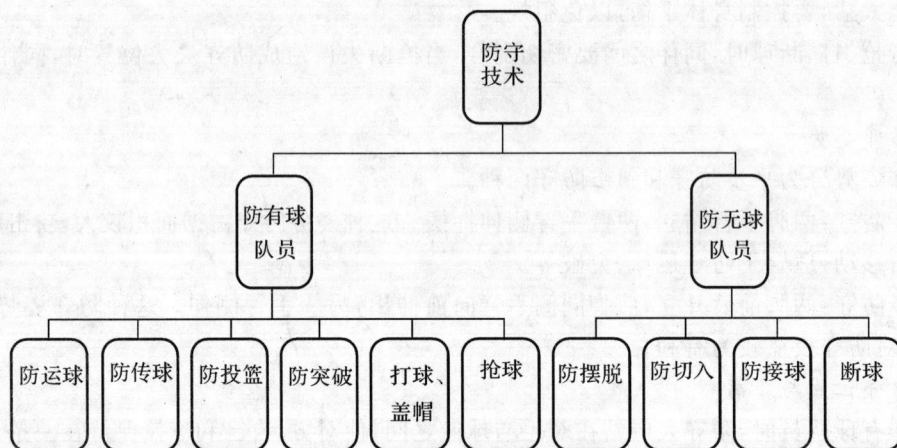

图　2.23

（1）位置与距离的选择

防守无球队员时，必须根据球和自己防守的对手所处的位置来判断和调整自己的防守位置。因此，在防守时首先要明确自己所处的是"强侧（有球一侧）"还是"弱侧（无球一侧）"。

当自己防守的对手处在强侧时，防守对手随时都有接到球的威胁，为了全力封锁对手接球，同时又能控制对手切向篮下，防守者应采取错位防守，即站在球与自己所防守对手的传球路线的内侧，逼近对手（见图 2.24）。

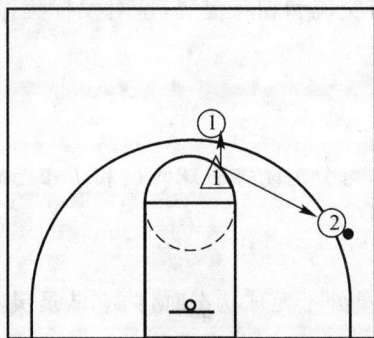

图　2.24

当对手处于弱侧时，因其距离球较远，威胁相对较小，为了协助同伴共同加强对有球一侧的防守，便于控制篮板球，应向球和球篮方向靠拢，采取松动防守（见图 2.25、图 2.26）。

防守无球对手，始终要保持"球—我—他"的选位原则，即防守者位置始终要站在对手与球之间，进攻队员要接球，必须经过防守者。防守者与球和所防守的进攻队员之间形成钝角三角形，防守者始终站在钝角处，与所防守进攻队员距离要和对手距离球的远近成正比。

（2）站位姿势

防守无球队员时，为了保证既能看到所防守的队员，又能看到球，并便于随时向各个方向移动，必须保持正确的防守姿势。

　　防守强侧无球前锋队员时，为了全力封堵对手接球，应当采取面向对手、侧对球的紧逼防守姿势。防守者将靠近球一侧的脚在前，另一只脚稍后，与前脚同侧的手臂前伸，拇指朝下，手掌处于球与对手之间的连线上，切断对手的接球路线。距离球较远的手臂弯曲，用手轻触对手的腰部，以便感觉对手的动向。

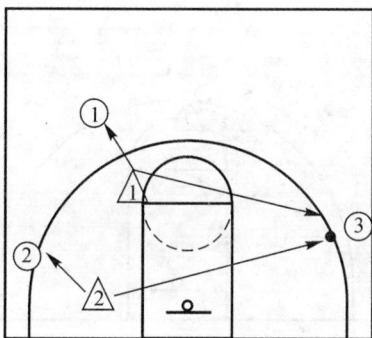

图　2.25

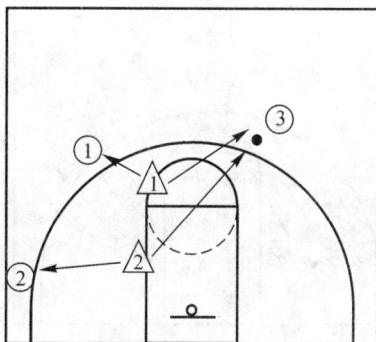

图　2.26

　　当对手处于弱侧时，防守者为了便于看到球的位置，同时能兼顾到自己所防守的进攻队员，应将内侧脚（前脚）稍后撤，两臂自然侧伸，一臂指向球，另一臂指向所防对手。

　　（3）移动步法

　　比赛时，球和对手是不断移动的，防守者要保证及时占据有利的位置，争取主动，这就需要具备快速灵活的移动步法。

　　防守无球队员常用的步法有前滑步、后滑步、撤步、平步、转身、侧身跑等基本步法。每种步法的运用都是针对一定的进攻行为的。

　　如图 2.27 所示，当进攻队员向下移动时，防守者应以内侧脚（右脚）在前的紧逼防守姿势用后滑步移动；当进攻队员上提抢位准备接球时，防守者应以右脚在前的姿势用前滑步抢先堵截进攻者的接球路线，迫使他加长移动距离，将对手逼迫到远离球篮区域；当进攻队员移到罚球线与球和球篮成一条垂线时，防守者可用平步防守；当进攻队员向另一侧下移时，防守者改换左脚在前的防守姿势，用后滑步移动；当进攻队员移到罚球线延长线时，防守者以左脚在前的姿势用前滑步紧逼防守，防止进攻队员接球。

　　2. 动作方法

　　（1）防摆脱

　　防摆脱是指对无球进攻队员摆脱的限制和封堵。一般来讲，进攻队员在后场的摆脱，主要是快下接球攻击，防守队员必须积极追防，并注意传向自己所防守对手的球，抢在近球侧的路线上准备堵截。

　　比赛中要想完全控制进攻队员无球时的行动是很困难的，主要是不能失去防守队员有利的位置。如阵地进攻时，对手采取先下后上、先左后右的摆脱，即便是对手接到球，但还可以继续进行防守；内线队员向外移动，可以采取错位防守或利用绕步、攻击步抢前防守，近球一侧手臂干扰其接球，另一手臂则应伸出防其转身、背切等行动，关键在于不让他抢占有利位置，尽可能封堵接球路线，不让他轻易接到球，并准备断球和打球。

　　对无球队员的防守，必须把防接球、防摆脱、防切入三项任务联系在一起积极进行防守。

在人盯人防守时,防守队员要根据对手所处的位置不断地调整自己的防守位置和距离,始终在自己的视野内注意球的动向和对手的动向、意图,防止对手摆脱防守,进入有威胁的区域或接球进攻。

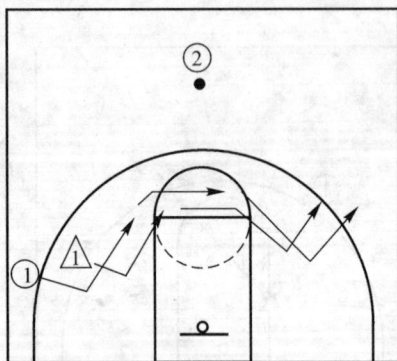

图 2.27

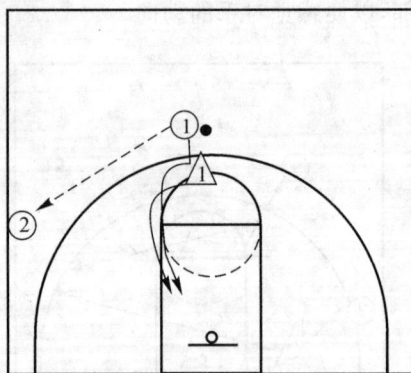

图 2.28

（2）防切入

防切入是指对进攻队员企图切入或已摆脱切入的防守。

防切入最忌的是看球不看人,一定要坚持人球兼顾、防人为主的原则,一旦对手有所行动,必须采取平步堵截、凶狠顶挤、抢前等防守方法,使其不能及时起动或降低其速度。

如果对手迎球方向切入,则主动堵前防守,背对球方向则防其后,目的都是切断对手接球路线。对手切入后只要没有获球,其威胁会大大降低。

关于溜底线的切入,有两种跟防方法:一是背向球,面向对手,观其眼神,封阻其接球;另一种是用后转身,面向球,背靠防守用手触摸,紧贴其身跟随移动。

防反切则以后脚为轴向内侧转身,快速转身,快速堵逼,抢占近球内侧位置,不让其接球。

1)防纵切(见图 2.28)。①传球给②,①的防守者偏向球的一侧错位防守,当①向篮下纵切要球时,防守者应抢前移动,合理地运用身体堵截纵切路线,坚决不让对手从自己身前切过,同时伸出左臂封堵传球路线,迫使对手远离球的方向。

2)防反跑(见图 2.29)。②持球,①的防守者贴近错位防守,当①向上摆脱做要球假动作后反跑时,一般采取两种防守办法,一是防守者以后脚为轴做前转身,面向对手,同时举手,转头看球,贴近对手;另一种是防守者以后脚为轴做后转身,面向球、背向人,用手触摸对手,随之移动。

3)防横切(见图 2.30)。①持球,②横切要球时,②的防守者迅速上左脚,合理地利用身体堵截,同时伸左臂切断传球路线。当②从端线横切(溜底线),防守者开始面向球滑步移动堵截对手,以身体某一部位接触对手,随其移动,同时伸出左臂切断传球路线。等对手移过纵轴线进入强侧时,防守者迅速向右前方转身贴近对手,伸出右臂切断传球路线,将对手逼向边角。

（3）防接球

防接球是防守对手无球时的首要任务,必须在对手接球前就开始防守,要有预测性并积极采取行动去限制或减少对手接球,特别是在有效攻击区内接球。

即便是在处于被动的情况,也要积极跟防、追堵,破坏对手顺利地接球,使其不能立即采取攻击行动,以利自己调整位置。要始终保持对手和球在自己的视线范围之内,要做到人球兼顾,保持良好的防守姿势,屈膝降低身体重心,以便快速起动,要特别注意起动与移动步法的衔接和平衡的控制。

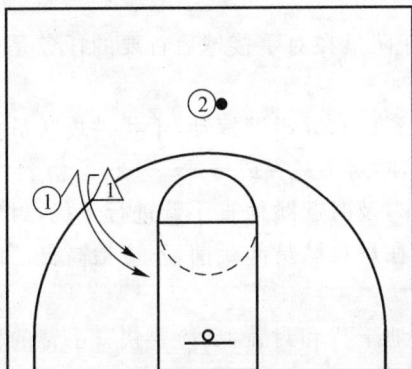
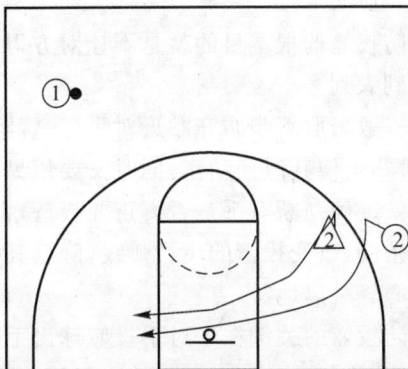

图 2.29 　　　　　　　　　　　　　　 图 2.30

　　在动态中要使自己处于"球—篮—我—他"的有利位置上,同时伸出同侧手臂挡在传向自己对手的来球路线上,另一手臂要伸向对手可能切入的方向,在常规情况下,仍要形成"球—我—他"钝角三角形。防接球时,丝毫不能放松对其摆脱或切入的警惕。

　　(4)断球

　　1)横断球。动作方法:要准确判断对方传球意图和球的飞行路线,要与对手有一定距离,使其同伴感到可以传球。准备断球时要降低重心,要与传球人、接球人保持一定角度,位置要靠近传球一侧。注意观察持球队员的动作,当持球者传球出手时,迅速向来球方向起跳,充分伸展腰腹和手臂,当截获来球时,立即收腹双脚落地保持平衡并及时与运球、传球相接。

　　2)纵断球。动作方法(以从对手右侧断球为例):纵断球时,右脚应向右前方(从对手侧后绕出断球时)或右侧前方(从对手身后绕出断球时)跨出,左腿从侧面绕过对手,同时右脚用力蹬地(或两脚蹬地)侧身向来球方向迅速跃出,两臂伸直将球断获。其他动作要领同横断球。

　　3)封球。进攻队员接球时,由于防守位置不适于断球,可采用突然在进攻队员身前伸出手臂,切断传球路线,将球打掉。

四、防守有球队员

　　在防守中,对有球队员的防守,是整个防守过程的重点,因为持球队员可能直接投篮得分,或者把球传到更有利于进攻的队员手中,或者通过突破获得得分机会。所以,持球队员是最有威胁的队员。

　　防守有球队员是指进攻队员处于有球状态时,防守队员对其传球、运突、投篮动作运用防守系列组合技术进行应变性的干扰、破坏、争夺的动作行为过程,是防守对手无球状态的继续。

　　在防守过程中,一旦自己所防守的对手接到球时,防守者要及时调整自己与进攻队员的距离和位置,必须在对手接球的同时,迅速调整位置与距离,做到球到人到。同时要精力集中,分析、判断对手的下一个意图,根据对手在场上的位置采取平步防守或斜步防守姿势。针对进攻者所要进行的投篮,或者突破、运球、传球等不同的进攻动作,采取不同的防守策略或技术,积极进行有攻击性干扰、破坏。

　　这时,还要注意不要被对方的假动作所迷惑,要及时发现对手进攻的特点、习惯和意图,有所侧重地进行针对性的防守,迫使其改变动作、方向、速度等。如果对手已开始做攻击动作,则应积极进行封堵、干扰。通常进攻队员有球时有三种攻击行动,即传球、运突和投篮。

1. 防投篮

防投篮的根本目的就是不让对方得分。因此,防守队员在对手接球后首要的任务是要做到球到人到。

一般采取斜步防守贴近对手(一臂距离,能伸手打到球),并举臂挥动,干扰进攻队员投篮的意图,迫使其改变动作,同时又要用另一臂伸向侧方,防对手运突或传球。

要准确判断对手是否真正要投篮,识别其真假动作,及时起跳伸直手臂进行干扰,封堵其出手角度,改变投篮的飞行弧线,降低其投篮命中率。在进攻队员起跳前,不应抬高自己的身体重心轻跳离地。

防投篮的关键在于对手投篮球出手瞬间手臂及时地干扰和封盖,反应要快。手臂的伸展与角度,能起到破坏对手投篮飞行预定路线的作用。

防守对手时要有顽强的意志和主动攻击的精神。要掌握规律,了解对方,有预见性。要有谋略,或通过假动作,迷惑对手,变被动为主动。要防住重点,抓住对手特点,避实就虚。

动作方法:当进攻队员在三分线附近接到球时,威胁很大,既可以直接投篮,也可以伺机突破或传球,防守者要站在对手与球篮之间,保持一臂的距离,两脚左右开立,距离比肩稍宽,一脚稍前,一脚稍后,屈膝降低身体重心,用腰部力量控制身体平衡,前脚同侧臂伸出向球的部位,上体不能过分前倾,以免失去平衡。另一手侧举,以利于保持平衡,并提防对手突破和传球,要全神贯注对手的眼神和重心位置的变化,判断对手意图,不要被对手假动作所迷惑。当进攻队员举球准备投篮时,防守者及时起跳,伸直手臂封堵投篮路线,或干扰出球弧度。

2. 防突破

动作方法:站在对手与球篮之间,但可以根据对手习惯突破方向和同伴协防的情况而有所侧重。防守时一般采用平步,两脚平行站立,两臂侧伸上下不停挥动。当对手突破时,要及时向其突破方向撤步,并迅速滑步堵截。

动作要点:防守突破能力较强的对手时,要根据其在场上的位置、中枢脚、假动作等采取对策。如果对手中枢脚在前面时,可以适当逼近,用同侧脚卡住其前脚,使其不能用交叉步突破,如果用同侧步突破时,也难以直向篮下。如果对手习惯以右脚为中枢脚,经常从防守队员左侧突破时,可以采用平步或用左脚在前的斜步防守,重点堵其左侧,迫使对手无法突破或只能向右侧运球。

3. 防传球

防传球的重点应放在不让对手轻易地把球传向篮下有攻击威胁的内线区域。在进攻队员接球后,防守队员首先要正确选择位置,保持适当距离和调整好身体,眼不离球,并根据对手的位置、动作和视线,判断其传球意图,挥动手臂进行干扰与封堵,特别要防范对手向内线渗透性地传球,尽可能迫使其向外做转移性传球。如果进攻队员运球成"死球"时,应立即逼近,封其传球出手路线。在对手传球出手后,千万不要看球不看人,要防止其摆脱切入。

动作方法:防守时不让对手传球是难以做到的,但重点要防其向篮下传球。比赛中可以根据传球队员的视线、持球部位,分析其传球方向和出球点。防守外围队员时要积极挥动手臂采用掏、打等动作,使其无法及时将球传出。同时,可以用"突上急撤"步法,破坏其传球意图,使其无法准确地做出决断,并要掌握"宁横不竖",即宁愿让其横传球,不让其传球到内线,以及迫使对方长传、高吊等原则。防守内线持球队员传球时,要做到"宁外不里",即对方得到球后,要迫使对方回传给外线队员,不让其传给其他内线队员或向下空切的队员。

动作要点:第一,要以防投和防突为主,并根据对手的特点有所侧重;第二,应综合分析持球队员的情况,判断其真正意图,不要被对方的假动作所迷惑;第三,防守过程中始终要伺机抢、打对手的球,给持球队员施加压力,但一定要动作突然快速,注意保持身体平衡,避免犯规,并且手、脚和身体要善于做补偿动作;第四,凡是对手投篮时,都要伸臂干扰或跳起封盖;第五,当对手刚接到球时,要及时抢占合理的防守位置,做到"球到人到"。

4.防运球

动作方法:防运球要选择"球—我—篮"的位置。全场一对一防守时,要保持一定距离,半场防守时可以靠近,有时甚至采用"贴身防守法",迫使其向两侧运球。一般情况下,防守者要使对手的球处于自己两脚之间,躯干对着球,身体重心下降,可以两臂侧伸,也可以一臂前伸干扰,不让其任意改变方向,一臂侧伸阻截。

技术要点:防运球的主要任务是降低其运球速度,改变其运球方向和不让对方向篮下运球,防范对方在运球中突破。

一般情况下,防守队员要积极超前追防,并在移动中降低重心,侧对或面对运球者,保持身体平衡。

在步法运用上,不要用交叉步移动,要用撤步与滑步,要抢在运球者半步到一步距离进行阻堵,迫使其向边线、场角或双方队员比较拥挤的地方运球。在这个过程中,不要轻易去打球,以免造成失去平衡或犯规。

当进攻队员利用变速变向、急起急停等方法来摆脱自己防守时,在他变换动作时要及时抢前向后移动,占据好有利位置和控制好身体平衡,合理而迅速地变换步法继续进行阻截。

在防运球过程中应遵循两条原则:一是堵中放边,控制其速度,终止其运球;二是堵强手,迫使其换弱手运球,变被动为主动。

防守面向球篮的持球队员,要注意进攻队员接球的瞬间往往是突破最有威胁的时机,特别是跳停接球,常常利用错位进行突破。此时,防守队员的选位很重要,要根据进攻队员接球的位置、与球篮的距离和角度、来球的方向以及同伴防守位置的情况,要堵强手、放弱手,放一边、保一边,迫使对方改变方向,变换突破步法,降低起动速度,以利自己及时抢角度,利用撤步或滑步,使其无法超越。

当进攻队员接球后采取"三威胁"姿势企图突破时,要根据对手的习惯和技术特点,判断其中枢脚和可能的突破方向,不要受其假动作的欺骗,要采取相应的对策。关键在防好对手突破的第一步,要抢前后撤在对手的侧前方,要快而凶狠。当对手跨出第二步时,要迅速用力蹬地,利用滑步紧贴对手,使其不易加速,阻止其起跳并伺机打球。

背对球篮突破的防守,一般是在近篮区背向或侧向球篮接球时的防守,防守队员要保持"他—我—篮"的有利位置,不宜紧靠对手,要有适当的距离。对手接球后是两脚前后站立时,如果后脚可以做中枢脚转身突破,必须对其转身一侧多加防范,与对手同侧的脚向后撤半步,手臂侧伸,另一手臂封锁住对手一侧。当他转身变向突破时,防守队员随之后撤,前逼、侧跨步阻截。如果对手接球时两脚平行站立,要根据对手接球位置离篮的远近进行防守,近以防投篮为主,远以防突破为重点,要注意对手的假动作和向两侧转身的突破。

防突破的关键:选好位(选择有利的位置与适当的距离),堵强手(一般是堵右手运球突破),放一边(即让他向外侧突破),快移动(要及时果断地采用撤步、侧滑步等步法),堵路线(堵截对手突破的路线)。

5.抢球

抢球是带有攻击性防守的重要技术之一,在对方动作迟缓、精神不集中或球保护不好的情况下,防守者都可以大胆地抢球。

动作方法:抢球时要突然上步,靠近对手,同时伸出右臂右手迅速按在球上方(对方的两手之间),左手立即握住球的下方,右手下按球并将球向对方怀内旋转,左手用力协助转动。当球在对方手中转动时,右手加向回拉球动作,球即脱开对方双手,将球抢到手。

6.打球

当队员持球、运球、投篮时,防守队员都可以出其不意地突然打球,也可以在集体防守的配合过程中,通过堵截、夹击、关门等方法打掉持球队员手中的球。

自上而下打球:首先观察和判断好持球队员的情况,打胸前持球队员的球时(以右手打为例),右脚稍上步的同时右手迅速伸前臂,在接近球时手腕全力向下挥动,带动手指、手掌外侧的短速弹击力量将球击落。动作要小,出击突然。

自下而上打球:当对方注意力不集中或接高球正要下落时,用这种打球方法(左手打为例),左脚稍向前移,同时左手前臂向前伸,掌心向上,接近球时,手腕向上振动,带动手指、指根用短促振动力量将球打掉。手指打球时要有向回带的动作,以便打球后脱开对方持球部位打到自己面前。

7.盖帽

进攻队员投篮或上篮时,当球刚离开手的一刹那,防守队员立即起跳将球打落,称之为"盖帽"。

盖帽前要根据进攻队员的投篮动作和身高、弹跳等特点,降低重心、迅速移动,选择有利的时机和位置,准确判断对手起跳及出球的时机,当对手起跳投篮时,立即随之起跳,此时身体和手臂充分伸展,当对手举球到最高点或篮球刚离开手的一刹那,迅速果断地向侧或向前点拨球,将球打落。打球动作要小而突然,尽量避免接触对手身体,以免犯规,

第九节　个人防守移动技术

一、移动技术在防守中的作用

防守移动是指在防守过程中所采用的脚步动作。在防守过程中,运用移动技术的主要目的是不断及时地建立合法有效的防守位置,堵截对手进攻路线,破坏对方的进攻,以阻止持球和不持球的对手向有威胁的攻击地点和攻击区域进行攻击移动,从而控制住对手并降低对手的进攻威胁。移动是防守能否成功和减少犯规的关键。

归纳起来,移动技术在防守过程中主要有以下作用:

1.保持良好的防守位置,增大防守面积

防守过程实际上是一个不断建立防守位置的过程。篮球比赛规则对合法防守位置的规定是"面对对手,双脚以正常跨立姿势着地",当攻防队员在移动中发生身体接触时,合法位置是判定责任的依据。为了获得和不断保持合法的防守位置,防守队员就要不停地进行移动。同时,积极快速的移动可以扩大防守的横向面积,增加本方进攻队员的进攻路线,削弱对方突破

的威力。

2.破坏对手的移动,干扰对方的个人攻击和配合

在比赛中,进攻队员通过不断的移动调整进攻位置以获得最佳的接球机会来进攻,防守队员则通过防守的移动来破坏对方的移动,破坏对方的接球和进攻机会。当对方要进行配合时,防守者也是通过积极的移动来破坏对方的配合移动和位置,达到阻止对方进行配合的目的。

二、移动技术在防守中运用的分析

移动技术从动作方法上分析,包括侧身交叉步跑动、滑步、撤步、攻击步、上步、绕前步、横跨步等,每一种移动方法都有其运用的针对性。从运用防守移动技术的要求上来说,包括快速、平衡、有力、多变等。一名优秀的防守运动员应该对防守移动技术有深刻的了解和钻研,并善于领会防守意图,懂得为什么这样做,只有达到这种境地,防守的积极性和主动性才能充分发挥出来。篮球比赛的发展需要积极防守,要求防守队员在场上"多移动、快移动",目的在于不断堵截对手的进攻移动,减少对方直接攻击球篮的威胁。

1.防守对方运球队员的移动技术运用

1)对方进攻队员在远离球篮(甚至是在后场)获得球时,防守队员要利用快速的移动在对手面前建立一个合法的防守位置和防守姿势。当对方开始进行运球时,防守队员要采用向运球方向做侧后跨步移动的方法,随之开始进行连续的滑步移动以保持良好的防守位置。如果对手利用突然加速打破了正常的攻防关系,防守队员首先要迅速采用快速的侧身跑动力争保持防守的超前位置,然后为了获得新的合法防守位置,在超越对手后,立即采用横向的跨步和抢步在对方面前建立起合法的防守位置。

2)当对方在有威胁的区域准备运球时,防守队员首先在其面前一臂的距离建立合法的防守位置,在用手干扰球的同时,脚步采用机动的碎步动作准备快速移动。当对方开始运球时,防守者用快速的横跨步抢占其运球方向上的防守位置,随之用连续而迅速的滑步保持防守位置。此时的移动要对对手有一定的攻击性,阻止对手向球篮方向运球,最好能采用逼近的步法迫使对手向远离球篮方向后退。

2.防守对方处在"三威胁"状态持球队员时的移动技术

在防守对方外线"三威胁"队员时,在建立良好的防守位置的基础上,两脚保持碎步机动移动状态,以便能随时移动封堵对手突破或跳起封盖对手投篮。

当对手没有直接运用进攻动作开始攻击时,防守人开始运用带有攻击性的靠近步法接近对手,结合手臂动作对其施加较强的干扰,迫使对方为了保护球而将球从胸前举至头上,或者半转身使身体侧对或背对球篮护球。当对手把球举在头上时,重心一般也会随之升高,如再考虑脚步的动作,又要注意保护球,就难免顾此失彼。球举至头上还会使爆发力减小,突破的方向变得明显,突破时放球的幅度也将增大,这样既不易控制又不安全,并会使投篮动作受到一定影响。为了使对方难以形成进攻动作,最好在他接到球的一瞬间,突然上步贴近对手,采用平步防守,同时运用手臂动作不停地干扰对方。

对手强行突破时,防守队员要立即运用快速侧身跑动跟随突破者,这样当同伴补防时,就可以酌情换防或继续跟上防住自己的对手。在跟随和追防时,要特别注意尽量加快移动的速度,不要轻易下手拦阻或打球,因为这时的手部动作最易被判犯规。随便下手,转身放过,又不追防,这是防守时易犯的最大错误。

3.对无球队员跑动时的防守移动技术

比赛中,防守队员在大部分时间里是防守对方的无球队员。防守无球队员的目的是要始终积极抢占合理的防守位置,做到切断对手的接球路线,封堵对手向篮下跑动的去路,迫使对手到无攻击威胁的区域去。由于无球进攻队员主要靠移动获得攻击位置,因此,防守队员也要靠移动来控制和阻止对方的行动。在防守无球队员时,防守队员的移动技术与防守持球队员有很大的不同,这些技术包括上步堵截、撤步追随、滑步堵截、侧身跑追随、插步堵截、后撤穿越等等。

(1)防对手横切

所谓横切,指的是位于边线附近的无球进攻队员向罚球线一带横向切入,准备接球攻击。防横切的最好办法是采用堵截,使对手无法插到罚球线附近,而只能向底线或场角方向移动。

堵截的移动方法是:当边线的对手要进行横切时,迅速上步贴近对手,用靠近球一侧的手前伸封住接球路线,同时用靠近球的脚迅速向对手移动的路线前跨,正对对手抢占其要横切的移动路线,把对手挡住,迫使其向远球方向移动。

但要注意,上步堵截的动作不要把重心都"扔"出去,这样可能会给对手造成反切的机会。

(2)防对手纵切

所谓纵切,指的是圈顶队员纵向切入篮下,准备接边路传来的球进行攻击。防纵切的方法与防横切的方法基本一样,主要是采用上步堵截的方法防住对手接球的路线,使对手不能从近球侧纵切向篮下,当对手从远离球的方向向篮下跑动时,要迅速用撤步的追随移动迫使对手向无球的方向移动。

(3)防对手反跑

所谓反跑,是指进攻队员先向球的方向做要球或横、纵切的移动动作,当防守队员利用上步封堵接球时,突然改变跑动方向从另一侧切向篮下,准备接球。防反跑时首先是不要被对手要球或横切的假动作所迷惑,以至于为封球路或堵截对手而失去防守重心,而是要通过手臂封阻接球路线,保持机动状态来保持良好的防守位置。当对手进行反跑时,防守人要贴近对手进行顺向跑动,同时举起近球一侧的手臂干扰传球。

(4)防对方溜底线

当对手从底线向另一侧溜动时,防守人主要通过伴随移动同时进行挤靠的方法使对手从篮板的后面穿过篮下,以防止其在篮下接球。

伴随移动并挤靠的方法有两种:一种是面对对手,采用紧贴对手进行伴随移动,同时转头观察球,伸开手臂干扰接球,用感觉控制对手,这种方法主要用于对方移动中威胁较小时;二是采用用背部贴身紧靠对手进行伴随移动,越过场地纵轴线后立即转成面向对手伴随移动的防无球姿势,这种方法主要应用于对手的溜底线移动威胁较大时。

(5)防守对方中锋的移动

中锋在进攻中的移动主要包括从内策应位置上提到罚球线或圈顶接球、从罚球线向内策应位置下滑接边线或场角传球、从一侧向限制区中心横插。

防守中锋的上述几种移动动作主要是采用积极上步抢占近球一侧的防守位置,以者截对手移动,同时手臂上扬或伸展到对方中锋的胸部和头部前面干扰来球。

绕前防守是防守高大中锋较有效的手段。防守者在进行绕前防守时,其脚步移动主要采用侧跨绕前的移动方法。绕前后,背部要紧贴对手,手臂动作要一手高举,干扰传球,另一手在体侧感受对方的动作或移动,使对方要想高吊就必须将球传得再高点,从而为弱侧协防的同伴进行抢断创造条件。

第十节　篮板球技术

在篮球比赛中双方运动员在空间争抢投篮没有中的球叫做抢篮板球。进攻队员投篮未中,自己或者本队球员争抢在空中的球,叫做抢进攻篮板球或者叫抢前场篮板球。对方投篮未中,防守队员争抢在空中的球,叫做抢防守篮板球或者叫抢后场篮板球。

一、抢篮板球技术环节分析

抢篮板球技术是一项很复杂的技术,无论是前场还是后场篮板球,都必须建立在正确的判断和积极快速的起动基础上。一般是由抢占位置、跳起动作、空中抢球动作、获得球后动作等四个环节组成。

1. 抢占位置

无论是抢后场篮板球还是前场篮板球都应该抢占对手与篮筐之间的有利位置,努力把对手挡在身后。

抢位置时一定要根据对手和投篮队员所处的位置,正确判断篮板球的反弹方向,在最短的时间内用最快的脚部动作,抢占有利位置。

2. 起跳动作

起跳动作是抢到有利位置后的一个延续动作,起跳不仅要求有很高的腾空高度,而且还要根据球的反弹方向、高度和落点,采取不同的起跳姿势和用力方向,使起跳后在空中抢球手有利于接触到球的方向和落点。进攻队员一般采取助跑起跳或者一两步双脚起跳,防守队员则习惯用原地上步、撤步或者跨步的双脚起跳方法。

3. 空中抢球动作

球员在抢球时,不管是双手还是单手,必须依靠手腕的力量牢牢控制住球,掌握住身体在空中的平衡,这就要求球员有良好的身体素质和顽强拼搏的意志。根据比赛时队员在场上的位置、球反弹的方向、高度和个人的习惯和特点,一般分为双手、单手、点球三种抢球动作。

双手抢篮板球的优点是空间战局面积大,缺点是高度不够,抢球的范围小。单手抢篮板球的优点是触球点高,抢球范围大,缺点是抢球不是很牢固。点球的优点是缩短传球时间,缺点是比较难掌握和同伴的配合。

4. 获球后动作

在比赛中抢到前场篮板球时,如果得到球后有机会可以在空中直接补篮得分或者传球给占有有利位置的同伴继续进攻,提高进攻速度。如果没有机会做补篮或传球,落地时应两膝弯曲,两肘外展,护球于胸间。高大队员需要把球放在头上,以便于保护球和迅速与其他进攻队员联系。

抢到后场篮板球时,最好在落地前把球传给自己的队友,及时组织快攻反击。若空中没有机会传球,落地后应保护好球并及时传给后卫组织进攻,或自己运球到前场。

二、抢篮板球技术要求

1. 勇敢的、每球必争的精神品质

现代篮球运动高水平全面对抗,表现在争夺篮板球凶猛,身体接触频繁而激烈。如果不敢

与对手进行剧烈的身体对抗,任由对手随意抢位,就等于是把抢篮板球的有利位置和主动权让给对手,使对手获得抢篮板球的优势。

"两强相遇勇者胜。"首先是培养勇猛、顽强、敢拼敢抢的作风;另外,必须做好每投必抢的思想及行动准备,等到不中再去抢球,往往就比对方慢了半拍,失去极好的位置和时机。一个队员的身体技术水准再好,一旦缺乏这种每投必抢的意识,也难以取得抢篮板球的优势。

2.掌握篮板球反弹的基本规律

熟练掌握篮板球反弹的基本规律是迅速做出准确判断,快速、及早抢占有利位置的前提。篮板球反弹的方向与投篮距离、角度、篮圈、篮板和球的弹力有密切关系。必须熟悉篮板球的规律,准确判断投篮不中球反弹的方向和落点,抢占有利位置,及时起跳。

投篮角度不同也影响反弹方向的变化,一般有三种情况:

第一,在45°角投篮时,大多数球弹向对侧45°角左右,或反弹回同侧地区。

第二,在中间地区投篮时,绝大多数落在篮下正面。

第三,在0°角投篮时,部分弹向对侧0°角,其他球反弹回同一地区或中间地带,投篮的弧度高,则球反弹也高,落点较近;投篮的弧度低,球反弹的弧度也低,球的落点较远。擦板投篮,反弹的力量小,球落点较近。如果篮板、篮圈和球的弹力大,则球反弹的距离远;反之,球反弹的距离近。

3.增强"挡"和"冲"的意识,抢占有利位置

抢占有利位置是抢篮板球的关键环节。当投篮出手时,应力争抢占对手和篮板之间的有利位置,把对手挡在身后。如果抢不到内线位置,也应力争到对手侧面去。若已被对手挡在身后,应力争用挑、拨球技术使球到有利于自己的位置上方,再起跳、抢获。

抢防守篮板球关键是挡人。可利用前、后转身的方法,把对手挡在身后面,堵死进攻队员向篮下冲抢的路线,同时双臂屈肘张开,增加挡人的面积,防止对手挤进来。

抢进攻篮板球关键在冲抢。由于进攻人身处外线,所以在投篮出手后,球在空中飞行时,就要判断球可能反弹的方向,有利突然起动,插向防守人身前,或借助虚晃等假动作绕过防守人抢球。也可用后转身挤到防守人身侧,抢占有利位置。

4.及时起跳,充分伸展,扩大控制范围

运动员在起跳前,要占据有利位置,将对手挡在身后,双膝屈至135°左右,两臂微张下垂,扩大控制面积,眼睛注视球,进一步判断反弹的方向、高度和落点。

起跳时双腿用力蹬地的同时,两臂用力上摆,上、下肢协调用力,尽力跳至最高点去拼抢篮板球。在与对手平行站位或处于不利位置时,两臂微张,举至肩上,扩大空间控制面积,迫使对方的手臂难以举过头,阻挠对手的起跳与空中动作。

如果起跳后球落在侧方或后方,就要用腰腹力量,将上体和手臂伸向球去抢球。起跳的步法要采用上步、撤步或跨步的双脚起跳。

如果起跳前和对方已有身体接触,接触的部位要主动用力,顶靠住对手,以便先于对方起跳和维持身体平衡。

5.空中抢球要牢固,落地要保护好球

在起跳抢球过程中,拼抢异常激烈,抢到球后必须把球握牢,否则,极易得而复失。因此,起跳腾空后要用肩、背挡住对方,手臂和身体充分伸直,用双手(或单手)抢球。在指尖触球后,腰腹用力,屈指屈腕,回收手臂,拉球于腹前。单手抢球时,另一手要及时扶住球。

抢球后一般是双脚同时落地、屈膝、降重心、上体前倾,保持身体平衡。要利用转体、跨步、不断移动球的位置,避开对方抢、打、掏或把球放在远离对手一侧,保护好球。

抢得前场篮板球就立即衔接二次进攻;抢得后场篮板球就迅速运球突破或传球发动快攻反击。

三、抢进攻篮板球

积极拼抢进攻篮板球是一个重要的进攻行动,是争夺继续控球权的重要方法。它不仅增加本队进攻次数和补篮机会,而且鼓舞士气、增强信心,对防守队员也具有一定的"杀伤力",有着十分重要的战术意义。

由于进攻队员一般处于防守队员的外侧,离球篮相对较远,对方易于阻挠。因此,应该积极投入拼抢,同时要充分利用熟悉同伴投篮时机与特点,以及面向球篮便于观察判断和向前移动等有利条件,努力变被动为主动,力争再次获得控球权。

1.技术环节及要求

(1)观察判断

观察对手防守动向,判断球反弹的方向、速度和落点,重点是篮板球反弹的方向。对篮板球反弹方向,可以通过投篮的距离、弧线等对篮板球大体相应的反弹方向、速度和远度等做出基本的判断,从而达到抢获篮板球的效果。

队员不同的落位会有不同的起动与判断。在离球篮近的位置上,常先抢位再判断;处于外围的进攻队员,往往是先观察判断再起动冲抢。

(2)迂回起动

根据对球的反弹判断和对手防守的态势,进攻队员要及时采取迂回的快速起动,争取在位置上取得相对的或更好的优势。无论如何摆脱,都要有强行挤过、抢过的意识,而且动作要突然。

(3)抢位冲抢

强行抢位和直接冲抢是进攻篮板球的重要环节,既是迂回起动的继续,也是争取起跳的准备。在抢位的同时,注意屈膝降低重心,并用肩、背主动接触对手。积极用力蹬地起跳,争取空中的高度,占据一定的空间位置。在冲抢起跳的过程中,要继续判断球的方位、高度以及肩、背、腰力量的使用。

(4)抢球猛狠

充分伸展身体及手臂,尽可能在更高的空中位置上获球。抢球时手臂和腕指的力量要大,紧握球体,或迅速拉臂屈肘,握球在手。即便在不能获球的情况下,也要极力用挑拨、捅等办法将球从对方手中打出。

注意落地屈膝缓冲和积极拼抢落地球。

2.动作方法

当同伴或自己投篮时,处在靠近篮筐的进攻队员首先应判断球的反弹方向,然后先向相反方向的侧前方跨步,做身体虚晃的假动作,诱开身前的防守队员,利用绕步和跨步挤到对手身前,抢占有利位置,借助跨步或助跑起跳,至最高点补篮或抢篮板球。

落地时,两腿弯曲,重心落在两脚之间,两肘关节外展将球持于胸腹之间。高大队员可将球持于头上,以便衔接其他进攻技术动作。如果外线进攻队员冲抢被防守队员阻截,可用虚晃假动作或快速变向跑摆脱防守队员的阻截,冲向球的落点进行补篮或抢球。

抢获球后,可根据情况进行传球、运球或投篮。

四、抢防守篮板球

抢防守篮板球是抢夺球权、挫敌锐气,将对方进攻有效控制在最低限度的重要手段。防守时篮板球占优势,不仅可以中断对方连续进攻,造成对方外线中投的顾虑,而且还能为本队发动进攻创造有利条件,是强大防守的最后也是关键的一道防线,是攻守矛盾的转化关键。

1.技术环节分析

(1)观察

抢防守篮板球前,防守者应与对手保持适当距离,以利人球兼顾。

在球出手的一刹那,应首先盯住自己的对手,判断其行动,以便采取相应的行动,切忌只看球不看人而给对手造成冲抢之机。

(2)预堵

对手投篮出手后,各防守队员都应采用平步(或侧步)面向的防守步法,同时屈膝,并张开双臂,堵截自己的对手向篮下冲抢。也可主动上步贴近对手,使其无法起动或延误其起动冲抢时间。这时特别要注意提防对手"动先示静"等假动作的诱惑,也不宜过早地向篮下撤步,要力争不给对手强行挤抢的机会。

(3)转身

转身是第二次堵截。

当判定对手确系向某一方向移动起步冲抢时,防守者应同时以距对手移动方向最近的一脚为轴做后转身,转身角度的大小应以使自己背部接触对手身体产生阻挡效果为宜。

(4)挡靠

挡靠是移步转身的结束动作和目的所在。

防守者在转身面向球篮落位以后,身体重心应稍向后靠,同时用前部迎接对手,以便在完成转身、挡靠等动作时,既收到实效又恰到好处。对于因挡人而发生的身体接触,要在竞赛规则允许的前提下用力顶住,不可有拉手、顶肘、拱腰等犯规的动作。

转身、挡人后还要靠余光和身体背部的感觉继续对对手进行监控。

(5)起跳与抢球

根据球的反弹方向和落点,防守队员迅速调整位置,及时起跳,可用原地上步、跨步或撤步双脚起跳方法。不论用哪种动作,都要求身体伸展,腾空方向尽量接近球的落点,同时注意在剧烈对抗中保持身体的平衡。在起跳前要顺势高举手臂,用挤、靠对手的身体和高举、张扬的手臂迫使对手难以同自己争夺高度和有利空间。手指触球后,应有自上而下短促有力的扣腕、屈肘。

2.动作方法

保持正确的站立姿势,将两腿弯曲,上体稍前倾,重心放在两腿之间,两臂屈肘外展。

在进攻队员投篮出手后,应注意对手的动向,并根据当时与进攻队员所处的位置和距离关系,运用上步、撤步和转身等技术抢占有利位置,把进攻队员挡在身后,同时还要判断球的落点准备起跳。

起跳时,前脚掌用力蹬地,并要向上摆臂,同时手向球的方向伸展。

获得球后,如果在空中没有传球,落地时应保持身体平衡,侧对前场,将球置于胸腹之间或头上,以便运用传球、运球或突破等技术。

五、空中抢球动作方法

1. 双手抢篮板球

起跳后,身体在空中充分伸展,尽量扩大控制范围,两臂同时伸向球落点方向,当手指触到球时,立即用双手将球握住,腰腹用力,迅速屈臂将球持于胸前。

双手抢篮板球的优点是空间面积较大,缺点是抢球的制高点和控制范围较小。

2. 单手抢篮板球

起跳后,在球的方向上的手臂,充分向球的落点伸展。当最高点指端触击球时,用力屈腕,迅速抓球,随之屈臂抢球于胸前,另一手迅速扶球,将球握住。

单手抢球的优点是控制范围较大,缺点是不如双手抢球牢固。

3. 点拨球抢篮板球

点拨球技术与单手技术相似,只是将球用手指点拨给同伴,当遇到对方队员身材比较高大或自己处于不利位置时,采用这种方法比较有效;有时为了加快反击速度,也可有意识地利用点拨球的方法发动快攻第一传。点拨球的优点是可缩短传球时间,缺点是较难掌握与同伴的配合。

六、抢篮板球时常用的配合

随着篮球运动的发展,篮下禁区成为双方攻防争夺最紧张、身体对抗最激烈的地方,篮板球的拼抢更是获取比赛胜利的关键,攻防双方都要对该环节予以高度的重视。在这种情况下,仅仅依靠运动员个人的身体条件、意识、技术,是难以在篮板球冲抢中处于优势地位的,只有运用战术配合的方式,依靠集体的力量和智慧,形成一个有机联系的整体,才能使个人能力得到充分发挥。

在制定抢篮板球的配合时,要根据比赛的情况、双方的实力及本队队员的特点,布置好每个场上队员应控制的区域和得球后的战术衔接。

1. 内挡外抢的配合

通过内线队员的挡位,以便达到减弱对方高大队员抢篮板球的实力,为本队外线队员冲抢篮板球创造机会。

2. 外挡内抢的配合

外线队员挡住对方外线队员的冲抢,为本队内线队员创造抢篮板球的机会,特别是当在对方外线队员冲抢篮板球能力很强时,这种配合在比赛中尤为重要。

3. 内打外抢的配合

当本队内线队员抢篮板球的实力逊于对方或处于不利位置时,内线队员在争夺篮板球时,有目的地将球点拨给同伴,外线队员应及时快速去抢球。

4. 左挡右抢、右挡左抢的配合

根据篮板球的方向,挡住对方左边队员,为本队右边队员创造得球机会。同样,挡住对方右边队员,为本队左边队员创造得球机会。

七、篮板球抢位挡人的配合要点

1.抢位挡人的配合原则

(1)人人参加原则

拼抢篮板球的人数多或少是能否抢到篮板球的一个重要因素,抢篮板球的人数少,获得篮板球的机会就少;反之,参加拼抢篮板球的人数多,获得篮板球的机会就多。另外,参与拼抢篮板球的人数少,控制空间就小,获得篮板球的可能性就越小;反之,获得篮板球的可能性就大。

(2)统一行动原则

统一行动,简言之就是所有防守队员在攻方任何一名队员投篮后,都必须同时参与抢篮板球的行动,要使队员认识到攻方投篮出手后"防抢",不但是完成第一次防守的继续,而且是该次防守争夺球权的最关键、最有利的时机,这就要求全体防守队员根据自己的位置和需要,积极采取参加拼抢的配合行动,共同完成拼抢防守篮板球任务。

(3)顶、抢结合原则

不论是个人还是全队配合拼抢防守篮板球,一般都应先顶后抢,不抢占位置或过早转身、回头都有可能失去本属于自己或本队的优势位置。

集体配合拼抢防守篮板球要区分不同防守位置和情况,既要顶,又要抢。一般对距篮圈较近的攻方队员可采取先靠后顶挡,再伺机参加拼抢的方法,尽量将对手挡在外围或不利抢篮板球的位置,以减轻篮下同伴拼抢的压力。对于在近篮区域活动的攻方前锋和内线队员则以顶为主,顶抢结合尤其要用积极的顶抢行动"封锁"限制区,尽可能将接近限制区或限制区内活动的对方队员挡在限制区外或自己的身后。

(4)人盯人原则

采用人盯人抢位挡人方法,可以在一定程度上避免漏人现象,同时可根据对方的特点安排实力相当或相近的队员与之抗衡,使拼抢篮板球更加行之有效,使训练更有针对性,从而做到挡抢配合。

2.抢位挡人配合的技术要求

抢位挡人配合技术是在攻方每一次投篮(或最后一次罚球)后,5名防守队员根据各自所处的位置和防守对手的具体情况所采取的一种集体拼抢的行动。但它又不同于其他战术的配合,因为抢位、挡人配合虽然都围绕同一战术目标,却很少有同伴间相互串联行动,所以抢位、挡人配合基本上是在共同的战术目标下进行的各司其职、各尽其责的防守配合,所以必须更加严格要求、努力培养运动员抓住每次机会拼抢篮板球的意识。

在比赛过程中由于防守队员要紧随进攻队员不断变化自己的防守位置,所以较难预先确定他们在每次抢位、挡人配合中各自的具体任务。原则上可做以下安排:在攻方队员每次投篮后,凡身处外围的防守队员应以顶、挡对方队员为主;而身处内线位置的队员,则以抢球为主,在顶住对方后再进行抢,即顶、抢结合。

第十一节　进攻技术环节

进攻技术是指比赛中具有进攻效果、实用的动作以及动作的多元组合。篮球比赛中,队员经常运用两个或两个以上的单个技术动作组成的动作系列去完成具体的任务。

一、摆脱与切入

摆脱是甩开对手的移动方法,目的是占据有利位置去获球、切入或吸引牵制对方,这是实现进攻意图的第一步。

摆脱是移动动作和假动作的动作组合,是队员无球时必备的行动能力。可以利用快速起动、虚晃起动、下压后撤、急起急停、变向转身等组合动作去主动选择位置,达到摆脱对手的目的。

摆脱要掌握时机,动作要突然,迫使对手失控而争取主动。

切入是快速向篮下的移动方法。摆脱是切入的前提,切就是快,快如刀切;入就是向篮下腹地、向有效攻击区,目的是接球攻击。

切入是摆脱与快跑、侧身跑等动作的组合,也是无球队员进攻时必备的行动能力。切入有纵切、横切、背切、绕切等。切入主要是起动后的加速跑,随时准备接同伴传来的球,以便获球攻击。

摆脱、切入都要求掌握时机,快速而果断,运用中要有谋略,做到动静结合、快慢结合、真假结合。起动时要观察分析对手位置与重心转移,动作要突然、快速和连贯。注意摆脱后选择与处理,提高无球行动的能力。

二、获得球

获得球是指摆脱后的接球,是比赛进攻中最基本的能力之一。

在攻守对抗的情况下,获得球必须与摆脱紧密结合。实质上,就是选择位置接球,是进攻队员有球的前奏,它是一种过渡性的技术动作,需要观察场上情况和持球同伴的动态以及相互的默契,进攻队员有球时才更有威胁。

获得球有以下几种情况:

1. 选位获球

一般来讲,这是对防守威胁不大的在外线接球。即便如此,还是需要摆脱,拉开距离,以利于稳妥地接球。多采用向侧面跑或迎着球方向跑的方法。

2. 抢位获球

抢位获球是指适时地占据有利位置接球,利用篮球规则"谁先通过谁有理"的裁判尺度捷足先登。一般多运用于由外向内或在内线接球。

3. 抢前获球

抢前获球即与对手争夺靠前的位置接球,利用跨步、绕步、转身、跃出等动作,以背对或侧对的方法用身体挡住对手,并抢在对手前面。一般在对付紧逼或在有效攻击区经常运用这种抢前获球的动作。

接球要迎着来球方向去接,要判断来球的力量、速度和落点,尽量用双手接球,注意保护球和身体平衡。

在外线接球后应面对防守对手,具有"三威胁"(可投、投传、可突)的姿势,以利于迅速转入下一个进攻动作。

获得球的训练,应从场上不同位置组织练习。要与摆脱、传球、运球、投篮等技术的训练结合进行,同时要强调动作与动作之间的衔接、身体姿势与平衡。

三、推进与转移

推进与转移是指队员和队员之间由后场到前场和在前场进攻中控制支配球的过程,是传球、接球、运球的结合运用,也是组织进攻的重要手段。推进与转移所组成的动作组合和动作配合的方法有长传、短传、外线迂回传球、运球突破、迂回运球、运传结合等,用于快攻和阵地进攻中的组织、调整阵形、牵制对手、转移进攻方等。

推进与转移既能促进进攻的进展,又能保证控制球权在握。要求传球、接球、运球动作之间衔接、连贯,不要在手中过长地停留,强调推进与转移过程中的快速性和准确性,避免失误。

提高推进与转移的效果,关键在于随时观察场上情况的变化。传球时要掌握先远后近的原则,在转移中边动边看,抓住战机,及时传球。要善于隐蔽进攻意图,做到声东击西、真假结合,要结合两三人的配合训练,提高传球、运球的技巧,做到轻重、高低、快慢适度,运用时机得当。

四、穿越与突破

穿越与突破是持球者以传球或运球通过对手的防守,是进攻中具有攻击性的手段,是得分的前奏。

穿越是指持球者传球通过防守,不受其破坏或堵截。穿越有渗透性传球(向内线队员的传球)、超越性的转移传球、助攻传球、突破分球等。

突破是指队员利用运球摆脱防守的控制。突破有持球突破和运球中突破等。原地持球突破可分为原地交叉运球突破和原地同侧步运球突破两种。

持球突破是持球队员运用脚步动作和运球技术快速超越对手的一项攻击性很强的技术。持球突破技术动作主要由蹬跨、侧身探肩、推放球和加速等几个环节所组成。

蹬跨:原地持球队员必须迅速、积极有力地蹬地才能迅速起动突破对手。在突破时,屈膝降低重心并前倾上体,使重心前移,从而提高移动的水平速度。重心前移与积极有力蹬地相互配合,便能达到迅速起动的效果。突破时跨出的第一步要稍大些,抢占有利的超越位置,但以不影响前进速度为宜。跨出的脚要落在紧靠对手的侧面,脚尖向着突破方向,以便第二步蹬地加速突破防守。

侧身探肩:上体前移与侧身探肩同时进行,重心向里靠,内侧手臂前摆,迅速占据空间有利位置,便于突破对手和保护球。

推放球:突破前,双手持球于腰胯部位,在侧身探肩的同时将球稍向侧移,同侧手扶球的后上部位,另侧手托球的下部。突破时立即向前下方推放球,要做到球领人,以利于衔接下一个动作和速度的发挥。

加速:在完成上述动作之后,中枢脚迅速蹬地,加速前进。

蹬跨、侧身探肩、推放球和中枢脚蹬地等环节之间互相衔接,互相促进,快速连贯地完成突破。加速是前三个环节的继续,只有熟练地掌握这几个环节,才能较好地掌握持球突破技术动作。运球突破的起动与变化要突然,摆脱后要加速,特别要注意突破后情况的变化,及时果断地攻击或传球。

突破要利用速度、方向、转身、起停来摆脱防守,提高起动速度和灵活性。穿越要隐蔽传球意图,出手果断,落点准确,轻重适宜,并善于做假动作,假真衔接连贯,变化要快。穿越对手传球时要掌握"人动球动"、在动中传球的原则,做到及时到位。

五、投篮

这里所指的投篮是在积极防守情况下的投篮。

投篮是篮球比赛中唯一的得分手段,一切进攻技术、战术的最终目标,是全部攻守矛盾最集中的焦点。

现代篮球比赛中,原地投篮已很少运用,各种行进间投篮和跳投早已普遍运用,特别是符合实战需要的、由跳投派生出来的后仰、转身、变位、换手、高勾的跳起投篮具有技巧性、准确性和抗干扰的对抗能力。比赛中投篮必须在对抗中寻找最佳投篮时机,保证投篮的出手和发挥。

大量研究表明,在正确、熟练、全面掌握投篮技术的基础上,运动员必须明确投篮技术在比赛中运用时应具有时间、空间和稳定性三个条件,才能获得投篮机会,提高投篮命中率。

时间条件是投篮出手的时机,即在防守干扰之前或干扰较小的时间内进行投篮,可以通过以下两种方法实现:一是加快动作速度,减少准备动作过程;二是利用时间差进行投篮,如利用假动作或突然动作错开防守封盖时间以减少对手的干扰。

空间条件是指投篮队员利用动作抢占一定的空间位置,使对手无法干扰而进行投篮,例如采用跳起高手投篮争取高空位置、利用快速移动超越或摆脱对手获得地面位置、以身体隔开对手运用勾手投篮等。此外,还可利用集体配合为投篮队员创造良好的空间位置,例如利用掩护、突破分球、空切为同伴或自己创造无防守干扰或干扰较小的投篮机会等。

稳定性条件主要是指投篮队员在对抗中始终保持正确、稳定的投篮动作,特别是保持正确的持球方法和腕指协调、柔和发力的拨球动作。

从动作的整体结构观察,完成一次投篮靠身体各部位的协调用力动作,但直接影响投篮命中率的诸多因素最后都集中体现在腕、指动作上,腕、指力量精确作用于球是人体大脑准确支配投篮动作的综合反馈。研究表明,比赛中由于防守者的刺激和干扰造成腕、指用力感觉失调,乃至出手动作僵硬变形是影响投篮命中率的重要原因。

在激烈对抗的比赛中,决定投篮命中率的因素是多方面的,但把握好时间、空间和稳性因素是正确运用投篮技术并保持较高命中率的三个基本条件。

要获取这些条件应从以下方面努力:

第一,必须熟练掌握全面的投篮技术,包括扎实的投篮基本功、投篮方法的多样化、在各种位置投篮出手的能力、投篮动作同各种相关技术动作的组合与衔接运用能力,以及提高运动员的观察、判断、反应能力等。

第二,必须具备全面、良好的身体素质。良好的速度、力量、弹跳、灵活性和协调能力等身体素质是在激烈对抗中争取时空优势的保证。

第三,必须具备良好的心理素质,包括顽强的斗志、坚定的自信心和较强的心理承受能力等。对自己的投篮准确性抱有强烈自信是所有神投手的共同特征。

第四,必须积累相应层次的实战经验。丰富的实战经验有助于运动员在激烈对抗中保持清醒的头脑和适宜的心境,这对及时、正确地判断防守情况并适时采取相应投篮动作是十分必要的。

第十二节 假 动 作

一、假动作释义

假动作是篮球技术在实战中以转移对手注意力,迷惑对手,使其产生错误的感觉,做出不应做的动作,从而出其不意地实现其真实意图而做的掩饰性技术动作。它是篮球技术应用的重要组成部分,极大地丰富了篮球比赛的技战术内涵。篮球比赛进攻中的"兵不厌诈""声东击西",防守中的"欲擒故纵""将计就计"等三十六计尽可能在篮球比赛的技术、战术组合假动作的基础上演练。

假动作的特征:假动作具有"真实性""隐蔽性""突然性"特征。"真实性"是篮球假动作的标志,只有逼真如实,才能吸引、欺骗调动对手,造成时间差和位置差,获得主动权。

二、假动作的主要形式及其运用

篮球运动中的假动作的种类很多,从不同的角度出发可分为不同的种类。归纳起来主要有以下几类方式方法:

1. 利用人体部位和器官的变化划分

有意识地利用视线或注意力转移对方队员注视着的目标,不一定就是将要采取行动的方向,如队员传球时眼睛注意的范围不一定就是传球的方向。

利用语言、信号等假动作。队员们语言等的提示是为了欺骗对手,而与实际的行动并不一致。如防守队员们高呼联防,实则半场缩小盯人等。

利用身体部位的变化。转身前的头、肩摆动;摆脱与防摆脱时的身体晃动;投篮或突破前的传球动作;传球前的左、右、前、后的摆球动作;无球队员的脚步变化;持球突破前的蹬跨动作等。

2. 利用单个动作的重复或组合技术之间连接的转换划分

持球队员的投篮、传球、持球蹬跨等技术动作都可以在重复中构成假动作。无球队员之间的虚晃与加速、变向等,持球队员的投、运、传、突等,组合技术之间的连接与否、如何连接等的变化都能构成假动作。

3. 按完成动作的时间顺序划分

动作开始前的尝试性假动作目的是要试探对手的反应以确定下一步的行动,如无球队员摆脱对手前的各种晃动,投篮前的瞄篮、传球、突破动作,持球突破前的蹬跨等。

动作进行中的改变性假动作,即动作实施过程中的突然终止或变换,利用另外一种方式争取主动。动作结束时的铺垫性假动作,主要为下一动作的顺利完成创造更好的条件,如运球突破后的急停虚晃等。每一个动作的结束也就是下一个动作的开始,以此循环,永无终止。

4. 按参与假动作的人数划分

按参与假动作的人数,可分为个人假动作、基础配合假动作、全队配合假动作等。

基础配合中的假动作,主要指两三人之间配合时的前兆与结果的不吻合,如防守时的真假换防、真假夹击、真假补防,进攻时的切入与外撤、上提与反跑、突分与投篮、掩护与切入、策应与投篮、突破及策应路线等的变化。全队的假动作,指整体战术中的假动作,如摆出区域联防的阵形实则缩小盯人、高呼盯人实则区域紧逼、联防与对位联防的变化等等。

5.按进攻和防守体系划分

按进攻和防守体系,可分为进攻假动作和防守假动作。任何一个或一组进攻假动作,都同时伴随着相对应的一个或一组防守假动作。即"你晃我也晃、你动我也动、你真我也真、你假我也假",两者同时存在,相互制约。但很多人习惯于在进攻中使用假动作,忽略了防守中的假动作运用,应该引起重视。

三、进攻假动作

进攻假动作是攻方队员为隐蔽自己的真实意图,运用动作、节奏、位置、方向的变化等来迷惑对方,当防守者受骗时,突然改变上述的行动,达到破防守目的的一切行为。

1.身体各部位动作和视线的变化

(1)利用摆头和面部表情的假动作

接球时已看好传球方向和落点,传球时却用眼睛余光观察接球人及其周围情况,持球手不做传球预示,而用向反方向摆头和向反方向做传球的面部表情诱使防守人将注意力集中到摆头和传球表情一侧,利用突然动作传球给同队队员。

(2)利用转体移位

诱使防守人跟随移动,突然向其移动的反方向一侧传球的假动作。如内线队员背向篮筐接球后向左前方转体移位,用左手或右手传球。

(3)利用摆球的假动作

持球人拟向左方传球,但持球佯装向右摆,并且眼看右侧佯做向右传球,诱使防守人朝这个方向移位或移重心,闪开对左侧的封锁,突然向左传球。

这种假动作多在快攻推进、半场转移和向内线传球时采用,也广泛用于抢篮板球、抢位、投篮等所有进攻过程。

2.投、突、传、运等各项技术的相互连接

篮球进攻技术是单个进攻动作组合、搭配成多元组合动作,合理变化运用的统称。投、突、传、运是篮球进攻基本技术的主要组成部分,根据进攻意图需要,不断使投、突、传、运等技术动作相互组合,灵活运用,真假虚实莫测,成为突破防守的重要手段。这一类假动作一般是在持球过程中使用。

(1)投篮结合传球突破

做投篮的表情和视线等诱惑防守,待防守队员注意力集中在防守投篮和重心上提时,突然转换为传球或突破。在策应、掩护配合或快速攻击时,经常运用跳投或上篮吸引防守封盖,然后出其不意地分球给同伴。投篮假动作如做得逼真,极易诱惑防守队员。

(2)做突破假动作,不运球直接跳起投篮

如持球队员以左脚为轴,右脚先向右侧跨小半步,降低重心,然后迅速蹬地,转头、肩和躯干,欲向左侧交叉步突破,诱惑防守队员撤步、滑步准备堵截,利用防守队员注意力和重心变化,右脚跨半步即蹬地起跳投篮。还可以运球突破后急停跳投或后撤步跳投,定位投篮以及突破后吸引防守后分球给同伴等。

(3)传球假动作

传球假动作和投篮假动作、突破假动作一样,表象要逼真,如一持球队员将头肩转向一接球同伴,表情、视线及动作似要传球给同伴,此时防守队员一是消极防守,再是转向封堵传球一侧,这时进攻队员突然向异侧交叉步突破,或持球队员在投篮前先做传球假动作,迷惑对手,然后突然转化为投篮,避开防守封盖等。

（4）运球假动作

运球突破防守,运动速度必须以运球速度配合头、肩转动和躯干晃动,在防守队员失去平衡或出现"反向运动"的一瞬间超越防守。

如运球队员利用头、肩转动和躯干晃动体前不换手变向突破防守;体前换手变向突破防守和利用头肩转动佯做后转身运球,然后突然加速运球突破防守等都是合理利用肩转动和躯干晃动假动作给防守队员制造假象,以达到突破防守的目的。

3.速度、方向的变化

变速是指进攻队员持球或无球移动中的速度节奏变化。

进攻队员根据进攻意图需要,有意识地调整改变自己的移动速度,一般分为从原地站立姿势突然起动加速、行进间突然起动加速、加速—再加速等。

利用变速假动作摆脱防守时,最重要的是突然性,变速、变节奏假动作还应配合投篮技术运用,通过快慢节奏变化和防守封盖形成时间差。

变向是指进攻队员实施持球或无球攻击动作中方向的变化。篮球动作技术的复杂性、不规则性、随意性及多变性为充分利用变向假动作提供了条件。进攻队员根据进攻意图需要,及时改变移动突破方向,达到摆脱防守、实施攻击的目的。变向假动作,多用于无球变向摆脱防守和持球变向突破防守。

四、防守假动作

篮球防守假动作是防守队员在防守对手时,以某种假动作掩盖自己真实意图,以诱使对手判断错误并产生错误的行动。

它的整个动作程序是:防守者假动作→进攻者被诱惑后的动作→防守者真的动作。

篮球运动中的防守假动作可分为防有球队员的假动作和防无球队员的假动作。防有球队员的假动作又分为防传球、防运球、防投篮、防突破时的假动作。防无球队员的假动作包含防接球、防摆脱等假动作。

1.防有球队员假动作

球,是攻守双方争夺的焦点,持球队员可以直接投篮得分或突破和分球。为了有效地抑制对方的进攻,一旦对手接到球,防守者要及时调整与对手的位置和距离,尽力干扰和破坏其投篮,堵截其运球突破,封锁其助攻传球,并积极地抢、打、断球以争取控制球权。为此,恰当地运用一些防守假动作,将获得很好的效果。

（1）重防投篮

投篮队员常常利用时间差、空间差进行投篮。因此防投篮时也要针对进攻的特点进行防守。要视其投篮的特点和习惯,熟悉对手投篮的习惯动作,积极抢占对手的投篮区,封锁其投篮点。

如投篮时,一般投篮队员都会先做一个投篮的假动作,待防守队员上当而跳起封盖下落时,再从容投篮,这是利用时间差进行投篮。因此,防投篮时可抓住这一规律运用假动作进行防守,即当投篮者做投篮假动作时,防守者相应地做出提起上体,两臂上摆动作,面部、头相应地做起跳的表情动作,同时防守者两膝弯曲,重心保持在两腿之间,随时准备移动,一旦投篮者跳起投篮时,防守者便可以从容地起跳封盖,若是投篮者不投篮而改为其他动作,防守者同样能凭着良好的防守位置而防守,从而扼制了进攻者假动作背后的真实意图,起到积极防守的目的。

(2)防传球

传球技术的好坏直接影响战术质量,准确巧妙的传球能打乱防守部署。因此,防传球显得尤为重要。

防传球时要根据其位置和视线判断其传球意图,并积极阻挠,逼使传球者不能准确、顺利地传球。

如在封断球时,故意把手放在腰的位置上,给传球者可以通过头上传球的错觉,待持球者从头上传球时,再突然伸出双臂把球断下,或者是防守者故意严密防守一侧,放松另一侧的防守,待持球者从这侧传球时,突然窜出断球,从而达到夺球反攻的目的。在完成这一动作时,防守者要及时判断持球者的传球时机和方向,同时调整好自己防守的位置、距离和防守姿势。

(3)防运球

防运球时应遵循两条原则:一是堵中路迫其向边、角运球;二是堵强手迫使其用弱手运球。

因此,在防守运球队员时,防守者应将视线集中在对手运球的手和球上,以身体对着球的着地点,同时干扰其运球,迫使其用弱手运球,放松进入夹击区的防守路线,诱使对手进入夹击点,达到在夹击区形成以多防少、伺机抢断获取球权的目的。

(4)防突破

突破有运球突破和持球突破两种。防持球突破时,进攻队员的动作一般是左晃右突、右晃左突、左晃右晃左突、瞄篮变突破等。防守队员运用假动作防守时要根据防守原则,凭据合理的防守位置,了解对方的习惯动作,准确判断进攻者的假动作与真动作,从而采取相应的防守假动作。

当进攻队员做瞄篮假动作而实际上准备突破时,防守者除了根据防守原则,堵中防边、防底线等外,还可以相应地做跳起封盖的假动作,而实际上两腿弯曲,重心保持在两腿之间,注意力集中在对方突破的路线上。这个"起跳封盖"就是一个防守假动作,但要求做得"逼真"。动作要领:两腿稍分前后站立,两脚掌着地,膝关节弯曲,上体前倾,手臂一前一后,前臂肘关节弯曲并前举稍向上,在持球队员做投篮假动作时,防守队员的上体由前倾变为上抬,前手前举变为上举,肘关节由弯曲变为伸直,再辅以抬头和面部表情等动作,就成了一个前扑起跳封盖的假动作。

做整个假动作时要始终保持弯曲,两前脚掌不能离开地面,保持好身体重心的稳定。这样一旦对手持球突破,防守队员便可轻而易举地一步堵住其突破路线,使持球突破者的进攻威胁减少到最低程度。

防运球突破时,主要根据防守原则、防守战术的需要,以及对方的习惯动作,运用假动作。如区域紧逼时,防守者有目的地堵中放边使运球者按自己的需要陷于设置好的陷阱,这也是一种防守假动作;还可以利用位置变化阻击突破,即防守时有意放一个方向再突然防守这个方向。如防底线突破,开始先放底线,站于罚球区分位线的地方,给进攻者一个似乎底线可以通过的错觉,待持球者从底线突破时,立即快速移动堵死底线,这样可以阻击持球者运球突破甚至会造成进攻者带球撞人,达到争取控制球权的目的。但是这一防守假动作只限防底线突破时采用效果最佳,其他区域的防突破,一定要与同伴配合进行关门防守才能采用。

2.防无球队员假动作

在比赛中,防守队员绝大部分时间是防无球队员。在多数情况下,无球队员的移动是组成进攻配合的关键。要提高防守的主动性、攻击性,有效地制止对手有配合的进攻,必须提高防守无球队员的技能。在遵循防守无球队员原则的基础上,适当运用一些假动作,也可收到很好的效果。

如运用变化距离抢断球,即防守队员有意放远对手一段距离,给传球者安全感,待持球人传球时,再突然跃出断球;运用眼神变化断球;运用虚晃、速度和动作节奏变化堵入等。

如防前锋时,主要任务是不让或减少其接球。防守队员采取面向对手侧向球的斜前站位姿势,近球侧的脚在前,手臂前伸封锁对方接球的路线,人球兼顾。后脚不动,前脚不断地向前跨(如击剑步法),重心应控制在两脚之间,随时保持身体平衡,这时把注意力放在对方的反跑上。这样,一方面持球者想传球又怕断而犹豫不决,以致延误战机;另一方面进攻者想反跑时,这正是防守者所希望的,只要反跑,防守者便可能断球。因为防守者做击剑步的目的之一便是希望进攻者反跑,而且防守者已把注意力集中在对方的反跑上了,一旦对方反跑,防守者便可达到断球的目的,迫使对方不得不拉到离篮较远的地方接球,从而减少了防守的压力。

总之,重点控制无球队员的进攻路线,抢占其投篮区,破坏对手的习惯配合和习惯动作,防守中真真假假,让对手不适应,迷惑对手以达防守的真正目的。

3.防守中假动作运用应具备的条件

(1)要有良好的专项身体素质

要掌握和运用好防守技术,完成防守任务,除上述条件外,还必须具备一定的身体素质,特别是防守的专项身体素质,即防守脚步要灵活,移动快速,手部干扰要积极。因为只有快速地移动、滑步,才能抢先,才能保证自己的身体平衡,才能抢占合理的防守位置,合理地利用规则,用手不断地干扰和破坏攻方进攻,以达到防守的最佳效果。

(2)要有清醒的头脑和胆量

只有意识,没有清醒的头脑和胆量也难以达到应有的效果。因为防守中的假动作,恰恰是利用对手的过失和动作不合理之机,立即凭胆量和动作速度、技巧来达到防守和争夺控制球权的目的,否则只会弄巧成拙。

(3)要有较强的预测与判断能力

防守中运用假动作,需要队员有良好的预测和判断能力。对自己所防守的队员的进攻动作要比较熟悉,并能做出准确的判断,这样才能把握机会,高质量地完成自己的防守动作。

(4)要强化防守意识

首先要加强防守意识的培养,使队员明确要赢球靠防守的道理,强调防守在比赛中的重要性,灌输积极防守的指导思想,树立防守的信心,强调只有顽强积极地防守,并在保证正确合理的防守位置、姿势和距离的前提下,才能适当运用一些防守假动作,迷惑对手,以争取防守成功。

(5)个人防守技巧的运用和整体防守的结合

第一,做干净且聪明的防守,现代篮球讲究身体的对抗,但并不是仅仅靠身体来打比赛;第二,做不到的工作用嘴巴或手势通知队友,如果漏人就寻求队友的协助;第三,如果自己防守吃力,防不住对手了,相邻的队友要马上采用协防,五名队员之间要注意协防、包夹,采取应变措施。

总之,运动员在防守中采取的正确果断的行动,源于对比赛情况正确的判断,正确的判断来自对彼此双方周密的客观分析和思索。要使队员防守取得主动权和富有成效,在教学训练中必须重视和加强队员的战术意识培养,扩大队员视野范围,提高防守的预见性。这样,不仅能控制自己的对手,还能协助同伴,使每个人的防守行动符合集体战术要求。

当然,凡在场上防守意识较强,有清醒的头脑和胆量,并具有预测和判断力的队员,都有强烈防守成功的愿望,都能用尽心机,在防守中随机应变,真真假假有的放矢,迷惑对手,让对手感到头痛和不适应,使自己取得场上的主动权,同时能经常地断到球、抢到球,并造成进攻队员犯规。防守适当地运用假动作,可以赢得防守时间和空间上的主动,达到夺球反攻的目的。

五、假动作技术要求

1. 动作逼真

首先必须把动作的技术特征表征出来,这样才能造成对手判断的错误,然后再根据对方的反应随机应变,否则就失去其意义,且造成被动。这就要求运动员动作规范,运用熟练。例如:接球后要面对球篮,两腿弯曲自然分开,膝关节稍内扣,身体重心投影点落在两脚中间稍前,持球于胸前的进攻姿势,既给防守者带来无形的压力,使双方保持一定距离,又便于根据场上情况运用各种进攻动作。

2. 形似神非

假动作虽然和真动作一样,但有本质的区别,即身体重心要确保相对的稳定,就像"形似神非"动作一样,重心却不一样。例如:假肩上投篮动作,只是上肢、肩部和头部与动作要领一样,腰部以下,特别是身体重心则没有相对升高。

3. 看准时机

运用假动作要注意时机的选择。场上任何时机都是一瞬间的,一闪即逝。假动作的运用也是如此。例如:投篮假动作要根据对手的站立的距离是否有封盖的可能、是否有防守封盖的思想准备以及封盖的前期准备动作(身体重心下降、两臂稍后摆)。分析判断假动作以及假动作之后的后续连接动作的选择也很重要,这要在自己的假动作做出后准确地预测对手将会做出的反应。在恰当的时机、合理的位置,选择适合的假动作以及技术动作组合,才能顺利地完成战术。

4. 动作迅速

假动作与真动作的衔接要快速、恰当,注意观察、判断对方的反应。真动作要突然,使对方来不及做出第二反应,如果在运用假动作时犹豫不决、不合时机或有多余动作,那只能耽误时机,使对方得以有时间采取对策,使整个战术行动失去时机,进而影响全队攻防。

假动作之后正确合理的后续动作对整个技术动作有重要意义,它是实现技术战术目的的关键,假动作要把握节奏,急缓有序。有时"点到即止",一抬头、一侧肩、一跨步、一转身就能使对方做出明显的反应动作,有时则要做出幅度大的假动作以诱使对手做出反应动作。

归结起来,攻击性越强的假动作,攻防相距越近,比赛气氛越激烈,对手反应越敏感快捷,否则反之。

此外,对方的风格、打法、比赛经验也有所差异。要因人而异、因地而异、因时而异地把握假动作的节奏以达到最佳效果。一般假动作必须在接近对方时运用才能有效,距离 1.5 米以内合适。

5.运用眼神

要利用目光来配合假动作。眼睛是心灵的窗户,运动员在比赛中不论攻防都非常注意观察对手头部以及眼神,以此分析预测身后情况,判断对手可能采取的动作。因此,假动作配合头部动作以及眼神可以吸引对手的注意力,提高动作的"真实性",达到以假乱真的目的。如抢断球时,除了做出假的正常防守动作外,不要直视持球对手和传球路线以隐蔽抢断意图,仅用眼睛的余光观察对手的动作和传接球的线路变化情况。

第十三节 技 术 组 合

一、概述

篮球组合技术是指运动员为了实现一定的攻防目的,在一个完整的战术活动过程中,运用了两种或两种以上的篮球技术。

基本技术构成了篮球技术的基本单元。但是,比赛中几乎所有技术都是以组合技术的形式综合运用的。

攻、守技术是一对矛盾。技术的相关性首先是进攻技术和防守技术内部的相关性。各类进攻技术的目的是一致的,即创造机会投篮得分。在具体运用时,仅靠某一项进攻技术是达不到进攻目的的,如果没有运、传、突破技术创造机会,投篮也就成了空中楼阁。因此,技术综合运用的特性,决定了攻、守技术内部各技术的相关性。

二、技术组合的特点

篮球技术动作是一种平动与转动交替转换的"复合动作"。它既包含周期性运动的成分,又包含非周期性运动的成分,是多变异组合形式。因此,在攻防交替对抗的篮球比赛中,技术组合就有两个基本特点。

1.多样性

运动员在比赛中运用技术时,必须随着比赛情况的变化,在制约与反制约的过程中,及时而果断地采用行之有效的组合技术去完成攻守任务。这就决定了篮球组合技术的运用具有多样性特点。

2.变异性

从动作技术结构而言,篮球技术具有固定的动作方法。但在实际运用过程中,随着比赛情况的变化,技术完成的条件亦会随之发生变化。于是,技术组合的顺序、技术组合的数量就会具有很大的不确定性。这就决定了篮球组合技术的运用具有变异性的特点。

三、组合技术的基础

从组合技术的定义不难看出,单个技术是组合技术的基本单位,因此,从这个意义上讲,处理单个技术与组合技术的关系应考虑以下3个层面的基本问题。

1.单个技术的运用能力

篮球比赛是在激烈的对抗中进行的,因此,技术运用大都是在对抗甚至强对抗的条件下,或在身体失去平衡的状态下完成的。所以,准确、合理地运用技术的能力决定了组合技术完成的质量。

2.单个技术掌握的数量

篮球比赛是一个制约与反制约的对抗过程,双方都在揣摸对方的攻防意图,只有掌握了多种单个技术,才有可能灵活多变地使用各种组合技术,致使对方防不胜防。

3.技术运用的意识

组合技术不是单个技术运用的简单叠加。在篮球比赛中,运动员能否依据攻防对抗的基本规律,主动、合理、机灵地观察、分析场上态势,预见对手的行动并做出准确的判断,然后有针对性地使用相应的技术,对准确使用组合技术具有决定性的意义。

四、同类技术组合与非同类技术组合

所谓同类技术组合是指一项技术中两个以上技术动作的组合。非同类技术组合是指两项以上技术中不同技术动作的组合。

同类技术组合尤其在移动和运球技术中常见。大多的移动均是由多种动作方法综合完成的,如基本姿势加滑步、交叉步、侧身跑等;而连续运用多个运球动作是为了保护球或突破对手。

并非所有技术都能进行同类组合,如持球突破后不可能再接另一个持球突破(规则不允许),传球或投篮后不可能再接另一个传球或投篮(失去控制球)。同类技术组合只有在移动、运球、抢断球、防守对手和抢篮板球技术中才有可能出现。

根据技术的相关性,非同类技术组合可在攻、守技术内部或攻、守技术间进行。

五、技术组合中的前置技术与后置技术

"组合技术是指两个以上单个技术动作有机衔接、巧妙结合所形成的各种特殊的技术群的总称"。显然,并非所有前、后运用的技术相加都是组合技术,而是"有机的、特殊的技术群"。技术组合的基本条件有其目的性和可控制性,不是各技术间简单的叠加关系。所以,任何组合技术都是由单个技术动作按一定顺序排列的,这种排列顺序有其明确的目的和规律。顺序决定了时间上的先后差异,某项(个)技术置前,抑或置后,也有其内在规律。

在组合技术中,前置技术是条件,后置技术是目的。如投篮是得分的唯一手段,因此,投篮技术可以作为所有进攻技术的后置技术,其目的性非常显见。类似规律还反映在防守技术组合上,任何防守移动都是为了阻止进攻方投篮或在投篮前获得球权。再如,简单的体前变向运球和转身运球组合,体前变向作为前置技术是为了打乱防守者移动的节奏,后转身运球突破对手是最终目的。

六、位置技术组合

如撇开个人位置特征(形态、技术),位置技术的运用显然属于半场区域内的攻、守技术。尽管快攻和抢攻战术越来越得到人们的重视,但从总体上看,阵地进攻在数量上仍占绝对优势。因此,半场区域内的位置技术组合尤为重要,也就是说,不同位置上的队员,在技术运用上尤其是技术组合上都有一定的规律可循。如中锋队员进攻技术组合(见图 2.31、图 2.32),后卫队员进攻技术组合(见图 2.33、图 2.34)等。

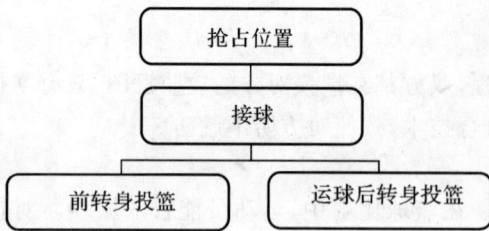

图 2.31

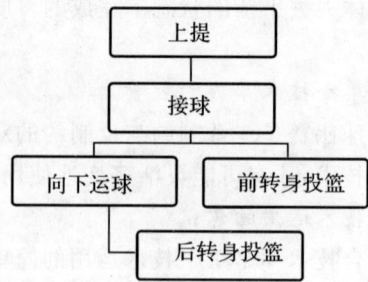

图 2.32

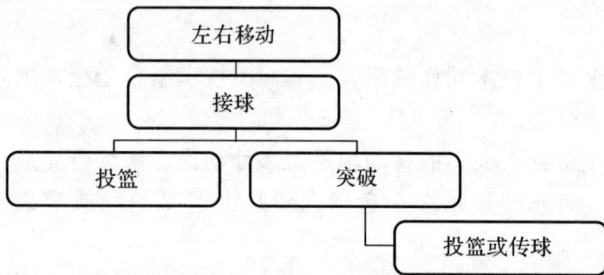

图 2.33

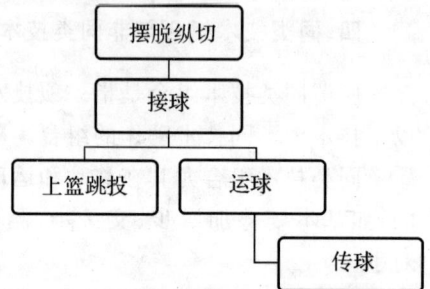

图 2.34

中锋多在限制区附近的三角区域活动,接球后常背对球篮,篮下进攻以抢占地面位置、占据空间为主。防守中锋首先要控制其接球区域,常用绕前或侧前防守,用移动技术占据内侧地面位置。前锋多在球篮两侧 45°~0°范围内移动,接球后攻击面较大,外线多为面向球篮进攻,也可在内线进攻。防守前锋要控制其接球区域,防守其投、突、传,并能在内线防守对手。后卫多在圈顶范围内活动,徒手移动多为向两侧摆脱接球及中路纵切,攻击以外线投篮与突分为主,攻击性传球威胁大。防守后卫要在较大范围内以防运球和传球为主,要求切断后卫攻击性传球的路线,同时又要防其个人攻击得分。

第三章　战术原理

第一节　战术释义

一、战术的概念

篮球比赛中队员和队员之间有策略、有组织、有意识地协同运用技术进行攻守对抗的布阵行动，是以篮球技术为基础，在一定的战术指导思想和战术意识支配下的集体攻守方法，它是比赛中发挥集体力量和个人作用的手段。

篮球战术的目的是保证整体实力，扬长避短，掌握比赛主动，争取比赛胜利。因此，衡量战术组织是否合理，运用是否正确，要看战术在比赛中能否迅速地使每个队员发挥出积极主动性，能否使每个队员的特点得到最大限度的发挥，并取得实际效果。

在比赛中，要能熟练运用进攻和防守的基本战术，又能使战术变化多样化，需要掌握多种基础战术配合，并在比赛中能够灵活运用。

二、篮球战术的基本特征

1. 目的性和针对性的统一

任何战术组织和运用都具有明确的目的，都要从攻守双方的客观实际出发，并根据本队队员的身体、技术特点等，选择符合本队水平的攻守战术形式和方法。同时战术的运用又必须有针对性地去制约和限制对方的特点和长处，还要依据比赛的进程和场上情况的变化，及时调整战术或重新部署战术，这样才能在比赛中取得主动，直至取得胜利。

2. 原则性和可变性的统一

任何战术行动都是在同对手制约与反制约、限制与反限制中进行的。因此，一方面，队员必须在统一的战术思想支配下，协调行动，发挥集体的优势和力量；另一方面，由于比赛形式瞬息万变、错综复杂，在比赛过程中，既要有在战术思想上的统一，又要允许运动员有个人机动灵活的变化，这样才能把握战机，克敌制胜。

3. 多样性和综合性的统一

篮球战术的特点表现为进攻战术手段的多元机动和防守战术的综合运用。由于篮球技术和战术的不断创新和发展，为了完成比赛任务，必须掌握多样化的战术形式与方法，这样才能争取主动。

战术的综合运用表现在两个方面：第一，反映在战术行动上的统一，即进攻与防守的统一，在进攻行动中包含防守的成分，在防守行动中还要蕴含进攻的意图和思想准备，同时还反映在配合行动与个人行动的统一、技术与战术的统一等；第二，表现在战术运用上的综合，即用一种进攻战术对付多种防守战术和利用混合防守、综合防守对付不同的进攻战术。

4. 个体性和整体性的统一

在篮球比赛中,一方面,是个体行动,即反映队员的个性技术运用能力和特点,具有明显的个性化特征;另一方面,每名队员的活动又不是孤立的个体行动,而是在同伴的活动背景下实施的。

比赛战术的实现,不仅依赖于队员个人活动的合理性和创造性的发挥,而且也必须依靠同伴之间的协同配合才能实现。因此,任何战术行动都是在个体活动中体现出整体活动的特点,这就是个体性和整体性的统一。

三、组织战术要求

1. 充分发挥本队特点

球队的特点对全队作风的培养、战术的组成起着指导作用,特点或风格是一个队的发展方向,一个队如果没有确定的风格,就不知道抓什么和怎样去抓。

所谓的风格,就是指以什么样的指导思想去建设这个队。技术需要它,战术更需要它。确定了指导思想才能更好地组织战术。一支球队在比赛中所运用的战术也完全可以体现出运用的是什么样的指导思想。

在战术的运用中,必须体现"以我为主、以攻为主和快速、灵活、准确"这样一个指导思想。

"以我为主"的核心就是扬长避短,要掌握多种符合本队风格、特点的攻防战术,以我之长制敌之短。

"以攻为主"不单是指在进攻上,还指在防守上。攻击性防守不是被动的单纯防御,而是从心理上、技战术上无球一方对有球一方进行攻击的积极行为。"以攻为主"要求在组织战术时,既要研究进攻战术的攻击性,又要研究防守战术的攻击性,大胆采用攻击性防守。

"快速、灵活、多变"就是要抓住时机,行动要快,缩短配合时间,以迅雷不及掩耳的速度完成攻击。战术变化要及时,做到点面结合,在某一点攻击上也要有多个变化,做到随机应变。在配合的动作、时机上要及时、准确。

2. 要从本队的实际情况出发

在组织战术的时候,要认真仔细地考虑和研究本队的实际情况。如本队队员的身高、特长、技术情况、身体素质、心理素质、意志品质等。根据这些情况去组织适合本队的战术,才能比较符合本队实际情况,才能最大限度地发挥全队和队员的特长。

3. 要注意内外结合、多点开花

一个成功的球队,仅靠一个点的进攻是不够的,仅有内线或外线都成不了超级强队,一个队只有内外兼备,才能使对方顾此失彼、应接不暇。

外线与内线的结合,不仅是按攻击点的次序,有机地把外线攻击与内线攻击点结合起来,而且在某一点攻击上也要有外线与内线的结合。因此,在组织战术的时候,必须把内线与外线的攻击点结合起来,战术才显得灵活、多变,才会发挥作用。在具体实施时,可以考虑以外线为主,结合内线;或以内线主为,结合外线等。

4. 要保持攻守平衡

在组织战术时,攻守兼备、突出重点、攻守转换迅速是组织战术必须考虑的问题。

只注意进攻不注意防守,就会给对方造成以多打少的机会。如后卫插入腹地,就应由近侧前锋去及时外移补上后卫的位置,不然,当进攻失利时,对方快速反击,就不能造成由攻转守的有利阵形。

5.要以移动进攻为主

在组织战术时,要求移动穿插,而移动穿插要立足于"打"的基本点上,立足于攻击上。移动穿插就是打运动战,要求队员在移动中完成进攻。

动起来打,反对站着打,可以抑制对方高大队员发挥其身高的特长。动起来打,就要具备快的速度,而这正是高大球员的弱点。因此,移动穿插可以做到"以动制高""以快制高"。

6.战术攻击要有连续性

一套全队战术打法,能否在比赛中显示较好的效果,取决于能不能在队员移动中连续产生攻击机会,如果只是一味地攻击一点,对方就很容易破坏它。

连续的攻击机会主要表现在:第一,在某一点进攻时能有多个机会的变化;第二,在某一点攻击出现之后,又有次序地、连续地产生多点攻击机会,这就是战术攻击的连续性。

战术攻击的连续性要求利用几种不同形式的基础配合,有次序地把它们组织在一起,成为套路。这样,组织起来的全队战术,在比赛中每个队员都明确自己应该做什么、怎样去做,同时还明确,如果一点攻击不成,应该向哪里转移以及如何转移。

如在比赛中,一些队员往往愿意站在战术开始发动的位置或是有球的位置上,没有站到这个位置上的队员就感到没事干,行动也就不够积极。产生这种情况的主要原因,一是队员都想要球并通过自己来完成进攻,感到这样才有收获;二是对于全队战术中每个位置上的队员的要求还不明确,或是队员还不明确自己的任务。

四、战术运用要求

1.知己知彼、周密准备

比赛前,要对对手进行充分的了解、客观的评价,依据所掌握的信息,结合本队特点、风格等进行周密的部署,有针对性地安排战术。这样,当比赛中出现困难与意外时才不会手足无措、无计可施,才可能攻无不克、战无不胜。

2.灵活机动、适时变化

比赛中,情况在不断发生变化,队员思想和行动也在不断发生变化,这些都要认真仔细观察、准确掌握,以准确地及时变换战术,这样才能争得主动权。

一个战术的运用,开始时常常得心应手、非常顺利,当被对方摸到规律后就困难了。所以,一条道打到黑的打法必将被动,而适时变化,使对方刚刚适应了这个战术、刚刚找出相应的对策,突然又遭到新打法的袭击,就会使自己保持主动。

3.注意诱使对手、出其不意、争取主动

通过战术设计,有意识地给对方造成错觉,再给以出其不意的攻击,是造成优势和主动的一种方法。

如运用声东击西、进攻联防的战术时,集中兵力于右侧,进行佯攻(如在右侧不停地进行突分),当对方的注意力和兵力集中到右侧时,突然把球转移到左侧,给潜伏的投篮手造成投篮机会。

4.注意速度与节奏的变化

篮球比赛中,利用速度与节奏的变化是实现战术行动的手段之一。

当对手善于打快节奏时,就有意识地把攻防的速度与节奏放慢,使其非常难受与不适应,以致不能发挥其水平;当对手善于打慢节奏时,就有意打快,带乱对手的速度与节奏,使其攻防技战术体系瓦解。

5.战术执行要坚决

每打一场比赛,事先都要根据双方情况制定作战方案。开始怎么打,中间怎么打,最后怎么打,胜了怎么打,失利怎么打,对方可能采取哪些方法对付本方,本方如何去处置,等等。这就是计划性。

有了充分的计划和准备,在执行的时候,必须要坚决。这样,队员上场比赛才能思想明确、行动统一。

6.运用战术贵在"灵活"

"灵活"性是每一个教练员和球员基于客观情况"审时度势"而采取及时的和恰当的处置方法的一种能力。要想战术灵活,运用战术时就要真真假假、真假结合、声东击西、变化不断,使对方摸不准自己的意图。

第二节 战 术 结 构

篮球战术结构是指战术行动的各个组成部分的搭配。篮球战术是由技术、阵形和方法三个基本要素构成的。但由于战术行动是以人为主体的对抗性活动,以动作表现于运动过程,因此,在比赛中也就必然受指导思想和战术意识的支配。可见,战术指导思想和战术意识也应该包含于战术结构中。

一、战术指导思想

战术指导思想是教练员制定战术计划、确定战术方案、形成战术特点的理想模式和准则。

战术指导思想是篮球战术的核心,比赛中战术是否奏效,关键在于指导思想是否正确,而正确的战术指导思想来自于对篮球运动规律和客观实际的正确认识和把握。

战术指导思想有两层不同的含义:第一,是比较持久、贯穿于训练和比赛活动全过程的指导原则,也可以称之为长期性战术指导思想。例如,"积极主动、勇敢顽强、快速灵活、全面准确"等。第二,则是近期的、比较有针对性的、主要是在一个赛季或者为了一次比赛所提出的战术方法原则。例如,"稳扎稳打、以快制高、以内制外、内外结合"等。

确立本队长期战术指导思想,是球队建设的重要任务,它可以使教练员有计划、有步骤地进行战术训练,从而形成自己的战术风格和体系。战术指导思想是战术内容的核心和前提,对于本队战术的形成和运用都有重要的指导意义。

二、战术意识

战术意识是人在战术活动中形成心理反映的高级形式,是人脑对战术活动的应答和反映,是运动员根据比赛场上出现的情况而产生的思维和反应,并通过具体的行动表现出来。

战术意识是"战术思维"能力的反映,是运动员在参加篮球实践活动中逐渐积累和丰富起来的,从而能够在比赛中自觉地、能动地按照战术意图和比赛实际情况,支配和控制自己在比赛中的行为。篮球比赛中,战术意识具有定向、抉择、反馈、支配等作用,队员的战术意识越强,实现战术的可能性就越强,从而越能反映运动员的战术能力和行动效果。

三、基础技术

基础技术是战术的基础,队员之间有目的的、有意识的在球场一定区域、条件和时机下运用技术才能构成战术。

技术越全面、熟练、准确和实用,战术的实现就越有保障。技术和战术两者之间紧密相联,而且常常作为统一现象存在于比赛中。也就是说,动作和行动是构成比赛活动的基本要素,动作是构成行动的基本元素,技术则是构成战术的基本元素,没有技术就没有战术。

四、基本阵形

阵形是指战术活动中具有稳定的形态和行动的方式。

战术阵形是战术行动的外部表现,一种战术阵形反映一定的战术内容,所以战术阵形是战术的基本要素。每一种战术阵形形式都可以予以命名,具有比较明确的概念及使用范围、相对完整的活动过程和稳定的时空特征。

例如:"8"字进攻法,表现出队员移动路线的特点和进攻的连续性。区域联防的"2—1—2""2—3""3—2"等防守阵形,可以用来应付不同特长的进攻。

战术阵形可以从对抗范围、攻守节奏、对抗程度上去理解,如全场、半场、速度快、速度慢、紧逼、松动、积极、消极等等,从而体现出各种攻守战术的特点。

五、方法

方法是完成战术行动的原则、要求和程序,是战术行动构成的内在基本要素,即队员位置的部署、球和人移动的路线、攻击区域、配合时机、层次及变化等。战术方法规定了人、球移动的方向和路线、技术动作的选择和组合、行动的时机和时间及技术运用的要求等。战术方法是从实践中规范出来的活动程序,既依赖于运动员的技术运用能力,又需要有一定的阵形来保证队员技术的发挥。

综上所述,技术是战术的载体和实际内容,是战术的基础;阵形是战术的外在表现,一定的形式反映一定的内容;方法是队员间协同完成战术行动的具体手段、要求和程序,是战术的核心;战术指导思想要通过全队的战术行动来贯彻、执行,是战术的灵魂,而战术意识是队员战术思维活动与应答能力的反映,意识支配行动,行动反映意识,两者互动的关系对战术运用具有重要的影响。

第三节　战术分类

根据篮球的对抗特征,篮球战术一般有 3 种分类方法。

一、依据攻防特点分类

按照攻防特点,可将篮球战术分为进攻战术与防守战术(见图 3.1)。

二、依据战术系统分类

按照战术系统,可将篮球战术分为整体进攻战术、整体防守战术和攻守转换等(见图 3.2)。

三、依据行动组织原则分类

按照行动组织原则,可将篮球战术分为个人战术、部分队员配合战术和全队战术等(见图 3.3)。

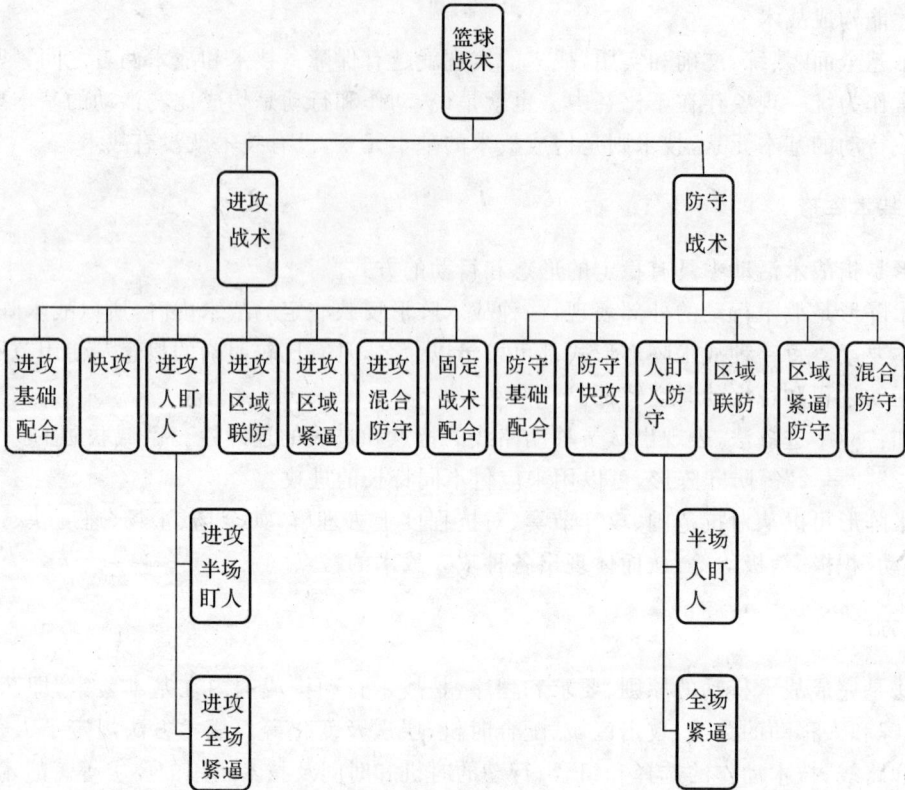

图　3.1

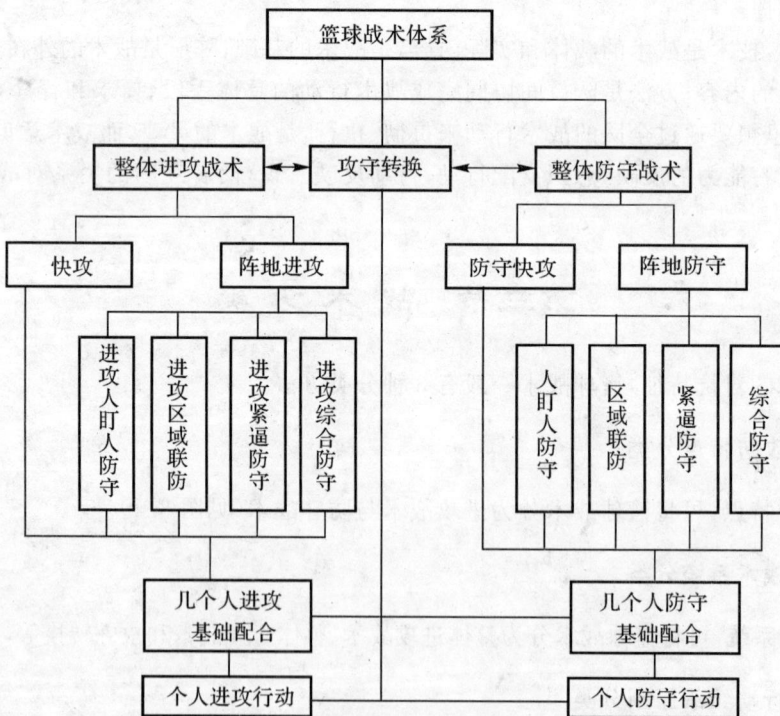

图　3.2

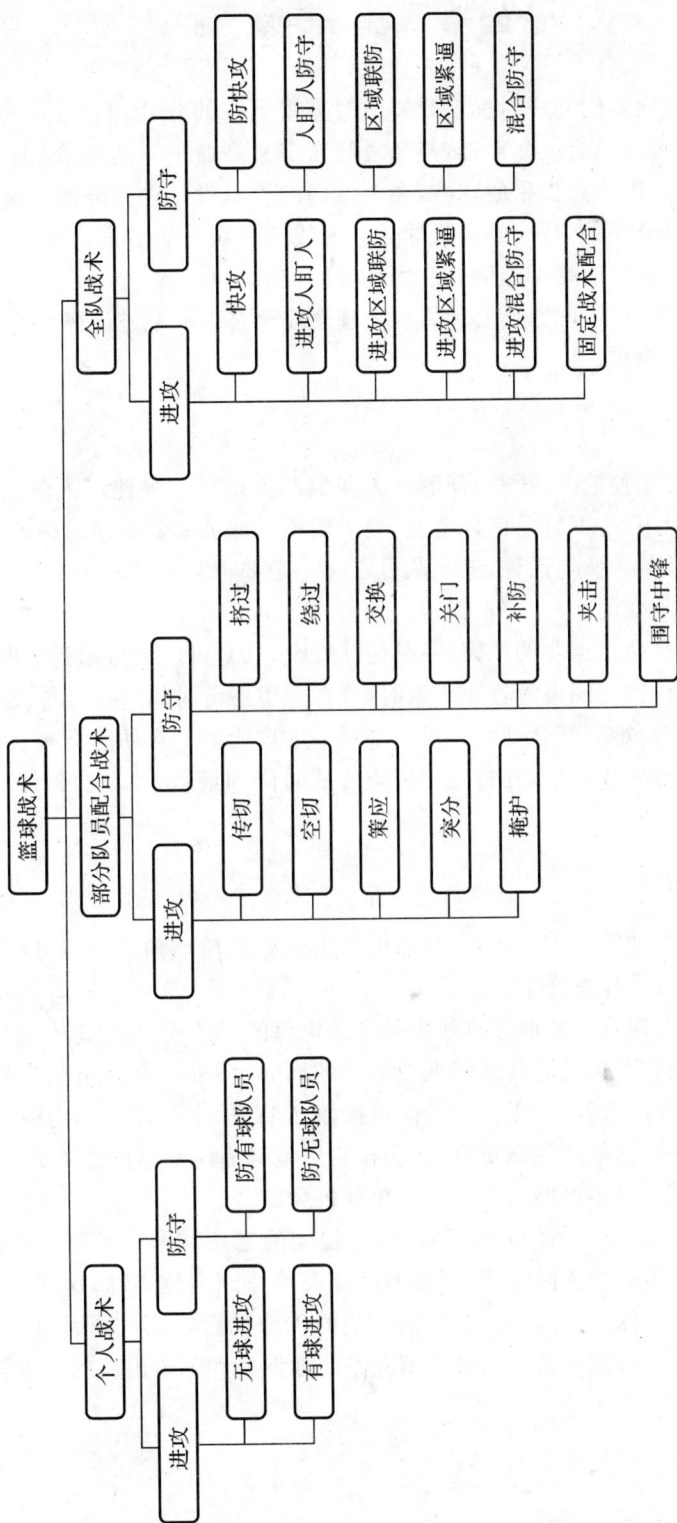

篮球战术

- 个人战术
  - 进攻
    - 无球进攻
    - 有球进攻
  - 防守
    - 防有球队员
    - 防无球队员
- 部分队员配合战术
  - 进攻
    - 传切
    - 空切
    - 策应
    - 突分
    - 掩护
  - 防守
    - 挤过
    - 绕过
    - 交换
    - 关门
    - 补防
    - 夹击
    - 围守中锋
- 全队战术
  - 进攻
    - 快攻
    - 进攻人盯人
    - 进攻区域联防
    - 进攻区域紧逼
    - 进攻混合防守
    - 固定战术配合
  - 防守
    - 防快攻
    - 人盯人防守
    - 区域联防
    - 区域紧逼
    - 混合防守

图 3.3

第四节 战 术 原 则

从根本上说,篮球比赛的终极目标就是要比对方得更多的分,因此,进攻的核心问题便是如何创造高命中率的投篮机会。然而,队与队之间在定义高命中率的投篮机会方面是存在明显差异的。拥有多名外围优秀投手的球队,会在他们的战术设计中以外围投篮为最佳进攻机会;而拥有好的内线得分手的球队,则会将球送进内线从而获得更多的高命中率的得分机会。无论何种侧重的战术,只要能帮助球队获胜便是可以被沿用的。

以上是进攻战术的基本理念,而要想将以上理念完全合理地融进比赛当中,就必须遵循篮球运动规律,遵循战术原则。

一、保持一定间距

在进攻中,一般有几种情况:第一,强侧三人弱侧二人;第二,强侧二人弱侧三人;第三,强侧一人弱侧四人(很少用)。不管是何种情况,处于弱侧的球员都要不停地移动,避免成为旁观者,并做好转移球的准备。换句话说,五名队员之间一定要保持一定的间距,而这个间距最好是不停地移动且距离不变的。

保持适当的间距有两个重要的原因:一是传球安全,二是可以为持球者留出空间。一般的间距最好是 4.5 米。传接球距离超过 4.5 米时,球在空中停留时间过长容易被断,而传球距离小于 4.5 米时,传接球的难度就会增大。对于一对一进攻能力出众的球员来说,4.5 米的间距足以让他自如地做各种进攻动作,并将对手协防的威胁降到最低,甚至当他停球后,还可以轻松地将球传给空位的队友。

二、三角形进攻站位

三角形站位可以增加第三个接球点,从而创造出更好的传球角度和得分机会,因此,三角形站位可出现在任何战术体系之下。

三个人同时到位的固定三角形进攻战术是毫无价值的。然而,如果球在边位,低位队员摆脱防守接球,边位队员在考虑是否传球给低位队员的同时,另外一名队员到达强侧高位,这样传球者就有了两种传球的选择:如果低位的队员摆脱了防守,则可以传到内线;如果迫于内线的防守压力,没有把球传给低位的队员,他便会很自然地选择传给高位的队员。如果高位队员仅仅是死板地站在那里,是不可能获得这样的接球机会的。

在进攻的过程中,由于对手防守的不断变化,强侧的三角阵形会不断地形成、改变、再形成。例如,当弱侧的后卫被严密防守时,弱侧的前锋要快速到高位接球,这样就会形成新的三角形站位,从而为被严防的后卫提供一个反跑上篮的传球机会。也正是因为三角形站位的不断变化,赛场上的球员就必须学会根据防守情况不断地调整和创造出新的三角阵形,以获得更多的进攻机会。

三、纵向穿插跑动

球场上,队员要不断地纵向穿插跑动以拉开场上位置和保持位置平衡。一般来说,纵切是发起进攻的最好方式。

实际上,在设计进攻战术时,要设计很多切入方式,比方说当球传到高位时,后卫要果断地切入,这就要求内线队员要不断地吸引防守,使外线队员获得空位,倘若防守并不回收,那么就可以将球交到内线进攻。

然而,经常会看到战术设计或者球员意识存在问题,使得队员的切入时机不对,比如在持球者没有做好传球准备时就切入,或者是切入内线后没有很好的接球机会等,这些徒劳的切入要避免。空切必须是战术的一部分,传球给切入队员是持球队员进攻的选择之一,因此,切入的时机要适当方才能成功,错误的切入毫无意义,而且会打断进攻的连续性。为了完成这一目标,两种切入是非常重要的:强侧纵切和穿过罚球区横切。

另外,所有的切入都要有摆脱的假动作,与目的地要成直角,要使防守者产生方向错觉,而且当球员空切改变跑动方向时,必须伴有加速的变化,以使摆脱的机会更大。

四、传球

一个球队多传球会比多运球创造出更高的命中率。传球比运球的速度更快,因此,可以造成进攻领先防守的快攻。当防守方已经落位,那么队员们之间快而不乱的传球和跑动是形成前场进攻战术非常重要的环节,任何迟疑都会给防守方以调整的机会。运球是很难使对手失去有利位置的,而传球却可以打乱防守阵形。

在进攻中仅通过一次传球就成功的情况很少,当对手阻截了一个进攻时,应该立刻将球转移给三角中的另一个位置,或者转移到弱侧重新组织。一般来说,七成的进攻得分应该来自于传球而不是运球,而且这一比例越高说明球队运转越合理、高效。

五、强、弱侧进攻的平衡分布

平衡对任何事物来说都是至关重要的,篮球也不例外。为了使进攻达到平衡,必须有高效的弱侧行动,这基于两个理由:一是为牵制对手从而为强侧创造机会;二是在弱侧创造出新的进攻机会,这也需要通过传球来实现。

弱侧队员如果变得松懈,那就会给他们的防守者提供到强侧协防的机会。相反,他们积极跑动、掩护,就可以牵制住防守注意力,减少弱侧防守者对强侧的协防,同时还可以使弱侧的内线球员有更多的机会抢占篮下有利位置,抢到篮板球或者投篮。

当强侧没有进攻机会时,球应当回传给后卫或者转移到高位,弱侧应该准备立刻进攻,于是,新的强、弱侧进攻便在瞬间形成。

六、弹性

在赛场上,不同的对手有不同的防守风格,因此,一个成功的进攻体系是:必须根据防守的变换有针对地调整进攻。固定的阵形、机械的进攻是最容易被遏制的。要给队员一定的自由去改变固定的进攻阵形,增加球队进攻的灵活性和不可预料性,这样才能在整个赛季有效地瓦解各种各样对手的防守。

七、磨合

建立一支协同作战的球队是所有进攻战术体系的最终目标,而这个目标要通过长期的训练和比赛的磨合来实现。磨合的目的有三个方面:第一,让队员非常熟悉战术体系的所有环节;第二,队员之间需要彼此熟知对方的技术特点;第三,遇到突发问题时能够冷静地处理。另外,磨合也应当包含球场下队员之间的友谊,因为和谐、友爱的场外关系是比赛获胜的先决条件。

八、公平的进攻机会

多数球队都会有1~2名很有天赋的球员,他们可以在进攻中随意投篮得分,而其他队员则需要在远离防守压力的位置投篮。对于一支球队来说,这两种类型的球员缺一不可。

只将球交由少数天才球员投篮而将其他队员排除在外的进攻战术是不利于球队的发展的。这样的进攻意图选择面狭窄,容易被对手察觉并被对手防死。相反,在进攻战术中,每名队员的进攻机会都是比较公平地分布在进攻战术的各个环节上,这样的进攻才是最难被阻止的。这并不意味在一场比赛中所有队员都会得到相同的分数,它的真正意义是场上的每名队员都要参与到进攻中去。尽管一名队员的贡献有可能只是传球、切入、掩护等等,但是他却为其他队员的高效得分创造了最好的时机,而且他也必须在球队需要得分的时候主动去得分。

全队都参与进攻的另一个优点是能够改善球的转移,创造出更多的投篮机会。当队员把自己当成球队在场上的栋梁时,在每一次获得球时才能意识到他的表现会对球队产生深远影响,这会加快其传球的速度、切入的果断性、为队友掩护的坚决性。总之,当球员感受到自己在进攻中的重要性时,他才会努力地帮助球队抓住任何一次得分的机会,而不是只作为球星的配角。

第五节 场 上 位 置

一、控球后卫

控球后卫(Point Guard)是球场上拿球机会最多的人。他要把球从后场安全地带到前场,再把球传给其他队友,这才有让其他人得分的机会。如果小前锋是一出戏的主角,那么控球后卫便是这出戏的导演。

后卫通常在进攻时居于进攻阵形的最后,多数时间活动在圆弧顶外围广大区域,负责联系点面,承担着组织和指挥的任务(见图3.4)。

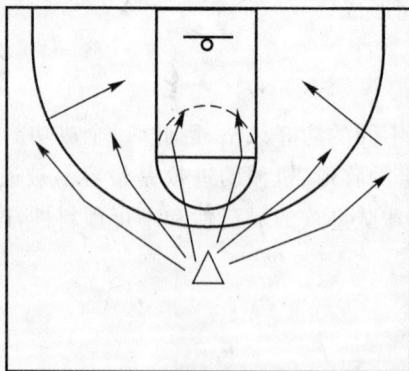

图 3.4

　　要做一个合格的后卫,首先,必须具备较强的控制能力和突破能力。必须要能够在只有一个人防守他的情况下,毫无问题地将球带过半场。其次,后卫还需要很好的传球能力,能够在大多数的时间里,将球传到球应该传到的地方,有时候是一个可以投篮的空当,有时候是一个更好的转移球位置。也就是说,后卫必须要将球在本队队员之间较为顺畅地流转,通过后卫将球传到最容易得分的地方。再更进一步地说,后卫要组织本队的进攻,让队友的进攻更为流畅和简单。

　　在得分方面,控球队员往往是队上最后一个得分者,也就是说,除非其他队友都没有好机会出手,否则他是不轻易投篮的。换个角度讲,后卫还需要较强的个人得分能力,利用后卫较强的得分能力破坏对方的防守,进而为队友制造机会。

　　总而言之,控球后卫有一个不变的原则,当场上有任何队友的机会比他好时,一定将球交给机会更好的队友,在队友没有很好投篮机会的时候,依靠后卫的突破、突分或直接进攻篮下得分等手段,打乱对方的防守布局,为队友创造得分机会。

二、得分后卫

　　得分后卫(Shooting Guard),顾名思义,是以得分为主要任务。他在场上是仅次于小前锋的第二得分手,但是控球后卫并不需要像小前锋一样具备较强的个人单打独斗的能力,因为他经常是在队友的帮助下,通过掩护等方式创造出投篮空间,进行投篮得分。所以,得分后卫就需要具有较高的外线投篮命中率和非常好的稳定性。

　　得分后卫经常要做的有两件事。第一,外线出手投篮得分。因此,得分后卫必须具有很稳定的外线得分能力,否则,队友通过不断的努力创造出来的投篮机会就会白白浪费,多次的不进球,对全队的士气和信心将会有很大的打击。第二,经常在小小的缝隙中找出空档来投外线。所以得分后卫在机会出现的时候,投篮出手一定要果断、快速。

　　一个好的得分后卫不能奢望每次同伴都能创造出很好的投篮空当进行投篮,所以得分后卫应该能在很短的时间内找机会出手,且命中率也要有一定的水准,这样才能让对手的防守有所顾忌,逼迫对方拉开防守圈,进而更利于队友在禁区内的进攻。

三、小前锋

　　小前锋(Small Forward)是球队中最重要的得分者。对小前锋最根本的要求就是要能得分,而且是较远距离的得分。小前锋接到球后,第一反应就是如何通过自己的能力把球投进篮筐,这是小前锋最重要的任务,远远比去抢篮板、传球、防守重要得多。

　　小前锋作为全队的主要得分者之一,经常需要依靠自己的能力创造得分机会。在全队进攻受阻或者无法创造出较好得分机会的时候,需要小前锋通过自己的努力创造机会,并投篮命中、得分,从而起到稳定军心、给对手制造麻烦,并迎头痛击对手的作用。因此,小前锋会在比赛中拥有较多的出手机会,甚至有时并不是很好出手机会的时候要进行投篮得分。

四、大前锋

　　大前锋(Power Forward)在队里担任的任务几乎都是以苦工为主,要进行抢篮板、防守、卡位等。但是投篮得分却不是大前锋的主要任务,所以大前锋有时可能在场上并不会起到很显眼的效果,但是对于全队的防守,却起到至关重要的作用。

大前锋的首要工作便是冲抢篮板球。大前锋通常都是队上篮板球抢得最多的人,大前锋需要在3秒区内和中锋配合进行卡位,从而获得篮板球。

在进攻时,大前锋常常为队友进行掩护,为同伴创造投篮机会,并在同伴投篮后设法挤进篮下,冲抢篮板球,为本队的第二波进攻提供机会。

虽然大前锋在全队中拥有的出手机会较少,但由于其比较靠近篮下,所以大前锋一旦获得出手投篮的机会时,需要大前锋具有较高的投篮命中率。以场上5个位置来说,大前锋应该是命中率最高的一位。

此外,防守也是大前锋最主要的任务之一。他需要在3秒区内辅助中锋对3秒区进行控制,限制对手在篮下的进攻。所以说,大前锋必须要做好两件事——抢篮板和防守。

五、中锋

中锋(Center)顾名思义乃是一个球队的中心人物。他多数的时间是要待在禁区附近里卖劳力、卖身材的,他是球队进攻和防守的枢纽,故名之为中锋。

首先,中锋是距离篮筐最近的队员,所以,争抢篮板球是中锋最重要的任务之一。其次,由于禁区是攻守双方争夺的重要区域,因而中锋还需要承担不让对手轻松占据篮下区域的任务。

在进攻时,中锋经常有机会站在靠近罚球线的3秒区内(此乃整个进攻场的中心位置)接球,在没有获得较好投篮机会时,中锋需要将球转移到较为合适的区域,因此中锋还需要有很好的传接球的能力。

在球队中,中锋也经常身负得分之责,他是主要的内线得分者,并与小前锋形成内外呼应。由于中锋接到球后,往往距离篮筐较近,因此中锋需要具有较强的单打独斗的能力。

在防守上,由于中锋往往是本队的最后一道防线,所以除了防守好自己所对位的防进攻队员外,适时的补防也是中锋的主要责任。简单地说,若敌方的球员晃过了队友的防守而进攻篮下时,中锋便要有一夫当关之勇,守住己方的禁区。

当中锋队员具有较好的中距离投甚至远投的能力时,中锋队员可以移动到外面去投外线,而少做禁区单打的工作。由于中锋的个头高,其他矮个子根本守不住,同时到外线投篮可以把对方的中锋引出来,给同伴在篮下留下进攻的空间。

第六节　进攻战术演进及发展趋势

一、阵地进攻战术的演进历程

任何战术的发展都是在一个渐进的演变过程中进行的,它跟随人们的认识在不断地提高与升华。纵观篮球运动百年的发展历史,篮球阵地进攻战术大致经历了固定进攻阶段、移动进攻阶段、机动进攻阶段等(见图3.5)。

1.固定进攻阶段(1910—1970年)

篮球战术是指为比赛而准备和采用的行动方式与手段、方法的结合,是队员之间相互协同配合的组织形式。

从篮球运动起源时到20世纪30年代,为了更好地发挥运动员的技术,保证运动员技术的正常发挥,而对战术进行合理的设计和组织。比赛中运用教练员设计好的固定战术,在赛前演练十分熟练的基础上,可以充分地保障队员技术的发挥。这一阶段的形式主要有站立式固定配合方式、行进间固定配合方式和换位进攻方式等。

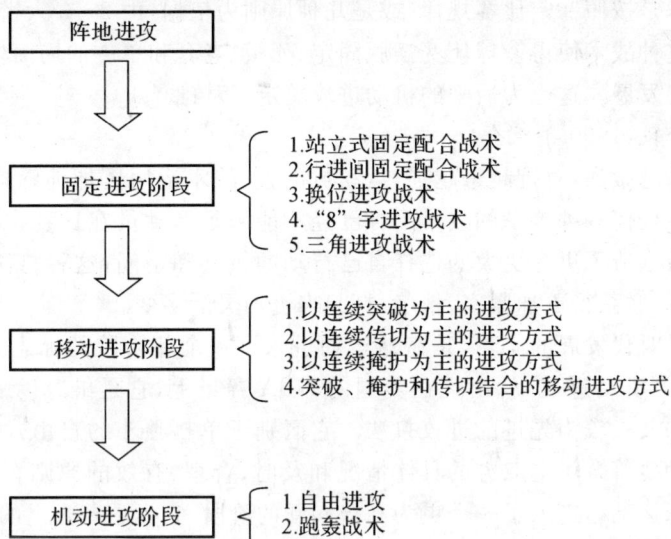

```
┌──────────────┐
│   阵地进攻    │
└──────────────┘
       ⇓
┌──────────────┐      ⎧ 1.站立式固定配合战术
│  固定进攻阶段  │      ⎪ 2.行进间固定配合战术
└──────────────┘ ⎨ 3.换位进攻战术
       ⇓              ⎪ 4."8"字进攻战术
                      ⎩ 5.三角进攻战术

┌──────────────┐      ⎧ 1.以连续突破为主的进攻方式
│  移动进攻阶段  │      ⎪ 2.以连续传切为主的进攻方式
└──────────────┘ ⎨ 3.以连续掩护为主的进攻方式
       ⇓              ⎩ 4.突破、掩护和传切结合的移动进攻方式

┌──────────────┐      ⎧ 1.自由进攻
│  机动进攻阶段  │ ⎨
└──────────────┘      ⎩ 2.跑轰战术
```

图 3.5

除了快攻战术的出现之外,进攻战术在防守战术的促进下,涌现了许多进攻方式,如阵地进攻与突破方式进攻人盯人防守的配合;战术中运用策应配合、传切配合和掩护配合;20 世纪 20 年代出现中锋定位掩护和"8"字进攻法。

随着篮球规则的改进,篮球进攻战术又有了新的起点。行进间固定配合方式展示了强大威力,使运球技术发展而导致过去的固定配合方式向行进间的固定配合方式过渡。五人连续跑动的"8"字进攻法也在比赛中大量地使用,并获得了很大的成功。

随着技术的进一步提高和高大队员的涌现,篮球技战术体系逐渐向集体对抗方向发展,进攻中的快攻、掩护、策应战术相继发展。如路线似阿拉伯字母"8"字,有三人、四人、五人"8"字三种,是早期的移动进攻战术形式。"8"字可以在外围"8"字跑动,也可以在篮下三人跑"8"字配合。目的是通过反复跑动,创造运球突破和外围投篮的机会。

随着这个阶段篮球运动在世界范围内普及和发展,高大篮球运动员大量涌现,高度已发展成为篮球场上决定胜负的重要因素。篮球运动中如果高大队员能克服技术单一、动作比较迟缓这一不利因素,比赛中获胜的概率将大大增加。为了减小高大队员移动慢、技术动作单一的不利因素,同时又要保持高度与速度的统一,这时"换位进攻"出现了。这一战术的出现,使得篮球运动在高度与速度的统一上得到了发展,也给防守造成了极大的威胁。

换位进攻也称"连续进攻法",是按照规定路线,有层次地进行切入、策应、掩护等连续跑动的配合。通过队员不停的移动换位,在移动中进行配合和变化,创造有利的进攻机会。五人跑动换位后,仍回到原来的位置或方向相反的位置,然后重新组织进攻。连续进行换位进攻,可保持战术的连续性,并能与快攻和机动进攻更好地结合。虽然现在篮球战术已向更高层次方向发展,但在许多比赛中,人们仍然可以看到固定进攻战术的影子。

2.移动进攻阶段(1970—1990 年)

移动进攻是在换位进攻和"8"字进攻战术的促进下发展起来的。篮球阵地进攻战术经过了第一阶段的发展,在这一阶段中篮球运动在高度和速度中间找到了平衡,使得队员的技术全面、特长突出。特别是远投技术的出现,使得进攻战术普遍朝着大范围的频繁移动进攻发展。

移动进攻战术是按照一定比赛规律,或是几种原则为依据,由2~3人密切配合,并灵活多变的进攻战术。这种战术使得篮球比赛摆脱固定、死板、老套和单一的局面,开始向灵活、机动和多元进攻的方向发展。这也为后来的机动进攻奠定了基础。

3.机动进攻阶段(1990年至今)

随着比赛越来越激烈,对抗越来越强,运动员的技、战术运用更加纯熟,配合更加默契,战术打法更加精炼。任何一种单一的战术配合已经不能满足运动员在比赛中发挥技术的要求。机动进攻给运动员创造了更多更大的选择自己行动的机会和空间,这种打法看起来似乎很随意,实际上队员之间联系得更加紧密、精确,打起来更加灵活多变。

"机动进攻"是时代发展的必然,是篮球运动进入了一个新阶段的标志。早在20世纪60年代末70年代初,"机动进攻"就出现在美国的NBA赛场上,它是继"8字进攻""换位进攻""移动进攻"之后的又一较为先进的进攻打法。它区别于单打独斗的自由式和随意式进攻,强调了运动员的行动要符合场上双方的具体情况和及时、合理、有效的原则。所以说,机动进攻的出现代表着篮球运动已进入了一个更为高级崭新的阶段,它标志着大量的技术更加全面、战术意识更加丰富的智能型运动员的出现,使篮球运动战术进入了"简而精"的阶段,在篮球运动史上翻开了新的一页。

机动进攻较为有代表的战术形式是"自由进攻"和"跑轰战术"。

跑轰战术,在英文里面叫做"run& gun",直译叫跑抢战术,又名小球战术。其战术的指导思想是通过不停顿的运动,改变场上位置,使防守队员失去正常的位置,并改变传统的高大中锋站位攻击的打法,让场上5个队员互相换位、不断移动,以多种原则和策略来指导配合,以机动的攻击手段,冲击对手的防线,扰乱对方阵线,加快比赛节奏,快跑、快传、多种选择,使对手不适应,以我为主,掌握场上的主动权,从而取得比赛的胜利。这种战术提高了比赛的难度,促进了技术的极大提高,增加了比赛的观赏性。

"自由进攻"是一种没有固定套路的开放式打法,它只是单纯地通过不断的运动来创造空位投篮机会。它要求场上的5个球员永远都在球队的进攻里扮演着角色,并拥有出色的外线投射能力,传球以及左右皆能的突破技术,同时还必须具备出色的解读比赛的智慧。所有球员还应保持无私的球场态度并不断努力为队友去创造空位投篮机会。这就需要球员的耐性和对球的控制力。

二、不同阶段阵地进攻战术特点

1.固定进攻阶段特点

战术的意义在于协调运动员之间的配合,有效地组织场上的攻击力。相对于无战术配合而言,固定进攻战术明确了进攻的位置、路线、攻击的方式和攻击点,这极大地统一了全队的进攻思想与目的。在运动员的技术不够全面的时代,固定进攻战术保障了优秀运动员技术的发挥,集中部分地区和个别运动员的优势,战胜对手。战术行动相对固定,便于运动员掌握战术方法,容易记忆。

2.移动进攻阶段特点

移动进攻相对于固定战术而言,是指进攻机会是移动的,不是固定,而是一种动态。不仅包括运动员本身的移动,而且还包括进攻机会的转移。移动进攻时,目标的不确定性,是由部分的原则来规制的。任何人的战术行动和攻击都要在全队的攻击原则指导下进行,否则,进攻将是混乱和无组织的。这种战术要求运动员技术全面,头脑灵活,全队队员水平相近。

3.机动进攻阶段特点

机动进攻战术的最大特点是攻击机会机动,进攻是在多个原则的指导下,根据对手的情况,采用机动的攻击手段。要求运动员的技术全面,精通各种位置技术,掌握全面战术打法,全方位的攻击面,多点、层次进攻。运用的灵活性是它的另一个特点,可以和几乎所有类型的固定战术搭配使用。

三、阵地进攻战术发展趋势

1)未来的进攻战术将由站立式进攻向移动式进攻方向发展。站立式的进攻将完全是在娱乐篮球中出现,竞技篮球中将更多地使用移动的战术打法。只要球通过中场就开始了进攻,每一队员都将在移动的过程中完成配合,站立接球和进攻将成为历史。因此,为了满足这种进攻的变化,场上会更多地由1大4小的阵容所充实。

2)队员的位置职责功能扩大,场上位置概念趋向模糊,需要运动员更多地可以兼顾两个以上位置的职责。在进攻的过程中,任何位置和任何队员都将是没有固定、随机落位、随机进攻的,打破了位置的划分,由区域的职责所替代。

3)由局部发动的进攻从两侧开始,不断地向内线冲击。进攻机会将由一点不断地向多点延伸,机动地选择进攻方向,由平面向立体进攻态势转化。

4)内外结合的打法将成为阵地进攻的主流。单一强调以内为主,或是以外为主的进攻都是片面地理解现代篮球。内可攻、外可投、内外结合、不失偏废,全面攻击的战术打法将是未来篮球的主要流派。

5)掩护、突分的配合将大量使用。比赛中,单靠一个人的能力很难取得进攻的成功,只有依靠同伴的协助。在与同伴的协助中,掩护和突分是运用最多也是效果最好的战术配合。因此,在未来的篮球比赛中可以看到大量地使用掩护和变换掩护方式,同时借助突破打开局面。

第七节 节 奏 变 化

一、把握节奏变化规律的意义

节奏是篮球比赛中最突出的运动特征,是取得比赛主动权和比赛胜利的重要因素。它受比赛对象、技战术风格、外界环境及自身心理、生理等多种因素的影响,具有易变性和复杂性的特点。

随着篮球运动的不断发展,比赛攻守对抗更为激烈,节奏变化越来越复杂,那种仅适应某种单一节奏的进攻与防守战术已不能对付各种不同打法的多变节奏,只是一味快、一味慢或中速行动,很难应付各种复杂情况。因此,必须提高对篮球运动节奏规律的认识和理解,在基本技术和战术配合训练中,充分注意提高篮球运动员技战术的节奏性,避免采取一成不变的稳定节奏,而应有针对性地选择训练方法,调整和改变比赛节奏,提高应变能力。只有这样,才能做到训练中有的放矢,比赛中指挥心明自如。

比赛节奏的转换是现代篮球战术的一个重要内容。实践证明,节奏的掌握将在比赛中起着举足轻重的作用。一支球队(一名运动员)从它(他)在篮球比赛中对节奏的掌握与运用,可以看出它(他)的水平高低。要培养一名优秀的篮球运动员,建设一支具有高超技战术水平的篮球队,必须重视篮球运动节奏的训练。篮球运动的节奏规律为教练员、运动员如何在比赛中扬长避短、分析预测临场势态变化、进行战略决策、保持优势及劣势的转化、争取主动权、捕捉战机等方面提供了理论依据。

二、篮球运动节奏的主要内容

篮球运动是一种由多种技术、战术组成的复杂多变的综合性运动项目,在技战术的运用及比赛的全过程中处处充满着节奏性。篮球运动的节奏表现为技术节奏、战术节奏和比赛节奏三种基本形式。

1. 技术节奏

所谓技术节奏,是指运动员在完成技术动作时,技术动作的各部分所表现的强弱和时间间隔的关系。技术是节奏的基础,节奏是技术的要素。合理的技术动作,表现出和谐的节奏;和谐的节奏体现出技术的协调、娴熟。

篮球运动的各项技术,如持球突破、行进间投篮、急停投篮等,都具有鲜明的节奏感。篮球运动本身对每项技术及每个技术动作都有节奏上的要求,按节奏要求去完成技术动作,才能取得好的效果。如行进间投篮,第一步向前跨出要快,步幅要大,第二步落地步幅要小,并制动,变水平速度为垂直速度,节奏稍慢,然后用力向上跳起投篮,整个动作节奏表现为快、慢、高。又如切入上篮超越对手时要快,上篮出手要慢而稳。特别是技术的组合运用中,节奏的变化及要求更突出。如投突结合,突破前假动作要逼真而稍慢,当防守失去正确防守位置时,突破动作要快而猛,体现假动作慢、真动作快的节奏要求。又如传接球技术与投篮技术组合中节奏的变化,促进了各种投篮技术的发展,其中空中接力扣篮,技术节奏变化明快、技术衔接干净利落,体现出技术间完美的结合和节奏的协调统一,改变了常规三步投篮的节奏。

防守技术动作及运用过程中节奏的变化主要表现在防守移动、抢球、打球、断球、盖帽、抢后场篮板球及防守技术间的衔接。运动员在比赛中都力图保持自己的习惯动作节奏,以提高自己的活动效果;都力求破坏和干扰对方的习惯节奏,以降低对方的活动效果,只有保持技术节奏的及时、合理、准确,才能在竞赛中取得主动。为了制约进攻技术,必须熟悉进攻技术动作的节奏及变化,并采取针对性的防守对策和措施,灵活运用防守技术的节奏,这样才能有效地抑制进攻技术的节奏。

个人技术动作节奏在比赛中影响着全队的攻、防节奏,有时起到关键的作用。个人的技术动作节奏应服务于全队攻防节奏,当全队的比赛节奏不适应比赛时,个人技术动作节奏应能改变全队的节奏,特别是场上核心队员要能起到这方面的作用。合理的技术动作节奏不是一成不变的,它受外界环境等条件的影响,运动员仅靠训练所培养出的相对稳固的节奏是远远不够的。重要的是,通过多次反复的实践,能在各种不同条件下保持和调整自己的节奏,提高应变节奏的能力。

2. 战术节奏

所谓篮球战术节奏,是指组成战术活动的各阶段之间的时间特征和各部分之间的强弱关系。篮球运动中的每种攻防战术都有各自的节奏,在战术活动的进程中组成该战术的各阶段历时的长短、球与人运动的快慢及运动员在各部分活动的强弱是战术节奏的基本条件。

战术形式不同,其节奏也不相同,如快攻、抢攻、全场紧逼、区域紧逼的攻与防都表现为快节奏;阵地战中的联防、攻联防、半场盯人的攻守主要表现为慢节奏。每种具体战术又有自己的节奏要求。快攻无疑应当在快速中进行,但由于有防守对抗,在整个快攻过程中,同样存在着节奏的变化。如获得篮板球后的分散接应阶段,应尽快寻找到最理想的接应者;中场推进时要以高速突破对方的防守;结束段处理球又要适当减速,寻找最佳的投篮机会,一旦攻篮在即,则又得加速完成攻击。而作为参加快攻的队员,由于每人所处的位置不同,要求也不一样,为了组成良好的进攻队形和创造有利的投篮时机,应根据场上的情况决定加速或减速。

战术配合的一个非常重要的因素就是时间性。一种战术打法,不仅仅是位置、路线、配合方法与技术动作的组合,配合时间尤为重要。同一战术打法,配合时间或技术动作的运用时机早一点晚一点,战术效果迥然不同。因此,进行攻防战术配合时,要善于运用不同的速度,有快有慢,有强有弱。开始组织战术配合时,要以中等速度,通过人球不停地移动寻找机会,等待适宜时机,伺机进攻,一旦出现有利时机即突然加速攻击;如开始时就一味加速,不仅容易失误,对机会的判断也比较困难,甚至错过战机;在结束配合时不加速,仍以同一速度,是难以摆脱防守的。

在阵地进攻中,速度不但体现在单一速度中,而且要有变速变向,突然起动,突然急停,突然变向,短而快的移动。为了保证发挥各队应有的战术水平,夺取场上主动权,在战术的运用中,需要掌握好战术节奏的变化,将快、中、慢节奏的各种战术活动巧妙地组织起来,该快就快,该慢就慢,以达到最佳战术效果。

3. 比赛节奏

所谓篮球比赛节奏,是指在进攻和防守中完成技术动作和战术配合快、慢、动、静、张、弛等攻防现象。

比赛节奏是比赛要素之一,是技术节奏和战术节奏的综合,并受技术节奏和战术节奏的影响,各种技战术的变化是比赛节奏的集中表现,比赛节奏是技术、战术在时间和空间上的综合反映。

三、比赛节奏的基本表现形式

1. 策略上的静动节奏

策略上的静动节奏指的是静之有理,动之有效,静动结合,相辅相成。在篮球比赛中,动是主体,静是前提,动则偏重于体力消耗,静则思索成分为主,二者辩证统一,功能各异。无动无竞赛可言,但也不是一动到底,需要静作调整,作阶梯。《三十六计》中的"暗渡陈仓",就是掌握静动节奏的至高境界。篮球比赛中,在发球或持球时,静一静,从感性到理性地思索,准备发动攻势。以静待哗,以静制动,静动有序,静动有节,就能赢得主动,发挥整体优势。

2. 战术上的屈伸节奏

战术上的屈伸节奏指的是屈伸进退、相得益彰。一是"因敌而制胜",即随时随地了解变化不定的双方攻防情况,并针对对方具体的攻防情况调整节奏,灵活地变换自己的战术;二是灵活多变,即在实施战术时,要随着对方攻防情况的变化,调整节奏,不断改变自己的战术行动,井然有序地屈伸进退,体现灵活多变的战术运用原则。

这两种节奏变化形式又可称为主变节奏和应变节奏。主变节奏是指自身主动变化攻防速度,用快慢结合的节奏变化调动对方;应变节奏是指根据比赛中变化的情况做出相应行动的反应,使之相对稳定。

3.速度上的快慢节奏

速度上的快慢节奏指的是慢而恰当,快而不乱,慢则丝丝如带,快则势如破竹。

快是篮球运动的根本,快的风格无疑需要保持和发展;但在篮球比赛中决不能一快到底,快不可收。快必须以慢作辅垫、作调整、作桥梁,无慢则无快,必须辩证分析,正确对待。在篮球比赛中,应伺机而为,当快则快,当慢则慢,慢则像小溪流水,悠悠细流;快则像滚滚长江,汹涌澎拜。

比赛中,截传抢断应敏捷果断,防守反击要迅雷不及掩耳;阵地进攻则应以慢作调整,以慢创战机,快慢结合、张弛有度。

4.体力上的劳逸节奏

"劳"指体力和精力的消耗,"逸"指保持充沛的体力与旺盛的精力。在篮球比赛中,以逸待劳主要体现在:第一,从战役上,始终保持充沛的体力,勇猛应战。在战略上确定每场比赛的主力队员,从整体上强调全员打球,始终保持旺盛精力。这就要求教练员要培养充足的后备力量,准备多种阵容打法,比赛时频繁换人,防止仅靠少数人打球而导致精疲力竭之危。第二,就每场比赛而言,也要调整好劳逸节奏,体力充沛,迎刃而解。一方面保持自己的体力,借间歇喘喘气,想想招;阵地进攻稍稍放慢速度,不要劳而无功跑空趟。另一方面有意消耗对方的体力,采用战术策略,声东击西,使对方徒劳往返,消耗体力,抓住战机,组织强大攻势,各种战术交替使用,或欲擒故纵,或先予后取,以收"致人而不致于人"之效。

四、影响比赛节奏的因素

1.意识

意识是行动的先导,行动受意识支配,节奏意识是驾驭节奏的前提。篮球比赛节奏是集体行动的节奏,增强每个队员的节奏意识,必定对全队思想和行动的统一产生积极影响,在临场中表现为一种连锁反应或说是默契。如防守中,一人断球成功,同伴立即做出接应、快下和跟进的相应配合行动,形成快节奏的反击。在技战术训练中要不断强化运动员的节奏意识,在比赛时对节奏做出相应的部署。

2.心理

良好的心理素质,是把握节奏的重要条件。一旦心态失控,节奏也就失去了控制。当求胜心切时,易出现不冷静、盲目加快比赛节奏的现象;当胆怯、畏惧时,则不能正常发挥应有的节奏,如主动调节比赛节奏,还会影响队员的情绪。当队员急于求成而情绪急躁时,有意放慢节奏,有助于调整心态,缓解急躁情绪;当队员松懈、疲沓时,应主动加快节奏,以提高队员的兴奋性。

篮球比赛的节奏变化始终伴随着心理调节,而心理调节是把握比赛节奏的前提,只有心理调节得得当、适时,才能使比赛节奏把握得准确、合理,比赛节奏的变化是心理调节的具体反映。比赛中恰到好处地掌握节奏是对运动员心理调节能力的考验,这也对运动员的心理素质提出了更具体的要求。

3.体能

体能是发挥节奏功能的保证。体力充沛才能适应篮球比赛多变节奏的要求,体能下降则难以适应比赛的强对抗、快节奏;反之,和谐的节奏是人体生理和心理的一种需求,节奏不和谐使运动员疲劳过程加快。

掌握好节奏能保存和充分利用体能,有利于表现较高的技战术水平。

4. 核心队员

篮球比赛节奏具有集体性的特征,是在个人节奏基础上形成的全队节奏。核心队员是全队的中坚和组织者,是调整和掌握全队节奏的负责人,教练员的意图要由他来负责实施。因此,核心队员要充分了解本队的攻防节奏,随时根据比赛的进展控制攻防速度,掌握攻守转换时机,协调全队节奏,积极寻找并抓住各种有利战机,力争主动,打出高潮;当处于被动时,放慢速度,及时调整全队节奏,使全队战术得到合理的运用,最大限度地发挥全队的整体能力。

五、篮球比赛节奏调控的措施

1. 暂停

暂停的实质是调控比赛节奏。暂停的目的在于使比赛中断,使对手打顺的劲头冷一冷,或使正在专心致志打比赛的对手产生杂念,从而破坏打顺手的节奏。暂停的原则是增加主动因素,改变被动因素,调整部署,改变节奏,以利再战。

暂停的时机:

1)对方攻防得心应手连续得分时。

2)对方攻防出现漏洞而我方队员不能及时利用时。

3)本方攻防技战术发挥不稳定而连续失分时。

4)对方作战部署改变后而本方不适应时。

5)本方队员精神过分紧张而连续失误时。

6)需要布置新的任务或战术时。

2. 换人

频繁的换人可作为打断对方比赛节奏的一种手段。

篮球比赛换人次数不受限制,可用换人起到暂停的作用,来调控比赛的节奏。更主要的是,通过换人可改变场上阵容结构,从而达到改变比赛节奏的目的。

攻防速度上的习惯与差异,是制定策略和作战方案时必须考虑的环节。通过突然改变攻防节奏和通过某些手段进行节奏诱导,致使对方不得不跟着本方的进攻节奏奔波,立足于以我为主,力争打出自己习惯的速度节奏来,这是取得比赛主动权的重要因素。

3. 运用多变防守

综合多变防守战术的实质,是用多变防守来加快防守的速度和攻击性,减缓对手的进攻速度,造成对手心理上的紧张和技术上的失误,达到其控制和掌握比赛节奏的目的,从而夺取比赛的胜利。

攻防战术的多变可导致比赛节奏的改变。在比赛中,为了尽可能给对方造成不适应,可利用多种形式的组合防守战术进行变化,加快或放慢进攻的节奏,隐蔽自己的意图,迷惑对方,给对方心理上造成混乱,让其发生错觉,导致措手不及,使之处于极不适应的状态,从而控制比赛局面,夺取比赛胜利。

在现代高水平篮球比赛中,由于各队技战术水平的不断提高,连续犯规、失误的情况是不多见的,教练员明显的指挥失当更为鲜见。因此,比赛中不应只指望对方频繁出现错误,而要立足于努力防守,迫使对方连续进攻不成,扎扎实实打出本方的高潮。因为这一来源是可靠的,教练员、运动员必须努力给对方施加压力,造陷阱,诱使或迫使对方犯错误。

4.运用慢节奏

审时度势,适当运用慢节奏也是一种有效的控制比赛节奏的方法。当本队情绪急躁或出现连续失误时,运用慢节奏可稳定军心、调整心态;当本队队员体力不支、后备力量不足时,可以慢节奏缓解之;在快节奏抗衡中对方占据上风时,应改用慢节奏作调整。

临近终场且比分领先,对方急于扳回比分或败局时,可利用控制球战术,降低进攻速度,控制比赛节奏,力求打成功率,使对方信心动摇,精力分散,导致急于求成,节奏盲乱。或是当对方节奏加快,逐渐兴起高潮之势时,利用控制球进攻,减慢速度,控制节奏,将对方的高潮冷落为低潮。

5.运用快节奏

运用快节奏,可对付后备力量不足和习惯慢节奏的队。措施是:

1)频繁换人,全队作战,以快节奏、高强度调动对方。

2)采用全场紧逼防守战术,以快节奏制约对方。

六、不同比赛阶段节奏的运用与调控

节奏贯穿篮球比赛的全过程,篮球比赛全过程可分为3个阶段,即开局阶段、相持拉锯阶段和决胜阶段。

1.开局阶段

开局要先发制人,首先从气势上压倒对手,争取比分领先。可先派一些素质好,敢于拼搏的队员上场,用猛攻的方式,给对方一个快节奏的威胁,以快节奏打乱对手的进攻与防守布署,给对手造成心理压力,使对手紧张、不适应、失误多。也可派稳健的队员上场,用慢节奏稳扎稳打,了解对方,打好开局。总之,开局阶段节奏的选择要根据敌我双方的情况,灵活运用,充分发挥自己之长,克彼之短。

2.相持拉锯阶段

整场比赛,绝大部分时间为相持阶段,大约为30~35分钟。拉锯是指双方比分交替上升,比分接近的现象。要突破此局面必须改变人员,改变战术,加强防守。

弱队对拉锯战情有独钟,这是对强队的极大威胁。弱队在拉锯战中要赢得时间,一旦获高潮则有机可乘,获得取胜的机会。而强队对拉锯局面决不能掉以轻心,必须果断决策,大胆改变战术,以改变拉锯的不利局面。力争打出高潮,是打破相持拉锯局面、取得比赛主动的关键。如果一个队在相持阶段得分在短时间较多时,应尽量保持比赛节奏,减少失误,不让对方有机可乘。相反,落后队要尽量破坏对方打顺了的节奏,抓住战机,争取打出高潮。当本方打出高潮连续得分,甚至拉大比分差距时,切不可盲目乐观而对对方掉以轻心,因为此阶段也是对方易打出高潮的时段;当对方率先打出高潮时,也不要悲观失望而产生消极或急躁情绪,教练员必须认真查找原因,分析形势,找出症结,拿出对策。

高潮虽然多出现在上半时后半期,但下半时后半期出现的高潮往往是决定性的。合理的策略是:前段和中段以抗衡对方并保存实力为主,最佳阵容的最佳比赛状态应出现在比赛的最后决战阶段,教练员要善于合理安排力量,争取在最关键的时刻打出决定性的高潮。

最有利于本方打出高潮的三种情况:

1)对方连续进攻不成。

2)对方连续犯规、失误。

3)对方教练员或核心队员指挥失当。

掌握节奏,就是选择时机,一定要有效地抓住对方的漏洞,选择并把握好时机。抓住对方体力不足而处于疲劳时,对方核心队员或主力队员出现情绪波动时,对方换人、暂停、战术运用不当时,对方主力队员犯规较多或全队犯规已达罚球次数时,对方比分领先而麻痹时等时机,把握住进攻的节奏,力求打出一段高潮,争取比分或扩大战果,为胜利奠定基础。

3.决胜阶段

在比赛的最后阶段应根据具体情况采用不同的节奏:

1)比分领先时,一般采用慢节奏,充分利用24秒钟规则,重点打成功率,使领先的比分保持到比赛结束。

2)比分相持时,进攻节奏慢中有快,争取打出一个小高潮,将比分拉开。

3)比分落后时,如差分不多,进攻要稳中有快,争取拉平或超过,如差分较多,则通常采用全场紧逼盯人,紧逼持球者,加强抢断,积极拼抢篮板球,主动加快比赛节奏,寻找三分球投篮机会,争取时间,争取反败为胜。

第四章　进攻战术

第一节　进攻战术基础配合

战术基础配合是 2～3 人之间有目的、有组织的协同作战的简单进攻方法,是组成全队战术的基础。

一、传切配合

传切配合是指几个队员之间利用传球和切入技术组成的简单配合,包括一传一切和空切配合。随着现代篮球向高空技术和技巧的不断发展,具有配合简捷、突然、攻击性强的吊扣、一传一扣和空切与空中接球直接扣篮配合在比赛中也经常出现。

1. 战术要点

队员除了要熟练掌握战术外,还要具有良好的配合意识。在配合过程中的切入队员要善于抓住防守者未能调整位置或者注意力分散的空隙,突然快速起动发起进攻,或利用假动作摆脱防守者。持球队员可做瞄篮、突破或其他假动作,来吸引防守者的注意力,当切入队员摆脱对手时,要采用不同的传球方式,及时、准确地将球传出。

要求:切入队员要根据情况掌握切入时机,果断、快速地摆脱对手切入篮下,并接同伴的传球。传球队员要利用瞄篮、突破、运球等假动作吸引或牵制对手,当切入队员摆脱对手处于有利位置时,应及时、准确地将球传给同伴。

2. 配合方法

(1)一传一切配合

一传一切指持球队员将球传给同伴后,快速地向篮下切入,并接同伴的回传球上篮。

依据切入的方向和路线,可分为纵向切入和横向切入。

纵向切入(见图 4.1):②接球前要做摆脱动作,①将球传给②后先向下压、逼近对手,同时注意观察防守者的情况,然后突然向右切入,切入时利用左肩贴住防守队员,身体向球的方向侧转并准备接②的回传球上篮。

横向切入(见图 4.2):③传球给④后,利用假动作摆脱防守者,向 3 秒区横向切入,接④的回传球后上篮或急停跳投。

(2)空切配合

空切指无球队员掌握时机,摆脱对手,切向防守空隙区域接球投篮或做其他进攻动作。

配合方法(见图 4.3):①传球给②后,③立即摆脱防守者向篮下切入,接②的传球上篮。

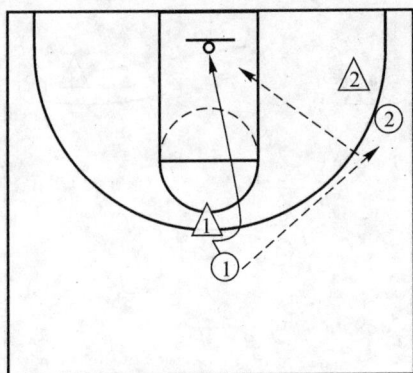

图 4.1

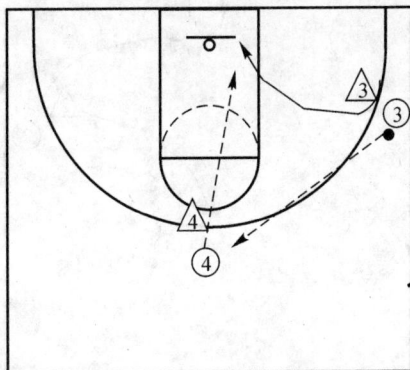

图 4.2

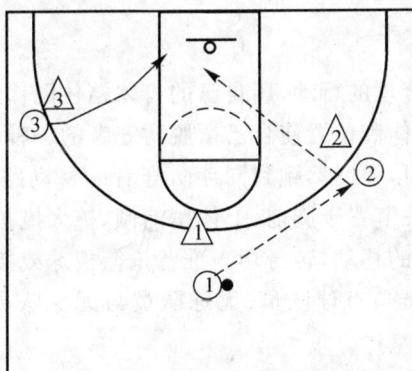

图 4.3

二、突分配合

突分配合是指持球队员突破对手后,遇到对方补防或协防时,及时将球传给进攻位置最佳的同伴进行攻击的一种配合方法。

当对方采用人盯人防守或区域联防时运用突分配合,可以打乱对方的整体防守部署,压缩防区,给同伴创造最佳的外围投篮或篮下进攻机会。

1.战术要点

突破动作要突然、快速,在突破过程中要随时观察场上攻守队员行动和位置的变化,既要做好投篮的准备,又要及时、准确地传球给同伴。其他进攻队员要掌握时机及时跑到有利于进攻的位置上接球。

2.配合方法

示例1(见图4.4):当①从防守者左侧持球突破,遇到另外的防守者协防,封堵①的突破路线时,此时②及时跑到篮下有利于进攻的位置,接①的传球进行投篮或其他进攻动作。

示例2(见图4.5):②接到①的传球,从自己防守者的右侧(底线)突破后,遇到③的防守者的补防,这时③要快速上提横向切入,接②的传球投篮或做其他进攻动作。

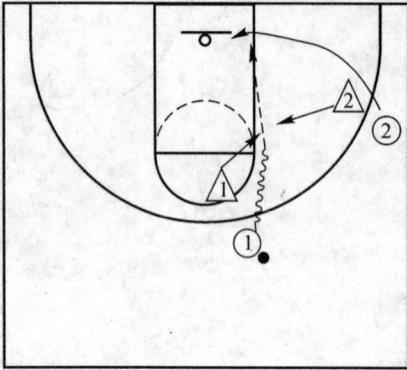

图 4.4

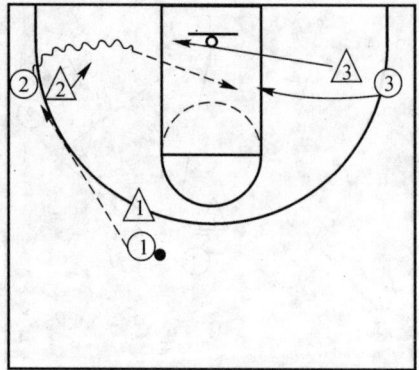

图 4.5

三、掩护配合

掩护配合是指进攻者以合理的行动,用自己的身体挡住同伴防守者的移动路线,使同伴借以摆脱防守,或利用同伴的身体和位置使自己摆脱防守者的一种配合方法。

掩护队员给同伴作掩护时,要突然跑到同伴防守者的移动路线上,保持适当的距离,两脚开立,两膝关节微屈,两臂肘关节置于胸前,上体稍前倾,扩大掩护面积。在同伴利用掩护摆脱防守后,掩护队员应随防守者的移动,转身切入准备抢篮板球或接球。

掩护配合可以在无球队员与有球队员、无球队员与无球队员、有球队员与无球队员之间完成。

掩护配合有许多种形式和方法,根据掩护者与被掩护者的身体位置和方向的不同,可分为前掩护、侧掩护、后掩护等三种形式。其区别在于掩护队员站在同伴的防守者不同的位置,例如侧掩护是站在防守者的侧面,用身体挡住防守者的移动路线,使同伴得以摆脱。

根据不同的情况,运用掩护时还可以有多种变化,如反掩护、假掩护、运球掩护、定位掩护、行进间交叉掩护、双人掩护等。掩护的形式和变化虽然很多,但从掩护者的行动来看,一是自己主动给同伴做掩护,使同伴借以摆脱防守;二是自己主动利用同伴的身体和位置创造掩护,使自己摆脱防守,以及同伴之间相互进行掩护借以摆脱防守。掩护配合是进攻紧逼、人盯人防守最有效的方法之一。

1. 战术要点

1)掩护配合时,同伴之间要相互默契、协同一致,掌握配合的时机和时间。

2)掩护者要站在同伴的防守者的必经路线上,距离同伴防守者约半步的距离,距离过近容易引起犯规,太远不易成功。掩护时两脚自然开立,两膝关节微曲,上体稍前倾。

3)借用掩护者做假动作来吸引自己的对手,待时机成熟,迅速起动。

4)进行掩护配合时,要观察防守者的位置和行动意图。当对方交换防守时,掩护者要及时转入掩护的第二动作,即利用所处的有利位置,转身切入篮下准备接球,或转入其他进攻行动。

2. 配合方法

(1)侧掩护

示例1(见图 4.6):给有球队员做掩护。①传球给②后,跑到②的防守者的右侧做掩护,②接球后做投篮或者突破动作,吸引防守者,当①到达防守位置时,②持球从自己防守者的右侧、掩护者①的身后突破上篮。①掩护后要及时移动到有利的位置准备接球后抢篮板球。

示例2(见图4.7)：给无球队员做掩护。②传球给③后，跑向传球的反方向，给①做侧掩护，这种掩护也称为反掩护。当②给①做侧掩护到位时，①贴着②切入篮下接③的传球投篮。③接到②的传球后，要做投篮、突破等假动作吸引自己的防守者，当①借助②的掩护切入篮下无人防守时，③要及时的将球传给①进行投篮，②掩护后要根据防守的情况及时移动到有利的位置。

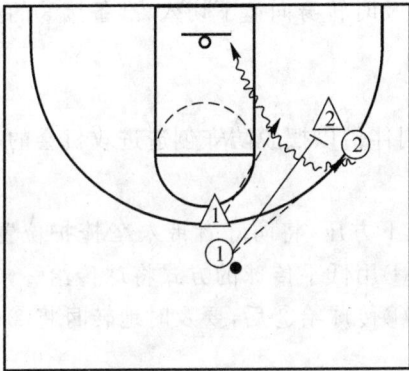

图 4.6

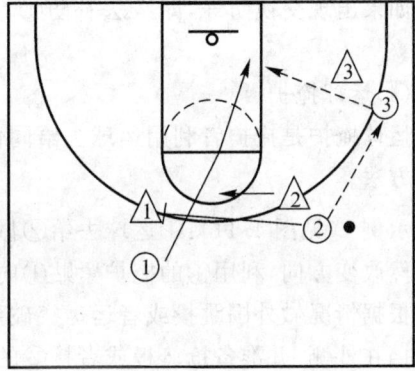

图 4.7

如果对方进行交换防守时，②要及时转身把△挡在身后、并迅速向篮下切入，接③的回传球直接上篮。

如果②传球后，准备给①作掩护，发现自己的防守者不跟随时，可直接切入篮下，接③的回传球直接上篮。这种方法叫假掩护。

(2) 前掩护

掩护者站在同伴的防守者身前所进行的掩护叫前掩护。

示例1(见图4.8)：②传球给①后，先向下压，然后突然绕到①的身前，①转身将球传给②并给②做前掩护，②可根据防守情况及时投篮或做突破动作。

示例2(见图4.9)：②利用③做前掩护，接①的传球进行中距离投篮，如果③的防守者绕前防守②时，③要及时转身切入篮下，①要及时传球给③投篮。

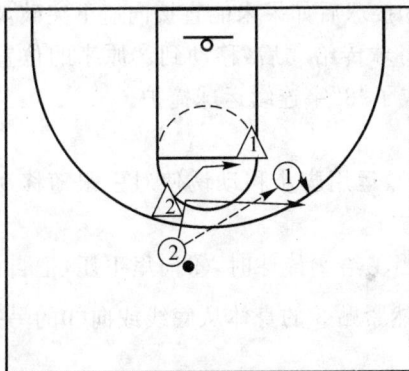

图 4.8

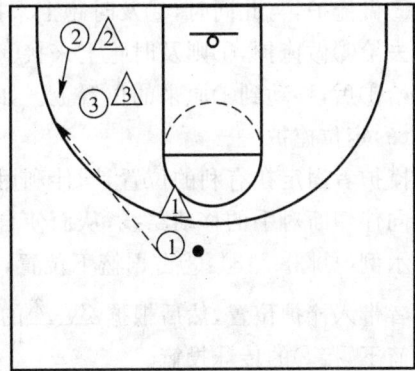

图 4.9

（3）后掩护

后掩护是掩护者跑到同伴的防守者身后做掩护的一种配合。这种掩护不容易被同伴的防守者发现，配合起来较为容易成功，但与对手的距离不能太近，以免发生身体接触造成犯规。

示例（见图4.10）：①给③传球时，②跑到罚球线右侧佯装接球，实际是给①做后掩护，①传球给③后，先向左侧跨步移动，然后突然向右变向，利用②的掩护切入篮下，接③的传球投篮。

如果出现交换防守，即△去补防①，掩护队员②要及时转身向篮下切入，准备接③的传球投篮。

（4）运球掩护

运球掩护是掩护者利用运球去给同伴做掩护，使同伴借以摆脱防守创造进攻机会的一种配合方法。

示例1（见图4.11）：①运球去给②做掩护，②向左下方压，将防守者带入△掩护位置，然后突然改变方向，利用①的掩护紧贴①向右切入，同时①用低手传球的方式将球传给②，②接球后根据情况做外围跳投或者运球突破到篮下投篮。①传球给②后，要及时地转身将②的防守者挡在外侧，并准备抢篮板或者接②的传球。

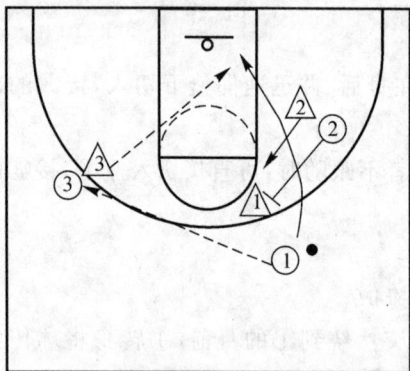

图 4.10

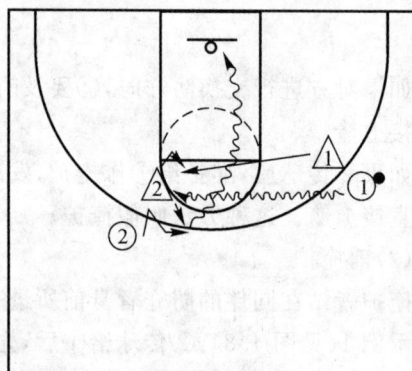

图 4.11

示例2（见图4.12）：开始时，②运球向篮下突破，受到防守者堵截而不能成功时，继续运球去给③做掩护，与此同时，③及时跑上来接②的传球，③接球后如果未能直接向篮下突破，则可运球去给①做掩护，①则及时跑上来接③的传球。②将球传给③后，移动到③原来的位置，③传球给①后，移动到①原来的位置上。如此反复就形成了"8"字连续运球掩护。

（5）定位掩护

掩护者固定在有利的位置，同伴利用他做定位掩护，运用脚步移动诱使对手跟随移动，让定位同伴切断对手的移动路线，从而使自己及时摆脱防守。

示例（见图4.13）：③占据篮下位置，做定位掩护，当①给②传球时，④向里下压，把自己的防守者带入掩护位置，然后根据△、△的位置交错，突然紧贴③的身体从底线或向③的另一侧切入篮下，接②的传球投篮。

（6）行进间掩护

指两个进攻者在跑动过程中，向一点集中形成相互掩护，使防守者在移动过程中移动路线受阻,借以摆脱防守,创造进攻的机会。行进间掩护,对把握时机的能力要求很高,队员之间要求更为默契。

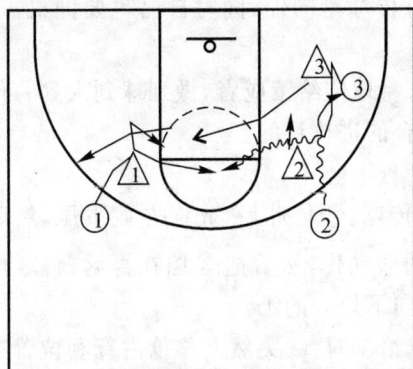

图 4.12

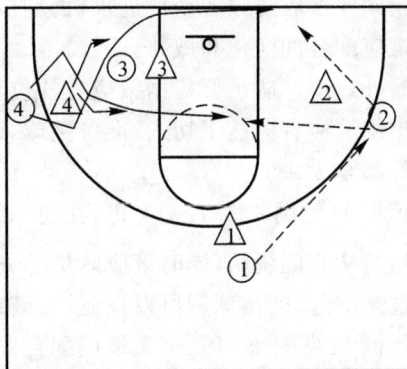

图 4.13

示例(见图4.14):①传球给②后,立即起动与③进行交叉跑动。③在①起动时,先向反方向下压,然后突然加速借①的行进间掩护切入篮下,接②的传球投篮。

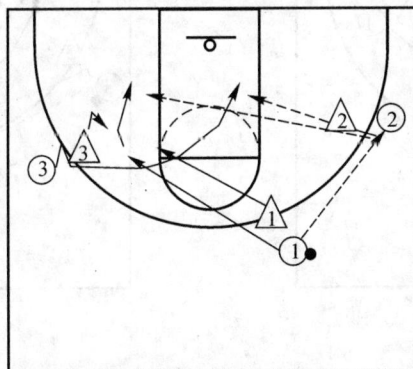

图 4.14

四、策应配合

策应配合是指进攻队员背对或侧对球篮接球后,通过多种传球方式与外线队员的空切、绕切相结合,借以摆脱防守,创造各种里应外合的进攻机会的方法。

策应配合的应用范围较广,可以干扰防守绕切的队员选择正常的防守位置,在进攻半场人盯人防守或区域联防时经常采用。根据策应的区域和位置不同,策应配合通常分为内策应、外策应、高策应、低策应等,配合的方法基本相同。靠近限制区两侧的策应配合,一般叫内策应;在罚球线附近或罚球线延长线附近做策应,通常称为外侧应。当对手采用全场紧逼防守时,可在中场甚至对方前场运用策应来破坏对方的防守。

1. 战术要点

1)策应队员首先要抢占有利的策应位置保证接球的安全。接球后,两脚开立,两膝关节微屈,上体稍前倾,保持身体平衡,两肘关节微屈,两手持球于腹部前,用手臂和身体保护球,并随时注意攻守者的变化。

2）高大队员策应时，接球后可把球举在头上，根据同伴的移动，做出前、后、左、右的传球配合。当同伴摆脱防守者获得进攻机会时，策应者要及时传球给同伴，同时自己也要伺机进攻，增加策应配合的变化和威胁。

3）外线持球队员要根据策应者的位置和机会，及时将球传给策应者，做到球到人到。传球后要围绕策应者向篮下切入，准备接球，以实现内外结合的进攻目的。

2.配合方法

示例1（见图4.15）：①上提，在罚球线附近接②的传球，②传球后，先向左侧下压，然后以①为枢纽从右侧绕切，同时策应队员①先做传球给②的假动作，然后把△挡在身后，将球传给绕切过来的②，②接球后可以投篮、突破或传给策应后向下切入的①。

示例2（见图4.16）：交叉策应配合方法。当③传球给①时，②突然上移抢占有利位置接①的传球做策应，①传球给②后先向右下压，然后突然向左绕②切入篮下，③在①切入后紧接着绕②横向切入，②根据攻守情况，传球给①或③，或者自己转身投篮。

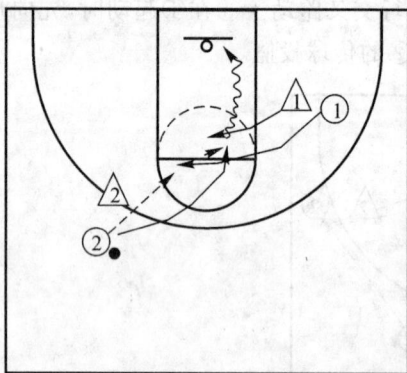

图　4.15

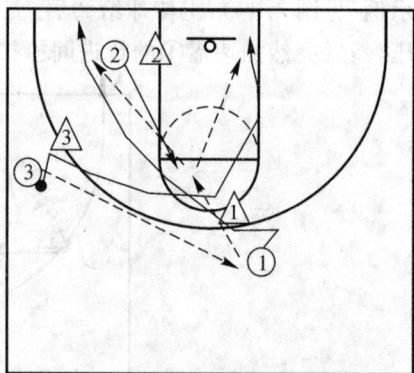

图　4.16

五、"8"字配合

"8"字进攻配合，主要指进攻队员在进攻时，跑动的路线像个"8"字，故称为"8"字进攻。

1.战术要点

1）每个队员在任何位置上都能配合，这样可以造成防守的困难。

2）参加"8"字配合的队员，应该灵活，技术全面，而且善于做快速、隐蔽传球。

3）参加者的具体任务：①保持行动的节奏，否则会破坏战术计划；②及时地把球传给篮下没有防守的同伴；③利用机会自己运球切入篮下投篮；④如果没有投篮机会，要向有利位置移动，继续组织进攻，但必须注意跑的路线和位置。

2.配合方法

示例（见图4.17）：开始时，②运球创造切入的机会，同时也起到压缩防区的作用，如果不能切入，则将球传给跑上来的①，①用同样的方法、同样的目的向另一个方向运球，然后将球传给跑上来的③。队员之间主要任务就是要压缩防区，把传球点逐渐靠近篮下，创造中近距离投篮机会或切入篮下投篮的机会。

如果防守队员跟得比较紧，外围队员可利用"8"字的行进间掩护切入投篮。例如（见图

4.18)：②运球切入没有成功,把球传给跑上来的①,①接球后向另一个方向运球切入依然没有成功,再把球传给③,③借助①的掩护接球后,快速向另一侧运球切入投篮。

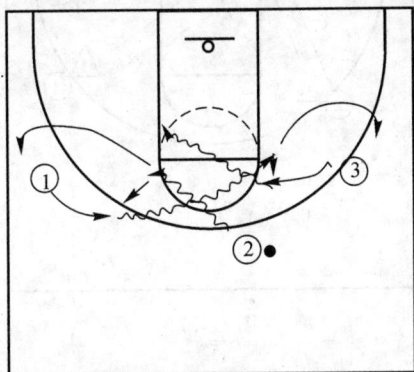
图 4.17

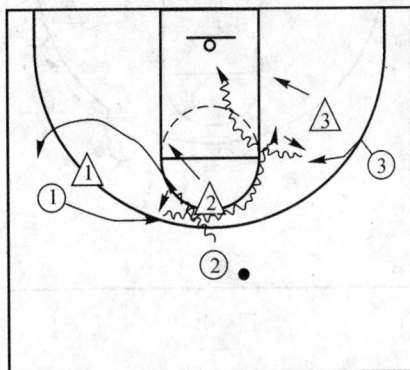
图 4.18

六、"溜底线"进攻战术

"溜底线"进攻战术是篮球移动进攻的一种配合方法,它是前锋、中锋或后卫队员通过全队的移动跑位、传球、掩护、配合等方法的帮助,主动运用各种动作摆脱防守队员向底线运动,创造更近距离攻击对方篮下的机会的一种移动进攻战术。

1."溜底线"进攻战术的特征

（1）易于创造篮下进攻机会

"溜底线"移动进攻战术主要是通过内外线的各种配合来不断向防守方篮下进行攻击,这将有利于创造出更好的篮下进攻机会,使得每位进攻队员都能成为"直插敌人心脏"的尖兵。

（2）适用范围广

"溜底线"移动进攻战术主要是依靠全队合理的移动、巧妙的配合、及时准确的传球来实现的。所以,无论是以快攻或投篮准见长的小个阵容球队,还是拥有强大内线实力的阵地战球队都适用该进攻战术。

（3）针对性强

"溜底线"进攻战术的作用和任务主要针对区域联防的底线防守薄弱和防守面向球而忽视后面情况的弱点,以突然、高速移动或利用掩护配合来主动向对方篮下运动,造成直接的篮下进攻机会或造成局部以多打少或以大打小的有利局面。

2.配合方法

示例1（见图4.19）：①号队员持球,在他做投篮或突破动作以吸引防守者的同时,④快速跑下给③做掩护,然后①把球传给②,③迅速摆脱防守溜底线,在篮下接②的传球进行攻击。

示例2（见图4.20）：①持球,在他做投篮或突破动作以吸引防守的同时,②快速跑下给③做掩护,③迅速摆脱防守溜底线到另一侧的篮下,此时②和③的防守者会迅速换防,①把球迅速传给③,造成防守方的前锋或后卫球员⚠被迫在篮下防守进攻方的中锋球员③,形成以高打矮或以大打小的有利局面。

115

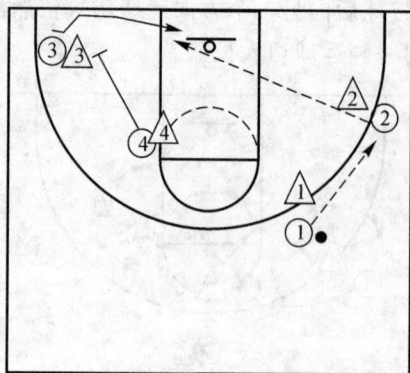

图 4.19

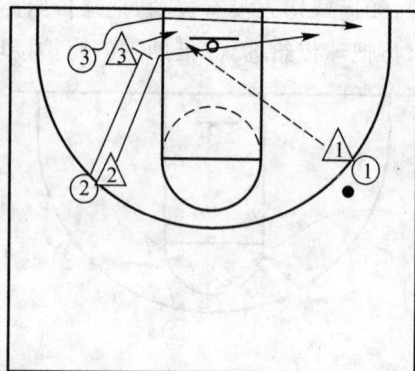

图 4.20

示例3(见图4.21):①持球,通过做投篮或突破等假动作以吸引自己的防守者,当队友已经落位好以后,把球迅速传给②,在②传球给③的同时,①紧接着利用假动作摆脱防守后,快速绕着②和③向底线溜,以便利用②和③的身体挡住防守队员的追防,当①从③身边经过时或经过后,③看准时机把球及时传给①进行投篮或做其他进攻动作。

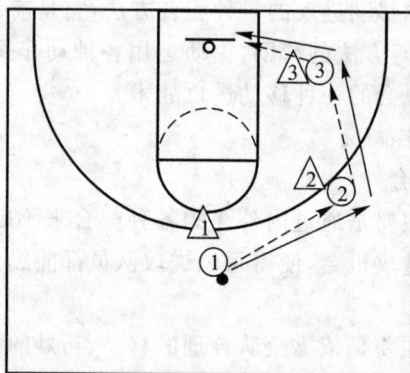

图 4.21

第二节 个人进攻战术

整体进攻战术中不同位置的队员各司其职,以体现整体进攻战术的需要,但同时又必须具备运用个人战术行动去达到进攻得分或者配合同伴得分的能力。在整体进攻中,个人战术行动有3种不同表现。

一、有球进攻队员

持球队员最主要的任务是从所处的位置上,即刻判断如何去处理球。

处理球的基本依据有:防守队员和同伴位置;自己与篮筐的角度和距离;临场可能产生的变化。依此果断地做出行动方案,做出应变的行动要具有创意性,始终使自己处于主动的地位。

在做出行动方案时,首先要做出自己能否得分的选择。特别是在限制区附近和篮下持球时,采用各种最简练的方法得分或造成防守队员犯规。外围持球队员,同样必须做出投篮、运球突破投篮、运球突破中吸引防守队员,打乱防守后分球给同伴。后场持球推进的队员,一是采用快速运球突破防守直接得分,另一种是采用有节奏的推进,吸引防守队员为同伴创造更好的机会。

一个球队攻击能力的高低关键在于他们"传球助攻"水平的高低。传球助攻技术不仅是进攻队控制球和转移的主要手段,还是提高攻守转移速度、控制比赛节奏、为攻击手段提供弹药的唯一手段。可以这样说,传球助攻技术是投篮技术的前提条件,它们的质量会直接影响投篮命中率。

二、即将接球的进攻队员

这主要指处于持球队员附近,以及处于较好得分位置或2～3人配合时的队员。处于这种状态的进攻队员,要依据以下几个因素,选择和确定自己的战术行动。

第一,本人与持球队员的距离和角度。

第二,本人与其他同伴所处的位置。

第三,防守队员的位置。

第四,全队战术配合要求。

根据以上四个因素,可以采取以下行动争取得球攻击:采用各种移动和假动作空切篮下;摆脱防守队员拉出接球;快速插上打内策应;主动与同伴进行掩护,创造机会接球;在固定配合中抢占有利接球和进攻的位置等。在以上行动方案实施中,对接球如何处理方案要有思想准备。要预测几种可能性,一旦接球后,很自然地运用各种方法去攻击对方。

三、无球进攻队员

无球队员在场上的行动是非常重要的,主要任务是随时根据进攻战术和与同伴配合的需要,牵制对方,拉开防区,参与2～3人的配合,以及随时转入即将接球的位置为进攻创造更好的机会。如二次进攻补篮、扣篮、空切主动掩护、大范围的移动再插入篮下等,都具有积极的威胁。

无球队员往往容易使防守队员忽视,容易摆脱对手和创造更好的进攻机会。进攻队员在无球状态时,在自己抢位、摆脱的同时,应尽量多为同伴创造摆脱、接球攻击机会,很可能同时自己也会得到意想不到的攻击机会。当发现控球队员处在"箭在弦上"或攻击时间快到时,应主动上前为其做掩护,助他一臂之力。无球队员应随时与球保持联系,尽量使球点靠近篮下或攻击点附近。

第三节　快攻战术

一、"快攻"战术释义

快攻即是由防守转入进攻时,在对方防守立足未稳,还未布置好防守的情况下,以最快的速度、最短的时间,争取以多打少或在速度上超过对手,果断而合理地进行快速进攻的战术方法。快攻是篮球进攻战术的重要组成部分,由于发动突然、攻击迅速,因此,它是进攻战术中最锐利的武器。由于篮球技术的发展促进了快攻的发展,快攻的速度也就越来越快,成功率越来越高,快攻所得分数占总比分的比重也就越来越大。

快攻的核心内容是"争取时间、抓住战机、速战速决",以便抢先争取场上的主动权,形成一种志在必得的竞赛气势,保证本队取得比赛的胜利。

二、篮球快攻战术的特征

1.整体性

篮球快攻战术发展的整体性在比赛中表现得很突出,其发展已不再是以前的那种两三个人的快攻形式,而是参与的人多,不仅是进攻参与的人多,防守参与的人也多,一般均达到3人以上,这就对快攻战术提出了更高的要求,因此在快攻战术中5人参与的整体快攻就表现得很突出。

2.多样性

篮球快攻战术的发展已具有很强的多样性,简单、单调的战术已很难适应现代篮球快攻战术发展的需要,战术的变化多端使人眼花缭乱、扣人心弦,特别是快攻战术中的"空中接力",配合的位置、配合的地点、参与配合队员的不固定等等,极大地丰富了篮球运动的内涵。

3.衔接性

篮球快攻战术不再是转入阵地进攻,而是与强攻等其他战术进行有机的衔接,快速组织人员进行连续的快速攻击,具有很强的衔接和连贯性。

三、快攻战术环节分析

快攻战术主要包括发动、接应、推进、结束、跟进等五个环节。

1.发动阶段

比赛中发动快攻的机会很多,但各种机会稍纵即逝,关键在球队的快攻欲望和争取与创造快攻机会的意识。如果全队都具有强烈的快攻欲望,就能利用和把握每一次快攻机会,甚至在看似不可能的情况下通过自身努力积极创造这种机会。因此,每一次真正意义上的进攻几乎都是从后场开始,往往使对手有一种大军压境的感觉,不敢轻松大意。

按常规,发动快攻一般有四种机会。

(1)利用发端线球时发动快攻

利用对方投篮中球后,由端线发动快攻。对方投篮得分后,由于这时球不需要交给裁判,而这正是发动快攻的较好时机。要求:对方投篮得分后,离球筐较近的队员迅速拿球到端线外,同时,快下队员积极沿边线快下,接端线发球队员的直接长传进攻篮下。

(2)抢到后场篮板球发动快攻

抢到后场篮板球发动快攻是比赛中最多,且是最好的可利用之机。这不仅是产生后场篮板球的机会多,重要的是双方都处在全力拼抢之中,防守方一旦获球并立即发动快攻,对方往往难以按预定模式形成有效防守。但这需要强调的是,利用后场发动快攻的前提条件首先是要抢获球权。

(3)抢断球发动快攻

比赛中,有许多快攻时机是从抢断球中获得的。通过主动、积极的防守,甚至带有攻击性防守，一旦抢断成功，全队把握时机，立即就地转守为攻，不放弃任何一次快攻机会。即使快攻不了，也要以此给对方造成强大精神压力，为后续阵地进攻创造条件。

由于防守一方的队员成功抢断后，人和球常常处在有利反击的位置，且抢断的突发性和偶然性给攻方造成猝不及防的态势，为成功发动快攻创造了良好机会。因此，利用抢断球发动快攻的成功率之高是其他所有快攻难以企及的。

（4）跳球发动快攻

利用中场双方跳球也是发动快攻时机之一，这种时机比赛中虽然很少，但它却是各队可以按本队预先演练的固定跳球快攻模式加以利用的机会。由于它是一种经过长期演练的固定配合，全队轻车熟路，如果运用得当成功率也比较高。

2.接应阶段

获得球就是快攻的开始，得球后，得球队员首先要快速、准确地将球传出，也就是一传。快攻一传，这是快攻发动阶段一个很重要的环节，特别是对方投篮命中后，端线界外球发动快攻和抢后场篮板球发动快攻，时机稍纵即逝，稍一延误即失掉战机，可以说没有快而及时的一传，就没有快攻。

队员要有发动快攻的意识，当获得球时，场上队员应迅速分散成战术要求接应队形，接应队员在快攻中起着主要的作用，他是场上核心和组织者。快攻接应分为机动接应、固定接应和移动接应。

（1）机动接应

机动接应是指虽然有一名核心后卫，但他却不一定是每次快攻的"专职"接应者。一般情况下，距离球近且能迅速、安全接球的队员是该次快攻的接应者。当然，由于核心后卫一般技术比较全面，有较强的控制和支配球的能力，在发展机动接应下的同时，核心队员积极参加接应的行动不应受到削弱。

（2）固定接应

固定接应有两种情况：一种是固定人、固定区的接应；一种是固定人、不固定区的接应。过去一些单一、固定的接应不适应快攻发展的要求，已经被当今的机动接应（不固定人、区域）、多点接应所取代。随着篮球运动的不断发展，世界强队的快攻接应由原来的点已发展到面。

（3）移动接应

所谓移动接应，是指接应队员不在原地或固定区域等着"要球"，而是根据攻防态势向有利地区跑动接应。这种方法的优点是为加快一传速度创造了更好条件；同时扩大了接应面，可以大大缩短推进时间，减少推进中可能受到的干扰，从而提高快攻质量。

3.推进阶段

快攻推进是指快攻发动后，结束配合之前在中场一带的组织配合，主要以边线、中间及边中结合推进，推进过程中注意队形、层次、位置调整。球进入中场后，无论是传球或突破都会给对方造成很大的压力。如果在中场，在传球比突破更有效的情况下，首先选择传球，突破与传球要根据场上变化，迅速做出反应，当球进入攻击性区域时，应减少不必要的传球，以免影响快攻的速度或造成失误。

（1）长传球推进

这种方法配合简捷，推进速度快，常可直接得分。但它要求身处前沿的队员在攻守转换间有较好的判断能力和奔跑能力，高速移动中处理球的能力，特别要有较强的一打一甚至一打二的个人强攻能力。这种长传进攻如果辅之以后续快速跟进则其成功率会更高。

(2)短传球推进

短传球推进是由 2～3 人参加,利用快速短距离传接球向前场推进的一种快攻方法。其优点是直接投入快攻前沿的人数多,便于以多打少,而且灵活易变,不易被防守者破坏。

(3)运球推进

运球快攻也是快攻推进中运用最多的方法之一,其特点是由一名队员快速运球,如果一旦突破成功,前方就会出现一个以多打少的局面。同时,其他同伴可以集中主要精力依据当时的攻守情况迅速向有利于协助进攻或接球的区域分散行动。

(4)短传和运球相结合推进

"短传和运球相结合快攻"是指防守队获球后,立即以快速的短距离传接球和从边路运球推进,创造投篮机会的一种配合方法。

此种战术的最大特点是边路推进不像中路那么拥挤,球在空中的飞行相对较少,所以被抢断的机会少。但是此方法在中场场角易被堵截而遭夹击,所以对运球技巧要求特别高。

短传和运球结合推进在形式上虽类同以上"短传快攻",但与"短传快攻"所不同的是,短传和运球结合推进的战术目的是要努力地把球直接运到前场的投篮点。当球从后场的篮下转移到边场时,边路队员要快速沿边线向前运球,在中路队员到达中圈附近时再传球给中路队员,一般来说,此时对方忙于后撤和保护中场,因此边路运球总能迅速推进到给中路队员传球的位置。中路队员在中后场得球后,如果没有被对方紧逼,也没有能传给空当队员投篮的机会,就不要轻易传球。

4. 结束阶段

快攻的结束是快攻推进到前场进行投篮时运用的配合,快攻成功与否,取决于结束阶段的配合质量,它是快攻战术的重要阶段。队员之间要有一定距离和合理的位置,头脑冷静,机智果断,前锋队员跑到罚球线延长线一带,中间队员跑到弧顶时,要根据对方防守情况加速或减速,以便保持合理的进攻队形和传球角度,严禁过早地向篮下跑而把防守者带入限制区,给进攻带来干扰。

快攻结束阶段最后的情况可能形成攻守态势,一般有下面几种情况。

(1)结束时,以多打少配合

快攻结束时,最有利的局面是处于人数上的优势,如三攻一守、二攻一守和突破后无防守的局面。若出现二攻一,应采用快速传球或运球突破吸引防守队员,为同伴创造投篮机会,结束快攻;若出现三攻二,可增加空切、掩护、结束快攻。

(2)结束时,人数相等配合

快攻进行到结束阶段,攻防人数仍然相等也是常见情况。若出现二攻二或三攻三,应利用运球突破、掩护、传切配合结束快攻。

处理人数相等这种局面一般应注意三点:一是要在行进间不失时机地利用各种掩护配合协同作战;二是可以利用有利的地形和个人技巧发起持球强攻;三是快攻推进到这一腹心地段,守方此时常有一种"大军压境"的被动心态,以致防区往往收缩很小,所以此刻如果出现一个中近距离投篮机会也应果断出手。当然,还应辅以抢篮板行动和二次进攻。

(3)结束时人数少于防守人的配合

若出现一攻二、二攻三,应果断采用中远距离投篮。

（4）转入阵地进攻

一旦防守队员都退回防区，那么就转入阵地进攻。

守方队员虽然都紧张而仓促地退回防区，但从心态、选位及局部来说，尚处在一种惊慌被动的境况。所以，当快攻不下时，不应该出现"停顿—落位—再组织"阵地进攻的慢"转入"现象，而应该是积极利用对手的薄弱环节，一气呵成，从局部地区立即转入阵地攻击，打其立足未稳。

快攻结束阶段的要求：

第一，队员要保持冷静的头脑，掌握好快攻结束的节奏和时机。

第二，队员之间要保持纵深队形和适当的距离，攻击要有层次。

第三，持球队员到罚球线附近时，要主动接近防守队员。根据防守队员的位置情况处理球，但首先考虑的是要自己先投篮，以减少不必要的传球，避免失误和违例。无球队员要注意跑动牵制、拉开和跟进，以保持较为宽大的进攻队形和传接球角度，严禁过早地向篮下跑动而把防守队员带入篮下，造成互相干扰的局面。

第四，结束快攻时，要充分果断地利用中距离投篮，跟进队员要积极冲抢篮板球。

5. 跟进配合

快攻结束时，如果有多名队员跟进，一则可以进行补篮和冲抢篮板球打二次进攻；二则可以接应，寻找投篮时机。所以，跟进配合是快攻战术不可忽视的，应加强跟进意识培养。

四、快攻应遵循的原则

第一，抢获球后的第一传要快。

第二，球应从边路推进到中线，拉空中间，避免中场堵塞。

第三，当球接近中线时，球应传给在中路的队员，让其得球后运球至罚球线急停，诱骗防守人来堵截时再传给两边插进的边线队员。

第四，所有队员应在自己的进攻路线上行动，并注意保持纵深队形的分散。

第五，中路队员在中场得球后应运球到罚球线，不到万不得已不要提前分球给两翼。

五、增多快攻进攻次数的方法

1. 加强后场篮板球的拼抢

发动快攻的主要来源就是获得后场篮板球，抢球后设法迅速将球传出，否则会延误战机，降低快攻的成攻率。

2. 提高抢、打、断球能力

3. 加强中篮后掷界外球与快下配合

中篮后掷界外球发动快攻，主要看掷界外球队员的快攻意识和应用时机。获得球后，快下队员全力快速超越对手，并准确判断球的方向和落点，迅速接球和投篮。

4. 运用攻击性防守

合理运用脚步移动和手臂动作积极抢占有利位置，以达到限制、破坏有球队员进攻行动，阻挠和影响他的各种技术动作应用和发挥，封阻传球、堵截突破，给对方造成压力，迫使对方失误，创造抢断球的反击机会。

5.加强全队快速反击意识

队员在比赛中对战术运用规律的认识,是发动快攻的前提和条件,全队要明确战术意图,在快攻的信号发出后,持球队员应迅速果断地进行反击,其他队员快速接应、分散、快下及跟进。

六、抢攻战术的分析

抢攻是在快攻的基础上形成和发展起来的一种战术,它是在快攻转为阵地进攻之间的衔接阶段突然发动的进攻,在进攻中参与的人员不固定,进攻的区域不固定,具有连续、快速和机动灵活的特点。抢攻是以快攻为基础的,目的在于增强进攻威力,增加进攻方式和投篮机会,使快攻更加灵活机动。

1.抢攻战术的特点

抢攻是快攻的一种发展形式,它既有时间短、速度快、强度大、战术活、效果好的快攻性质,还有抢时间、抢速度、抢位置、抢投篮、抢篮板和积极过渡为阵地战的特点。

(1)具有强烈的攻击意识和突出的快速意识

一般来说,快攻要求队员要有快速攻守转换能力和快速行进技术,"抢攻"对此提出了更高的要求,在攻守人数相等或以少打多的情况下,进攻队员必须要有强烈的攻击意识和快速意识,利用速度超越对方,在高速中完成各种技术动作和行进间配合,寻找防守漏洞,抢占空当,果断投篮,这样才能达到增加进攻次数,实现"抢攻"的目的。

(2)进攻配合具有多样性、灵活性和突然性特点

通常快攻创造以多打少的机会,进攻路线基本固定,很少进行交叉、掩护等配合,但"抢攻"不同,由于攻守人数相等或以少打多,防守队员严密堵截攻击路线,很难个人突破,所以必须依靠同伴间的灵活机动的配合,如突分、挡拆、跟进等,以摆脱防守,造成局部以多打少,创造攻击机会。

(3)"抢攻"结束的主要方式是中投

"抢攻"时由于对方密集防守,尤其在对方高大队员退守篮下时,突破上篮是很困难的,因此"抢攻"的结束通常利用一些简单实用的小配合,摆脱防守后,迅速抢占罚球线附近一带,突然急停跳投,避开对方高大队员的封盖,扩大进攻区域,提高进攻速度,加强攻击力。"抢攻"中投是在摆脱防守后突然进攻,此时干扰最小,投篮命中率也相对高于全队投篮命中率,因此"抢攻"是一种高效进攻手段。

(4)快速跟进落位,积极过渡为阵地战

"抢攻"发动时,力争5名队员都参加,投篮后,跟进队员积极冲抢篮板二次进攻,当"抢攻"不成时,则应迅速转入阵地战,不给对方喘息之机,马上发动内线攻击,使内、外线进攻有机结合,加快进攻节奏,增加抢攻威力。

2.抢攻战术的要求

(1)坚持积极主动,快速创造一切机会

发动反击是打"抢攻"的关键,要求运动员要有强烈的快速反击意识和扎实的快速技术、默契的配合、充沛的体力。

(2)由守转攻时,应尽快进入前场

主动提高比赛强度和密度会在心理上给防守者巨大压力。因此,要求队员要善于观察判

断场上情况,掌握时机,传球准确、隐蔽、果断、合理,在快速移动和配合中展开攻击。

(3)利用进攻队形改变调动防守,在局部造成以多打少

在抢攻时,队员要利用交叉、掩护传切等小配合,从密集到分散或从分散到密集,充分利用有利条件,破坏防守的集体性和协调性,争夺有利的区域和位置,创造以多打少的局面。

(4)出现机会要果断投篮,篮下队员要积极冲抢篮板

"抢攻"配合是为了创造投篮机会,因此投篮不可犹豫,贻误战机,应加强各种急停跳投和行进投篮技术训练,提高命中率。

(5)"抢攻"过程中要注意节奏的变化

抢攻发动要快,推进要快,进入攻击区前准备进行配合时要稍减速,进行配合和投篮时要突然加快,摆脱防守后立即攻击,通过"快—慢—快"的节奏变化,造成防守对抗的时间差、空间差,创造良好的攻击机会。

七、快攻的组织形式与方法

1. 推进方法

(1)长传快攻

1)抢篮板球后长传快攻。

示例1(见图 4.22):在③抢到篮板球后,迅速观察场上情况,寻找长传机会,①和②判断③可能抢到篮板球时,立即快下,超越防守队员,接①的长传球上篮。

示例2(见图 4.23):在②抢到篮板球后,④和⑤已经快下,但由于②受到△的严密防守,不能及时长传,此时应立即将球传给③,③接应后再迅速长传给快下的队员投篮。

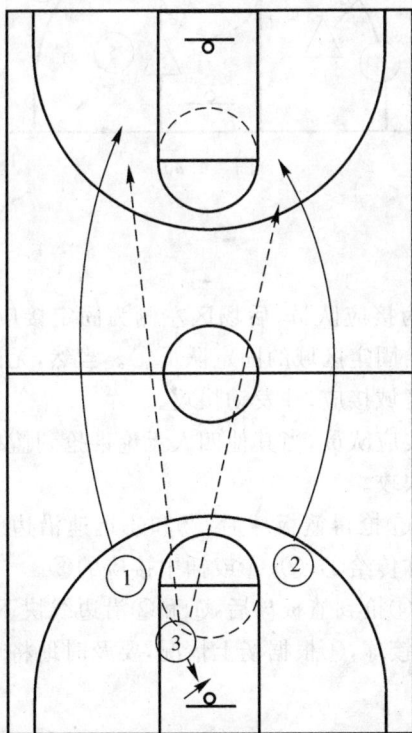

图 4.22

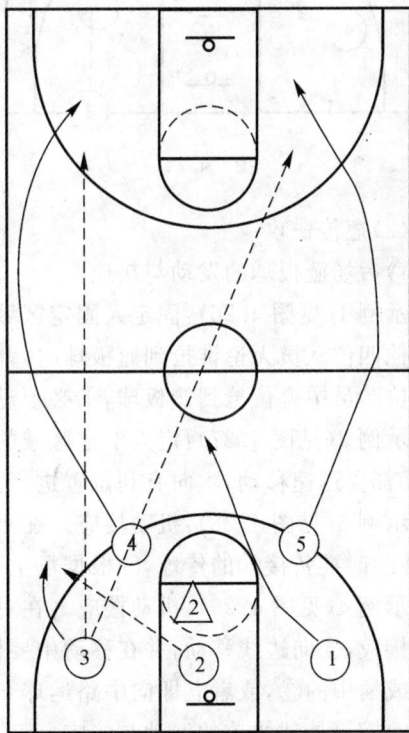

图 4.23

2)掷后场端线球长传快攻。

示例(见图 4.24):在对方投篮得分后,距离球最近的①立即捡球跨出端线,迅速掷界外球,将球长传给快下的②或③投篮。

3)断球后长传快攻。

示例(见图 4.25):在△抢断③给④的传球成功后,立即将球传给快下的△或△投篮。

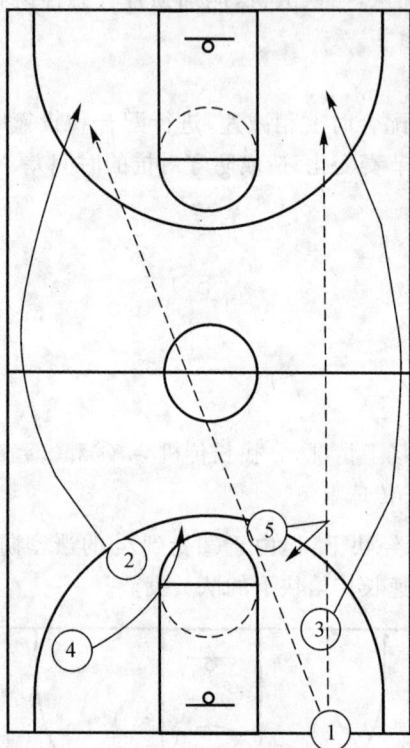

图 4.24

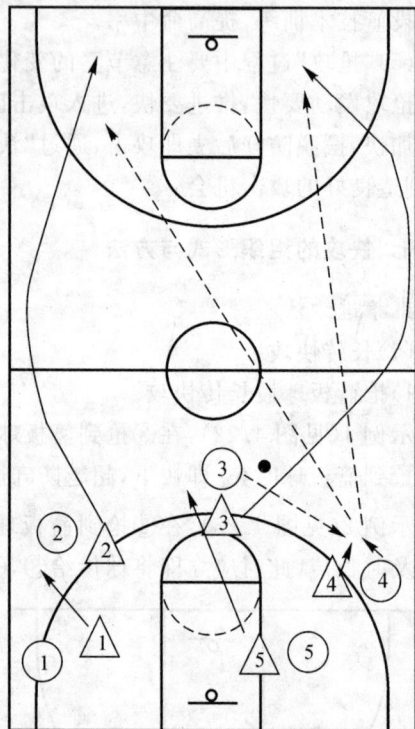

图 4.25

(2)短传快攻

1)后场篮板球的发动与接应。

示例 1(见图 4.26):固定人固定区域的接应。②为接应队员,后场区左侧为固定接应区,当其他四位队员无论谁抢到篮板球时,都必须把球传给固定区域的固定队员①。当然,无论其余四位队员中哪位抢到篮板球,①必须迅速跑到固定区域接应,并发动快攻。

示例 2(见图 4.27):定人不定区域的接应。②为接应队员,当其他四人无论谁抢到篮板球时,②都要迅速移动,跑向有利位置进行接应,并发动快攻。

示例 3(见图 4.28):机动接应。在对方投篮不中,⑤抢得篮板球后,②和④迅速沿边线快下,并随时准备接⑤的传球,⑤根据场上情况,及时将球传给①、②、④或插中接应的③。

示例 4(见图 4.29):机动接应。在对方投篮不中,④抢到篮板球后,①和②沿边线快下,③插中接应,⑤向边线移动,并在移动中要做好随时准备接球,④根据场上情况,要及时地将球传给⑤或插中的③,或者立即向中路运球突破。

2)掷界外球快攻的发动与接应。

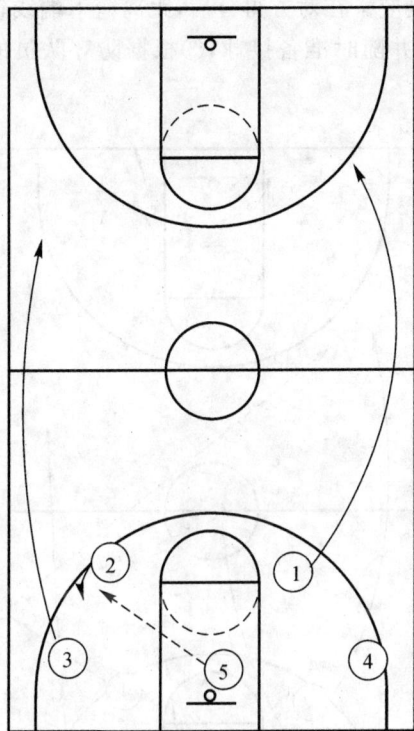

图　4.26

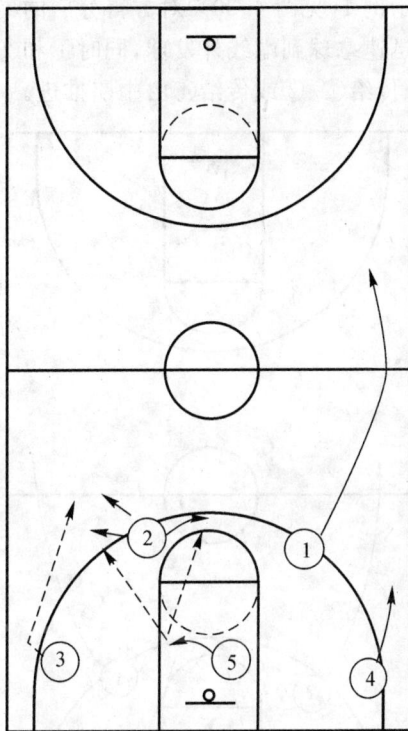

图　4.27

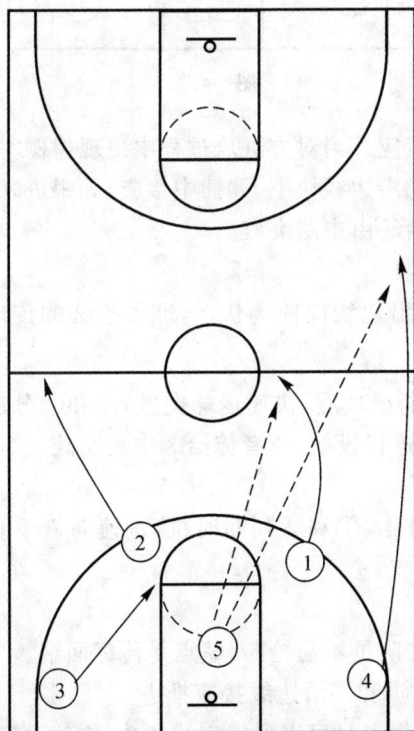

图　4.28

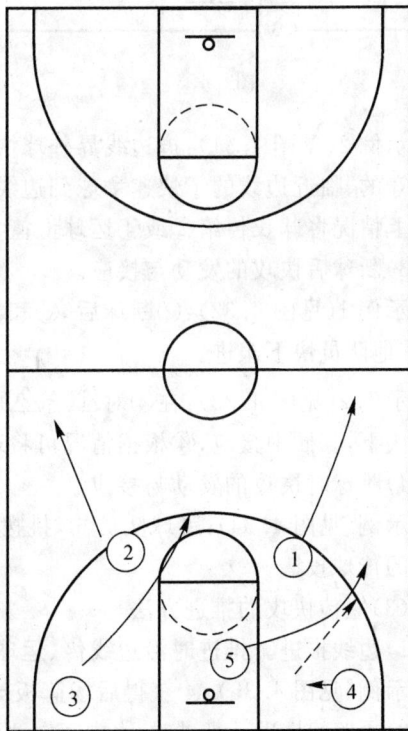

图　4.29

示例 1（见图 4.30）：对方得分后的界外球快攻与接应。在对方得分后，距离篮下端线较近的③迅速拿球到端线外发球，同时①和②沿边线快下，并随时准备接球，③根据防守队员的情况，长传给①、②或传给④由中路推进。

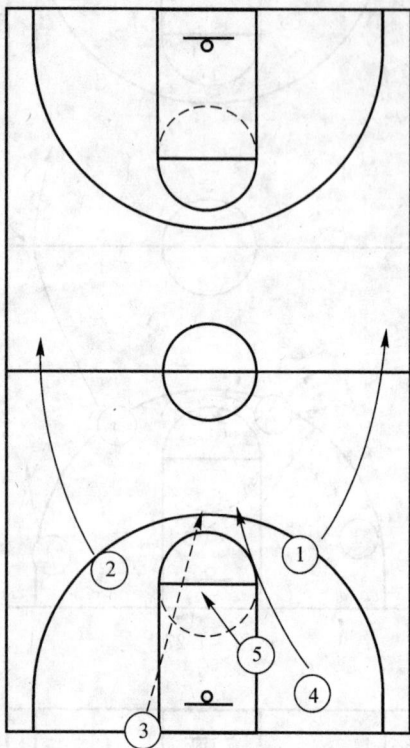

图 4.30

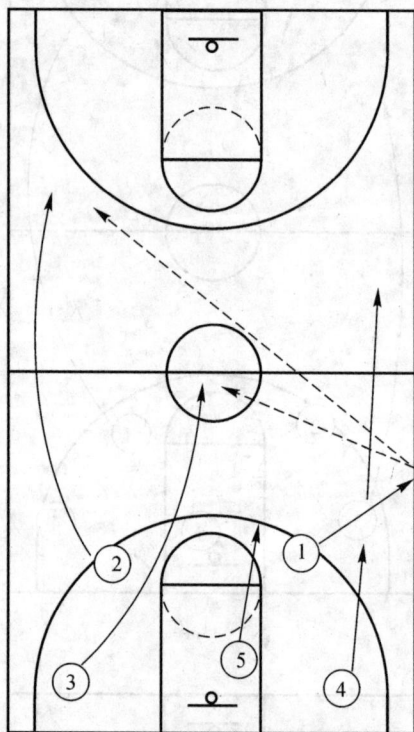

图 4.31

示例 2（见图 4.31）：掷边线界外球快攻的发动与接应。当对方进攻过程中出现违例时，由攻转守的、临近边线的①快速拿球到边线外发球，②、④沿边线快下，③插中接应，⑤跟进，①根据场上情况将球长传给②或④运球上篮，或者将球传给⑤由中路突破。

3）断球后快攻的发动与接应。

示例 1（见图 4.32）：②断球后，③和④快速由两侧沿边线向前场快下，准备接②的传球上篮，其他队员快下跟进。

示例 2（见图 4.33）：在④对△给△的传球进行抢断成功后，快速运球突破，①和②分散沿边线快下，③插中接应，④根据情况可将球传给①或②进行投篮，或者传给③中路突破。

4）跳球时快攻的发动与接应。

示例（见图 4.34）：跳球队员⑤，挑拨球给接应队员④，①和②判断时机，迅速向篮下切入接④的传球投篮。

（3）短传快攻的推进方法

1）边线推进。推进时沿边线传、运球。优点是防守队员不易抢断，缺点是传球面窄。

示例（见图 4.35）：④获得后场篮板球后发动快攻，①和⑤沿边线接应推进。

2）中路间推进。推进时，由中间向两侧传球推进。优点是可以形成三线快攻，传球面广，进攻点多，传球距离短，威胁性大，但由于接球区靠近中场，处于防守队员退守线上，容易被堵截。

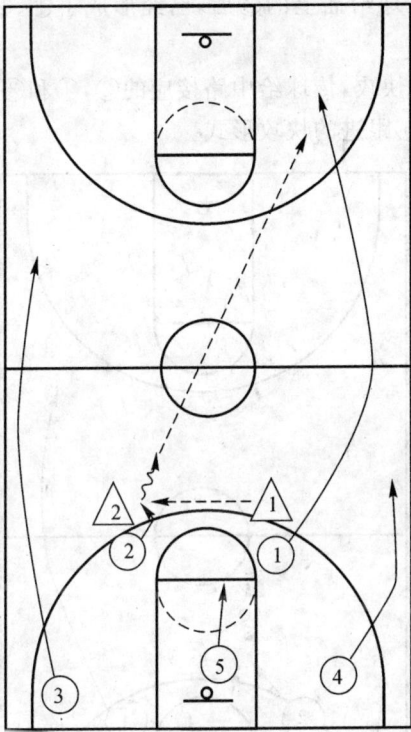

图 4.32

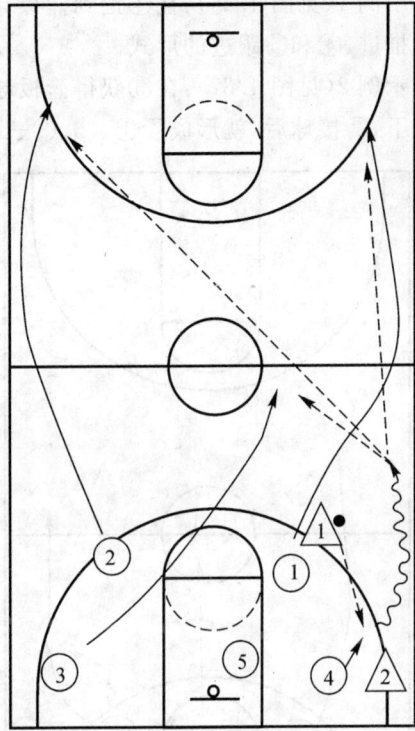

图 4.33

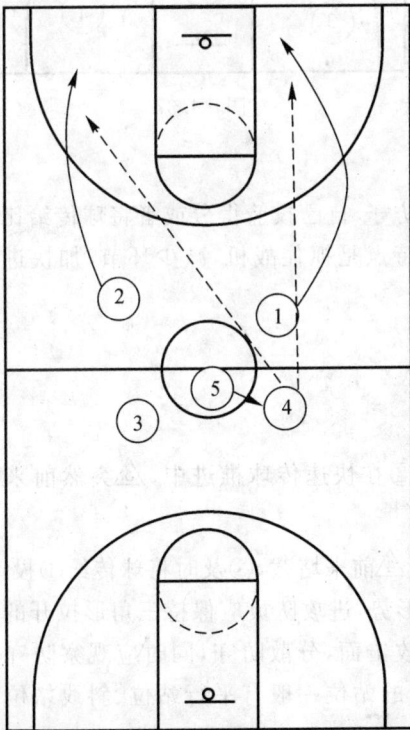

图 4.34

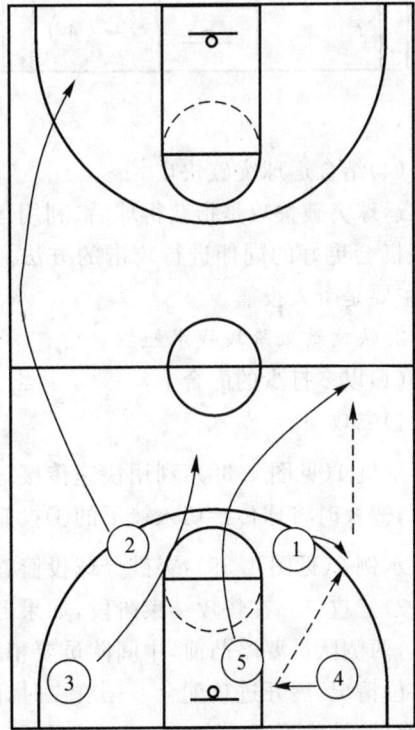

图 4.35

示例1(见图4.36):在④抢到篮板球发动快攻,传球给插上的③后,已经形成了①、②、③三线推进、④和⑤跟进的形式。

示例2(见图4.37):在⑤获得篮板球后,马上发动快攻,传球给中路接应的②,①和③沿边线快下,②接球后,就形成了①、②、③三线快攻、⑤和④跟进的快攻形式。

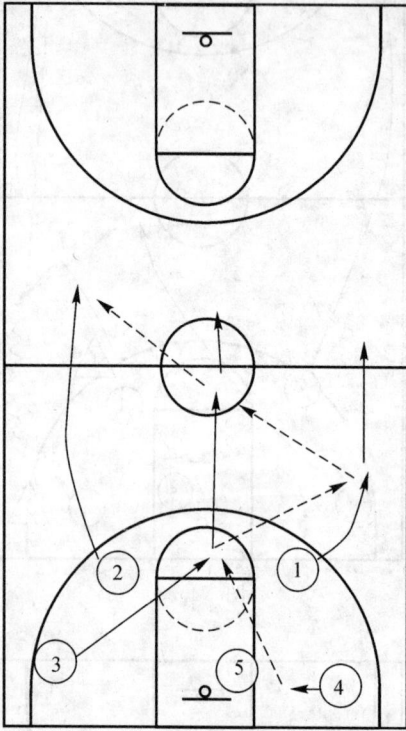

图 4.36

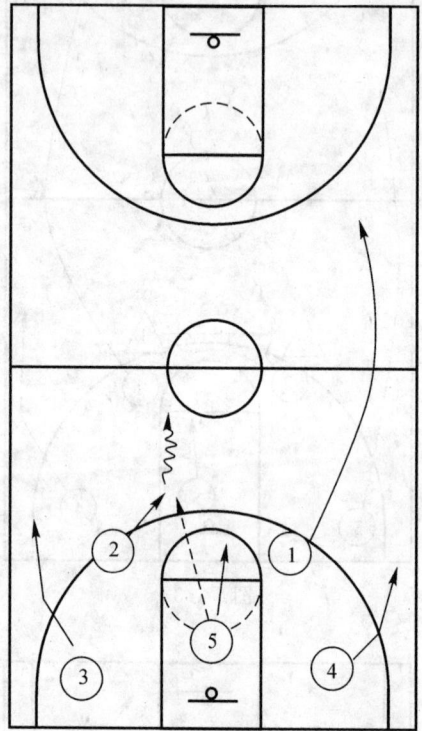

图 4.37

(4)结合运球突破快攻

运球突破快攻是指获得球后,利用运球技术超越防守,自己投篮得分或者将球传给比自己投篮机会更好的同伴进行攻击的方法。这一方法的特点是抓住战机,减少环节,加快进攻速度,主要是个人投篮。

2.快攻结束阶段战术组织

(1)以多打少的配合

1)二攻一。

示例1(见图4.38):利用快速传接球投篮。①和②在快速传球推进中,△突然前来防守②时,②及时将球传给切入篮下的①投篮。

示例2(见图4.39):突破分球投篮。②快速突破,△前来堵截,②及时将球传给①投篮。

2)三攻二。在快攻结束阶段,如果形成三攻二的形势,进攻队员应保持三角形拉开的纵深队形,两侧队员要略凸前,中间队员要稍靠后,以扩大攻击面,分散防守,同时应观察防守队员的站位情况,展开进攻配合。三攻二时,两个防守队员的站位一般有平行站位、斜线站位和重叠(前后)站位等。

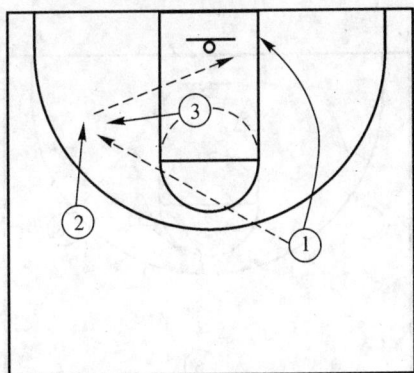

图 4.38

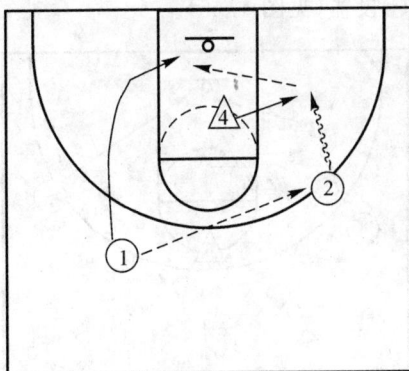

图 4.39

示例1(见图4.40):防守队员平行站位进攻法。①运球中路突破,△上前堵截,①立即将球传给切入篮下的②投篮。如果②接球后又遇到△的堵截(见图4.41),②立即将球传给③投篮。

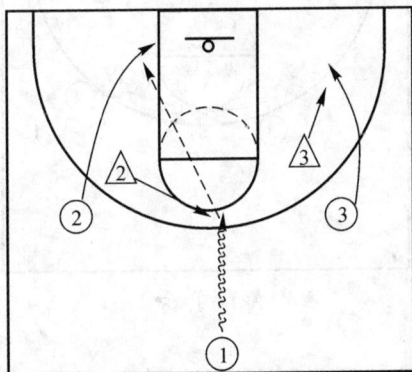

图 4.40

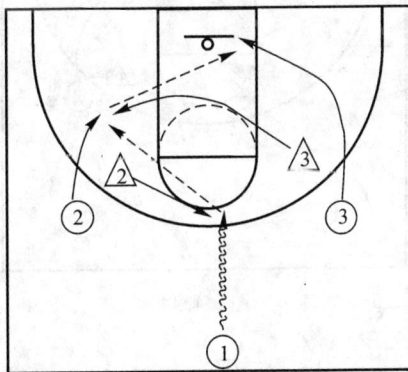

图 4.41

示例2(见图4.42):防守队员前后站位进攻法。这种防守站位,中路防守力量较强,因此进攻队员应从两侧发动进攻。例如,③运球推进到前场后,把球传给④,④快速向篮下运球切入,△前来堵截,④可以及时将球传给⑤投篮。

示例3(见图4.43):防守队员斜线站位进攻法。当防守队采用二人斜线站位时,进攻队员可从中路运球开始攻击。例如,⑥从中路突破,△前去堵截,⑥及时将球传给向篮下切入的⑧投篮。

(2)人数均等的配合

1)二攻二。

示例(见图4.44):当快攻结束阶段形成二攻二时,△迎前防守时,④及时将球传给插中接应的⑤,传球后迅速向篮下切入,接⑤的回传球上篮。

当△消极防守,意图保护篮下区域,延缓进攻时(见图4.45),④应向⑤运球做侧掩护,⑤下压后,突然变向起动,从△身后绕切,接④的回传球突破上篮,当△变换防守时,⑤则应回传球给④投篮(见图 4.46)。

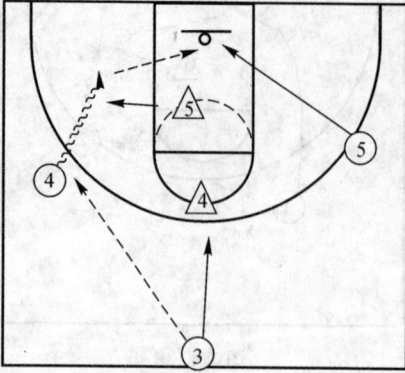

图 4.42

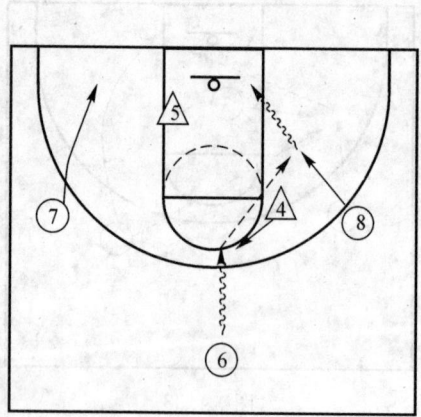

图 4.43

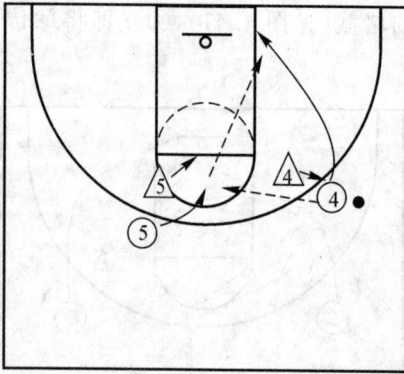

图 4.44

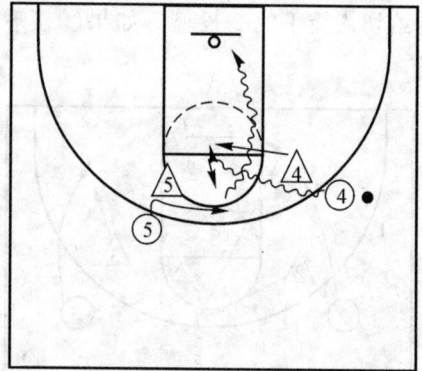

图 4.45

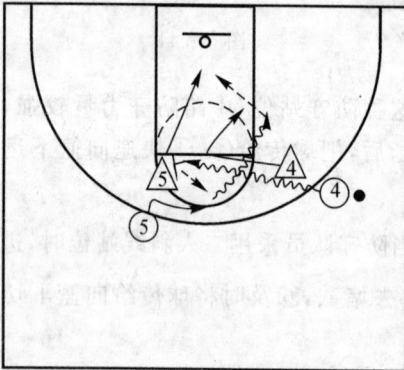

图 4.46

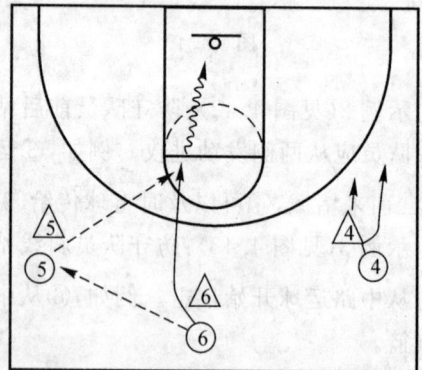

图 4.47

2)三攻三。

示例(见图 4.47):当快攻结束形成三打三时,⑥传球给⑤后,立即空切篮下接⑤的回传球上篮。如果防守都比较严密,不能完成配合时,⑥应迅速拉开跑到场角,⑤沿边线突破,④乘机横切接⑤的回传球上篮(见图 4.48)。

另外(见图4.49),⑥传球给⑤后,可以向反方向移动,给④做掩护,此时④下压,等⑥接近时再突然起动变向,切向篮下接⑤的回传球上篮。

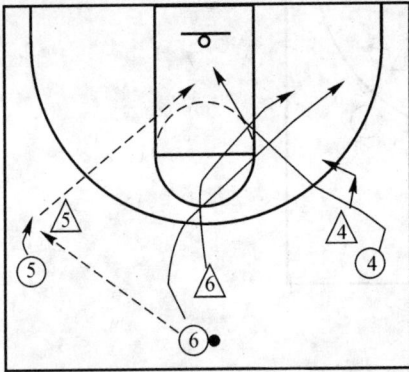
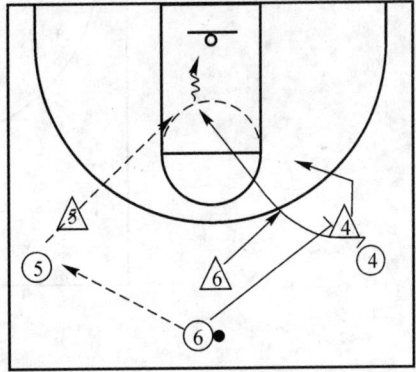

图 4.48　　　　　　　　图 4.49

(3)人数少于防守人数的配合

在快攻结束阶段,有时虽然在人数上处于劣势,但由于所处的位置有利,仍然要果断地展开攻击。

1)一攻二。

示例1(见图4.50):如果△、△消极地向篮下退缩防守,①应该果断地进行急停跳投或者跑投,也可利用防守队员暂时出现的空隙,果断地进行运球突破上篮,或者造成对方犯规。

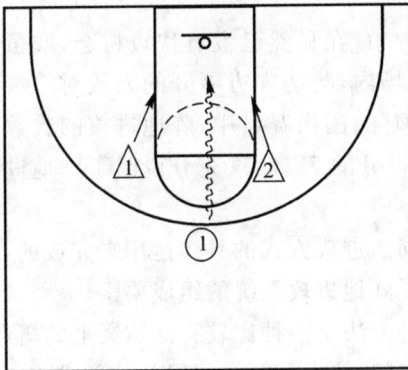
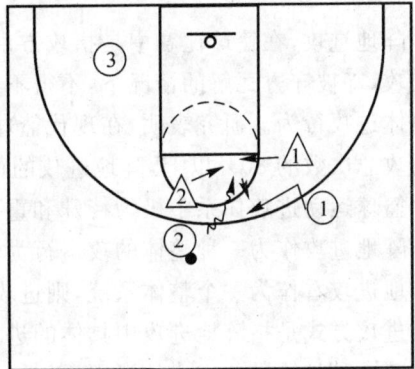

图 4.50　　　　　　　　图 4.51

2)二攻三。

在二攻三的情况下,依据防守队员的位置,在局部地区造成人数上相等的局面展开攻击的配合。

示例1(见图4.51):②从中路运球突破,△、△进行关门防守时,②立即分球给①,①中距离急停跳投。

示例2(见图4.52):②从中路运球突破,当△迎前进行防守时,②立即传球给①,①接球后迅速沿边线运球,当△迎前防守时,及时传球给向中间切入的②投篮。如果△不迎前防守,①可以在右场角跳投。

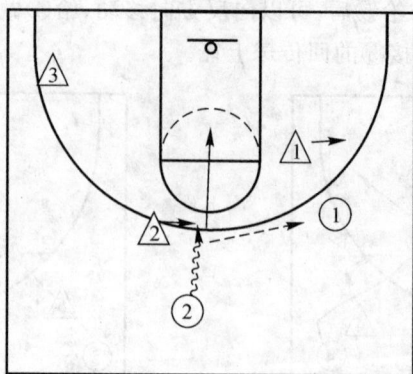

图 4.52

第四节 阵地进攻

阵地进攻在篮球运动中是占据着重要地位的进攻体系。快攻虽然以其结构简单、成功率高始终是任何一支球队所追求的首选的进攻方式,但快攻仍然不可能动摇阵地进攻在整个进攻体系中的主导地位,这也是篮球运动的客观规律所决定的,这是攻守双方矛盾斗争和相互制约的发展进程中的一种必然结果。

一、阵地进攻释义

阵地进攻,在篮球比赛中是指攻方由守转攻的进程中,在显然已没有快攻机会,或虽然发动快攻,却被守方瓦解的情况下,不得不在防守方的半场内,与防守方展开的人数对等情况下的整体进攻行为。研究表明,在现代篮球运动重大的国际、国内赛事中,阵地进攻的次数占据了进攻总次数的 80％以上,阵地进攻的得分占据了总得分的 75％,这充分说明了阵地进攻在整个篮球运动进攻体系中极为特殊和重要的地位。

阵地进攻作为一种整体的攻击行为,是由各种不同的进攻方式的具体运用来完成的,如果把阵地进攻看作为一个整体系统,则进攻方式便形成了阵地进攻系统的组成要素。

进攻方式是指阵地进攻中具体的进攻方法,但这种方法是一种比较宽泛意义上的概念,它不是某一种具体进攻方式的运用,而是一种技术与技术间、技术与配合间组合的形式。它包括不同技术在一名运动员身上的组合运用;不同技术在不同的几名运动员身上的不同组合运用;不同运动员不同技术在整体进攻中以不同的配合方式的组合运用等。由这种不同组合所构成的不同的具体进攻方法体系称之为阵地进攻系统。在这个系统中又包括个人机动进攻、小组配合进攻、全队整体战术进攻和二次进攻等 4 种基本进攻形式。

个人机动进攻是比赛中运动员通过个人技术的不同组合运用,在特定的条件和情况下,独立进行攻击的一种进攻方式。从进攻区域上来看,可能在外围,也可能在内线,最终可能是中远距离投篮,也可能是突破投篮来结束进攻。这种进攻方式主要是运动员对比赛中战机的准确把握能力和运动员个人技术能力的一种综合体现。

小组配合进攻是 2～3 人之间的一种有意识、有目的的相互配合、相互协作,将不同运动员的个人技术的运用组合在一种小组之中而实施的一些特定的进攻方式。这种进攻方式除去运动员技术上的组合外,还有一些专门的配合方式。小组配合进攻包括传切、策应、突分、掩护等4种具体形式。小组配合进攻是场上队员在比赛中依据进攻的具体情况而随机展开的一种进攻行动,主要是运动员对篮球运动比赛规律的认识程度、主动配合意识、比赛经验以及基本技术的组合运用能力等方面的一种综合体现。

全队整体战术进攻是以一些特定的配合形式、配合方法,将运动员个人技术的运用、局部小组配合行动的运用严格地限定在一种战术结构之内,具有极强的整体性和针对性的进攻方式;是由教练员事先设计并经过专门训练,通过比赛的检验,不断修改完善,有特定结构的整体进攻方式。这种进攻方式具有集成化、整合化和结构化的特征。在技术运用上有不同的具体分工,局部区域上各种配合在时间和空间上有严格限定。全队在点面结合、局部与整体结合、个人行动与全队目标结合等要统一。全队整体战术进攻在比赛中所体现出的是队伍综合的进攻能力。这种进攻方式能充分体现出运动员个人技术能力、小组配合运用的水平、战术设计的合理程度、战术结构的优化水平、运动员的比赛意识以及应变能力等。

二次进攻在阵地进攻中,属于一种比较特殊的进攻方式,它是在进攻投篮不中的情况下,攻方获得篮板球,在篮下再次直接强攻或空中直接补篮的一种进攻方式。这种进攻方式在阵地进攻中所占的比例虽然不大,但却有很高的成功率,也是极具杀伤力的一种进攻方式。这种进攻方式和攻方获得进攻篮板球的能力直接相关,也是攻方内线综合实力的一种体现。

二、阵地进攻结构及要素

阵地进攻是一种整体行为,而这种整体行为又是建立在运动员技术具体运用的个人行为之上的,也就是阵地进攻系统的结构将场上5名队员以及他们的各种行为有机地统一在一种整体之内,在阵地进攻中起到整合和连接等重要作用。阵地进攻方式的结构,就是要将系统内不同层次上的组成要素有机地组合成为一种具有整体功能的进攻系统。阵地进攻作为一种整体的进攻行为,它不可能仅靠某一两个队员的进攻行为,或某一两项技术的孤立运用就可以完成,它是一种复杂的运作过程。在这种整体进攻的复杂过程中,队员与队员之间、队员的各种进攻行为与技术的具体组合之间、技术与技术之间、技术与各种配合之间、配合的具体形式与整体的战术形式之间,都有着十分紧密而又非常复杂的联系。而这种错综复杂的联系,最终又成为了阵地进攻系统结构赖以形成的基础。

在这种系统中,个人机动进攻和二次进攻这两种方式是运动员独立的个体在进攻中技术与技术间的组合,它们的结构相对是比较简单的,是不同的技术在一名队员身上的组合运用。

小组配合进攻是在2~3名不同的队员之间的不同技术的运用组合而成的一种进攻方式,它们的结构除去技术要素外,还有一些专门的配合形式,通过这种配合形式使2~3名运动员的技术运用形成一种小的集成。配合方式是指在配合进攻中对参与配合行动运动员技术运用过程中的一些专门的限定。

全队整体战术进攻由于是全队5名队员共同参与的进攻方式,在结构上较之于小组配合进攻又要复杂一些,它是以4种小组配合进攻方式和运动员的个人技术的运用为基本的结构单位,通过专门的配合组合而成的一种进攻方式。在这种进攻方式中的配合形式,主要是指对参与战术行动的运动员的技术运用和运动员之间配合的有序化和整体化过程中的一些专门限定,具体体现在运动员技术运用的选择、小组配合运用的时机、区域、方式等要素的限定上。通过这种专门的限定,进攻成为可控的有序行为。

在阵地进攻系统中,4 种基本进攻方式并列地处在一个层次上,要保证系统整体能正常地完善体现,4 种进攻方式缺一不可。作为整体大系统中的一级子系统,它们可以在系统中独立地体现各自的系统功能,但独立功能的体现必须是在和其他进攻方式的相互依赖、相互联系、相互协同的基础上方可完成。同时,这种独立功能的体现本身也是阵地进攻整体系统功能体现的一种具体形式。也就是说,阵地进攻系统的整体功能,是以各子系统功能的相对独立体现而体现的。但是,不同进攻方式功能的独立体现,并不意味着 4 种进攻方式可以相互取代,同时,任何一种进攻方式都不可能独立完成阵地进攻的总体任务。

第五节　进攻人盯人防守战术

进攻人盯人防守战术,是根据对方的防守范围、防守阵形和防守队员的防守能力,结合本队实际,扬长避短,以我为主,设计自己打法的一种有组织的全队进攻战术。进攻人盯人防守战术主要有两种模式:一种是整体打法,强调以一名核心队员为中心,组织整体配合;一种是"机动型"打法,要求几名队员都能充当核心队员的角色,既能组织传球进攻,又能自行攻击。随着现代篮球的发展,一种以 2～3 人配合为基础的机动性的"移动进攻战术",是现代进攻人盯人防守战术较为典型的打法。

针对现代防守中"以人为主"的防守原则,在进攻人盯人防守时,增加球的转移,使防守队员始终处于精神紧张的状态,同时扩大进攻的移动范围,做到"人动、球动"和"球动、人动"相结合,使防守始终没有喘息的机会,在移动中寻找防守漏洞和进攻机会。

依据防守阵形展开后所占据的场地面积,可将进攻人盯人防守战术分为进攻半场人盯人防守战术和进攻全场紧逼人盯人防守战术。

一、进攻半场人盯人防守战术

现代篮球进攻半场人盯人战术的基本特点是频繁移动、综合进攻、机动性大、连续性强和实效性高。必须全面提高队员的身体、技术和战术素养,增强单兵作战能力,尤其是要在摆脱空切、运球突破、急停跳投和拼抢篮板球能力的基础上,形成具有高度灵活性、应变性和实效性的整体战术。

1. 要求

第一,人、球都要动,在移动中完成战术配合,即进攻时要有目的、有组织地利用人的穿插跑动换位和球的转移,调动防守,制造进攻机会。

第二,战术组织既要有主攻方向和突破点,又要注意内线进攻和外线进攻相结合、集体与个人进攻相结合,寻找防守的薄弱环节,不断提高战术的灵活性和机动型。

第三,掌握好进攻的节奏,快、动、静相结合,既要掌握进攻的主动权,又要注意保持攻守平衡,不能顾此失彼。

第四,积极主动冲抢篮板球。任何进攻形式的进攻战术,都必须把争抢篮板球的配合设计到整体战术配合之内,并明确每个人的职责。

第五,进攻战术的选择和设计,要从实际出发,根据队员的身体和技术特点,有效地发挥运动员的技术和身体特点,合理地组织全队的进攻战术。

第六,进攻时,队员要随时注意观察分析场上的变化情况,了解对手的特点和弱点,进攻其薄弱环节。

2.要点

第一,要积极移动,主动摆脱防守,在移动中配合。

第二,在比赛中要有意识地按战术基本路线进行配合,但又要做到灵活机动。

第三,要大胆运用中、远距离投篮,以便拉开防区,使内线与外线进攻有机联系,形成内外结合、声东击西的局面。

第四,在配合中要积极主动,要善于运用个人战术行动协调配合。

第五,要注意传球、接球的准确性和时机,用眼睛的余光寻找传球时机,目测传球的角度、距离,力求做到人到、球到。

第六,每一次配合结束,靠近球筐的队员要主动地冲抢篮板球,外围队员要注意撤防,保持攻防的相对平衡。

3.主要进攻阵形

进攻半场人盯人防守战术常见的基本阵形主要有:"2—3"阵形(见图4.53),主要以单中锋策应配合为主及其变化的方法;"2—1—2"阵形(见图4.54),主要以单中锋外策应进攻为主及其变化的方法;"1—3—1"阵形(见图4.55),主要以双中锋上下站位及其变化的方法;"1—2—2"阵形(见图4.56),主要以双中锋篮下进攻为主及其变化的方法;"1—4"阵形(见图4.57),主要以双中锋上提进攻及其变化的方法;"1—2—2"阵形(见图4.58),主要以无固定中锋的马蹄形阵形、机动中锋打法。另外,根据场上情况,依据以上阵形可以有多种变化。

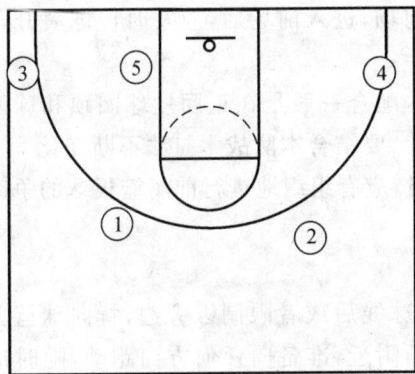

图 4.53

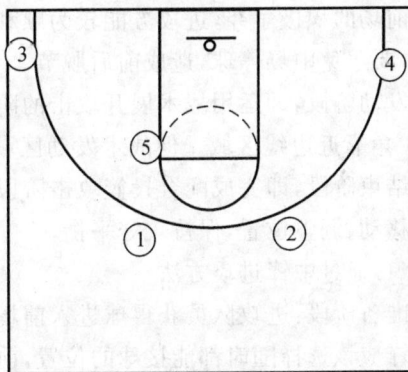

图 4.54

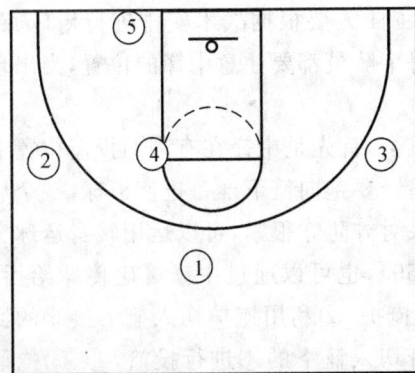

图 4.55

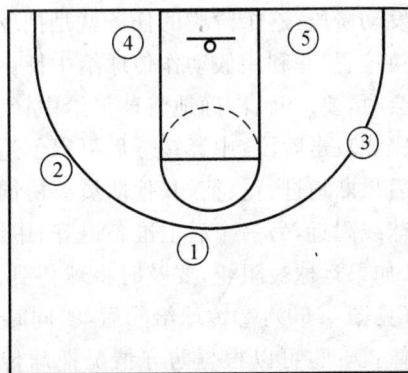

图 4.56

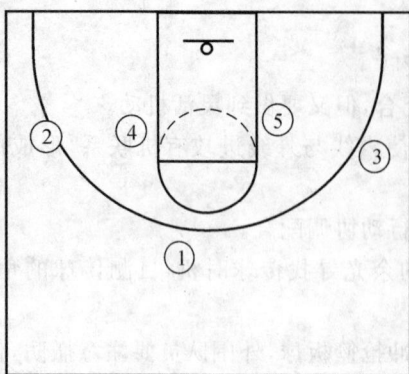

图　4.57

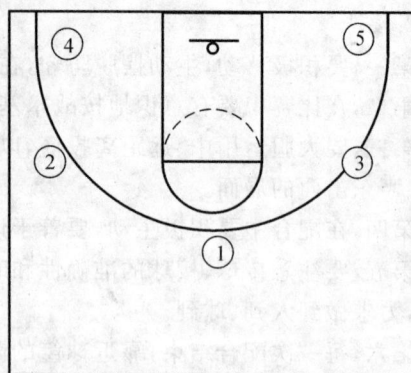

图　4.58

4. 进攻半场人盯人防守战术方法

进攻半场人盯人防守的战术方法,应该根据全队,特别是中锋的身体、技术条件来确定。战术打法的基础是 2～3 人的配合。常见的战术打法有:中锋打法、无固定中锋打法、综合性进攻打法和移动进攻打法等。一般战术打法由准备、发动、结束三个阶段组成,这三个阶段紧密相连,互相联系。

准备阶段,即推进前场,快速落位做好进攻的准备。当由守转攻时,由于半场人盯人防守放弃前场的积极争夺,进攻方能较为顺利地把球推进前场,进入前场后,应及时传球展开阵地进攻,要避免中场停球,造成前后脱节。

发动阶段,即运用战术展开攻击的阶段。发动战术配合一般是在正面发球圈顶和球篮两侧 45°角靠近边线区域。但战术发动区域不能千篇一律,要结合本队战术打法不断变化。

结束阶段,即完成配合投篮攻击阶段。投篮攻击时,应有组织地进行前场篮板球的争夺和积极移动、调整位置,保持攻守平衡。

(1)通过中锋进攻方法

准备阶段:进攻队员获得球进入前场,中锋站在罚球线后或者限制区旁边,背向球篮。这时中锋应该选择随时都能接球的位置,前锋分布在场角附近,准备向任何方向跑动,随时准备接球。两名后卫相互传球或运球向前推进,直到越过中线,所有队员按 2—1—2 的阵形分布,准备开始进攻。

发动阶段:这个阶段的任务就是把球传给中锋,外围 4 人要根据战术安排进行传球、跑动和交换位置,并利用假动作传球给中锋。在这个阶段每个队员都要注意中锋的位置,当出现传球机会时,要果断、准确地将球传给中锋。

完成攻击阶段:中锋接球后可以创造出各种投篮机会,首先是中锋在有利的投篮位置上接到球后果断地进行投篮,其他队员要协同行动。两个前锋要跑向篮下准备抢篮板球,一个后卫到罚球线附近,另一个后卫准备退守;中锋接球后,如果对方防守很紧,可以运用转身运球突破上篮,如果运球被阻止,要及时将球传到外线(见图 4.59),也可以通过中锋策应传球给后卫。例如(见图 4.60):②传球给⑤后,④同时给②做行进间掩护,②利用掩护切入篮下接⑤的回传球投篮。⑤也可以根据防守情况把球传给掩护后转身切入篮下的④进行投篮,③、⑤抢篮板球,①向中间移动准备退守。

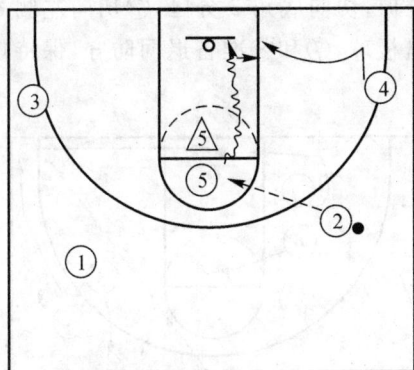

图　4.59

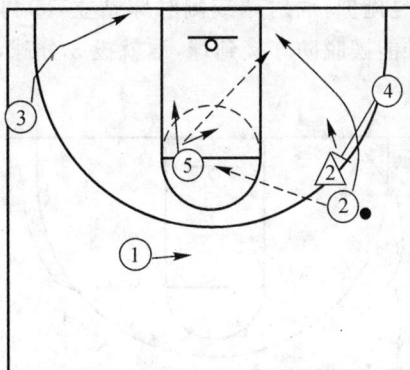

图　4.60

（2）双中锋进攻法

双中锋进攻法是根据中锋进攻方法的原则，利用两个中锋在限制区附近配合进攻的一种方法，这种进攻的特点是加强篮下的攻击和篮板球的争夺实力，但是对外围队员在控制球、支配球和中远距离的投篮能力、传接球能力有比较高的要求。

方法一：两中锋在限制区两侧落位。这种进攻方法要求前锋身高相对较高，中锋比较灵活，为了增强篮下威胁时采用，要求队员按 1—2—2 阵形落位。例如（见图 4.61）：③利用⑤掩护摆脱防守，准备接①可能传来的球上篮，如果③无法接到球，①可及时传球给⑤，⑤传球给借助③的掩护、摆脱防守的④上篮。

方法二：两中锋内外落位。一个中锋落位在限制区的腰部，另一个中锋在罚球线附近，这种落位方法，要求中锋不仅善于投篮和抢篮板，且能熟练掌握策应传球技术和具有转身进攻的能力。例如（见图 4.62）：①传球给外中锋④，在④接球时 △ 往往会注意④的动作，此时⑤乘机快速移动到右侧篮下，④可传球给⑤篮下投篮，或者传球给切入篮下的③进攻。

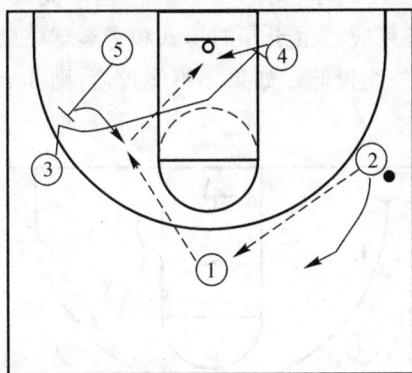

图　4.61

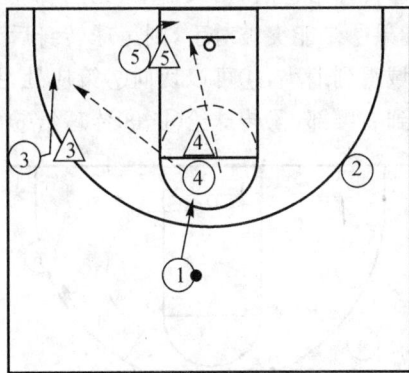

图　4.62

（3）双重叠掩护

这是二中二大一小的人员配备，以两对双重叠掩护为基础，在 3 分线附近组织 3 分球外线进攻，逐步向篮下移动至双重叠掩护位置，组织内线进攻的方法。

方法一（见图 4.63）：⑧持球进攻，⑥与⑦在左侧 3 分区，④和⑤在右侧 3 分区，形成两对双重叠掩护,面对球或侧对球站立,⑥利用⑦做定位掩护,切向底角3分区,⑦切向左侧3分区,谁能摆脱防守接到球,谁就投3分球,④和⑤冲抢篮板球,⑦和⑧准备退回防守,保持攻守平衡。

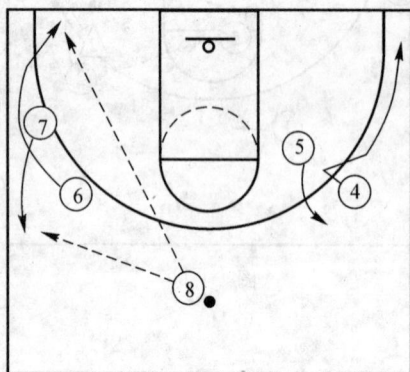

图 4.63

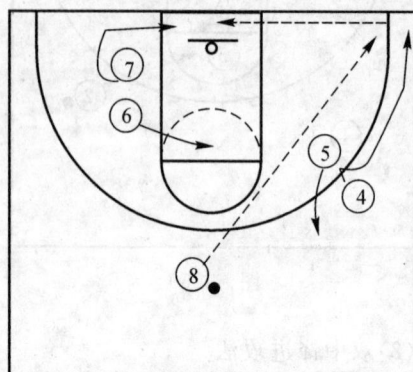

图 4.64

方法二(见图4.64):⑧持球进攻,将球传给利用⑤做定位掩护而摆脱防守的④,④在底角3分线外投篮,或将球传给内线进攻的⑦或⑥投篮。

(4)传切、策应连续进攻法

方法(见图4.65):⑦传球给⑥后切入篮下,如果⑦未能接到传球,则⑥运球突破一打一(见图4.66)。如果⑥未能突破对手,则运球后转身做策应。由于⑦的切入和⑥的运球突破,防区必然会缩小。⑧切向⑥转身策应处,接⑥的传球,在外线投篮,如果不能投篮,④上移,⑤拉到左腰,⑧传球给④,④传球给⑤(见图4.67)。

此时,五名队员的落位(见图4.68)基本和进攻开始时的落位雷同(见图4.65),只是队员号码发生了变化,在此落位的基础上,可以从左侧发动进攻(进攻开始时是从右侧发动进攻)。

⑤传球给⑦后,切入篮下(见图4.69)。如果⑤未能接到球(见图4.70),⑦运球突破一打一,如果⑦未能突破对手,则运球转身后到策应处,准备策应。由于⑤的切入和⑦运球突破,防守区域得到缩小,④可以切向⑦策应处,接⑦的传球在外线投篮。如果④不能投篮,则⑧上移,⑥拉到右腰部,④传球给⑧,⑧传球给⑥(见图4.71)。

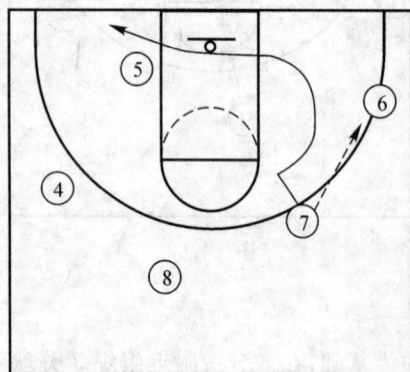

图 4.65

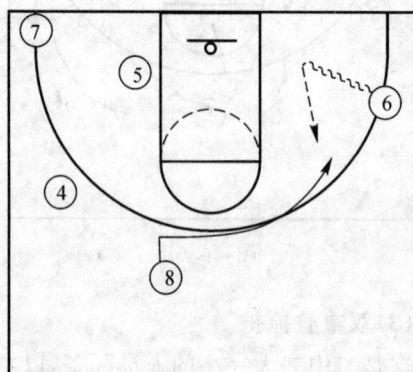

图 4.66

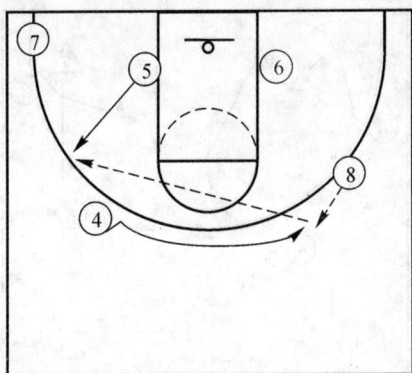

图 4.67

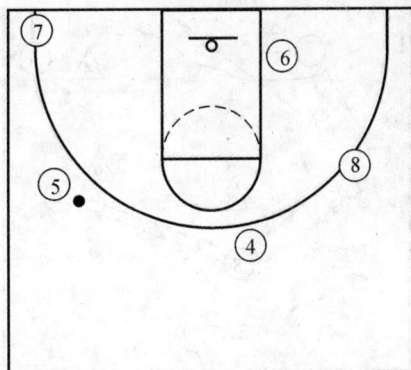

图 4.68

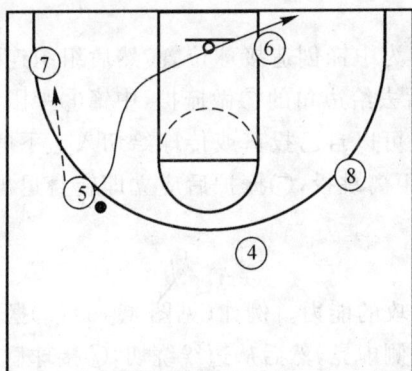

图 4.69

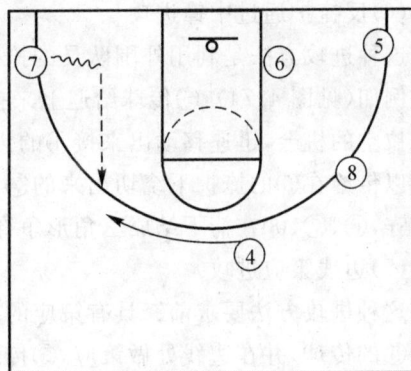

图 4.70

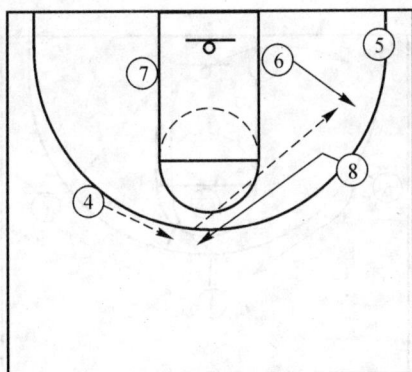

图 4.71

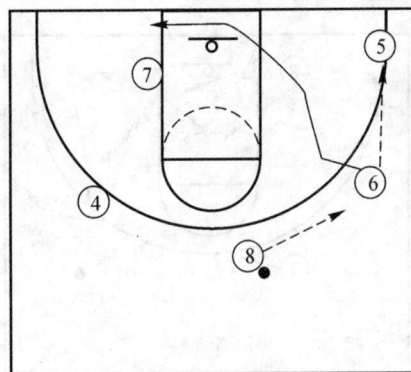

图 4.72

此时（见图4.72），五名队员的落位阵形经过左右连续的传切、策应配合跑动后，又回到第一次发动配合时的落位阵形，只是每个位置上的队员产生了变化。

(5)拉空一侧，通过中锋组织配合

方法（见图4.73）：⑦传球给⑧后，利用中锋做定位掩护切入篮下，⑧传球给⑥，⑥佯装传球给⑦，使强侧防守队员加强协防，密集一侧。然后⑥突然回传球给⑧，由于⑦跑到强侧，使弱侧出现空位，形成中锋⑤一对一的局面，⑧迅速运球到传球角度最佳位置，传球给中锋⑤投篮。

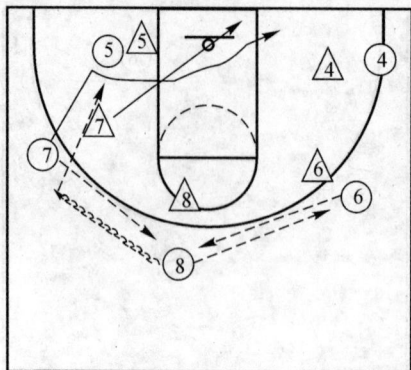

图 4.73

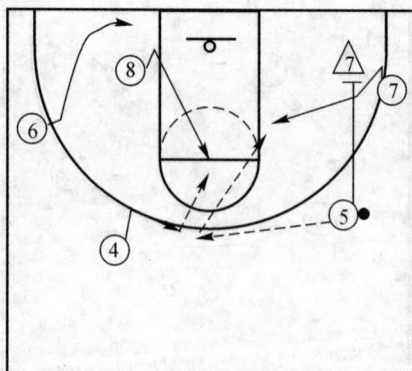

图 4.74

(6)反掩护通过中锋进攻

这种进攻方法是利用外围队员的掩护,拉开空当,为中锋创造接球位置,然后组织连续进攻。例如(见图 4.74):⑤传球给迎上来接球的④,然后去给边角的⑦做掩护,中锋⑧乘限制区附近拉空的机会,迅速移动出来接④的传球,⑧接球后可以自己投篮或传球给切入篮下的⑥,也可以传给在⑤的掩护下绕切出来的⑦,由⑦进行中距离跳投,⑤掩护后应立即转身退出,准备退守,⑥、⑦、⑧在篮下结成三角形争夺篮板球。

(7)边线策应进攻

这种进攻方法要求前锋具有策应的技术和篮下进攻的能力。例如(见图 4.75):⑦摆脱防守接⑤的传球,并在边线处做策应;⑤传球后立即向里侧虚晃,然后从边线绕切,⑦接球后可以策应传球给⑤做中距离投篮,也可立即转身运球到篮下进攻。突破时,如果防守者△补防,⑧则乘机接⑦的传球投篮。

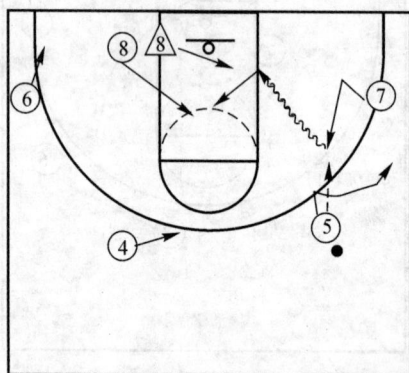

图 4.75

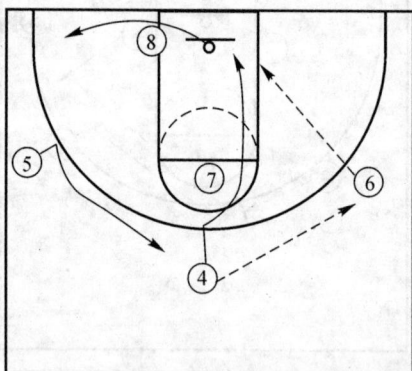

图 4.76

(8)单中锋结合掩护空切

这种打法的主要特点是充分利用中锋的掩护、策应为外线队员创造交叉切入的进攻机会,能比较好地保持攻守均衡队形。

例如(见图 4.76):④传球给⑥后,利用⑦的定位掩护向篮下空切,⑥及时传球给④投篮,⑤移动到④的位置上。

又如(见图 4.77)：④切向篮下后，中锋⑦给⑧做掩护，⑧迅速上提到罚球线，⑦掩护后横穿限制区移动到另一侧内中锋的位置上，⑥可传球给⑦或⑧投篮，④移动到左侧 45°角的位置上。

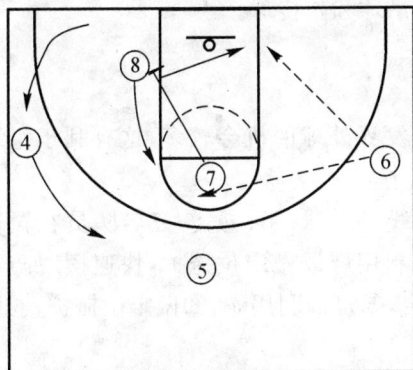
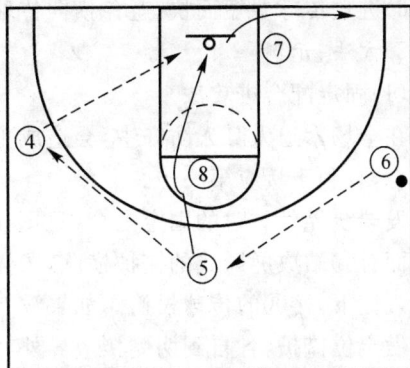

图　4.77　　　　　　　　　　　　　　　图　4.78

再如(见图 4.78)：⑥如果不能传球给⑦或⑧，可回传给⑤，此时又恢复到进攻开始时的阵形(1—3—1 阵形)，⑤按照原战术配合从另一侧发动进攻。

二、进攻全场紧逼人盯人防守战术

进攻全场紧逼人盯人防守，是指进攻方根据防守方在全场范围内进行紧逼盯人时所采用的进攻方法和行动，是篮球战术系统中的一种战术。

进攻全场紧逼人盯人防守战术有两种基本的落位阵形：一是由守转攻时，五名队员集中十后场或扩大到中线区域，以便组织固定的进攻配合，并有意造成前场空虚，以便快速突破和偷袭快攻；二是进攻时全队迅速分散部署在全场，分散对方防守与防守的协同配合，利用其防守的薄弱环节或空当，进行个人战术攻击或配合进攻。

由于进攻全场人盯人防守战术是在全场的区域里进行的，因此，与在半场进行的进攻战术相比，无论如何从时间、空间和战术难度上，都有相当大的差异。

进攻全场紧逼人盯人防守时，整个战术过程可分为前、后两个阶段。前阶段是后场进攻，后场进攻时接应发球和推进是关键环节；后阶段是进入前场后的进攻阶段，进攻方法与进攻半场人盯人防守战术相似，重要的是及时根据防守队形和场上情况，相应布阵后连续地、不间断地使用进攻人盯人的具体战术配合。

1.要求

1)当对方采用全场紧逼人盯人防守时，首先要沉着、冷静，按照事先的部署有目的地进行组织进攻。

2)抓住战机，力争组织快速反击，把球迅速推到前场。

3)运球时要选好突破方向，不能在边角停球，以免对手夹击。接球队员要迎前接球，同时观察场上情况，及时把球传给进攻机会最好的同伴。

4)进攻队员在场上的落位要保持一定的距离，拉大防区，避免对方协防和夹击。掌握好进攻的节奏，无球队员要多穿插，连续进行传切、空切、掩护、策应等配合，制造对方防守上的漏洞，形成突破和以多打少的机会。

5)如果遇到夹击，持球队员要在被夹击之前将球传出，若来不及传球，要注意保护好球，尽可能利用跨步、转身扩大活动范围,力争把球传出去。临近的同伴应及时迎上接应,帮助同伴摆脱夹击。

6)进攻传球要短而快,避免横向传球,尽量少用高吊球和长传球。

2.方法、示例

(1)固定配合进攻法

在全场紧逼人盯人防守中,会造成犯规次数较多、发界外球的机会较多,这有利于组织固定配合,有利于接应第一传。

发端线界外球时的固定配合(见图 4.79):⑧发端线界外球,④、⑤、⑥三名队员在罚球线附近面对⑧站成屏风式的掩护横队,⑦佯装接应,突然利用屏风做定位掩护,快速摆脱防守队员切入篮下,接⑧的传球投篮。如果没有远传球的机会,⑤可以利用④、⑥做定位掩护,⑥则利用④做定位掩护,各自到两侧接应界外球。

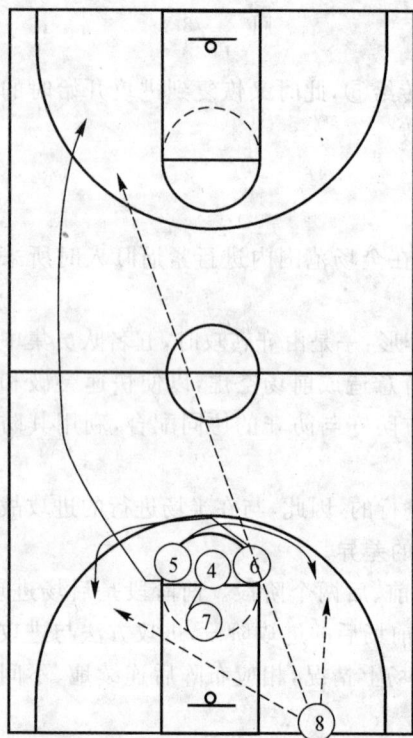
图 4.79

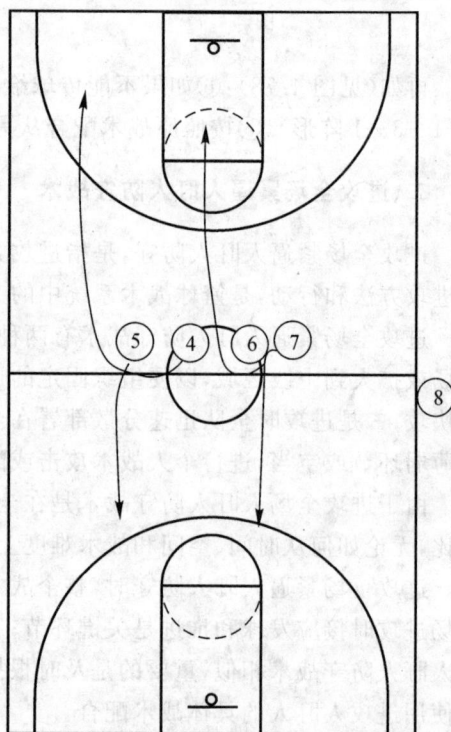
图 4.80

发边线界外球的固定配合(见图 4.80):⑧发边线界外球,④利用⑤做定位掩护,快速摆脱防守切入篮下,⑤则准备接保险球。⑦利用⑥做定位掩护,摆脱防守切入篮下,⑥则准备接保险球。⑧可以根据场上情况变化传球给任何一名队员进攻紧逼人盯人。

(2)两侧掩护结合中路突破进攻法

例如(见图 4.81):⑧发端线界外球,⑥、⑦在罚球线两侧准备接应一传,④、⑤分别站在距离⑥、⑦3~4 米处。配合开始后,④、⑤同时给⑥、⑦做掩护,⑥、⑦摆脱防守快下。⑤掩护后转身摆脱防守接⑧的传球,④斜插中路接⑤的传球,并从中路运球突破到前场。如果④不能直接突破投篮,可传给两侧快下的⑥、⑦进攻。如果机会不好,④把进攻节奏减慢,把球传给组织后卫组织进攻。

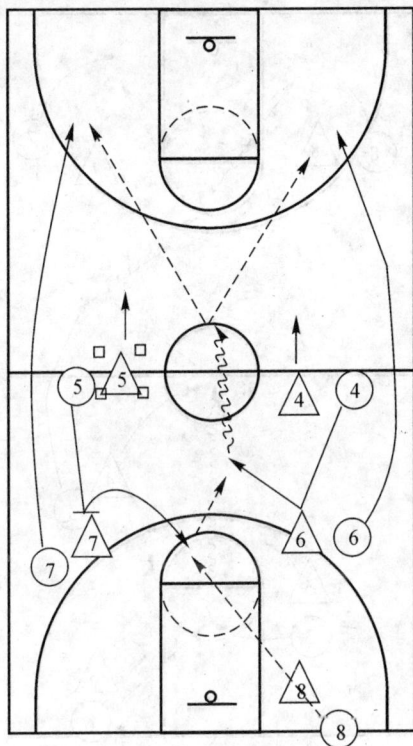

图　4.81

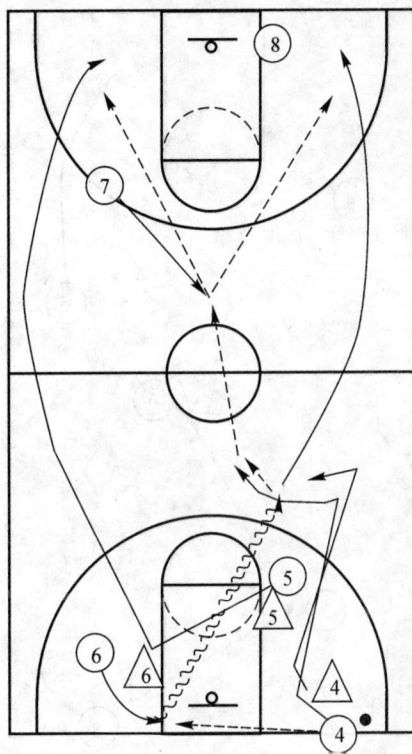

图　4.82

（3）掩护、突破、策应进攻法

例如（见图4.82）：⑥利用⑤的掩护摆脱防守者接④的传球，⑥运球突破遇到阻截时，可以运球给④做掩护，④看到⑥给自己做掩护应及时反跑，并利用⑥的掩护摆脱防守接⑥的传球后，从中路突破，如果遇到阻截，⑦及时上提做策应接④的传球。⑦策应后转身可传球给两侧快下的⑤或⑥进攻，如果机会不好，把球传给组织后卫，迅速部署进攻阵形展开攻击。

（4）全场连续策应进攻法

例如（见图4.83）：⑧发端线界外球，⑦摆脱防守接应第一传。⑥面向球、背对篮筐在中圈前面接应，接⑦的传球，⑦传球后迅速向前跑。④在前场3分线弧顶处连续做策应，接⑥的传球。⑤可以切入篮下，接策应队员④的传球投篮。

（5）运球突破进攻

运球突破进攻是进攻紧逼人盯人防守的一种个人战术行动，在比赛中如能得到合理的运用，能有效地压缩防守区域及时突破防守，在局部区域形成以多打少的局面，或者造成直接投篮得分的机会。

例如（见图4.84）：在⑤接到球后，就运球向前突破，如果△前来堵截则将球传给④，④接球后向篮下运球突破，与⑧和⑦进行配合形成以多打少的局面。

再如（见图4.85）：如果⑤接球后被△严密防守，应迅速将球传给⑦，⑦接球后利用转身摆脱防守，快速运球推进到前场，此时④向篮下空切，吸引△的防守，如果△来补防，⑦可将球传给⑧投篮。

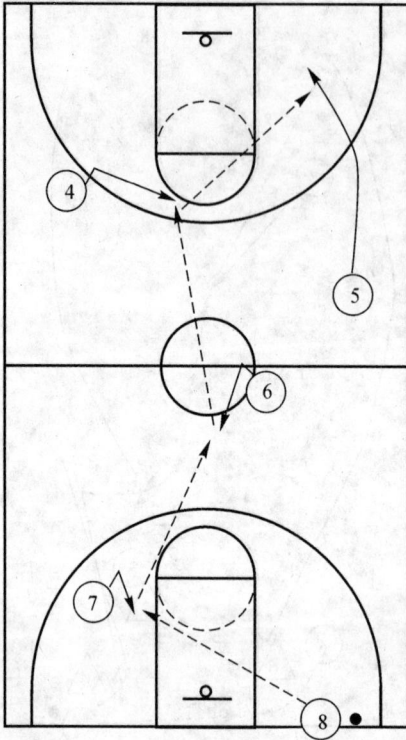

图 4.83

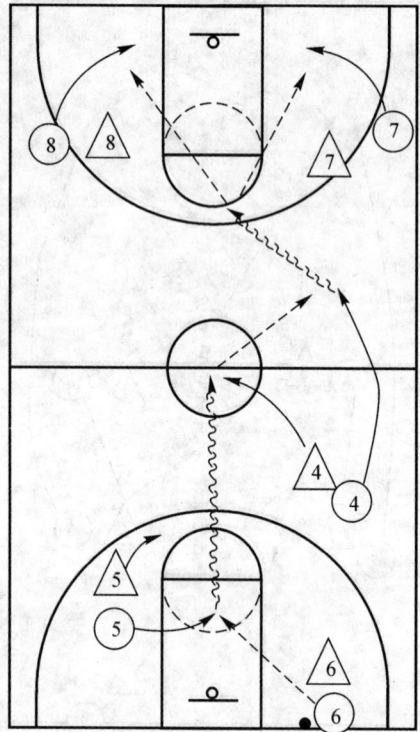

图 4.84

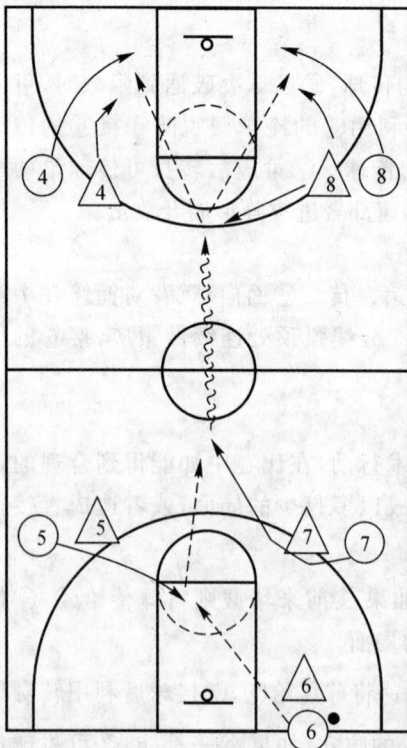

图 4.85

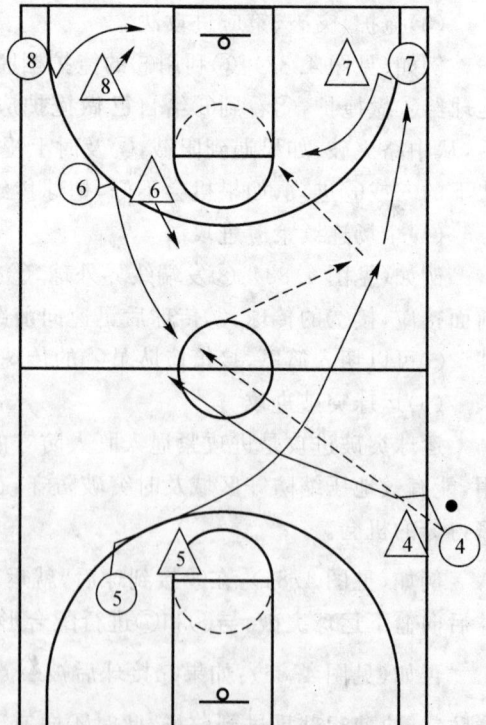

图 4.86

(6)策应配合进攻

例如(见图 4.86):④发边线球,⑥突然起动到中场做策应,④迅速传球给⑥,同时与⑤一起分别摆脱防守,从⑥两侧向篮下空切,或者在⑥前面做交叉摆脱防守,⑥掌握时机进行传球,如果⑤接到球未能突破,⑦应主动向罚球线前移动接⑤的传球,做第二次策应。⑦接到球要掌握时机把球传给④或⑤投篮,如果⑥和⑦接球做策应,当判断同伴没有机会接球时,应自己运球突破和投篮。

第六节 进攻区域联防战术

进攻区域联防是在了解对手区域联防特点的基础上,针对其薄弱环节,结合本队具体情况所组织的具有针对性的进攻战术配合。进攻区域联防战术的特点是采用与防守队形相应的进攻队形,占据其薄弱区域,或通过球的转移和队员的移动,加重局部防守的负担,在局部区域形成以多打少的局面,从而创造良好的进攻机会。

一、基本要求

第一,提高由守转攻的速度,在防守阵形尚未形成以前,抓住战机发动快攻。

第二,根据区域联防的特点,占据防守薄弱区域,快速转移球和频繁穿插,调动防守,使防守顾此失彼,创造以多打少和连续进攻的机会。

第三,组织中、远距离投篮,使对方扩大防区,给内线进攻创造机会。

第四,运用策应、溜底线、背插、掩护、突分等配合破坏防守整体布局,创造投篮机会。

第五,积极组织拼抢前场篮板球,争取补篮和二次进攻,保持攻守平衡,随时准备退守。

二、基本阵形

进攻区域联防的阵形很多,但"1—3—1"是进攻区域联防的基本阵形。

"1—3—1"阵形,主要针对"2—1—2"和"2—3"区域联防阵形,其特点是,外围有三个以上的投篮点,中锋和底线队员则频繁地穿插和移动,内外联系,力争在一个区域内形成以多打少的局面,加上结合两侧进攻队员的背插,更能使对方在局部地区负担过重。"1—3—1"阵形还能较为容易地根据防守阵形的变化,灵活地进行战术变化。例如,对方由"2—1—2"防守阵形改变为"1—3—1"联防阵形时,两侧进攻队员一个上提、一个落底,及时变为"2—1—2"进攻阵形。

根据"1—3—1"阵形队员落位时和边线的关系,可将"1—3—1"阵形分为垂直于边线的落位阵形(见图 4.87)和斜向于边线的阵形(见图 4.88)。

采用垂直于边线的阵形,主要进攻以双数防守队员凸前的区域联防,如"2—1—2""2—3"等防守阵形。

采用斜向边线的"1—3—1"进攻阵形,主要进攻以单数防守队员凸前的区域联防,如"3—2""1—3—1"等防守阵形。

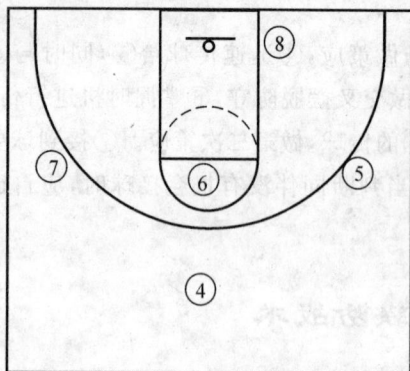

图 4.87

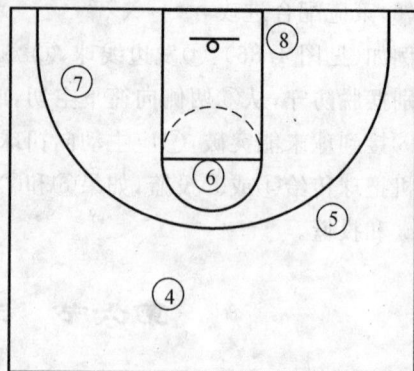

图 4.88

三、基本方法

1.加重局部区域防守负担

加重负担就是进攻队员有目的地选位占据防守的薄弱区域,在局部区域形成以多打少的局面。当防守阵形调整时,可以通过溜底线、背插等形成新的防守弱区,形成二打一的有利局面。

2.三角传球

由于防守队员要随球移动,集中注意力在有球的一侧,也就是防守的强侧,因此,可利用传球调动防守,破坏联防的稳定性。根据"1—3—1"进攻队形队员的分布情况,可以组织很多三角传球。通过三角传球就可以起到调动对方区域联防队形的左右移动,迫使对方缩小防区或扩大防区的作用。为此,传球的方向不仅要在外围进行横向传递,而且必须与内线结合进行纵向传球,内外结合,声东击西,打乱对方的防守阵形,造成防守顾此失彼,从而创造良好的进攻时机。

3.持球突破

由于区域联防的防守队员是按区域分工的,集中在有球一侧,形成有层次的队形进行防守,这给运球造成了极大的困难。但进攻区域联防时,进攻队通过"球动""人动"的方法可调动对方的防守,打乱防守阵形,造成防守移动、补位的漏洞,为投篮和运球突破创造良好的机会。进攻队利用运球突破不仅给对方防守造成威胁,同时还可以压缩防区,趁对方队员进行"关门"配合向球集中防守时,运球突破队员可及时分球给处于无人防守的同伴进行投篮。

4.中锋策应

利用中锋在罚球线附近控制和支配球,以中锋为进攻枢纽,协助其他队员进行投、传、切、分等配合,不仅给区域联防造成很大的威胁,而且还是调动对方防守的重要手段。当中锋持球进攻时,对方要缩小防区,围守中锋,这时位于其他位置的进攻队员,则能较从容地选位或伺机向篮下空位移动,随时准备接球投篮。中锋若将球传出后,对方又要扩大防守区域,这就又为内线进攻提供了机会。如此往返,内外结合,发挥中锋策应的作用,是进攻区域联防的有效方法之一。

5.溜底线

溜底线是指进攻队员由前场的场角沿底线移动到另一侧场角接球进攻的方法。溜底线主要是为了起到增加局部防守区域负担的作用。如(见图 4.89)进攻队员⑤持球进攻时,⑦由左场角溜底线到右场角,接⑤的传球,形成二打一的局面,⑤根据防守情况可进行中距离投篮或传球给篮下中锋⑧进攻。如果防守队员跟到右场角,则左侧场角就被拉空,④趁机移动到被拉空区域接球投篮。

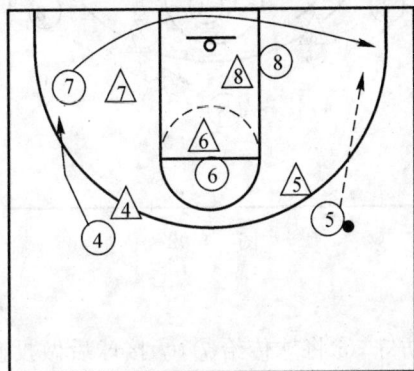 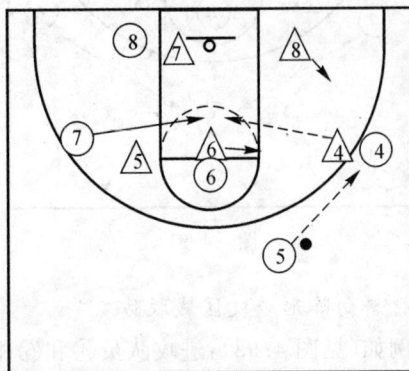

图 4.89　　　　　　　　　　图 4.90

6.背向插入

背向插入是指无球一侧的进攻队员,乘防守队员面向球,或向有球一侧移动时,迅速由防守队员背后插入,接同伴传来的球投篮。如(见图 4.90)⑤传球给④时,防守队员面向球的一侧转身,并向有球区域移动,⑦乘对方忽视远离球一侧的防守,迅速背向插入到罚球线附近接球投篮。

7.场角进攻

场角进攻是指进攻队员由前场外围的一侧,插向另一侧场角,占据防守的薄弱区域,增加总防守负担,形成局部区域以多打少的局面。

四、进攻示例

1.垂直阵形进攻"2—3"区域联防阵形

例如(见图 4.91):⑧与⑦和⑥在外线相互传接,迫使防守队员扩大范围,防守队员△出来防守⑥。此时,⑧可以传球给外中锋④,迫使△上前防守④。"2—3"联防是为了加强篮下防守而设计的阵形,通过频繁的外线传球,把两名防守篮下的△和△都调出来,迫使"2—3"联防向"2—1—2"或"3—2"转换。把高大队员调离篮下,这就给⑤创造了篮下进攻的机会,善于中投与传球给内线的⑥可传球给插向防守薄弱区域的⑤投篮。

再如(见图 4.92):⑧瞄篮时△上步防守,⑧传球给⑥。⑥瞄篮时△势必要补上防守⑥,外中锋④就可以插入新出现的防守薄弱区域进攻,如果△跟防④,则内中锋⑤可以插入新的防守薄弱区域进攻,如果△跟防⑤,则⑦可以切向△移动后出现的薄弱新区,接⑥的平吊球较为顺利地投篮。

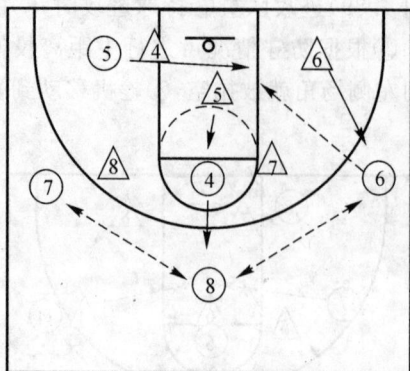

图 4.91

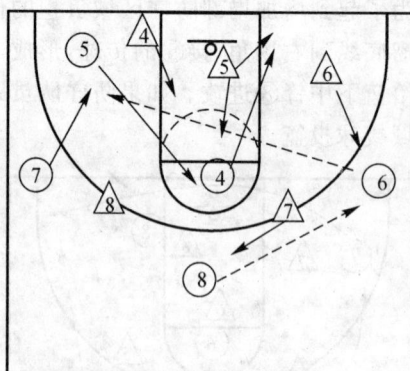

图 4.92

2.斜向阵形进攻区域联防

例如(见图4.93):进攻队员④和⑤相互传球吸引防守,⑤将球传给⑦,⑦接球后做投篮动作吸引对手△,然后从底线运球突破投篮,如果△进行封盖,⑦将球传给向罚球线切入的⑧或向场角空位移动的④投篮。

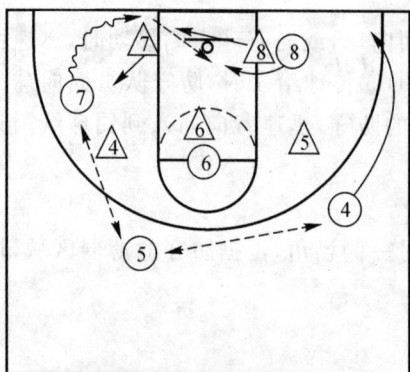

图 4.93

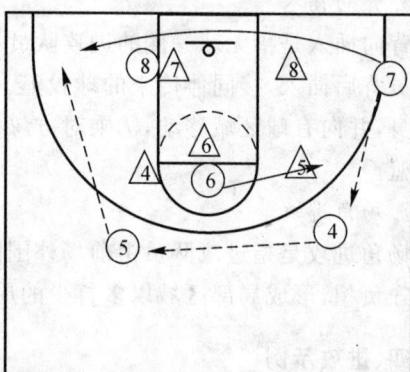

图 4.94

再如(见图4.94):⑤、④、⑦之间相互传球吸引防守,在⑦传球给④后,立即向左侧场角插入,目的是除了接到⑤的传球进行攻击外,还可在左侧加重防守的负担。当④接⑦的球、⑦向左侧场角插入时,⑥向右侧移动,以牵制吸引防守向右侧靠拢。当⑦插入至左场角时,④迅速通过⑤传球给⑦,⑦接球后,根据防守情况可进行中距离投篮,或将球传给⑧在篮下进攻。

第七节 进攻区域紧逼战术

进攻区域紧逼是针对区域紧逼的特点所采用的一种进攻方法,随着区域紧逼防守的出现,进攻区域紧逼经过多年的实践、改进和发展,已由主要依靠个人运球突破推进的方法,逐渐形成快速三角推进、回传跟进、弱侧反跑、中区策应和突分接应等配合打法,并逐渐完善,已有一套完整有效的进攻区域紧逼的方法。

一、基本要求

根据区域紧逼战术"逼球边路,缩小防区"的防守策略,进攻区域紧逼防守可采取"以快制逼,中路突破"的对策。进攻区域紧逼要沉着冷静,不要被对方的紧逼声势所压倒,要有信心,掌握好进攻节奏,减少失误。

由守转攻时,要争取在对方队员未到防守区域之前就发动反击快攻。进攻中要多用短而快的传球,尽量减少长传球和高吊球。要少运球,特别是少向边角运球,更忌在边角停球。传球后要迅速移动选位,以利于再次接球后进行配合。

二、进攻战术环节分析

1.回传跟进
区域紧逼不轻易让球越过自己的防区,经常对持球队员组织夹击,向前的传球经常被防守队员抢断。因此,进攻时应在对方夹击还没有形成之前,就把球传出去。这就要求必须保持有一名进攻队员处于球的后面,随时准备接应被夹击队员的回传球。"回传跟进"是在进攻区域紧逼中设立"安全后卫",是破坏夹击的有效办法。

2.转移进攻
在"回传跟进"破坏了对方的夹击之后,有目的地转移进攻方向,向当时防守队形的薄弱区域进攻。

3.运球反跑
为了配合迅速、安全的转移进攻方向,迫使区域紧逼防守做较大的移动,处于远球位置的队员进行反跑,回来接应转移进攻方向的传球。

4.中区策应
在进攻区域紧逼时,"中区策应"起着前后衔接、左右呼应的作用,链接了前后场的进攻,使球迅速推进。同时位于中区,增多了传球出手的方向和路线,担任"中区策应"的队员,应当是速度快、技术全面、战术意识强的队员。

5.组织空切
"中区策应"后,防守无球队员处于"球在背后"的境况,进攻队员应抓紧有利时机,组织空切,突破防守,在篮下附近形成以多打少的局面。

三、基本阵形与方法

进攻区域紧逼战术按进攻区域的大小不同,可分为进攻全场区域紧逼、进攻3/4区域紧逼和进攻半场紧逼三种类型。针对防守的各种阵形,可采用"1—2—1—1""1—2—2""1—1—2—1""2—1—2"等不同落位阵形的进攻方法。进攻区域紧逼通常用快速转移球展开进攻的方法,即在对方还没有形成区域紧逼阵形前,用快速的传球来越过防守区域。

1.进攻"1—2—1—1"全场紧逼
例如(见图4.95):进攻队员④往往是靠近篮下的中锋,一般负责发界外球,⑤应是控制和支配球能力最强的核心后卫,⑥是一名后卫,⑧是一名快下的前锋,⑦是一名高大前锋。在对方投篮得分后,④快速拿球跑到界外发球。⑤在接界外球前已观察好前场进攻形势,争取在防守还没有落位、布阵就绪时就抢接界外球,争取通过两次传球就能越过二线防区。如果防守队员△落位靠前,阻止接球,则争取第二传就能通过中线,⑤直接传球给已越过中线的⑥,⑥传球给场角的⑧投篮,⑦跟进抢篮板球。如果二线防守队员阻截接球,则三线△处于一防二的位置,⑤可以传快速的平吊球给⑦或⑧攻破区域紧逼。

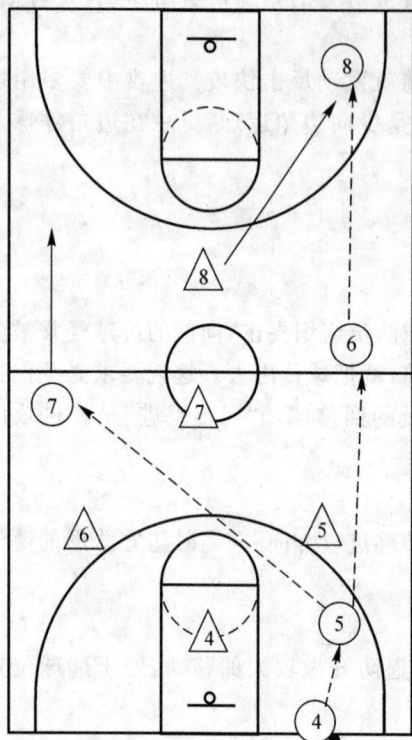

图 4.95

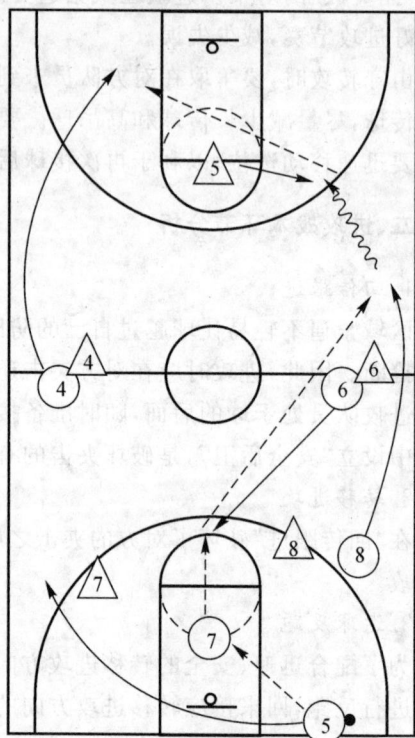

图 4.96

2.进攻"2—2—1"区域紧逼

例如(见图 4.96):"2—2—1"全场紧逼,前场、中场有四名防守队员,后场只有一名防守队员,而其前 4 名队员往往以"2—2"落位,中间有空隙,后线空虚。针对"2—2—1"防守阵形,部署"1—2—2"进攻阵形。在后场布置三名进攻队员,并以三角形站位来对付前场两名防守队员。

⑤发端线界外球后,迅速插到后场左侧的△位置处,形成三角形的三打二的传球队形。⑦接到界外球后不要轻易运球,这就使防守队员△进退两难,如果上步紧逼⑦,则⑦可稳妥地将球传给⑤;如果不让进入左侧一线的⑤接球,则⑦可传球给插入中间空隙区域的策应队员⑥。此时,一线已被越区传球攻破,处于一线的进攻队员⑧和⑤可以快下,进入中场或前场,中场进攻队员④可以向篮下快下。进攻队员⑦留在后场,如果不能向前场推进,⑦可留在后场接应。当策应队员⑥接球时,中场防守队员△上来防守,则中场右侧就会出现空隙,前场的△不会轻易补位。此外,策应队员⑥可利用双手头上传球给快下中、前场的⑧,如果后场防守队员△对⑥进行夹击,则可运球上篮。如果前场△阻止,则⑧可以传给④投篮。

3.进攻"1—2—2"半场区域紧逼

例如(见图 4.97):④传球给⑤后,斜插到左侧底角,当⑤受到△和△夹击时,⑥反跑出来接应⑤的传球。此时,⑦跑到弧顶处接应⑥的传球做策应配合。同时,⑧给⑤做后掩护,使⑤摆脱防守到右侧准备接⑦的传球投篮。⑦接球后,可以自己转身进攻,并根据情况把球传给④或⑤投篮;如果⑧在做掩护后切入篮下的机会比较好,⑦也可以分球给⑧投篮。

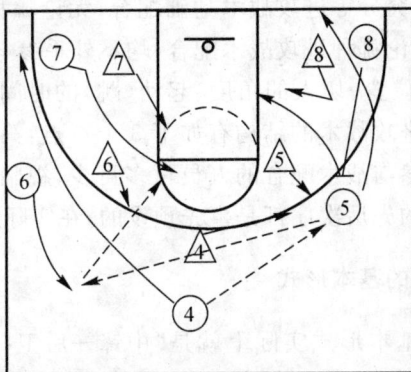

图 4.97

第八节 固定战术

随着篮球运动的不断发展,比赛攻防节奏越来越快,对抗也越来越激烈,在一场比赛中,往往在最后几秒钟也很难分出胜负,最后一秒钟的绝杀场面屡见不鲜。因此,加强固定战术配合的训练也日益受到重视,在比赛中利用发界外球、跳球和罚球的机会,组织固定战术配合展开攻击,对掌握比赛的主动和扭转比赛的战局都会起到积极的作用。

固定战术配合具有进攻速度快、时间短,队员战术行动职责分工明确,便于充分发挥队员攻击特长和有组织地转入阵地进攻等优点。缺点是队员落位固定,配合行动相对较为呆板,如果不能及时应变,容易被对手制约,造成失误。

一、"固定战术"进攻战术释义

"固定战术"进攻战术是篮球进攻战术体系中涉及战术内容最多、方法最广泛的一类战术形式。它是以各种进攻战术基础配合(即 2~3 人之间的进攻基础配合)为基础,由全体进攻队员共同参与实施的针对性极强、有组织、有计划、有步骤的阵地进攻战术配合法。实际上,在篮球进攻战术的实践中,如"进攻全场(半场)人盯人防守""进攻区域联防""进攻区域对位防守""进攻全场区域紧逼、夹击防守"等各类战术方法,均属于"固定战术"进攻战术形式中不同的战术内容。这些战术内容均包含了非常丰富的、能体现各自不同战术风格的战术打法。如"进攻区域联防"就有"进攻 1—3—1 区域联防""进攻 3—2 区域联防""进攻 2—1—2 区域联防""进攻 2—3 区域联防"等一系列战术打法。

每一种战术打法又包含了多种具体配合方式、方法。如在"进攻 1—3—1 区域联防"时就可以实施"居中策应进攻""掩护进攻",还可以实施"双中锋强攻篮下"等具体配合方法,这些都是"固定战术"进攻战术的一部分。这是因为,首先它们是针对性极强、有组织、有计划(经过预先设计、训练后再实施的)、有步骤的阵地进攻战术配合法。其次,这些配合方式都是以各种进攻基础配合为基础的一种战术打法。

二、"固定战术"进攻战术的结构特点

"固定战术"进攻战术是阵地进攻中的一类战术形式。而在阵地进攻中,无论哪种战术配合都离不开掩护、策应、传切、突分等进攻战术基础配合;无论哪种进攻战术配合,均不外乎参与进攻配合的人员多或少;无论哪种进攻战术配合,均不外乎参与该进攻战术的进攻队员在场上移动的路线、方向、跑动的位置、切入的角度、起动(跳)的时间、控制的空间等因素的变化。这些内容决定了"固定战术"进攻战术的结构有如下 3 个特点:第一,都是以 2~3 人的进攻基础配合作为战术基础;第二,参与战术配合的人员可多可少,视临场情况而定;第三,战术配合的路线、方位、切入(或插进)的先后次序都是事先预设的,在实际运用中只做微调。

三、"固定战术"进攻战术的基本形式

"固定战术"进攻战术的基本形式实际上就是"中锋—后卫""中锋—前锋""前锋—前锋""中锋—中锋""前锋—后卫""后卫—后卫"等两人之间相互连接起来的进攻战术基础配合方法。现代篮球运动的发展,要求"固定战术"进攻战术富有机动性、应变性,要打破战术分位固定化,消除位置界限的趋势。这是篮球运动发展对"固定战术"进攻战术及其相关进攻战术配合方式的一个趋势性要求。然而在实际的比赛中,打破位置界限只能是相对的和不固定的,以此表现出需要参与进攻战术行动的队员们在技术应用上更全面、在攻击位置上更灵活、进攻活动范围更大、战术打法更多等。

四、固定战术方法

1. 掷前场边线球的固定战术

(1)进攻人盯人时发边线球战术

例如(见图 4.98):④发球给⑤,同时⑥移动给④做掩护,④利用掩护向篮下插入,⑤传球给④上篮。如果⑤未能接到球,则⑧向罚球线左前上方移动接④的传球,⑤则利用⑧做定位掩护贴近其身体向篮下切入,⑧接球后根据实际情况传球给④或⑥,或做策应由⑥接球摆脱防守跳投。

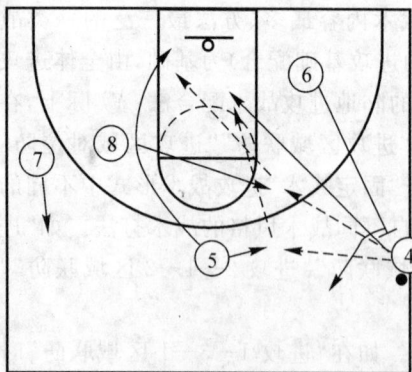

图 4.98

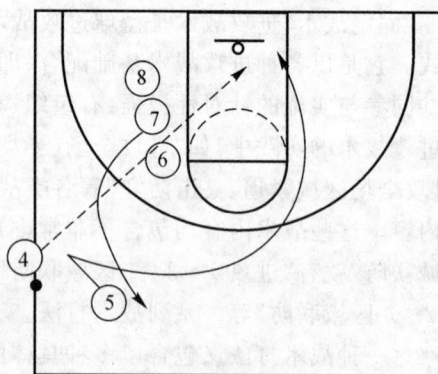

图 4.99

又如(见图 4.99):④发边线界外球,⑤利用⑥、⑦、⑧做定位掩护,切到另一侧篮下接④的高吊传球投篮,如果没有机会,⑦利用⑥做定位掩护,切到外线接球。此时,⑥与⑧再紧靠,

⑥可以利用⑧做定位掩护切到内线,⑧也可以利用⑥做定位掩护切到外线接球进攻。

(2)进攻联防时发边线球战术

例如(见图 4.100):④发边线球给⑤,⑤如果有机会就中远距离投篮,如果没有机会,就将球传给⑥。在⑤传球给⑥的同时,⑧下移要球沉底,④则在⑧下移中快速由左边横向移动插中,⑥及时将球传给④投篮。如果④未能获得球,则移动到右场角,⑦随即也做横向移动接⑥的传球投篮,而⑧则从右侧底线移动到⑦的位置上。若此时防守已经压缩至右侧,则⑥将球做对角转移(见图 4.101),由⑤转移至⑧处并利用⑧掩护接球投篮,而⑥则迅速外拉补上⑤的位置。

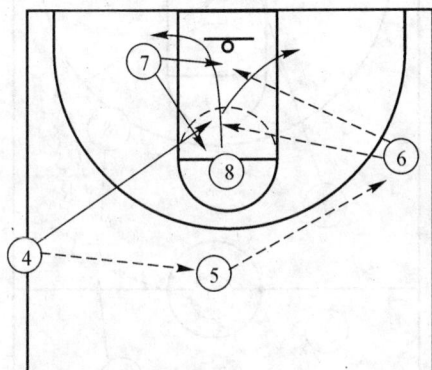

图 4.100

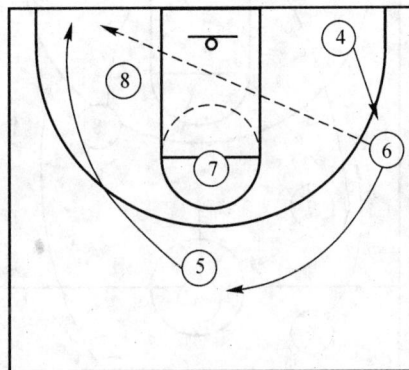

图 4.101

2. 掷前场端线球的固定战术

例如(见图 4.102):④在右侧发端线球,⑦、⑧、⑥三人重叠站在罚球线左侧,⑥利用⑧、⑦做定位掩护切入篮下接球。如果没有机会接球,⑤利用⑥、⑧做定位掩护移动到外线接球。如果还没有机会,⑦利用⑧做定位掩护移动到罚球线接球。如果仍然没有机会接球,⑧可以切入篮下接球。此时,⑥已经移动到外线设法接球。

又如(见图 4.103):④发左侧端线球,⑦、⑧、⑥三人平行站在罚球线前,⑤利用⑥、⑧、⑦做定位掩护,移动到外线接球。如果没有机会接球,⑥利用⑧、⑦或利用⑧做定位掩护,先切入到篮下左、右两侧接球。如果还没有机会接球,⑧跑到外线接球。总之,不能全部切入到篮下接球进攻,要内外线结合,移动中接球投篮。

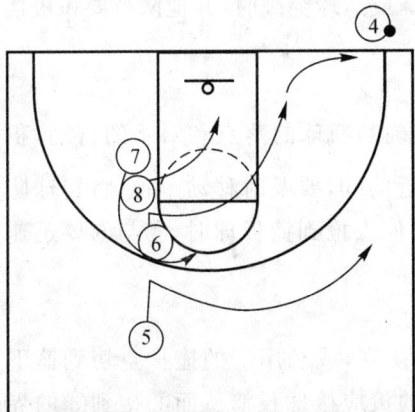

图 4.102

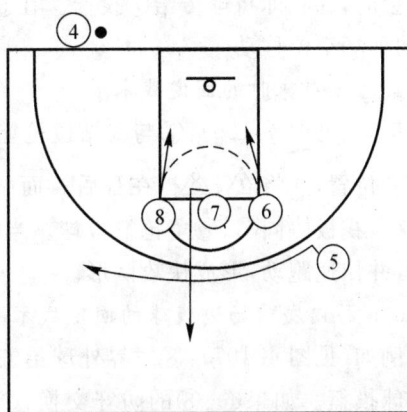

图 4.103

3. 中圈跳球的固定战术

例如（见图 4.104）：④跳球给⑦，当⑦可能接到球时，⑧突然向前场篮下快速移动，⑦及时将球传给⑧投篮。⑦传球后应立即从左侧跟上，以防⑧进攻受阻时接应。其他队员做相应的策略性或战术性移动。

也可以由④跳球给⑤或⑥，由⑧与⑦向前场篮下两侧移动，接⑤或⑥的传球投篮。

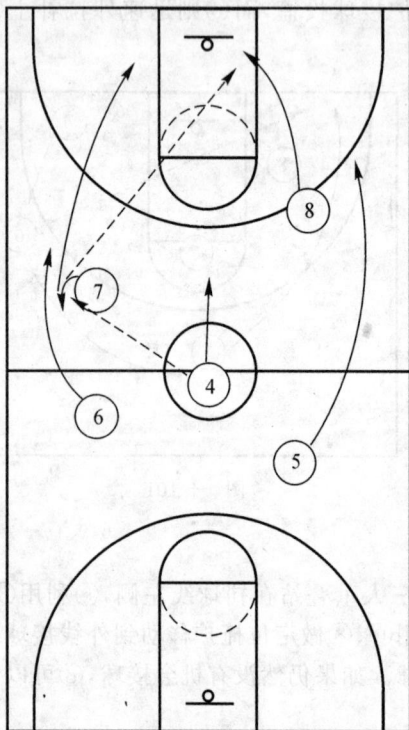

图 4.104

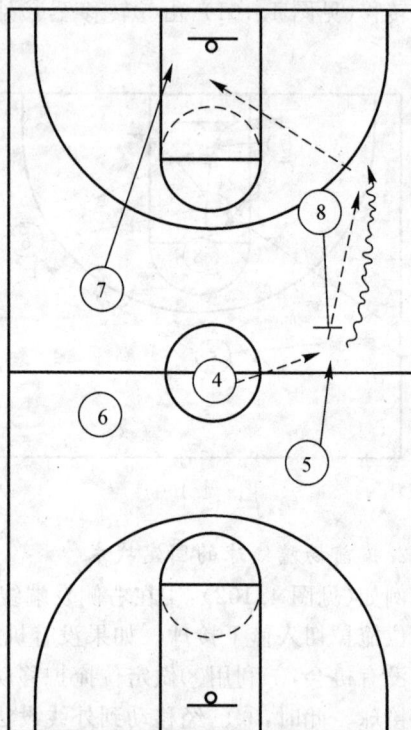

图 4.105

又如（见图 4.105）：④跳球给⑧，⑧运球受阻后，立即转身做定位掩护，⑤快速移动，利用⑧的掩护摆脱防守，并接⑧的传球突破上篮。如果突破受阻或者当左侧移动的⑦有更好的投篮机会时，⑤立即将球传给⑦投篮。在⑤向⑧移动接球或运球突破时，其他队员要积极摆脱防守，向前场空位移动。

4. 对方罚球时的固定战术

例如（见图 4.106）：⑦与⑧站位抢篮板球时，要准确判断球的落点和对手的行动，积极抢占有利位置，并将△、△挡在身后。而站在罚球线附近的⑥，要及时移动卡位，将罚球队员挡在身后，积极协同⑦、⑧争抢篮板球。当⑥、⑦、⑧中任何人抢到篮板球时，④与⑤要迅速移动接应，并快速跑动，形成快攻队形。

5. 5 秒内发前场边线球的固定战术

例如（见图 4.107）：⑧发界外球给⑥后，快速摆脱防守，或利用⑦的掩护空切到篮下接⑥的传球投篮。如果⑥、⑧的防守交换，⑦可以利用⑥的策应接球投篮。而⑥接到⑧的界外球后，也可以进行个人强攻。⑧也可以在发球给⑥后直接利用⑥做定位掩护接球投篮。

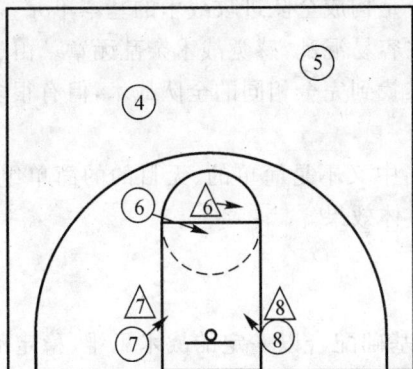

图 4.106

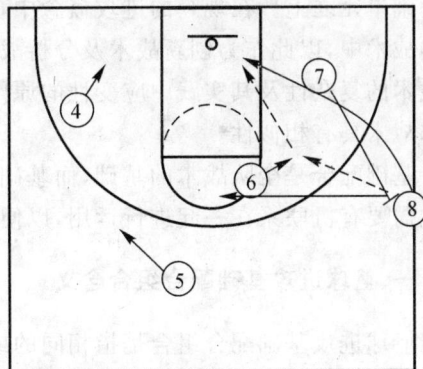

图 4.107

6.5 秒内发后场端线球的固定战术

例如(见图 4.108):⑧发球给由⑥做掩护的⑦,⑦接到球后快速运球突破,或直接突破到篮下投篮,或者突破运球中将球传给④上篮。而④与⑤要随时注意⑦运球过程中的意图,以便随时配合,协助⑦的攻击,或接⑦的传球投篮。

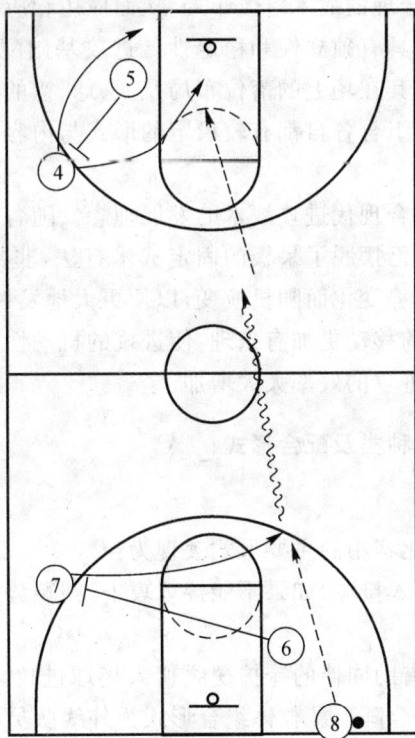

图 4.108

第九节 进攻基础配合组合

篮球运动中的进攻战术复杂多变,但任何一个成功的进攻战术都需要建立在一个较稳定的基础单元之上。在现今的进攻概念中,进攻基础配合是构成全队进攻战术的基本单元,在纷杂的战术中,以此作为创新战术及分析战术的单元往往容易混乱,感觉战术杂乱无章。由于进攻战术的复杂性及其实践中应变性的原因,实战中很难找到完全相同的全队战术,但有很多的局部战术具有相似性。

基础配合是全队战术的基础,而基础配合在实践当中又不是简单的、无目的的简单组合,往往需要有机联系在一起进行运用,以便达到更好的整体效果。

一、篮球进攻基础配合组合含义

篮球进攻基础配合组合是指相同的或不同的进攻基础配合以一定的战术思维、稳定的空间配合形式有机地联系在一起进行运用。在进攻战术中,为了发挥进攻基础配合的各自功效,使整体效益最大化,基础配合在比赛中的运用更加有条理,固定的组合形式使局部的配合更加稳定和有效。

二、进攻基础配合组合的特点

第一,众多球队往往会以一种组合为全队战术的核心部分。在很多球队的全队战术中,通过合理的移动总是能够构建合理的战术落位布局,从而应用相应的配合组合。

第二,进攻基础配合组合具有独立性和稳定性。进攻基础配合的独立性表现为不同的配合组合,对配合组合的人数及其在场上的落位布局及人、球、篮的关系有较固定的要求,各有其战术思想;稳定性表现为配合组合各自都有较稳定的形式与内容,能够作为一个独立战术单元进行训练和运用。

第三,配合组合的训练适合现代进攻战术的发展理念。随着防守移动范围的扩大、防守集体性的加强,现代进攻战术早已摆脱了呆板的固定战术打法,非常重视移动进攻,进攻既有一定的原则,又注重随场上的局势变化而随机应变,以便更大地发挥队员的能力。配合组合可使参与进攻的队员在各自区域的移动更加有条理,使进攻的机动性成分减少,配合组合使进攻基础配合互相依托、有机联系,进攻的效率大大增加。

三、进攻基础配合组合的种类及配合形式

1. 传切与掩护组合

传切与掩护组合形式在比赛中的主要形式表现为:

第一,传球队员传球后切入接球,如果不能接球攻击,则顺势为同伴做掩护,使同伴摆脱接球攻击。

第二,有球队员传球后,借助同伴的掩护摆脱切入接球进攻。站位布局多为三角形(一前锋、一内线、一后卫)的内外结合阵形。整体组合形式为外线队员传球后,内线队员给传球队员做掩护使其切入篮下接球进攻。

2. 传切与策应组合

这种组合在实战中运用较多且有效,策应配合中的选位可以是高位策应,或是中、低位策应。

高位策应时,传切与策应组合表现为:由于内线较空,切入队员切入内线接球的可能性较大,且攻击区域广。策应队员大多由中、低策应位上提到罚球线附近区域接球,因为通过移动

会比原地抢位更容易接球,而且在移动的同时会使内线拉空,给切入队员更大的接球攻击的空间,所以这种形式多用于无强力中锋的队。

当策应队员在3分线或3分线外策应时,传切与外策应组合表现为:切入队员主要选择的切入方式是绕切,传球队员传球后,贴近策应队员接回传球进行进攻。因为策应队员背对篮筐或侧对篮筐的持球方式更加有利于保护球,所以这种组合更加适合于从外线远投且无强力内线的球队。同时,这种组合有时具有过渡性的作用,运球队员没有更好的攻击机会时,可传球给策应队员后移动接应再次组织进攻。

中、低位策应时,传切与策应组合表现为:切入队员切入准备接策应队员的球进攻,但此种组合的作用又区别于上一种,它可以转化为单兵作战,这是此组合空间特征变化的典型运用。在这种配合组合中,策应队员除可以将球传给切入的队员外,另一战术思维是随着切入队员的切入,牵制其防守队员远离策应队员的攻击区域,策应队员可以通过外线牵制拉空,选择一对一的内线攻击,从而更好地发挥单兵优势。

3. 策应与掩护组合

策应与掩护的组合阵形主要表现为:以有球策应队员为核心及与外线两名进攻队员构成的布局,两名外线队员进行有效的掩护摆脱,接策应队员的传球进行进攻。

策应与掩护组合的另外一种形式表现为:高策应位策应队员传球后,再给有球队员做掩护,使其进行有效的摆脱。高策应与掩护组合的有效性多为强侧只有两名进攻队员的进攻布局。这种配合组合可以通过策应队员的过渡性传接球而使球较好地运行起来,通过这种小范围的接球与运球,从而使策应的掩护更为有效。

4. 掩护与突分组合

这种组合很常见,就是通常所说的"挡拆"配合。组合形式表现为无球队员为有球队员掩护,使有球队员突破,然后分球给掩护后转身切入的队员进行攻击。

主要的落位布局为外线队员之间的配合或外线与内线之间的配合。无论哪种组合都要注意掩护的隐蔽性,掩护完成后要注意转身挡靠切入,以造成以多打少的局面。这种组合运用空间特征有其特殊性,掩护与突分组合的配合区域要有足够的空间。内外线的掩护与突分组合比较典型,内线的上提会使内线突然拉空,且隐蔽性较强,突破队员的攻击空间会较大,这样也有利于保证第一攻击点攻击的有效性。

5. 掩护与掩护组合

在比赛中,经常看到队员之间的掩护,特别是在防守越来越严密、防守的攻击性较强的现代篮球中,队员的个人摆脱在一定程度上受到了限制,则掩护配合就成了摆脱防守的有效形式,在进攻战术中掩护运用得较多。相对于现代的防守体系,单一的掩护有时也很难奏效,进攻方往往要利用有组织的连续掩护的方式进行摆脱攻击。

连续掩护主要形式有:其一,两名进攻队员依次为一名进攻队员做两次掩护。主要为使无球队员能很好地摆脱防守进入接应区域接球,摆脱队员一般为有较强攻击能力而对方紧紧跟防的核心队员。其二,一名进攻队员在借同伴的掩护摆脱后,为有球同伴做掩护使其摆脱。一般为有球侧的内线队员向弱侧移动进行掩护,使同伴摆脱防守,同时拉空内线,摆脱队员为有球队员做掩护进行攻击。其三,无球队员为有球队员做掩护,在有球队员摆脱后自己转身切入,借同伴的掩护摆脱防守接同伴的传球攻击。

第十节 完整进攻

一、完整进攻战术环节分析

1. 获得控球权

获得控球权是由守转攻的标志,同时也是"完整进攻过程"的起点。

2. 防守反击

防守反击是由守转攻的瞬间转换过程。它替代了以往的"快攻",十分鲜明地强调是由防守转为反击的,且它进一步强化了"防"的意识。

比赛实践证明:抢得后场篮板球发动快攻次数最多,抢断球后发动快攻威胁最大,偷袭长传快攻成功率最高。因此,只有在积极防守拼抢的基础上才能获得更多的反击快攻的机会。

3. 全场阵地

全场阵地是指针对各种类型的全场防守布阵所采取的进攻方式。"全场阵地",就是让运动员在脑海中建立起全场的整体意识和全局观,知道在某种局面下应该采用什么方法和行动。

4. 衔接进攻

衔接进攻是介于全场进攻和阵地进攻之间的一种连续进攻。"衔接进攻"强调的是"进攻",即始终保持进攻状态,利用对方"退不及防、防不到位",通过人动、球动,连续地利用各种穿插、掩护、突破、策应等配合方法调动对手,机动灵活地实施攻击。趁对方退守不及或正在部署防守阵形时开始攻击。

5. 半场进攻

半场进攻是指进攻方把球从后场推进到前场,在对方半场区域内展开的进攻。

6. 半场阵地进攻

半场阵地进攻是防守运动员基本退守到位并形成一定的防守阵形,进攻运动员在对方半场展开的攻击。半场阵地进攻可分为整体配合、局部配合战术,可根据本队的客观条件、人员情况和战略指导思想进行选择。

7. 半场随机配合

半场随机配合包含两层意思,一是高水平的球队能根据对方的防守阵形及时发现薄弱环节,有针对性地采取一种进攻的方法;二是对于低水平的球队或初学者来讲,有着极大的机动性和随意性。

8. 限时强攻

限时强攻是指在进攻配合时间不够的情况下的强行抢攻。这里的"强攻",一是更多地指进攻时间即将结束前由最强攻击手所进行的进攻,二是指被迫强攻。

9. 拼抢篮板球

球投出后,要积极地冲抢篮板球,而在争抢过程中有可能是多次。

10. 转换

转换具有多方向性和不确定性。以投篮为例,这种转换存在 3 种可能:球投中篮,自然转换,攻转守;球未投中篮,攻方抢到,转换为继续攻,直到新的结果出现;球未投中篮,防守方抢到,进攻必须转为防守。也就是说,投篮结束并不意味着进攻结束。

二、"完整进攻过程"要求

1. 战术实施要坚决

实施全场进攻战术如果作风疲软、不够顽强,就形同虚设,不会出效果。只有培养出顽强的战斗意志,才可能始终发挥出真正的、永不服输的战斗作风,才能显示出此战术的实效性。

2. 基本技术要扎实

在掌握一定"量"的技术动作后,就要突出技术动作的"质"。既要高质量地完成动作,同时还要考虑完成动作的实效性。要点是:加强行进间和对抗中的技术运用能力,这是"完整进攻过程"训练的特点所在,它更强调在行进间和对抗中技术动作的组合运用。

3. 整体对抗突出实战性

在技术动作上应精雕细刻,力争完美,有了高质量的动作,才有高效率和优势。全场进攻战术不是一个一成不变的模式,而是在变化多端的赛场上坚持这一战术的原则,临场应变,针对对手的优缺点扬长避短。没有实战上的针对性、应变性,就不会有真正的全场进攻战术。有了技术上的高质量还不够,战术素养是关键。在全场进攻开始后,运动员人人心中有数,转换、互相掩护、挡拆、抢位、节奏等丝毫不乱,步步合理,才可最终让战术奏效。根据比赛的规律和节奏,不要刻意地等某个环节的机会产生后再打,而应不停顿地、随机应变地进行到其他环节,但每一环节的训练一定要注意强调它的"完整性"。

第五章 防守战术

第一节 防守战术概述

一、防守战术的发展历程

1. 第一阶段（1891—1900 年）

这一阶段的篮球防守战术属于初期的防守战术,防守战术中出现了最简单的人盯人。

这个时期,每个防守队员只盯自己所防的进攻队员。最开始防守战术是按进攻队员越过中线的次序,防守队员顺次盯住各自对手的"5 人一线落位防守",防守中队员各自为阵,很少移动换位,既无协防,也不注意抢篮板球。此后不久,又出现了半场"3—2"和"2—3"队形的"5人两线落位防守"。

尽管在这时的所谓人盯人,并没有严格意义上的整体防守战术的指导思想和完整的战术结构,仅以一防一的形式来阻止攻方的各种进攻行动,要求防守者"像牛皮胶一样黏住对手"。然而,这种简单的分工防守中实际上已经蕴涵了一种最简单的战术理念。因为战术的一个最为显著的特点就是整体行动中的具体分工,所以从这种意义上讲,作为人盯人防守战术的雏形已经出现在当时的篮球比赛中了。

2. 第二阶段（1900—1950 年）

1909 年在美国东部的一次篮球比赛中,有人发现防守人有时不跟进攻人移动可得到短暂休息,此即区域联防战术的萌芽。1914 年美国克拉夫顿的"Y"队在宾夕法尼亚的比赛中,因地面太滑,教练卡门·亨德森要求队员选择一个区域进行防守,结果效果极佳,这即是原始的联防战术。最早的联防形式有"2—3""3—2"和"2—1—2"阵形。

联防的出现意味着篮球运动的防守对区域防守概念的引入,使得最早单纯对人的防守战术发展成防人和防区相结合的新的防守战术体系。联防战术的出现大大丰富了防守战术的内涵,有效地提高了防守的整体效果。20 世纪 30 年代以后,进攻技战术的发展非常迅速,跳投技术的出现、"8"字进攻等技战术的普遍运用,对防守又提出了更高的要求,从而也进一步地促进了防守战术的发展。这一阶段防守战术的发展主要体现在半场人盯人和联防两种传统防守战术的日趋成熟和不断地完善方面。在 40 年代和 50 年代初的一段时期里,由于世界各篮球强国高大内线队员的不断涌现,篮下的攻击性大大提高,为了有效地制约内线的进攻,联防成了这一时期非常盛行的防守战术。"关门""协防""补防"等防守配合最先出现在联防中,这些配合方法的广泛运用,大大提高了联防的整体防守效果。半场人盯人防守战术,在这一时期也有了很大的发展,挤过、穿过、换防等配合方法的运用,使这种防守战术不断地得到了完善,战术的质量明显提高。

40 年代中期比较完善地形成了人盯人与联防两大防守体系,也有了个人防守技术,但都有一个最明显的特点,就是消极等待对方犯错误,而不是逼使对方犯错误,比赛中实际情况就是让对方随便做动作,自己应付,防守远远落后于进攻的发展。

3.第三阶段(1950—1980 年)

这一阶段防守发展的最主要特点是防守战术由消极防守向积极防守的转变。

进入 50 年代后,首先在美国的篮球界出现了"紧逼"的防守新概念,在半场人盯人防守战术的基础上扩大了防守控制的范围,由此而产生了全场紧逼防守战术。全场紧逼盯人防守战术的出现,扩大了防守控制的区域,大大地改变了缓慢、沉闷的比赛节奏,攻防的节奏明显加快。全场紧逼防守战术的出现和在比赛中的广泛运用,从某种意义上转变了防守战术概念的理论内涵,打破了防守战术纯粹地消极防御、被动地随进攻的行动而做出反应的传统战术思想,这种防守战术体现出的积极主动、富于攻击性和对进攻强有力的制约性,将防守战术的发展带入了一个全新的时代。

60 年代后期,以迪安·史密斯为代表的防守派教练和专家们,提出了攻守平衡的比赛理论,认为在篮球比赛中,防守和进攻有着同等重要的地位,忽视防守的地位是违背篮球运动比赛规律的,这种观点很快就被美国篮球界所接受。美国篮球在防守上的这种先进思想同时也对世界各篮球强国形成了冲击,大家都开始重新认识防守,重攻轻守的传统观念得到了改变。观念的转变同时也带来了防守战术的变革和发展。

70 年代中期,仍然是美国首先在比赛中采用了全场区域紧逼防守战术,这种将联防和紧逼盯人两种防守战术的特点融于一体的新的防守战术,很快就风靡美国,在美国的职业队和大学队中普遍地被运用。最早的区域紧逼防守战术主要是以全场的运用为主,有"1—2—1—1""2—2—1""1—2—2"等形式。核心的战术思维就是将人、球、区三者的防守与控制更加协调地联系在一起,以特定的战术形式和战术结构、积极主动的防守行动,增加防守的破坏性和攻击性,改变防守的消极被动地位,破坏攻方正常的进攻节奏和固定的战术配合,通过追防、夹击、轮转换位等防守配合,有力地制约和控制攻方的各种进攻行动,从而提高防守的战术效果。区域紧逼防守战术在后来的发展中又从全场演变出了一些新的战术形式,如 3/4 场和半场的区域紧逼等形式。区域紧逼战术的出现,开创了篮球运动防守发展的新阶段。

4.第四阶段(1980 年至今)

20 世纪 80 年代中后期到 90 年代初期,综合多变的防守战术体系在比赛中出现并被很多队运用。综合防守战术是指在一个防守回合中,前后连贯地使用了两种或两种以上不同的防守战术,根据防守的整体需要,选择不同的防守战术形式,将其有机地组合成为一种新的防守战术结构,比如全场紧逼结合联防;全场紧逼盯人结合半场盯人;全场区域紧逼结合联防;3/4 场的区域紧逼结合联防或半场盯人等。而多变防守战术则是指在每一个不同的防守回合中不断地变换使用不同的防守战术,战术变化的频率很高。多数情况下综合防守战术是和多变防守战术组合起来运用的,所以将其统称为综合多变防守战术体系。实际上这种防守战术早在70 年代中期的日本女篮身上就已经开始运用,在 1975 年的世界女篮锦标赛上,日本女篮采用了一种称为"尾崎防守"的防守战术,实际上这种所谓的"尾崎防守"就是一种综合防守战术。

综合多变防守战术的主要特点在于可以更有效地对进攻进行有目的和有针对性的防守,通过战术的不同组合和不断地变化来控制比赛的整体节奏,使进攻者始终处在一种不断地对防守战术变化的被动适应之中,很难有效地组织起进攻的整体战术配合,而防守者则从被动地位转变为主动,有效地提高了防守战术对进攻的控制力度。

20世纪90年代中后期至今,世界篮球运动防守战术从形式上日趋丰富,防守战术呈现一种多元化发展的特点,但这一时期防守战术发展的核心在于战术思想的深刻变化,防守战术运用的指导思想从以单纯的防御性行为,向防御和力求更多地获得球权的双重目的相融合的方向发展,防守战术中的各种配合更加丰富。这一时期半场扩大人盯人防守战术的发展与变化尤为突出,在重大国际比赛中占据了很高的运用比率。

现代防守战术中的半场人盯人同篮球运动早期的人盯人已有本质的区别,防守控制面积日趋增大,战术结构更加严谨,各种防守配合的运用越来越娴熟,挤过、穿过、绕过、换防以及夹击、协防、轮转换位等防守配合方法的高质量的运用,人、球、区、篮的整体防守理念的融入,使得半场人盯人防守战术的控制性、制约性和攻击性都大大地增强。同时传统的联防防守战术也有了新的发展,被赋予了一些新的东西,首先是联防的区域有所扩大,控制的面积不断增加,战术运用中的伸缩性越来越强,联防自身的优点被充分地发掘了出来(防突破、防内线、控制篮板球),随着夹击、协防等区域紧逼中的一些配合方法的引入,联防战术的整体性和攻击性也大大增强。

从现代篮球运动防守战术的现状看,基本是以半场人盯人防守战术为主,联防、全场紧逼盯人、不同形式区域紧逼以及各种形式的综合多变防守并存的防守战术运用格局。另外,现代篮球运动防守战术运用过程中所呈现出的一个重要特点,就是各种防守战术形式间正在向一种相互渗透、相互融合、相互组合的方向发展,比如综合多变防守战术体系,就是将两种或两种以上不同的战术形式组合成为一种新的防守战术形式;其次,各种防守战术中不同的防守战术原则,特定的配合方法等都在相互借鉴和相互引入。防守战术运用的总体思想和理念,使得各种防守战术之间的界限日趋模糊,联防中有盯人的概念,同样半场盯人中也融入了区域的概念。区域紧逼中的夹击配合被广泛地运用在联防和半场人盯人战术中。这种相互融合、相互渗透、相互借鉴和引入的结果,使得防守战术的整体功能更加完善,防守对于进攻的各种变化的适应能力更强。

进入21世纪以后,攻击性防守除了贴近紧逼、一切以夺取球为目的、高度的协防能力及各种战术相互渗透等特征外,还增添了多变的色彩。虽然防守战术的各种形式依旧,但内涵却发生了极为深刻的变化。篮球运动是一个攻守相互斗争、相互制约同时又相互依赖的矛盾体,攻守双方在100多年的斗争和对抗中既相互制约又相互促进,共同推动着篮球运动的发展。防守战术同样是在这种斗争中不断探索、不断丰富和完善、不断变革、不断创新中发展的。

二、防守战术的基本要求

1. 以球为主,形成人、球、区、篮四位一体的全方位的时空防守体系

现代篮球防守以球为主,人、球、区兼顾,并以控制篮筐限制对手得分为目的。在时间和空间上的综合防守,不仅是地面的防守,还包括空中在内的立体防守。在进攻队员移动时或进攻队员转移球时,防守队员必须时刻调整防守位置,以更好地控制进攻队员。

2. 加快攻守节奏

攻转守速度要快,牢牢树立失球就地防守的观念,失球包括主动失球和被动失球。主动失球即进攻队员在投篮中篮、罚中篮或违例后的失球;被动失球即被防守队员断球后的失球。队员在主动失球后要迅速由攻转守,在被动失球后更要快速地转入防守,就地追防,延缓进攻速度,为全队回防争取时间。也就是说,牢牢树立防守观念,时刻想到防守,攻转守的速度要快。

3.强调防守的攻击性

对进攻队施加最大的压力,不让对方轻易接球,延误对方进攻速度,破坏对方进攻节奏,迫使持球人背向篮运球和处于保护球状态,干扰组织进攻。必须对进攻队不断施以压力,不让或减少进攻队员在有威胁的区域接球,造成进攻队员组织困难,打乱其进攻节奏,影响其进攻的配合质量。进攻队员接到球后也要积极防守,迫使其背向篮持球或处于保护球状态,使其进攻威胁降低。对有球队员或进入限制区的或限制区边缘的无球队员主动用力贴靠、不留空隙。

4.重视时间规则的限制

充分利用空间和时间规则,特别是端线、边线、中线和场角,造成夹击防守,形成以多防少的有利局面。利用3秒、5秒、8秒和24秒规则紧逼对手,造成进攻违例。规则中修改时间是为了提高比赛速度,修改空间是为了提高技术难度,这都为防守增加了机会。在底线、边线、中线和场角等位置夹击防守相当于增加了防守队员,为其他队员的抢断创造机会或造成进攻队员的时间违例。

5.强调集体防守

全队相互呼应,彼此提醒,强侧防守队员要夹击、关门,弱侧防守队员要补防轮转,灵活协调地掌握好防守重点和非重点,紧逼和松动,树立全队团结合作的配合意识。

6.对持球人要贴身防守

或紧或松,给对手施加最大的压力,干扰对手投、传、切和运球,做到抢步抢位,主动用力,一防到底,对运球人要堵强放弱,堵中放边,停球夹击。

7.限制无球队员接球

特别是45°角区域要紧防,弱侧要协防、补防。对进入限制区边缘和限制区内的进攻队员要贴身紧防,不留空隙,抢前、抢位、主动用力,尽量不使进攻队员在限制区内接球,养成抢“回传球”和“有规律传球的意识和习惯”。这是因为回传球常常是进攻队员的一种习惯性的动作,缺少警惕性。意识到对方有一些常见的传接球动作,防守时要假装松懈,然后突然主动断球,例如发端线界外球或中锋的回传球。

8.加强对内线队员的防守

不让进攻中锋在习惯的攻击点轻易落位,堵截中锋移动路线和破坏抢位动作,紧逼严防中锋队员,对中锋实施夹击和围守等集体防守配合。

9.重视篮板球的争夺

积极抢防守篮板球,做到挡、抢、拨、挑、顶结合运用。篮板球在比赛中是获得球权的最重要手段,也表明着一个队的实力所在,篮板球与进攻和防守有着直接的关系。抢得防守篮板球不仅能中断进攻队的进攻,而且可以造成攻方外线投篮的顾虑,削弱其攻击力量,使本队由守转攻,为发动快攻反击创造条件。

三、现代篮球防守特点

1.攻击性

随着运动员身体素质、技术、战术、智力及心理素质水平的不断提高,以及规则的不断完善,防守已经进入攻击性防守阶段。防守的攻击性就是以获得球为目的,对球施加压力,对抗更凶狠,使进攻队员失误,丢掉球权。

防守中,以球为主,人球兼顾,防守距离缩小,身体接触增多,在规则允许的范围内,合理地、有针对性地运用身体、技术、战术主动进行逼迫式防守,利用场角边线的夹击增多,给进攻以最大的攻击性,使其不能轻易接到球,不能随意传球,不能自由投篮,很难组织起有效的进攻。这种防守由于接近进攻者,所以极易形成抢断、封盖和转身挡抢篮板球,以及增加进攻者的失误次数,造成进攻者的心理压力,在精神上压倒对方。

凶狠性防守要求:首先,要有良好的身体条件,不怕冲撞;其次,利用场地,将进攻队员逼向场角、中线或边线,利用夹击抢断,使全队防守战术的攻击性更强。

2.破坏性

破坏性指利用防守使进攻队员失去习惯的接球位置,阻断对手的进攻配合和移动路线,打乱进攻节奏,使进攻队员始终不能按照自己的习惯、特点或节奏进行有效的攻击。

现代篮球运动的特点之一,是攻守对抗的凶悍拼斗性日趋激烈,随着进攻的迅猛发展,必然刺激防守更凶狠,普遍把运动员强悍作风反映在整体与个体防守拼斗上。而其技术反映则表现在贴身防守上,就是防守队员主动贴近对方,与对方产生身体接触,并用身体的暗力施加于对方身上,用推、挤、压、靠等动作达到将对手推出有效进攻区域,堵截进攻队员向篮下突破,封盖对方投篮,破坏对方有效传球等的一种极其强悍而有效的防守手段。利用身体接触的"黏滞力"影响进攻队员的动作,达到阻止或限制进攻队员的进攻威胁。往往利用脚步动作抢先占据有利位置堵住进攻队员的突破线路,利用腿、臀和胸、背主动卡、堵进攻队员向篮下突破的路线,迫使进攻中锋停止运球或减缓向篮下突破的速度;或主动利用身体接触将进攻队员挡在远离篮的位置,不让其轻易运球到篮下进攻。

3.主动性

主动性是防守时不再仅仅局限于根据进攻队员的攻击动作被动防守,而是主动地做出动作,限制进攻队员的攻击,更具有主动性,将防守由被动转变为主动。

防守的主动性表现为由攻转守时找自己要防守的队员要快,并及时发现对方的弱点。做到主动防守,首先,思想上要认同防守,愿意干防守这种脏活,为防守牺牲;其次,攻守转化意识快,进攻结束马上转化为防守;第三,积极寻找发现对手的弱点,制约对手;第四,善用策略,出巧出奇,如利用欲擒故纵、虚张声势、声东击西、暗渡陈仓等迷惑对手,争取主动。

4.预见性

预见性是防守队员对进攻队员或球队即将进行攻击行为的提前判断,是防守取得主动的基础。防守的预见性表现为逼迫进攻队员在远离篮的区域接球、抢断进攻队员的传球、协防、轮转补防和全队防守战术的变化等。

要做到预见性,首先,防守队员要有很强的观察判断能力,就是发现进攻队员的技术特点、习惯动作和进攻队的配合特点,也就是了解对手,这样才能提前判断出对手的下一个动作或配合方式,提前做出防守动作,取得先机;其次,熟悉自己队的防守配合和要求,就是了解同伴的防守情况,与同伴配合默契,知道在同伴做出一个防守动作时,自己应采取的行动,做到知己知彼,这样才能采取果断行动,制约防守;第三,掌握全面防守动作和各种防守的基础配合,只有这样才能在对手进行配合时尽可能地提前做出防守动作。

5.集体性

集体性就是防守不再是5名单个的人在防守,而是作为一个集体,在补防、协防中多人协作。

集体防守是全队防守最集中的体现,运动员之间补防、协防等活动既能反映运动员的战术意识,防守技术及机敏、果断等心理品质,又能充分体现防守战术的集体性、机动性。尤其是中锋队员地处本方篮筐的腹地,是防守的最后一道防线,对集体防守质量的高低,有着举足轻重的影响。防守的集体性要求队员思想统一、意志顽强、技术合理、配合默契。集体性表现在假换抢前、关门复位、补防轮转、夹击围守和拼抢篮板。

6.灵活性

防守不再是一成不变,而更具灵活性、多变性,根据不同的对手、不同的特点、不同的场上情况而加以变化。这就要求技战术熟练,运用能力强,表现为防守形式变化多端,各种防守形式组合变化多。如人盯人防守、区域紧逼防守和联防防守,联防又有"1—3—1""2—3""1—2—2"和对位联防等形式;投中篮后的全场紧逼和联防或盯人的混合防守,各种联防形式的应用;表现在区域上是全场、3/4场和半场防守等的变化运用。

7.顽强性

比赛实力接近,往往在比赛接近尾声甚至是最后1秒才有结果。这时比赛不仅是技战术的较量,也是意志品质和韧性的较量,谁能挺过困难时期,谁能在困难时期有顽强的意志,谁就能获得胜利。这就要求队员有良好的体力和全队必胜的信心,表现为不到最后1秒不放弃,为每一个球争夺,为每1秒奋战。培养争胜精神,比赢一场球更重要。

四、防守技术特征

1.防守无球队员与传接球

随着篮球防守技术的发展,对无球队员的防守越来越重视。对无球进攻队员的穿插移动,采用"卡堵、护送、交换、回位"等方法,积极堵截其移动路线。

无球队员间的身体接触与对抗有时比防持球队员更为频繁和激烈,对传接球的防守是根据球所处的位置和进攻队员的特点来采取相应的防守策略,对威胁性传球与非威胁性传球区别对待。对于重点进攻队员,无论是外线投手还是内线中锋,始终不让其在习惯进攻位置上接球,这些队员想要接球难度很大,往往要经过与其他队员多次的掩护才能接到球,这样采取的对进攻方无球重点队员的干扰和盯防策略,再加上对任何企图到达有效攻击区域的持球进攻队员或在近篮区准备接球的进攻队员的紧逼与包夹,很好地延缓和抑止了对方整体攻势,体现出局部防守的重点和全队防守的层次。

2.防守运球与持球突破

(1)防守进攻方控球后卫和运球

组织后卫是一支球队的核心,其控球能力、传接球能力、突破及分球能力、组织进攻能力,以及攻击能力是球队制胜的重要因素之一。因此,对对方控球后卫的严密防守就显得尤为重要。

对进攻方有球队员的运球防守,防守队员依靠准确的判断及快速灵活的脚步移动,直接阻断对手运球的前进路线,在规则允许的范围内利用合理的身体对抗阻止对方向前推进,并尽力迫使运球队员的路线转向边线或远离中轴线,为同伴协防、夹击创造条件与机会。

(2)防守持球突破

由于高水平运动员出色的个人控球能力,当前篮球比赛中一个人很难防住一次突破,只有依靠同伴或集体的协防与补防。

在防守进攻队员持球突破时,先是根据自己的判断迅速调整自己的防守位置和姿势,抢先占据对方突破路线上的位置，以防突为主，同时积极干扰其投篮和传球，最近的无球队员迅速上前关门或夹击突破的队员，其他临近的无球队员在顾及到自己防守对象的前提下根据球所处的位置迅速调位移动，阻断突破队员与其同伴的联系，并在进攻者分球后能迅速回防到位，全体防守队员在整个防区形成空间立体式的网状防守，给进攻方以强大的压力，体现出现代篮球防守的集体性和攻击性。

当前世界强队在防守突破时经常利用端线配合其他队员对从底线突破的队员进行夹击协防，个人防突破时抢先抢占有利位置造成对手带球撞人也是现代篮球比赛中的一个突出特点，是随着进攻技术的提高的同时制约与反制约矛盾发展的结果。

（3）防守内线高大队员持球进攻

针对内线高大队员强大的攻击力，当前在比赛中采取的防守策略主要有三种。第一种是不让对方抢占到习惯的进攻位置，在比赛中内线队员之间为了抢位而产生的身体对抗程度非常激烈，往往形成一种寸土必争的气势；第二种是不让内线高大队员很容易地接到球，防守方采用后堵前夹或者绕前、侧前防守的形式，切断内线与外线的传接球联系，以降低内线队员的攻击次数；第三种是对内线高大队员接到球后进行包夹围守的防守，在比赛中可以经常利用3名、4名甚至是5名防守队员对内线持球中锋进行牢笼式的包夹围守，有时甚至采用牺牲局部而保全大局的车轮式犯规战术来削弱强力中锋的进攻威胁。

3. 抢篮板球特征

现代篮球把争夺篮板球作为获得控制球权、争取主动的基本依据，在世界高水平篮球比赛中攻守双方都投入了大量的人力参与篮板球的争夺。围抢是当前抢篮板球的一个重要特征，且抢篮板球的位置分工趋于模糊，无论是中锋、前锋还是后卫，抢得篮板球比例很接近，几乎各占1/3，这种现象改变了过去那种认为抢篮板球是内线队员的责任的错误看法。

比赛中需要更加注重篮下的二次进攻，因此要对本方投篮后拼抢前场篮板球尤为重视。目前抢篮板球具有起动快、跳得高、控制范围大等特点，拼抢意识增强，在身体接触下不怕挤、扛、顶、撞，使得抢篮板球对抗空前激烈。

五、时间相关规则与防守战术

通常，防守相对于进攻来说是处于被动状况的，通过有效地运用规则中有关时间的条款，采取以消耗对方时间为目标的防守，反而使对方在进攻时限上处于被动状况，起到变被动为主动的作用。这样的情形，常使对方投篮不中（命中率下降），或传接球失误，甚至夺回控球权。可见，在防守中，充分利用规则中关于时间限制的条款，安排有针对性的防守战术，不仅具有强大的威力，而且充分体现了篮球防守艺术和时序特征。

篮球比赛是在一定时间范围内进行的，每次进攻技战术的实施和每个技术动作的完成都需要一定的时间。在篮球竞赛规则中有多项对时间的限制条款，如对进攻方的3、5、8、24秒等时间限制，即进攻队员不得在限制区内滞留3秒（除非连续投篮）；持球队员被严密防守时停球时间不得超过5秒；发后场球时，必须8秒内将球推进到前场；以及进攻方必须在24秒内将球投出，并触及篮圈，否则超时违例；等等。

1.3秒的规则

3秒的规定有利于防守方迫使进攻队员离开篮下有利位置，减轻篮下（内线）的威胁；或促使进攻队员在限制区内急于投篮，使命中率降低或出现失误；也可以直接造成对方在限制区内的 3 秒违例。但规则同时规定当某队在场上控制活球并且比赛计时钟正在运行时,才开始计 3 秒钟。因此,比赛进攻队在掷前场界外球时,特别是前场掷端线界外球时,场上队员可以在限制区做固定战术配合进攻,不必顾虑球未入场即被判为 3 秒违例。在前场端线掷界外球,利用限制区进行战术配合,离篮筐近,进攻成功率高。这就要求防守方运用防守战术要有针对性,对重点区域和人要进行重点防守。

2.5 秒钟规则

规则规定:一名被严密防守的队员必须在 5 秒钟内传、投或运球;执行掷界外球的队员球离手不得超过 5 秒钟。针对这一规定,在战术上,可以充分利用球场的两端线、两边线、中线以及各场角,合理地运用全场或半场的包夹和紧逼防守战术,造成对方违例或传球失误,从而获得控球权。

3.8 秒钟规则

竞赛规则规定:每当一名队员在他的后场获得控制活球时,他的队必须在 8 秒钟内使球进入他的前场。8 秒钟规则为球队的防守提供了有利的时间规定,为全场紧逼、夹击战术的运用提供了时间保障。特别是在中篮后的端线外、后场的边线外掷界外球时以及对方抢到防守篮板球时,组织有效的紧逼的战术,打乱对方的比赛节奏,提高本队士气,或是在比分落后时,球队从前场开始紧逼防守,为获得球权或者抢断球成功创造机会。

4.24 秒钟规则

竞赛规则规定:每当一名队员在场上获得控制一个活球时,他的队应在 24 秒钟内尝试投篮。一次投篮的构成,必须遵守下列条件:在 24 秒钟装置的信号发出前,球必须离开投篮队员的手,并且球离开投篮队员的手后,在 24 秒钟装置的信号发出前球必须触及篮圈。

在防守中,要设法消耗对方的时间,当对方进攻时间快接近 24 秒时,对持球队员的投篮意图实施最积极的干扰和破坏,这样可能直接造成对方 24 秒超时违例,或急忙投篮,导致命中率下降。

六、比赛进程与防守战术

篮球比赛过程复杂多变,比赛双方的得分进程存在被动性,呈现鲜明的时序特征。因此,防守战术应根据时间的推进、比分的变化不断地进行调整。

1.比赛开始阶段

比赛开始阶段是比赛双方互相熟悉、相互适应的阶段,一般是按照赛前制定的有针对性的防守战术进行防守。根据对方的阵容配备、进攻战术的特点、本方场上队员的特点,合理地安排防守战术。同时还要密切注意对方人员的变化、进攻战术的变化,找到对方的弱点,对防守战术进行相应的调整,尽早确立领先优势。

2.比赛中期阶段

比赛中期阶段,双方进攻、防守体系已经互相熟悉,这时就应密切关注比分的变化。当比分领先时,队员容易形成保守心理;而比分落后,特别是比赛接近结束时,容易造成队员情绪急躁。受情绪和心态的影响,某些队员甚至整个球队的进攻节奏会发生相应变化和不稳定,这时改变防守战术往往会收到奇效。安排防守战术如果具有针对性,往往能有效地遏制对手得分高潮的来临或抓住对方不得分的机会,乘胜追击,形成比赛的高潮。无疑,防守策略要根据场上局势的变化作相应的改变,防守体系或策略应该因时而异。

3.比赛结束阶段

比赛结束前的 2～3 分钟往往是决定比赛胜负的关键时刻。如果比分落后,根据比分差距的多少,要果断决策,组织快攻或 3 分球战术,同时采用犯规战术,迫使对方罚篮,减少时间消耗。因此在比赛结束阶段掌握和控制时间的主动权,已经成为赢得比赛的一个关键因素。

七、破坏对方进攻节奏要点

现代篮球比赛中,各个球队都具有自己鲜明的比赛风格,这种比赛风格的主要表现形式就是本队所擅长的比赛节奏,而在进攻端所表现出来的节奏更加明显、突出。当比赛中能够很好地发挥出进攻节奏时,就能打出流畅、实效的进攻,在比赛中占得主动,最终赢得比赛的胜利。进攻节奏如果发挥不出来,就会大大降低进攻效率,运动员的实力不能完全地发挥,处处受制于人,在比赛中处于被动地位。

1.破坏个人进攻节奏

(1)破坏对方的投篮节奏的防守

在篮球比赛中,投篮的节奏把握对投篮的命中率有决定性影响。按照球员习惯的节奏投篮,命中率就会相对较高;没有按照球员习惯的节奏投篮,命中率就会相对较低。而在防守对方投篮的过程中,也无法每次都将对方投出的球盖帽,所以,想取得好的防守效果,就必须打乱对方的投篮节奏,以达到防守投篮的基本目的。

对投篮的防守要点为破坏对方投篮动作的连贯性、打乱投篮前的准备动作和投篮动作的协调衔接以及封堵篮球飞行的路线。对投篮的防守一定要积极主动,时刻保持警觉,贴近对手,使对方没有足够的空间顺利地做投篮动作。对方如果处在运球移动过程中,应该死死缠住对手,不能让对手有出手的机会。如果对方最终还是顺利出手,要以最大的能力跳起封盖对手的投篮路线,如果双手正好堵住了对手的投篮路线,对手必然改变其原有的投篮动作,要么改投篮为传球,这种传球容易失误;如果对方强行出手投篮,由于身体机能作用会很自然地抬高出手点,提高球的飞行弧度,这会直接导致全身肌肉用力不协调,打乱原有的投篮节奏,这种投篮的命中率会非常低,同样也达到了防守目的;如果对方不改变原有的投篮动作,直接出手,球会被直接盖掉。值得注意的是,即使没有封住对方的投篮路线,也可能会得到与封住了对方投篮路线同样的效果。很多时候,虽然没有封住对方的出手弧线,但是却封住了对方的视线,如果对方不是心理素质特别好、投篮基本功特别扎实的话,就会给对方造成出手弧线已经被封住的假象,达到上述同样的效果。在防守过程中,要保持合理的身体姿势与防守位置,双腿弯曲,处于最容易爆发用力的角度,随时准备起跳封盖对手的投篮,始终保持处于被防守者与篮圈之间,与被防守者一步距离。

如果对方具有接球后立刻投篮,且出手速度很快的节奏特点,那么应该把防守重点放在最后的起跳封盖上。对于这样的球员,很难让其没有出手的机会,这种投篮节奏的球员假动作会比较少,因为这种投篮节奏需要快速的动作衔接,只要做出投篮动作,一般都会连贯地把动作完成,如果封盖及时,成功率会比较高。如果把大部分的防守精力放在其他方面,很可能就无法跟上对方的节奏,造成起跳不及时,防守没有任何效果。防守这样的球员投篮,要把握好起跳时机,起跳要果断。有时会出现起跳过早的情况,对方即使是从容地运球绕开防守者的封盖,命中率也会有所下降。

如果对方具有接球后投篮,且出手较慢的节奏特点,那么应该把防守重点放在阻止对方顺利出手投篮上,破坏其准备动作和投篮动作衔接的连贯性,以达到使其无法出手或只能勉强出手的目的。这种类型的投篮节奏比较慢,在准备动作上的时间比较多,防守者有相对充足的时间贴紧对手,使其没有足够的空间做投篮动作,最后即使强行出手,也会因为破坏了投篮动作的连贯性、打乱了进攻节奏而使命中率大大降低,从而达到了防守的目的。

如果对方是接球后不直接投篮,而是运球跨步后急停跳投的投篮节奏,那么应该把防守重点放在对方起跳投篮的起跳点的封堵上,破坏准备动作和投篮动作的衔接,打乱其投篮节奏。这种投篮节奏是把跨步作为起跳投篮的准备动作,对起跳投篮的协调用力起着至关重要的作用。对这样的球员不能够贴得过紧,否则会很轻松地被超越,反而起不到防守作用,应该与对方保持一步左右的距离,紧盯对方的身体动作,由此来判断对方跨步的方向和步幅的大小,确定对方起跳的大致位置,当对方准备跨步并迅速移动到起跳位置时,尽量能做到与对方同时甚至提前到达起跳点,这时两人之间的距离会非常近,致使对方没有足够的空间起跳,斩断整个动作的连接,破坏投篮动作。如果对方强行起跳投篮,身体的空间状态必然发生偏移,衔接也不够连贯,打乱了原有的投篮节奏,致使投篮命中率降低。如果对方觉察到已经暴露了起跳点,中途改变跨步的大小和角度,这样也在一定程度上破坏了动作的连贯性,打乱了投篮节奏,防守同样也起到了效果。在预判对手起跳点时要注意,判断跨步方向要注意观察对方的眼神,判断步幅大小要注意观察对方身体重心的高低和屈腿的程度,如果对方身体重心较低、屈腿角度小则步幅一般会比较大,反之则小。

重点防守对方的习惯出手点。每个球员都有自己习惯的出手点,有的只能近距离投篮,而有的擅长三分远投,有的喜欢在45°角投篮,而有的又习惯在底线0°角投篮。对于这种情况,应该根据不同对手的习惯出手点确定防守的重点位置,对习惯出手点的防守应该"紧",对非习惯出手点的防守应该"松"。例如,对方如果中、短距离投篮命中率很高,远距离投篮不佳,对于这种球员的防守,对方在距离篮圈较远距离持球时,应该"松",可以在适中位置等着对方接近,对方做投篮动作只需要稍加干扰。对方如果接近了投篮距离,就应该"紧",严防死守,丝毫不能放松。

(2)破坏对方的持球突破节奏

在篮球比赛中,一旦持球突破超越防守者,将对篮下造成巨大的威胁。这是因为突破成功后,会非常接近篮圈,命中率会非常高,而对持球突破的成功防守能够打击对方士气,提升本队的士气。

对持球突破的防守要点为提前封堵突破路线,破坏对手脚步移动的连贯性,破坏其持球突破原有的节奏,从而达到防守目的。对持球突破的防守不应和对手贴得过紧,这样会很容易被对手突破超越,应与对手保持一步左右的距离,对于那些爆发力超强、起动速度超快的球员,应该相应保持更远的距离。

仔细观察对手的身体动作,在确定对手跨出第一步后,就能大致判断第二步的落脚方向,由此可以大致了解对方的突破路线,当对手开始跨出第二步时,在脚刚刚离地的同时,迅速侧移到与对方距离一步左右的突破路线上站定,双手抱胸,保护身体,对方如果还是按原节奏跨出第二步起跳投篮,势必造成进攻犯规。因此对方必须在第二步跨出的过程中,重新调整第二步的落点,这就打破了原有的突破节奏,造成全身肌肉用力不协调,身体重心不稳,最后即使勉强出手,命中率也会大大降低,从而达到了防守目的。在整个防守过程中,判断对方的突破方向非常重要,这是防守取得成功的先决条件,对方的持球突破一般都会使用假动作,甚至会连续多次使用假动作来迷惑防守者,使防守者不能判断突破的方向,这是防守脚步跟不上的主要原因。

还可以用如下方法来判断对手的突破方向:首先不要盯着球看,这样很容易被对方的假动作所蒙骗,应该注意观察对方的躯干和下肢动作。如果对方第一步跨出时是前脚掌内侧着地,膝盖指向异侧且躯干的偏移幅度较小,那么这就应该是一个假动作;如果对方第一步跨出时是整个前脚掌着地,膝盖指向与脚尖指向相同且躯干偏移幅度较大,那么这就应该不是假动作。另外,还可以借助对方的眼神来综合判断。

(3)破坏对方的运球节奏

防守运球的主要目标是运用合理的防守方法迫使对方停球或改变运球方向。

进攻中三种情况下会用到运球:运球从后场向前场推进、运球避开防守者寻找传球的机会、运球避开防守者寻找突破上篮的机会。防守运球从后场向前场推进的要点为连续地封堵运球路线,延缓推进速度,在一定程度上减少对方整体的进攻时间,打乱其整体的进攻节奏。

防守中注意要快速、突然、出其不意,让对方产生不适应感,多运用侧滑步,紧跟对手,要有很强的气势,用气势去压倒对手,使对手从心底里产生怯意,从而引起慌乱。一方面可以有效地延缓对方推进速度,一方面还可以寻找机会断球打快攻。对运球寻找机会传球的防守要点为在阻止对方接近篮下的同时干扰其传球路线。

2.破坏全队进攻节奏

(1)破坏对方的传、接球节奏

传、接球是对方实施有效进攻的枢纽,是对方将各个球员连接成为一个整体的关键技术。打乱对方传、接球的节奏,就在很大程度上打乱了对方整个进攻的节奏。

传球的防守要点为干扰传球视野和传球路线。以防守静态中的传球为例:紧贴传球者,双臂张开上下晃动,以干扰传球视线,传球视野不清晰就无法传出高质量的球;注意观察对方的眼神,一旦发现对方有传球倾向,就利用身体和双臂全力干扰传球路线,使对方的传球意图不能顺利地实施,打乱其传球节奏,为同伴防守接球创造更多的反应时间。在整个防守过程中还应该伺机断球,分散对方精力,使其不能将全部精力放在观察场上进攻形势上,在一定程度上干扰对方的传球。

接球的防守要点为干扰对方的接球路线。站位要合理,背对篮筐,面向接球者,并稍偏移传球者,这样较为有利于切断传球路线;利用身体和脚步卡好位,当球在飞行过程中时,迅速上步,去截击来球,这时可能出现三种干扰接球方式:第一,上步速度超过对方,直接将球断下,立刻组织快攻;第二,上步速度和对方相差无几,且传球质量较高,无法将球断下,只能勉强拍击到球,改变球的飞行路线,使对方无法舒服地接到球,从而破坏对方传、接球的连贯性,打乱其节奏,达到防守目的;第三,上步速度不如对方,对方接到来球,但是在对方接到来球的一刹那,对球的保护是最薄弱的一点,这时有机会将对方手中的球拍掉,破坏其接球节奏,出手要准、狠,做到既能将球拍掉,又不会犯规。必须注意,在实施上述防守时,一定要认准时机,要有相当的把握才行,如果防守失败的话,会给本队造成很大的防守漏洞,得不偿失。

(2)破坏对方的快攻节奏

在篮球比赛中,快攻是进攻节奏的集中体现。如果一方多次打出轻松的快攻,无疑将极大地增强他们的士气与信心,从而在整场比赛中出色发挥,甚至会超长发挥,会给另一方造成极大的困难,所以防守快攻有着极为重要的意义。

防守快攻的要点为延缓对方的推进速度,使本队有充足的时间回防。对方快攻追求的就是快速、连贯。防守快攻就是要打破对方的连贯性,放慢对方的速度。对方快攻时机一旦形成,应该立刻封堵一传、防接应、防快下,这三项措施没有先后之分,应该同时进行,否则封堵一传一旦失去先机,将会处处受制,全面陷入被动。对方如果选择运球突破快攻或运球结合短传快攻,这时封堵一传队员立刻变换为防快速运球推进,防接应队员注意夹击对方运球推进队员,其他队员快速回防落位。如果本队由于封堵一传和防接应不及时,造成对方快下队员一打一或二打一,对方明显处于优势地位,这时最后防守队员可以选择犯规,将对方送上罚球线。

八、防守战术发展趋势

1.各种防守战术相互渗透、融合、借鉴

世界篮球运动防守战术日趋丰富,呈现多元化发展的趋势,各种防守战术正向相互渗透、相互融合、相互组合的方向发展。比如综合多变防守战术体系,就是将两种或两种以上不同的战术形式组合成为一种新的防守战术形式。防守战术运用的总体思想和理念,各种防守战术中不同的防守战术原则,特定的配合方法等都在相互借鉴和相互引入,各种防守战术之间的界限日趋模糊。联防中有盯人的概念,同样半场人盯人中也融入了区域的概念,区域紧逼中的夹击配合被广泛运用在联防和半场人盯人战术中,这种相互融合、相互渗透、相互借鉴和引入的结果,使防守战术的整体功能更加完善,防守对于进攻的各种变化的适应能力更强。

2.防守的针对性强,富有攻击性

防守的目的,是为了获得更多的控球权。在防守中对持球队员贴身、加力、手脚密切配合,主动出击,使防守领先于进攻者的行动,破坏其习惯动作,不让对手的特长得以发挥。

全队防守战术综合多变,使对方总是处在不适应或来不及适应的状态,一旦出现机会,立刻会有一人至数人参与夹击、封堵、抢夺,同伴错位协同防守,伺机突然袭击断球,打乱对方阵脚,造成进攻者的失误。

诱惑、逼迫对手5秒与24秒违例、走步、传球出界、带球撞人等,或是在防守中直接、间接地抢、打、断球,转守为攻等,这些防守针对性强,具有明显的破坏性和攻击性。

3.以球为主,人、球、区、时兼顾的防守原则

篮球的防守原则被精辟地总结为:"以球为主,人、球、区兼顾",并在防守中得到普遍的应用。进入21世纪,防守理念中更是引入了时间的因素,将"以球为主,人、球、区兼顾"赋予时间特征,构成四维防守体系。

比赛过程中时间是最宝贵的"财富",消耗对方的时间,争取对时间和球的控制权,就有利于赢得胜利。在这一原则指导下的防守体系更富有"黏性"和"韧性",强调队员间的协同,实现以多防少,使对方进攻思维长时间处于犹豫不决状况,无形中使对方的进攻陷入被动。实施"以球为主,人、球、区、时兼顾"的防守原则,进一步突出"攻心为上"的指导思想,构筑四维防守体系。

4.立体多层次的防线

第一,由失球开始就布设多层防线。当比赛由攻转守时,要求队员失球后迅速就近找人防守,把自己后场防守被动区推进到前场,变成对手的应激区,使对手在心理上时刻处于焦虑、紧张状态,很难组织起快攻。尤其是对对方的核心组织后卫,更是广泛地采用领防、顶防,或是让其按照防守的意图将球推进、传到本方所设的陷阱中,以中场夺取球权为目的,或是打乱对手过去已形成的进攻思维和套路,以延缓对手攻击,导致将球推进到前场后时间已过去大半,破

坏进攻的节奏,迫使对方始终处在犹豫不决、不适应的状态之中,难以从容地组织有效攻击,匆忙出手或 24 秒违例。这样,从第一道防线——前场,转为第二道防线——中场,又缩回到第三道防线——后场,构成综合多变的多层次防守,让对手跟着防守走。

第二,强调内线的空间网防守。现代篮球比赛中的内线防守以篮圈为核心,以球为目标,形成明显的空间网防守。第一层是最靠近对手的防守队员快速贴近对手,用身体和手臂抢占对手的投篮空间,迫使其改变投篮路线。第二层是临近防守队员快速回缩夹击对手,抢占对手的有利位置,使对手无法做下一攻击动作。同时,还可运用合理的抢、打、断等技术破坏对手的攻击。第三层是同侧或弱侧的同伴快速回缩补防,抢占有利的空间,快速起跳,在空中封盖对手的投篮。

5.沟通信息、密切呼应是现代防守的时代特征

现代篮球场上的防守队员需要互相喊话,交接对手,前后呼应,以精炼的语言和快速的协防行动作为联络集体、发挥整体防守力量的纽带,使防守气氛活跃。互相呼应是加强协同防守、互相取得联系和互相鼓舞斗志的极重要的手段。

第二节 攻击性防守

一、攻击性防守概述

攻守对抗是篮球运动的本质属性之一,随着现代篮球运动的快速发展,防守作为赢球的法宝已得到世界各队前所未有的高度重视。"重攻轻守"的指导思想已成为了历史,攻击性防守顺应而生,它不再是单纯地防住对手和等待对手出现错误,而是向着更具主动性、攻击性的方向发展,使防守从被动转为主动,迫使对手按防守的变化而进攻,从而取得比赛的胜利。

"攻击性防守"一词最早出现于 20 世纪 60 年代末、70 年代初的美国篮球理论界。经过几十年的发展,攻击性防守已深受各国篮球人士的关注和重视。《篮球大辞典》将攻击性防守界定为:"攻击性防守是在防守的基础上主动出击,给进攻者以强大的压力,控制进攻者的一种防守配合方式。"通过对攻击性防守的理念和攻击性防守技术战术运用的特征的综合分析,可以将攻击性防守概括为:在现代篮球进攻战术不断发展过程中形成的,以夺取控球权为中心,在坚强的意志品质和良好的防守意志的支配下,为有效制约对方的进攻而有针对性地合理运用主动积极的防守技术动作和综合的战术方法的一种防守形式和策略。

近年来,攻击性防守除了贴近紧逼、一切以夺球为目的、高度的协防能力及各种战术相互渗透等特征外,还增添了多变的防守理念。

之所以将篮球运动中的防御行为定义为攻击性防守,实际上是相对于传统的防守理念和防守行为而言的,攻击性防守最根本的一个理念是主动控制进攻,将围绕着进攻的各种行动而采取相应的消极防守行动,变为一种更为积极主动的防守行动。同时,在攻击性防守中,将直接获取球权放在了防守的主体地位。

攻击性防守的另一个理念是体现在它的破坏性,破坏进攻队的进攻战术结构,破坏和有力地制约攻防的习惯打法和特点、特长打法,力求将进攻队的进攻行动始终处于被动之中,从而达到通过防守来有效控制进攻方的各种进攻行动的目的,这是攻击性防守区别于传统防守的一种根本性理念。围绕着这样一种防守的理念,一些相应的带有显著攻击性特征的防守技术

和防守战术形式也就相继出现在了现代篮球运动的比赛中。

理念上的变革带来了技术战术上的变革,攻击性防守的出现,不仅仅是现代篮球防守技战术上的一种变革,同时,也是对现代篮球防守理论的一种创新和充实。这种变革有力地促进和推动了篮球运动的整体发展。

二、攻击性防守的特征

攻击性防守是以积极控制对手,争取比赛主动,力争在对方投篮前夺取控制球权为目的,充分体现攻势防御思想的个人或集体防守行动。它体现的是一种防守风格和打法,而不是一个具体的防守阵式。

1. 以抢、打、断、掏、逼等防守技术为基础

攻击性防守技术要求在行动上体现攻击性,气势上压倒对手,以抢、打、断、掏、逼、封盖等能截球的防守技术作为基础,进行智力对抗、心理对抗、身体素质对抗,以在对方投篮前破坏进攻为直接目的,在合理灵活的技术运用当中体现防守的攻击能力。

2. 以严密的集体配合作保证

个人防守行为的有机结合构成了顽强的集体防守基础,攻击性防守在集体防守战术配合中常常用到"关门""夹击",并在主动出击的过程中有较高频次的"补位""协防"等配合的运用。攻击性防守对集体配合有严格的时机要求,出击必须有威力,后续配合梯次节奏清楚,有序不乱。而这些配合都是建立在全面、凶狠的个人防守基础之上的。个人防守以整体配合要求为根本出发点,从局部到整体,体现攻势防御的思想。把对手限制在最小的攻击范围之内,破坏对手连贯的进攻节奏,使对手不能合理、顺畅运用进攻技术。

3. 处处体现压迫性

空间上的压迫:在严密控制和紧逼行动中,利用点、拨、挑、打、抢、挤、顶、断等攻击性动作,使对手处于高度戒备状态,不敢乱动,不断感觉到强烈的压力,不能很好地完成技术动作,造成动作变形,影响动作质量,最大限度地消耗对方的体能,取得空间上的主动。

时间上的压迫:采用主动积极的防守措施,以快速的奔跑,积极的阻截、破坏,连续不断的逼、抢、起跳封盖等技术,迫使对手被迫缩短或增加进攻时间;合理利用比赛规则(如限制区 3 秒、后场 8 秒、进攻 24 秒、回场),让对手进攻节奏遭到破坏,仓皇出手交出球权。

心理上的压迫:气势上压倒对手,心理上取得优势,具有强烈的攻击性。比赛中,善于观察对手,利用对手的心理定势,分析其注意的方向和集中程度,以声势和行动迫其注意力过度集中,使其不能及时发现和了解场上其他队员情况,切断对手相互间的联系,以极具威胁的个人或集体行动营造出强大声势,给对手施加心理压力,造成对手慌乱急躁,直接失误,传接球不到位,命中率下降。

4. 战术运用综合多变

攻击性防守以各种防守战术组合为基础,强调综合多变。在实际应用中,合理地组织采用两种以上不同的防守形式,根据对方进攻的情况有针对性地主动应变,甚至在一个防守回合中采用多种防守形式交互主动变换,让对手不断感到难以适应。战术原则突出了"以球为中心,以人为主"的思想,人、球、区兼顾,根据"人""球"在场上的变化,近球区域以多防少,远球区域以少防多。不断采取战术主动变化,张弛有度,松紧不乱,扩大或缩小,联防或紧逼,积极地迫抢,打乱对手进攻节奏和意图;及时调整防守阵形,使对手感到促不及防,最终逼迫对方失误,

夺取控球权。

5.声势压人的战术风格

攻击性防守为取得比赛主动,在运用中采用多种防守手段,占得先机。在气势上压倒对手,既有大张旗鼓的外在逼抢,也有隐蔽性极强的心理攻势,就是让对手在强大的防守气势下,出现慌乱失误,或失去更多更好的进攻机会。在战术风格上突出"声势"二字,就是不断地给对手施加心理压力,让对手感到喘不过气来,这样才能真正体现攻击性防守的风格特点,达到取得比赛主动权的目的。

三、攻击性防守战术要点

1.攻击性防守的个人战术要点

1)在篮球运动的对抗规律中,防守队员必须通过防守技战术等各种手段去创造转化为进攻队员的时机条件,时刻观察球的活动和进攻区域情况,及时有针对性地变化个人防守的方法与策略。

2)防守队员应及时观察、了解进攻队员的特点和进攻意图,采用抢位和堵截等方法,控制进攻队员的移动路线,封堵接球,逼使进攻队员离开自己的攻击点和配合区域。对持球队员应采用封、堵、逼其强侧,或采用真假防守方法扰乱进攻队员的思路,延误其进攻时机,或逼其运球远离自己的进攻点,迫使其进入夹击区,争取同伴的配合,进行夹击,抢断和造成其违例,争取获球反击。

3)个人防守战术行动的核心是抢时间、抢节奏、抢速度,即在最短的时间里抢夺控球权,善于在整体战术和个人战术行动中,有意识地发挥个人和整体的作用。如在防守技术动作运用时机的选择上只有体现速度,才能掌握防守的主动权。

4)现代篮球比赛的防守具有很强的身体对抗性、攻击性和战术协作性,这就是要求场上队员要具有顽强的意志和主动攻击精神。防守中必须有协防意识,主动协助同伴防守,时刻注意关门、换防、补人或夹击,一个人要顶一个半人用,还要严防紧逼。进攻队的进攻特长,每个队员都必须搞清楚,做到心中有数,策略对头,防守就能不出或少出漏洞。

2.攻击性防守的全队战术要点

(1)具备较强的战术意识

篮球战术意识是指队员在比赛中以攻、守对抗制胜的观念和迅速而合理地运用技术来应答复杂多变的思维反应过程。

在篮球比赛中,运动员正确合理运用体能、技术、战术的先导和前提,是运动员的行动更具有目的性和预见性。攻击性防守战术意识的主要内容有:协防意识,防守中的变化、集中与分散、补漏交换意识,以及挡抢篮板球和反攻意识等。在比赛中,五名队员能否一脉相通,能否相互间达到高度精确的默契配合,能否成功防守对方的一次进攻,这都取决于每个运动员的防守战术意识的强弱。

(2)具备较强的攻击性

攻击性防守战术是在全场与对方展开激烈的争夺,可以利用面积大、空间广等条件,充分发挥速度和灵活性,积极采用连续的夹击围守、抢断等配合,给对手施加更大的压力,造成对方时间上的紧迫感,迫使其违例和失误。

防守队员要根据球的转移,积极移动和调整位置。全队防守要体现"以球为主,人球兼顾"的防守原则。近球区以多防少,积极围守夹击;远球区以少防多,注意补防和断球。队员的夹击即是抢断球的信号,在形成夹击时,其他防守同伴应迅速调整位置,随时准备抢断或补防。

(3)具备较强的针对性

攻击性防守战术是一种比较机动、灵活的防守战术,其防守形式具有多变性,它可以根据进攻的方法和特点采用不同的防守形式,可以有针对性地控制对方的传、接球路线,破坏其进攻配合,使进攻陷于被动。尽量不使球和对手超越自己的防守区域,当球超过自己的防区或漏人时,要坚决追防,做到后追前堵。

(4)具备较强的综合多变性

现代篮球比赛中进攻战术打法非常活跃,配合默契、变化多端。没有多变的防守,很难应付比赛需要。防守战术多种多样,不同的防守战术各有其防守原则和优缺点,充分发挥不同防守战术的优点,弥补其不足,是组织运用综合多变防守的重要依据。

四、攻击性防守运用要点

1.抢占有利的防守位置

在场上抢占有利的防守位置是攻击性防守中非常重要的环节。

攻击性防守位置的选择:

其一,防守持球队员位置的选择,一般情况下,应站在进攻队员与篮板之间靠近持球队员一侧的防守位置上,始终保持一条直线。防守距离的控制,通常以进攻队员跨越一大步不能超越防守队员的距离为宜。有时防守的位置和距离,要根据所防对手的特点和本队战术的需要作适当的调整。

其二,防守无球队员的位置选择,应站在篮筐和自己所防守的对手之间稍偏向球一侧的位置上,使持球队员、自己所防守的对手与自己所站的防守位置恰好形成一个钝角三角形。在比赛当中,防守队员要视无球队员的站位而进行相应的位置调整,无球队员靠近持球队员时,防守队员的防守位置则近,反之,则远。

其三,防守战术配合中的防守站位,要以内线防守战术配合为中心,保护篮下,同时控制外线进攻。

2.捕捉攻击性防守的时机

防守队员在场上要通过观察与判断来寻找捕捉攻击性防守的战机。

一是进攻队员在进攻中常常出现进攻失误和进攻意图明显的现象,如投篮、传球、运球,这样为攻击性防守创造了时机。

二是进攻队员完成进攻技术动作的质量不高,缺乏比赛经验,进攻战术配合不到位,这便是攻击性防守的机会。

三是防守队员在防守时,隐藏攻击性防守的意图,制造消极防守的假象,故意引诱对方上当,一旦时机成熟,快速出击。

四是对方进攻战术配合发挥不正常,阵脚混乱,势气低落,体力下降等不利因素,都是攻击性防守的时机。

五是充分利用篮球规则的优势,趁对方换人之时,在上场队员暂不适应的情况下,突然采取全场紧逼人盯人防守战术配合,创造攻击性防守的机遇。

3.提高攻击性防守的应用能力

实战中的攻击性防守是把防守技术动作中的抢球、断球、打球等技术动作与防守战术有机地结合起来进行综合运用。

第一,对持球队员的攻击性防守是防突破、防运球、防投篮和防传球。当对方突破运球时,在球离开手的刹那间,便是攻击性防守的最佳时期,快速出击,用手掌接触球的中侧部位,用力方向由左(右)至右(左)进行抢断球。在防投篮和传球时,要准确地把握对方投篮和传球的时间、路线和方向,迅速地利用盖帽、抢断球的防守方式进行攻击性的防守。对无球队员的防守,要充分运用封、堵、卡的防守手段,限制无球队员的行动,切断进攻队员之间的联系。如防纵切、防横切、防接球和防溜底线等。

第二,要在出击速度、防守节奏上求变化。出击的速度有快有慢,时机不成熟时常规防守,时机成熟时快速出击;时紧时松、松紧结合,有球者紧、无球者松;离球近者紧、离球远者松。防守节奏上的变化,要根据对方进攻战术配合的特点,灵活机动地运用区域联防、区域紧逼、人盯人防守、混合防守等战术配合。如对方内线攻击力强,则缩小区域联防;外线命中率高,则扩大区域联防或者人盯人防守;在对方体力下降,阵脚未稳,进攻能力一般或者比分落后的情况下,则采取全场人盯人防守或区域紧逼,争取场上的控制权。

第三,要充分地利用防守技术的假动作迷惑对方。故意暴露出防守的漏洞,制造假象,诱引进攻队员进入攻击性防守的圈套。例如:传球误导,有意放松某一无球队员的防守,引导对方进行传球配合,进行抢断球反击;诱惑持球队员进入死角,突然发起堵截、夹击防守,破坏对方的进攻,创造攻击性防守的机会。

五、攻击性防守的构成要素

1.技术要素

(1)防守姿势

运动员在防守过程中,无论是抢占位置还是防守移动,都必须保持正确的防守姿势,身体低重心能快速向各个方向移动;双手始终处于能抢、掏、打、盖的攻击准备状态。

(2)防守位置

无论防守有球队员还是无球队员,对防守位置的把握非常重要,这是防守成功的基础。占据合理的防守位置是取得防守主动的关键,是"攻击性"的重要表现形式。根据"球""人"的移动变化随时调整及抢占合理的防守位置,做到人、球、区兼顾。果断利落地运用抢、堵、挤、靠、顶、断等动作,是防守无球队员的核心,"错位防守"就是其综合体现,是抢占位置技术的具体运用。只有占据有利的防守位置,才有利于对有球队员进行顶、压,对其进行逼抢、盖帽造成其失误。

(3)假动作

篮球防守假动作是防守队员为达到制约对方实现自己防守目的,隐蔽自己意图迷惑对手,使其产生错误的技术行动。攻击性防守也是心理、智慧的较量。利用战术设置陷阱,心理上给对手压力,行动上制造假象,真真假假、假假真真,使其摸不清真实意图,配合声势麻痹、诱骗和逼迫对手犯错误,为自己赢得时间和位置的优势,赢得实施攻击性防守行动的有利条件,以达到控制和破坏对手进攻的目的。

2.战术要素

攻击性防守的战术配合贵在综合多变,也要求采用"以球为中心"的针对性强的防守战术部署,在比赛中从实际出发,合理地采用多种防守形式,灵活组合,综合多变,主动突然地变换防守形式。强调集体协同防守,可以是整体配合,也可以是2～3人之间的基础配合,集联防和盯人防守的优点于一体,来对付进攻队员,造成对方总处于不适应或来不及适应的状态。一旦捕捉到机会,立即快速地组织一人或多人出击,出其不意地实施夹击、封堵、突袭,打乱对方阵脚。攻击性防守在综合的基础上强调"多变",对进攻方构成最大压力,迫使其犯错误,丧失球权。

3.身体素质要素

攻击性防守要求运动员不停地追击、夹击、围攻对方的有球队员,堵截、干扰无球队员,大范围地移动补位,迫使对方失误或违例,争夺控球权。这需要消耗大量的体力,运动员必须具备优异的速度、耐力、灵敏、爆发力及快速反应能力。手臂动作要具有明确的目的性和准确性,出击时既要有力量,又要有速度,动作要短促、突然、频率快、幅度小,同时思想上要有第二手准备,以避免在出击时身体失去平衡,造成犯规或漏防。并且要求与脚步移动快速协调配合,这也需要球员具有非常好的协调性和上下肢力量。只有具备了全面、强有力的身体素质,才能支撑实施攻击性防守。

4.心理要素

攻击性防守意识是保证攻击性防守技战术实施的基础。这种防守意识要求防守队员以球为中心,以人为主,人球兼顾,不仅要在防守的选位、姿势和手脚协调配合上合理有效、针对性强,还要在全队防守战术的配合和应变中完成好"攻击性防守职责",并及时准确地帮助队友协防、补防和适时抢断,这与个人防守意识与集体防守意识的统一是一致的。

良好的意志品质在实施攻击性防守的过程中也是不可或缺的。篮球运动员的意志品质突出地表现在激烈的攻守对抗中能否为实现既定目标做出克服困难的努力。攻击性防守更要求运动员在紧张激烈的比赛中敢打敢拼,始终具有充足的自信心和清晰的目标,不要害怕对手,要有咄咄逼人的气势,在精神上压倒对手,令对手望而生畏。只有具备了这种坚韧不拔、不屈不挠的精神和重组的自信心,攻击性防守才能更好地予以实施。

5.规则裁判要素

篮球规则对于篮球比赛具有绝对的指导作用。因此,比赛中采用攻击性防守必须符合规则条款的要求并对其进行最大限度的利用。攻击性防守突出了身体直接对抗。现代篮球比赛单靠技巧而不进行身体对抗去完成攻守技战术目的是不可能的。在身体接触频繁的比赛中采用"封堵""紧逼""补位""抢断"等一系列攻击性较强的防守动作,常常会处在"犯规边缘"。合理地运用身体动作,在规则允许的范围内采用攻击性防守行动,已成为防守压力构成的关键。裁判的业务水平和执裁能力是影响攻击性防守发展的一个重要因素。

6.其他要素

篮球比赛中竞技水平和实力是取胜的关键。进攻方的竞技能力、特点和风格对防守方采取的攻击性防守的策略运用具有较大的影响。此外,球场的气氛、条件、主客场及其他外界因素也会影响攻击性防守的实施。

第三节　个人防守战术

一、概述

在篮球比赛中,个人防守战术行动不仅是全队防守战术的有机组成部分,而且还以队员独立防守作战的形式表现于比赛中,从而激发防守队员的积极性、创造性,提高比赛的激烈程度和艺术性。

个人防守战术行动是指队员在比赛中能根据双方攻守的特点和临场情况的变化,果断地完成全队所提出的个别防守任务或抓住战机针对性地运用防守技术的应答活动。简而言之,就是防守队员在比赛中有策略的独立防守作战能力。这是防守队员战术意识、身体素质、防守技巧和防守配合的综合体现。

个人防守战术行动质量的高低,主要取决于队员的防守意识、防守技巧与防守配合。

1.防守意识

个人防守意识主要体现在抢位意识、防无球队员接球意识、防有球队员投篮意识与协防意识。

(1)抢位意识

抢占有利的位置对防守队员尤为重要。"有利位置"包含以下内容:第一,抢占重要的攻击区域。罚球线附近区域是最重要的攻击区,所以防守队员应在快速后撤时,及时抢占这些"阵地",以争取主动。第二,抢占对手主要的接球位或攻击点。如果防守队员能及时抢占到对手的习惯攻击位,不仅能迫使对手改变其攻击方式,降低攻击效果,而且能有效地使防守变被动为主动。第三,以篮圈为中心,加强有球侧的防守。在抢占有利位置的同时,应特别侧重对有球区域的防守,尽量形成以多防少的局面,无球侧应有意识地收缩,以加强有球侧的防守。

(2)防无球队员接球意识

对无球队员的防守,应在对手获球前就开始。首先应尽量不让其轻易获球。其次是不让对手在有威胁的区域接球,特别是靠近篮筐的位置。第三,就是尽量让对手在威胁小的区域接球(例如远离篮筐或边角区域)。同时,还应预见对手的接球路线,采取果断行动抢断来球。此外,对无球队员的防守应随时做到人球兼顾,始终让对手、球在自己的视野之内。在进攻投篮出手后,应阻止对手向篮下移动,抢占有利的篮板球位置。

(3)防有球队员投篮意识

防守有球队员的主要任务是尽力去干扰和破坏他们的攻击动作。这里主要体现在两个方面:第一,对手在威胁大的区域接球时(如靠近篮筐、他习惯的投篮位或已经摆脱了同伴的防守),防守队员应以防投篮为主,全力去干扰对手的投篮动作;第二,对手在威胁小的区域持球时(如远离篮筐、他不习惯的攻击位或接球后失去重心不易做下一动作时),应以防对手突破和传球为主。一旦对手在原地作无攻击性的运球或运球突然停止后,应立即主动上前封堵。防守队员应善于观察,及时抓住对手进攻的特点和习惯,采取针对性的防守策略。

另外,防守队员也可借助于假动作(视线的转移,身体重心的偏移,防守距离拉开等)迷惑对手,隐蔽抢、打、断的意图,保证争夺动作的突然、快速和奏效。争夺球应在判断准确的条件下,果断地行动。

(4)协防意识

防守队员都应具备很强的协防意识。协防意识主要体现在两个方面:第一,当防守队员处在强侧防守时,进攻队员盲目运球或收球时,应及时上前与同伴协防对手。当同伴被对手摆脱时,应大胆去关门或补防。要明确一个防守的重要原则,就是任何一个投篮队员都是防守队员们共同的对手。第二,当防守队员处在弱侧防守时,应有意识地回收到有利的位置(既能协防,又便于抢篮板球,同时还能堵截空切和观察到球)。当强侧的防守都被突破时,应主动、快速、大胆地去补防,运用先起跳抢占对手投篮空间或者盖帽技术去干扰对手的攻击动作。

2.防守技巧

(1)一般的身体要求

防守队员要具备很广阔的观察视野,正确的判断来源于全面的观察,不仅要随时观察对手、球与对手之间的区域,而且还应有预见性地洞察对手的行动意图。

防守队员还应具备良好的速度,速度体现在队员的反应速度和移动速度以及手臂的动作速度上。防守时应随时保持身体平衡,两脚后跟稍稍提起,两脚开立或前后比肩稍宽,身体重量均匀分布在两脚上,两眼平视前方,膝关节弯曲,后背稍前倾,臀部稍低,每个关节都要弯曲而放松,以利于向各方向移动或用力。

防守无球队员时,一只手指向对手,另一只手指向球;防有球队员时,前面的手在对手眼前摇动,另一只手在体侧稍后。当对手有球时,应站在对手与篮筐之间约一臂距离的位置,一般对手离篮筐近则应靠对手近,离篮筐远则距离对手稍远些。当然还应根据对手的技术特点(善投、善传或善突)来调整防守位置或姿势。当防守无球队员时,离他的距离应根据其离球与篮筐的距离而决定。任何情况下都要尽力阻止对手在有投篮威胁的区域接球。

(2)强侧、弱侧的防守技巧

防守强侧无球队员时,应采用斜前防守,靠近球侧的脚和手在前,堵截对手的接球路线,还应正确判断对手的摆脱移动意图。有可能的情况下,应大胆协助同伴去夹击持球队员。防守强侧有球队员时,应根据对手距篮筐的远近和他的技术特点来决定防守策略。一般情况下,距篮筐近的持球者,防守队员应以防投为主,身体和手臂主动靠近对手干扰其投篮动作,同时还应保持身体平衡,防止其运球突破和投篮等假动作。除非球或对手在空中,一般不要轻易地起跳。

如果对手在远离篮筐处接球,防守队员应侧重防其突破,保持好与对手的距离,不要轻易上前,一旦对手运球,可以上前阻止,使其向攻击威胁小的区域运动,但不要随便去"打"对方的球,要占据有利的位置阻止任何可能得分的机会。总之,要根据对手的特点来防守,对外围投篮队员及善于突破的队员要有针对性地防守。

防守弱侧时,防守队员应保持随时观察球和对手的有利位置,掌握对手行动的规律和球的走向,并以快速、灵活、多变的脚步移动来实现。防范无球队员的空切和摆脱,要控制对手向球、向篮下移动两条路线,利用所占有利位置的优势和手臂的合法接触、伸摆,迫使对手不易在有威胁的区域接球,不让对手轻易起动和空切,并伺机抢断。当对方投篮时,拼抢有利的篮板球位置。

3.防守配合

防守配合是指防守队员之间的有目的、有组织的合作行动。

(1)外线夹击与关门配合

外线防守队员应正确地掌握夹击的时机和区域。行动要果断,出其不意。一般是在对手盲目运球或处在边角和中线区域时,正是夹击的好机会。夹击的目的不是直接从对手的手中抢下球,而是给对手施加压力,造成对手5秒违例或传球失误。在夹击时机成熟时,两人的行动要快速、统一。要用身体、手臂以及腿部限制对手的活动,用手臂封堵传球,使之传出高球或者回传球,以利于同伴抢断。但应防止不必要的犯规。"关门"配合是对突破能力强的外线队员的有效武器。它要求防守队员相互有很好的联系,当对手突破时,临近突破一侧的防守队员要及时向同伴靠拢,堵住对手的突破路线。注意不要有多余的附加动作,这样更易造成对手"带球撞人"犯规。

(2)外线掩护时的防守配合

防守各种类型的掩护是外线防守队员常遇到的情况。每位防守者都应随时防范对方的掩护。防守掩护者的队员要不断地提醒同伴可能出现的掩护,被掩护的防守者要用一只手感觉可能出现掩护的位置,及时采取行动,应尽量主动向对手靠近一步,"挤过"以便继续防守对手。防守掩护者的同伴要协防对方的突破切入。防守队员应主动地避开掩护者来的方向,如果上前不行,也可退后一步,运用"穿过配合",也能有效地避免掩护。只有在上述两种情况都不利时,才可交换防守,交换防守只是为了及时地阻止可能出现的得分机会。一旦安全后,应尽快换回。用语言及早提醒同伴有掩护或将要发生掩护或者及时交换防守。

(3)绕前、围抢高大中锋的配合

对内线高大中锋的防守,策略上应尽量减少他在内线得球的机会,当他靠近篮筐时,根据其所在是强侧区还是弱侧区,选择侧前或绕前的位置,随时观察球的动向,既要断其来球的路线,又要尽量干扰传中队员的传球。如果球传向中锋队员时,力争阻挠或断、打来球,如果对手传高吊球时,弱侧回收的同伴应及时、果断地抢断来球,减少高大中锋在内线有威胁的区域接球的次数。一旦中锋得球,防守者应快速地站位于对手与篮筐之间,保持距离(不宜贴近,便于移动与起跳),高举或挥摆双臂干扰其投篮动作,这时应以防投为主。当中锋获球或转身运球时,临近的同伴应快速回收参加"围防"。围防时首先应堵住其攻击路线,其次是尽量利用抢、打、断来破坏他的攻击动作,迫使其将球外传或造成失误。防守者既要避免被中锋的假动作所迷惑,又可用假动作去诱骗对方。如果中锋投篮,防守队员应用身体"挡"住其"冲"抢篮板球的路线。

(4)补防配合

补防是解除险情的个人战术行动,是从全队利益出发协助同伴的及时行动,防守队员根据场上出现漏人和自己位置距离等具体情况,主动放弃自己对手去堵截对本队威协最大的进攻队员,力争改变失利的局面。常采用的技术是"盖帽",无论对手是运球、跳投、勾手投篮或原地投篮,都不要由上而下地去击球。但有时可以由下而上去打球,改变球的飞行路线,干扰投篮者的视线。当对手摆脱防守后,在有威胁的区域跳起投篮时,他就是全队最大的威胁,临近的同伴应快速起跳,挥动手臂去干扰他的投篮动作。

二、逼近防守分析及运用

1.逼近防守的概念及战术思路

逼近防守是防守队员对有球队员采用近距离甚至贴身的防守,以抢夺球权,控制其活动,削弱其动作质量,切断其与同伴队员的联系为目的的一种战术行动。其原理是通过近距离的贴身防守,能够起到有效的干扰作用,增加了抢球的机会,给有球队员造成一种威胁,让对方始终有一种压迫感,忙于护球,不敢正面做动作,使其不能及时发现场上情况和做出有效的攻击性动作,同时,由于距离对方较近,减小了对方做动作的空间,要想完成正常的技术动作,只有向后退或向两侧绕道而行,这样一来,可以有效地限制对方技术的发挥,达到控制对方的目的。

2.逼近防守的目的及作用

1)分散对方的注意力,削弱对方与场上其他进攻队员之间的联系。由于采用近距离防守,而且不断地利用点、拨、挑、打、抢等攻击性的动作,使对方始终处于高度的戒备状态,造成其注意力不能分散,使其不能及时发现和了解场上其他队员的情况,以此来达到切断对方与其他队员的联系。

2)干扰对方的技术发挥,影响其动作质量。由于防守的距离较近,有球队员始终不能正面完成技术动作,造成动作变形,影响其动作质量,尤其是当对方传球时,可以有效地破坏其传球的时机,影响其传球的路线,延缓其传球的速度,改变其传球的落点,进而为其他的防守队员抢断创造条件。

3)延缓对方的进攻速度。逼近防守所遵循的是敌进我挡、敌疲我抢的战略原则,与对方始终保持近距离防守,并通过挤、顶、挡等技术动作,使对方冲不起来。尤其是在后场,可以有效地控制对方的进攻速度,缩短对方在前场进攻的时间。

4)最大限度地消耗对方的体力。由于逼近防守始终是在强对抗中进行的,对有球的进攻队员来讲,在一系列的控制球、保护球、突破、寻找传球时机和传球点等情况下,既费精力又费体力,势必会影响完成动作的质量。

3.逼近防守的方法

进攻队员在有球的情况下有三种状态:

第一种,是由无球队员变为有球队员的一瞬间。在这种状态下,由于对防守方具有较大的机动性和威胁性,因此,防守时应根据对方在场上所处的位置,采取有策略性的防守。在后场时,首先应破坏或干扰其长传球。其次,是做到防守紧逼或迫使其用弱侧手运球,延缓其向前场推进的速度;在中场时,要阻断其将球传向篮下,同时迫使向边角区域运球,以便造成夹击和抢断的机会;在前场攻击区时,要毫不犹豫,大胆地进行近距离的贴身防守,在技术的运用上,要注意根据对方所处的位置,不断变换防守的脚步动作,手臂要结合脚步动作不断地出击,位置上要有所侧重,做到逼近防守或迫使其采用弱侧手运球。

第二种,是在运球过程中。在这种状态下,不管是在什么位置,防守队员要毫不犹豫地采用逼近防守,距离少于一臂之间,降低重心,两臂微屈收回,一只手指向球,脚步动作采用平步防守,碎步或滑步移动。同时,利用攻击步结合手部动作不断地进行抢、打、挑、点球等攻击性的动作,不断干扰和威胁对方,使其始终不敢正面做动作,以积极、果断、凶狠的战斗作风,从心理、技术、体力上给对方造成一种压力。

第三种,是当对方运球停球时。在这种状态下,防守队员要大胆地及时采用贴身防守,贴身的同时,两臂要不断快速地随球移动,其目的是干扰其寻找传球的目标,封堵其传球路线,影响其传球的时机和出手速度,迫使对方改变正常的传球动作,为其他防守队员的抢断创造条件。总之,要想有效地控制有球队员,从方法上就必须做到敢于逼近对方,在逼近的同时,要有策略地、大胆地、不失时机地进行有效的攻击,以各种抢球动作为手段,达到破坏对方之间的联系,削弱对方的动作质量,控制对方行动的目的,造成对方顾此失彼,从中掌握比赛的主动权。

4.逼近防守的要求

对有球队员的防守要始终贯彻"敌进我顶,敌退我跟,敌疲我抢"的战略原则,保持旺盛的斗志,积极、主动、勇猛、顽强的斗志作风,发扬连续作战的战斗精神,要不惜体力、全力以赴、不给对方以喘息的机会。在逼近防守对方的同时,要看准时机,不断出击,打乱对方的行动意图,出击时上手要快,即使击不到球,也让对方始终处于被动状态。要与全队的防守结合起来,有意识地制造陷阱,以便于夹击和抢断。

第四节　基础防守战术

防守战术基础配合是指篮球比赛中,防守队员 2～3 人之间所采用的协同防守配合方法。它主要包括挤过、绕过、穿过、夹击、关门、补防、交换防守和围守中锋等。基础防守战术配合是组成全队整体防守战术配合的基础。因此,熟练掌握和灵活运用防守基础配合,对提高队员整体防守战术配合能力和战术意识有极其重要的作用。

一、挤过配合

对方采用掩护进攻时,防守者为了破坏对方的掩护配合,在掩护者临近的一刹那,被掩护者的防守者主动靠近自己的对手,并从两个进攻者之间侧身挤过去,继续防守自己的防守对象。

1. 挤过配合的基本要求

第一,不能过早地暴露自己的挤过配合意图,以防止对方反向切入。

第二,在两个进攻队员身体靠近前,果断地抢步贴近对手,快速侧身挤过。

第三,防守掩护者的队员应站在能够兼顾防守两个进攻队员的位置上,及时提醒同伴注意对方的掩护意图,做好可能换防的准备。

2. 配合方法

示例 1(见图 5.1):④运球去给⑤做掩护,当④临近时,防守者△快速贴近⑤并从⑤与④之间侧身挤过,继续防守自己所防守的⑤。

示例 2(见图 5.2):⑤接球后向右侧运球,④上提来掩护,此时△要及时提醒△,△在④临近的一刹那,迅速靠近⑤,从④与⑤之间挤过,继续防守⑤,△要配合行动。

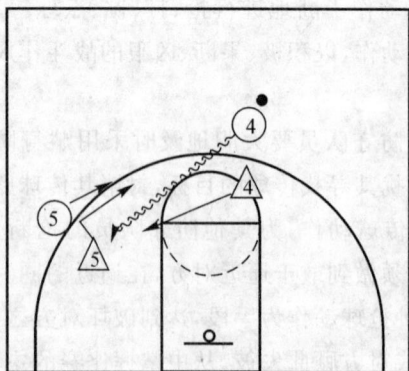

图　5.1

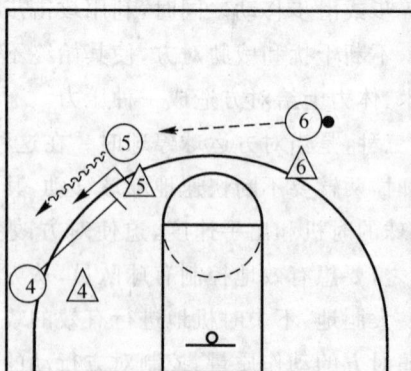

图　5.2

二、穿过配合

穿过配合是指当对方进行掩护配合时，防守掩护者的队员及时提醒同伴，并主动后撤一步，让同伴及时从自己和掩护队员之间穿过去，继续防守自己对手的配合方法。这种配合一般在对方无投篮威胁时采用。

1. 穿过配合基本要求

1)防守掩护队员要及时提醒同伴，并主动后撤一步选好位置，留出让同伴穿过去的通路。

2)当对方掩护时，防守被掩护者的队员要撤步侧身，避开掩护队员及时穿过。

2. 配合方法

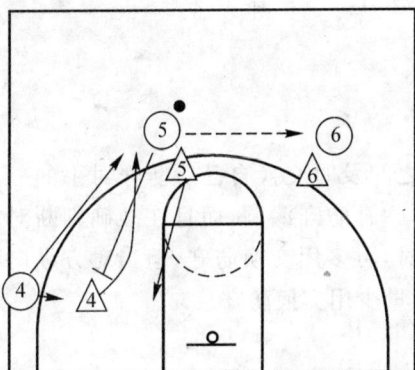 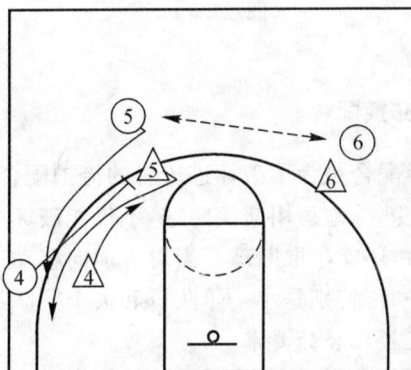

图　5.3　　　　　　　　　　　　　　　图　5.4

示例1(见图5.3)：⑤传球给⑥后去给④做掩护，△6要及时提醒同伴，并距离⑤稍远一点。△5在⑤掩护到位前一刹那主动后撤一步，从⑤和△间中间穿过，继续防守④。

示例2(见图5.4)：⑤传球给⑥，④上来给⑤做掩护，△5发现不便于采用挤过防守时，应后撤一步并用滑步从④与△4中间穿过继续防守⑤，同时△4要主动后撤半步，以便△5能顺利通过。

三、绕过配合

绕过配合是破坏对方掩护配合及时防守自己对手的一种配合。当进攻队员进行掩护时，防守做掩护的队员主动贴近对手，让同伴从自己的身旁绕过，继续防守各自对手。

1. 绕过配合基本要求

1)防守者要及时提醒同伴，并贴近自己的对手。

2)绕过队员要及时调整位置和距离，继续防守对手。

2. 配合方法

示例1(见图5.5)：⑥传球给⑤并去给⑤做掩护，⑤传球给④后利用⑥的掩护向篮下切入，△5从⑥和△6的身旁绕过，继续防守⑤。

示例2(见图5.6)：⑤传球给⑥后利用④的掩护切入篮下，△5封堵⑤向内切入的路线，迫使其向另一侧切入，此时△4要贴住④，△5从④和△4身旁绕过继续防守⑤。

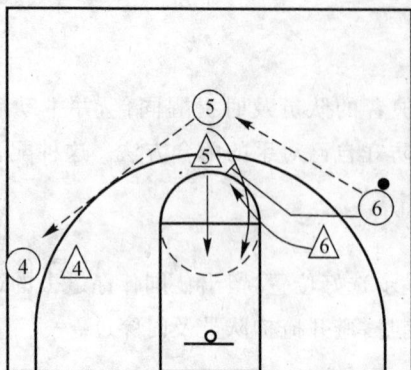

图 5.5

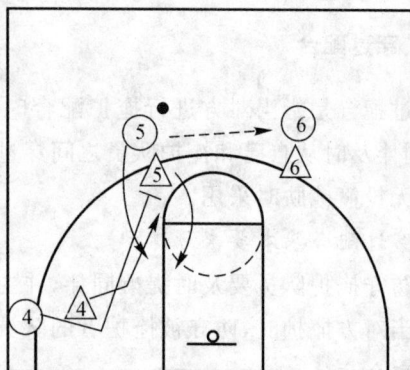

图 5.6

四、交换配合

交换配合是为了破坏进攻者的掩护配合,防守者之间及时交换自己所防守对手的一种防守方法。熟练地运用交换防守,不仅能破坏进攻配合,弥补防守漏洞,而且在准确判断对方掩护意图时,还能争取断球。当对方横向移动进行掩护时,可多用交换防守,但当对方纵向移动进行掩护时,特别是小个子队员和大个子队员之间,尽量少用交换防守。

1. 交换配合的要求

1)防守掩护者的队员要及时通知同伴,相互换防堵截进攻队员的路线。

2)防守被掩护者的队员应及时撤步,在掩护队员转身切入前抢占有利的防守位置。

2. 配合方法

示例1(见图5.7):④持球,⑤给④做掩护,这时△5紧跟⑤,并通知△4交换防守,当④运球突破时,△5迅速换防,并向斜前方上步堵截④的突破路线。此时△4为了不被⑤挡在外侧,应迅速调整步法,抢占内侧防守位置,同时堵截⑤转身切向篮下的路线。

示例2(见图5.8):⑤传球给⑥后,去给④做掩护,此时△5紧跟⑤同时提醒△4当④切入时,△5突然换防,并争取抢断⑥传给④的球,△4则要及时抢占内侧防守位置防守⑤,防止⑤转身切入篮下。

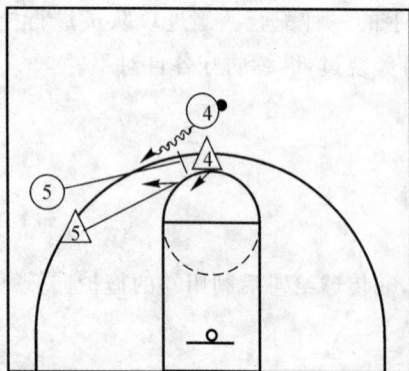

图 5.7

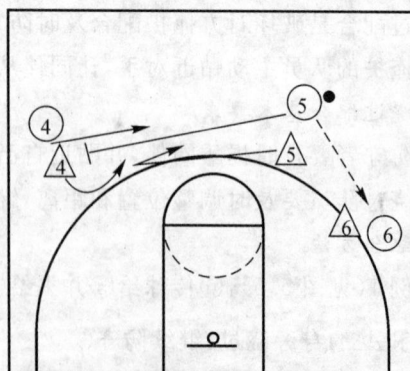

图 5.8

五、夹击配合

夹击配合是指两个以上的防守队员,利用对手在场地边角运球或停球时,突然快速上前封堵和围守持球者的一种配合方法。

夹击配合是一种主动性、攻击性很强的防守配合方法,能有效地控制持球队员的活动。迫使对手失误,创造断球反击的机会。夹击配合通常在紧逼人盯人防守、区域紧逼防守或者带有夹击式扩大联防中运用。

1. 夹击配合的基本要求

第一,当对手沿边线运球时或在场角、中线附近和限制区内运球停止时,是夹击的最好时机。

第二,夹击时两个防守队员的身体要靠近,两臂垂直上举,随对方的球摆动,封堵其传球。

第三,夹击的目的不是为了从持球队员手中抢球,而是迫使持球队员传球失误,给同伴创造抢断球的机会,因此要避免夹击时的犯规。

第四,其他队员应积极配合夹击队员的行动,及时封堵靠近球的进攻队员,迫使持球队员传出高远球。

2. 配合方法

示例1(见图 5.9):④传球给⑤,⑤传球给⑥,⑥向底线运球停止后,△与△夹击⑥,△及时防守靠近球的队员⑤,并准备抢断⑥传出的球。

示例2(见图 5.10):△迫使④沿边线运球,并促使④加速运球,△看准时机,当④运球刚过中线时,△果断迎前堵截,迫使④停球,并与△配合夹击④,在△迎上去夹击时,△应及时补防⑦并准备断④向⑦或⑥的传球。

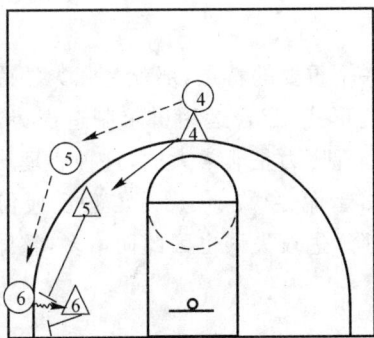

图 5.9

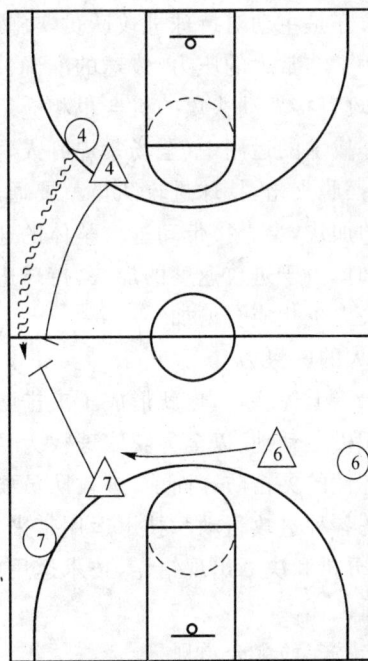

图 5.10

185

3.夹击防守的特点

(1)鲜明的攻击性

夹击防守和关门、协防、补防夹击等防守配合形式的不同之处在于,上述几种防守配合形式更多地是属于防御性的配合。在对突破的防守中常用到关门配合,在对内线的防守中常用协防配合,在防有球队员者失掉正常防守控制时,常由其他防无球队员者去进行补防,这些防守配合中,虽也有攻击性的防守意图,但主要还是以控制进攻行动为主要目的。而夹击防守则是一种带有鲜明攻击性特征的防守配合。

(2)更具主动性

和其他防守配合跟着进攻防、消极地适应进攻的各种行动不一样,夹击防守是一种更为积极主动的防守配合形式。这是以主动控制进攻的各种行动为配合的主导思想,通过特殊的防守原则和配合方法,让进攻按照防守的意图采取行动,让跟着进攻防变为主动控制进攻,让进攻按照防守的意图行动,迫使进攻陷入被动,从而达到造成进攻各种失误、违例或防守获得断球机会的一种主动性很强的防守配合。积极主动、控制力度强是夹击配合的又一突出特点。

(3)极强的破坏性

由于夹击防守有着很强的防守控制力度和攻击性,所以对进攻的各种战术配合的执行和实施有更强的制约。夹击配合可以有效破坏攻方的各种进攻战术结构,使其不能正常按照战术配合去组织整体进攻,整体进攻战术不能顺利地执行,从而降低进攻的整体质量;同时,夹击配合还可对攻方擅长的习惯打法和进攻特点形成有效制约和破坏,进攻的优势和特点难以在进攻中得到正常体现,最终使进攻陷入非常被动的境地。夹击的这种破坏性特征,常常会打破进攻的各种战术意图和部署,使进攻陷入一种整体被动的局面。

(4)改变比赛节奏

夹击防守是主动对持球进攻队员实施的一种带有明显攻击性特征的防守,由于对持球进攻队员给予了非常大的压力,传球的准确性和到位率会大打折扣,无形中防守抢断球的机会增多,由守转攻直接发动快攻的机会也相应增多,这是改变比赛节奏的一方面。另一方面,在一些全场防守战术的运用中(全场紧逼盯人、全场区域紧逼),由于对持球进攻队员有目的地实施夹击,为了摆脱夹击,持球进攻队员就要通过速度的变化来力争摆脱防守的控制,而持球进攻队员速度的加快,会直接带动进攻整体的速度,这种速度的变化,会使攻方正常的进攻节奏遭到破坏,同时,由于进攻速度的加快,持球进攻队员处理球的合理性和准确性也因此大大下降,进攻中的失误也相应会增加。

(5)强大的威慑力

正是由于上述特点,也就形成了夹击防守的另一个重要的特点,那就是强大的威慑力。夹击防守是积极主动地、以全力获取球权为目的的配合形式,配合运用讲求制造声势,在极富攻击性和破坏性的夹击防守面前,进攻队员要承受的心理压力是非常大的,这种心理压力直接对进攻队员的各种进攻行动和技术运用带来负面影响,恐慌、急躁、焦虑等心理反应使进攻中的各种判断、分析和决断出现错误,技术运用的质量下降,进攻失误也因此而增多,整体进攻质量会受到严重破坏。

4.夹击防守的配合原则

(1)夹击区域和夹击时机相统一的原则

夹击是在一些特定的区域和地点上展开的防守配合,充分利用这些区域和地点上的特殊条件,运用夹击防守才会收到应有的配合效果。

通常是在边线和端线、边线和中线相交的场角上展开配合行动。实际上在场角是两条线加上两名防守队员所组成的一种对持球进攻队员的围夹,可以最大限度地限制持球进攻队员的各种进攻行动,主动控制持球队员,使其出现各种进攻失误。

和夹击区域紧密联系的是夹击配合运用的时机,时机的把握是否准确对于配合的效果同样有着非常重要的影响。夹击配合的运用时机是和夹击展开的区域相联系的,通常进攻队员一旦处在场角,或在紧逼防守下进入场角,就意味着夹击时机的出现,此时就应果断地展开夹击配合。也就是说,夹击展开的时机取决于持球进攻队员所处的位置和区域,持球进攻队员一旦进入夹击的最佳区域,就是夹击展开的信号。

(2)有球区控制和无球区控制相统一的原则

从夹击配合的形式上看,夹击好像是由两名防守队员对持球进攻队员在局部或特定区域上所展开的一种贴身围夹配合。但实际上,夹击配合并不是两名防守队员只在局部区域上的一种孤立的配合行动,而是由其他区域上的其他防守同伴共同参与的,带有明显整体性特征的防守配合。

两名夹击队员只是对持球进攻队员的控制,而场上还有4名无球进攻队员,这4名无球进攻队员如果不能得到有效控制,夹击一旦出现问题,持球进攻队员将球传到任何无球进攻队员手中,夹击将被瓦解,有时甚至会出现重大防守漏洞,进攻可能会因这种漏洞而得到直接得分的机会。

所以,在夹击配合的实施过程中,必须要做到有球区和无球区防守行动上的高度一致,要将两方面的控制紧密联系在夹击配合的实施过程之中,只有这样,配合才能体现出应有的质量和效果。

夹击一旦形成,无球区的防守应严格遵循近球区紧,远离球区松,近球区以多防少,远离球区以少防多的配合原则,及时调整防守位置,快速完成防守阵形的轮转。近球区严密控制无球队员的摆脱接球,切断无球进攻队员和持球队员的联系,远离球区的防守队员采取错位防守,以少防多,重点控制好篮下区域,严防进攻队员的空切,并随时注意抢断持球队员向无球区的传球。

夹击的效果取决于不同区域上不同防守队员之间的协调配合,整体控制的严谨和有序,这样夹击的攻击性和破坏性特点才能充分得到显现,而任何一个区域上的控制出现问题,配合的质量将因此而下降,甚至会出现无法弥补的防守失误。

六、关门配合

关门配合是指相邻的两个防守者协同防守持球突破的配合方法。当进攻者持球突破时,防守突破队员应向侧后方滑步,这是靠近突破一侧的防守者也应该及时向进攻者的突破方向移动,与防守突破者靠拢,像两扇门一样"关闭"起来,迫使进攻者失误或者造成撞人犯规。

1. 关门配合的基本要求

1)运用关门配合时,防守突破者需要预先了解自己的哪一侧有同伴的协防,以便采取偏向另一侧的防守,迫使进攻者向有同伴协防的一侧运球突破。

2)协防者应积极采取错位防守,及时抢占有利位置,当持球者突破即将超越同伴时,抢先移动向防突破的同伴靠拢,不给突破者留有空隙。

3)当突破者停球或者传球时,要根据情况快速回防自己的对手。

2.配合方法

示例1(见图5.11):④持球,防守者△了解到自己的左侧有△的协防,△采取偏右的侧站位防守,迫使对手从自己的左侧突破。△采取错位防守,人球兼顾,当④运球突破时,△迅速向斜侧方移动堵截,△及时移动与△靠拢"关门",抢先占位堵截④的突破路线,如果④回传球给⑤,△应及时快速回防⑤。

示例2如(见图5.12):④持球突破时,△抢先移动向△靠拢并"关门",不给突破队员留有空隙,当突破队员分球时,△要快速回防自己的对手。

图 5.11

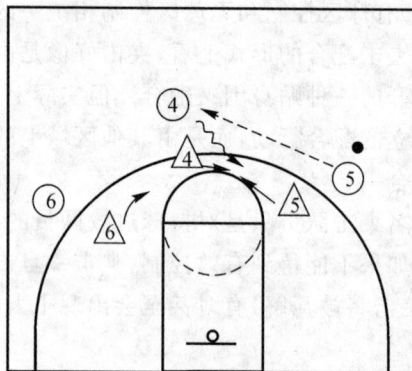

图 5.12

七、补防配合

补防配合是指当防守队员被对手突破或出现漏防时,邻近的同伴大胆地放弃自己的对手,及时快速地进行补漏防守的一种配合方法。

补防可以阻截对方一次直接的投篮机会或减少对方一次最有进攻威胁的机会。

1.补防配合的基本要求

1)防守队员应全面观察和判断场上出现的漏防情况,补防应及时、果断,要迅速抢占有利位置,避免犯规。

2)被对手突破的防守队员应快速向补防队员方向移动,并观察对方的传球意图,争取抢断球。

2.配合方法

示例(见图5.13):⑥运球突破的△防守至篮下即将投篮时,△应迅速补防⑥,并封堵⑥的上篮角度,此时△也应放弃对⑤的防守及时向篮下移动,防止④横向移动要球,△应快速向△的位置移动补防⑤。这就是三人轮转补防。

八、围守中锋

进攻队一般会将身材高大的中锋置于内线限制区的两侧,这一地区是投篮命中率最高的地区,攻防中锋一旦得球后会给防守造成很大的威胁,为了削弱中锋在内线进攻的威胁,防守队经常以邻近中锋位置的 2~3 个队员,采取围守中锋的配合方法。

1. 围守中锋配合的基本要求

1)首先要提高中锋的个人防守能力,特别是要提高脚步的移动速度和灵活性。

2)为了减少中锋的接球次数,对外围的持球者必须紧逼,积极干扰向中锋传球。

3)临近球和中锋的防守队员要在兼顾自己对手或者区域的基础上,及时移动协助围守中锋,尽量限制对方中锋接球。当对方中锋接到球时,要前后夹围,迫使中锋将球传向外围。

2. 配合方法

示例(见图 5.14):④持球时,△对其紧逼防守,阻拦④向中锋⑤顺利传球,防守中锋的△以右脚在前、左脚在后,右臂侧前举,左手在对手腰部的侧前防守姿势,严防对手接球,△适当回守采取侧身站位协助△防守⑤,抢断⑤后撤步接高吊球。当④传球给⑥时,只要④传球出手,△即刻移动到⑤的身前,采取面对球、背对对手的绕前防守。当中锋和球定位不移动时,△要将右脚移到⑤的身后,进行紧逼防守,重点防守⑤从底线一侧接球。而外侧则由回守的△协助防守。如果④或⑥用高吊球传球给⑤,则由回守篮下的右侧防守者协助断球。

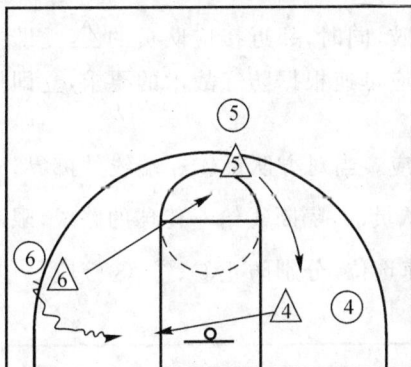

图 5.13

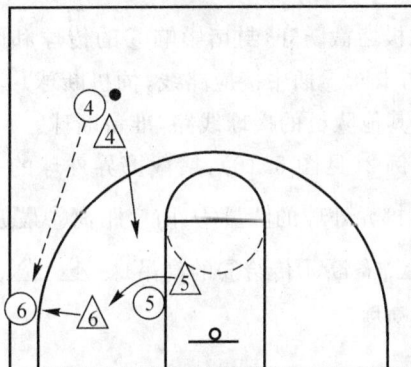

图 5.14

第五节 防守快攻

防守快攻是指在比赛中由进攻转为防守时,用于阻止和破坏对方使用快攻的防守战术。在防守过程中,需要队员有组织地利用个人战术行动和几个人之间的协调配合,主动堵截对手,积极抢、断球,破坏其进攻战术,力争控制对手的转攻速度,以达到稳定防守、迅速组织起各种不同形式的全队防守战术的目的。

防守快攻最根本的方法是提高本队的成功概率,减少对方快攻机会,减少不必要的失误,组织拼抢篮板球,以利于本队部署防守。防守战术是一个有机的整体,必须根据快攻攻势的展开,有针对性地去防守,力求延缓对方进攻的速度,打乱进攻节奏,推迟进攻攻击时间,以利于迅速组织阵地防守。

一、防守快攻常用的方法

1. 提高进攻成功率

防守快攻首先应提高进攻成功率,要特别注意减少进攻中的失误和违例,这是控制对手进攻速度,减少对手发动快攻机会的重要手段。

2.积极拼抢前场篮板球

比赛实践证明,当进攻投篮不中时,有组织地积极拼抢前场篮板球,这是控制对手抢后场篮板球快速反击的最有效的方法。因为,拼抢到篮板球就可以使本队获得第二次进攻的机会,相对减少对手反击的机会,即使是对手获得后场篮板球,由于靠近篮筐的区域攻守队员较为密集,攻守争夺激烈,所以不容易轻易发动成功。

3.封堵第一传和堵截接应点

有组织地堵截快攻的第一传和接应点,是制止对方发动快攻的关键。破坏对方发动快攻的路线也取决于对第一传的封堵和堵截第一传。

当对手获得后场球转入进攻时,邻近的防守队员要迅速紧逼、积极封堵第一传,与此同时,其他防守队员要积极主动迫使接应队员改变预定的接应区,截断进攻队之间的联系,从而延缓对手发动快攻的时间,使同伴迅速抢占有利位置,以便更好地按照规定的防守战术要求,进行抢断球和防守。

示例1(见图5.15):堵截篮板球后的一传和接应。当⑥抢到后场篮板球时,邻近⑥的队员△要积极堵截防守,封堵影响⑥的传球和防运球突破,同时,邻近接应队员的△立即抢占有利位置,卡断⑤插中接应路线,伺机断球。其他队员应迅速根据防守战术的要求,立即抢占位置隔断其他队员的接球线路,准备断球。

示例2(见图5.16):堵截掷界外球的一传和接应。当对方队员④在端线外掷界外球时,△放弃掷界外球的队员④,防守距离④最近的接应队员⑤,隔断④给⑤传球的路线,限制其接球。△准备断④传给⑤的高吊球,△、△、△则迅速选位,分别防止⑥、⑦、⑧接应一传,并随时准备断球。

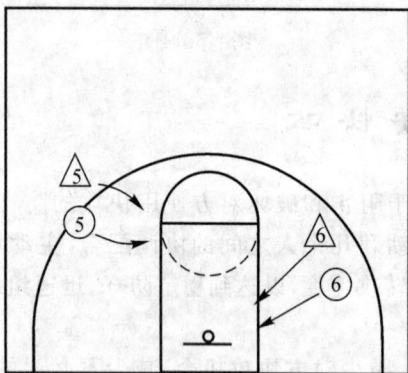

图 5.15

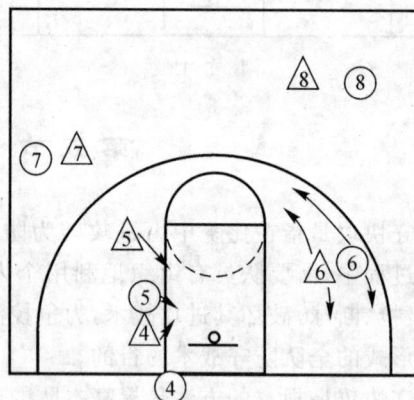

图 5.16

4.退守时要"堵中逼边",防止长传快攻

在进攻队员发动快攻时,防守队员应积极堵截中场,使进攻队员不能长驱直入下到篮下,无论是对无球队员还是运球突破队员,都要采取堵中逼边的策略,以终止和延缓其进攻的时间,使其失去快攻的时机。因此要求防守后线的队员要一边观察全场情况,一边快速回防,在兼顾控制中场的同时,积极运用退守领防抢占有利的路线和位置,并紧逼追堵沿边线快下的无球进攻队员。

5.提高以少防多的能力

比赛中,由于攻守变换频繁,当对方快攻推进时,往往形成以少防多的局面,出现这种情况时,防守队员应积极移动,选择和占据有利的防守位置,保护篮下,并运用假动作进行干扰,给进攻队员制造困难和错觉,迫使对方在传球中出现失误,在此基础上延缓对方进攻速度,为同伴争取回防的时间,以便重新组织阵地防守战术。

经常出现的以少防多的情况有以下几种:

(1)一防二

当出现一防二的情况时,防守队员要沉着冷静,根据进攻队形迅速抢占有利防守位置,准确判断进攻意图,合理地运用假动作,果断进行抢、断和打球,要设法迫使对方技术较差的队员控球,以便形成重点防守的局面。

示例(见图5.17):⑤是进攻方控球、技术较差的队员,当④运球推进时,△伴装要进行堵截,迫使④传球给⑤,△伺机抢断或立即侧身后撤防守⑤,不让其回传球,进而迫使他改变投篮角度,并封盖其投篮。

(2)二防三

当出现二防三的情况时,防守队员要积极移动,默契配合,相互补位,迫使对方在传球、运球过程中产生错觉,延误其进攻时间,争取同伴的迅速回防。

二防三主要有3种站位防守方法。

1)二人平行站位。这种防守队形对付边线突破能力较强的队效果较好,但中路防守薄弱。

示例(见图5.18):当⑥从中路运球推进时,△或△积极利用假动作进行防守,迫使⑥处于想传球传不出,想投篮又受影响的被动局面。

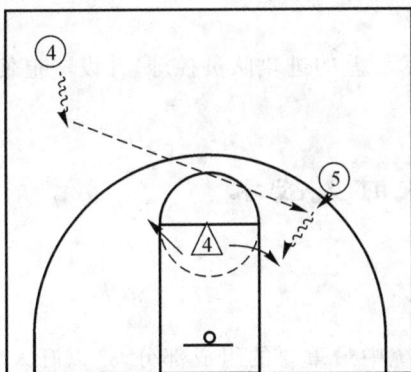

图　5.17

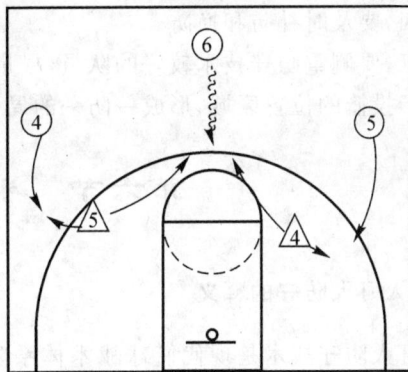

图　5.18

2)二人重叠站位。这种防守队形可以有效地阻止对方中路突破,缺点是两人移动补防距离较长,漏洞较多。

示例(见图5.19):当⑥从中路运球推进时,△利用迎防假动作,迫使⑥传球给④,△立即迎防④运球突破,△则根据进攻队形,选择有利位置,防守⑥或⑤。

3)二人斜线站位。这种放松队形兼有平行站立和重叠站立的优点,不但可以阻止对方从中路突破,而且两个人移动部位距离也相对较近。防守时,要迫使对方将球传给边线队员,以便形成一人防守持球突破,一人兼顾两个进攻队员的局面。

示例(见图 5.20):当⑥从中路运球推进时,⚠做迎上防守的假动作,迫使⑥向一侧传球。当⑥传球给④时,⚠要立即迎上堵截④运球突破上篮,⚠则根据进攻队形选择有利的位置,兼防⑥和⑤。

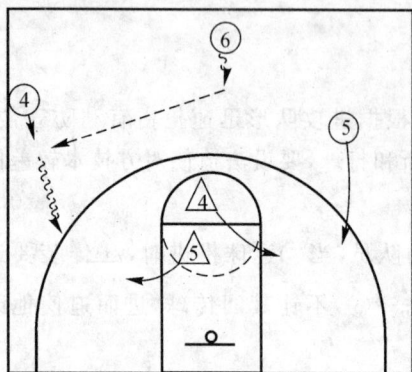
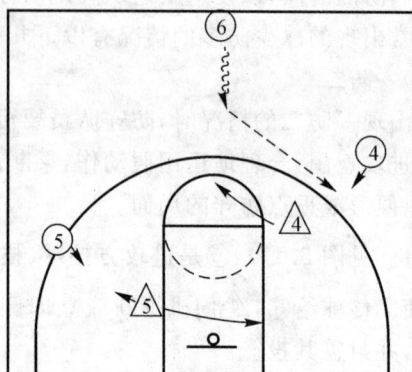

图 5.19　　　　　　　　　　　　　图 5.20

二、以少防多战术要求

第一,移动要积极、主动、快速。

第二,善于运用假动作。要虚实结合,声东击西,使对手捉摸不清,给对手制造错觉。

第三,不要轻易暴露退守中的意图,要尽量使进攻队员按照防守队员的意图进攻。

第四,要及时补防和换防。

第五,要侧重防守技术较好的队员,尽量让技术较差的进攻队员控球,并设法迫使他移动到不利于投篮的位置区域,形成一防一的局面。

第六节　半场人盯人战术

一、人盯人防守的释义

人盯人防守战术是现代篮球战术体系防守系统中最重要的组成部分,是以盯人、防球为主,每个队员盯住一个进攻队员,同时与同伴形成相互协防的全队防守战术。

随着篮球运动中的攻守对抗、相互争夺日益激烈和篮球规则的不断演变,当前的防守,无不以积极、顽强的作风,统一的集体、突然行动,造出磅礴的气势和凌厉的防御态势,加强对进攻者的心理干扰和精神压力,使对方产生疑惧、混乱,进而主动控制住对方的进攻,迫使对方按照防守者的意图行动,而且现代的防守都在努力发展并采用多种形式的战术打法,有针对性地、切合实际适时地变换内容,以战术运用的灵活多变,谋划攻心,从策略上与部署上制约、打乱对方。只有防守者在具有良好的体能条件,娴熟、合理、准确的防守技术及相互之间的协同配合下,才能不断扩大在球场上的防御面积,增强空间及地面的封、盖及抢、夺球的能力。

采用人盯人防守的战术综合运用,能较强地体现出防守战术的攻击性与机动性,它以防守持球人为主,紧紧盯住对方在全场任何区域内的活动。因此,采用此战术有利于提高个人的防御能力,增强防御意识,加强个人防守的责任心。

人盯人防守战术已不再满足以盯人为目的,而更加注重集体协助的力量。除了区域联防外,它还包括队员间的协防、补位、夹击、轮转等等。正是这种人盯人防守战术,使防守在任何时刻都能保持对有球队员的强大压力(强侧防守),同时,还能有效保护好篮下(弱侧协防)。人盯人防守战术在现代篮球运动和比赛中发挥着重要的作用,许多教练把它作为重要的战术方法和手段在训练和比赛中加以运用。由于分工明确,责任到人,针对性强,这项战术非常便于提高防守队员的积极性和责任感,利用进攻队的弱点,及时夺取控球权,以扩大战果或挽回败局。

一般常见的盯人防守有紧逼盯人和机动盯人等,这两种防守主要就体现在"松、紧、逼"三个字上。简要地说,就是切断对方(进攻者)队员之间的联系、配合,有利于协防。对远离持球人的防守要"松",并给予假象,随时准备断球或协防;对邻近持球人的防守要"紧",绝不允许对方在预定的有利于进攻的位置上随意接到球。同时,也要注意掩护和换防;对持球人的防守要"逼",并做攻击防守的动作,迫使对方运球、停球。如停球时,应立即干扰其传球并与同伴进行夹击防守,促使其传递失误或 5 秒违例。只有充分做到"松、紧、逼"的防守,才能充分体现出人盯人防守方法的原则和规律,做到人球兼顾,随时改变,调整位置,才能把对方控制在自己的有效防守区域内。

二、人盯人防守战术运用原则

1. 防守无球队员

防守位置的选择,要坚持"球—我—他"的选位原则,即防守者始终要站在对手与球之间,三者形成钝角三角形,防守者始终站在钝角处。防守队员根据"球动人动"的原则,快速做好强弱侧防守位置的转换。对强侧无球队员的防守姿势采用错位防守,阻断其接球,做到人球兼顾;对弱侧无球队员的防守姿势采用松动防守,以断球、抢篮板球和协防为主要防守目的。

2. 防守有球队员

位于强侧的外线防守人员迎上防守,给有球队员造成强大压力,迫使有球队员难以传球,或传不好球;给弱侧防守队员造成断球的便利,进而发动抢断快攻。此时一定要控制攻方 3 分线外投篮。当攻方突破时,邻近队员在卡住自己防守的队员的同时,及时做好"关门"准备。对中锋防守时,一定进行夹击和协防。尤其在对中锋队员绕前防守时,弱侧防底线队员积极回收至限制区,紧缩协防中锋。而当中锋接到球时,弱侧防底线队员迅速夹击,其他队员轮转换位,弱侧以少防多。

3. 随时应变

在控制好对手的基础上,应随时观察场上阵形变化,准备及时抢断、夹击协防和补防。

要精通基础配合,以便及时发现对方战术配合的临时改变和个人技术特点,并采取有效的防守方法,及时破坏对方的进攻组织,制约其特长,减少本队不必要的犯规。

三、半场人盯人防守战术要点

1. 防守时强调语言沟通

就某种意义而言,出色的人盯人防守是靠队员语言交流和沟通建立起来的,防守时必须要充满激情地进行语言沟通,要始终清楚球在场上的位置,始终要注意保持机敏和良好的视野,阻止对手传球和运球,不让对方轻松上篮。

2.有组织退守

攻转守时,一定要有组织退守,控制对方进攻节奏,找到自己所要防守的队员,组成集体防守阵容。保护限制区是每个队员的责任,任何时候都要阻止无球队员试图从身前切入,要把切入队员挡在身后。这就要求防守队员要有准确的预判,只要对手传高弧线高吊球或击地反弹球,就及时出击,尽可能去抢断。

3.保持压力

必须时刻对持球队员施加压力,控制对手随意转移球。这样将会增加进攻方的失误,同时也会使得他们的外线球员在投篮时变得非常勉强,也使无球进攻队员接球更加困难。持球队员在侧翼突破时,坚决迫使对方走向底线,便于底线弱侧防守队员过来夹击,其他队员完成轮转换位。

4.警惕掩护

对手进行掩护一定要保持高度警觉,采取提前抢位来破坏掉对方的掩护。当对方在限制区附近进行掩护时,必须保护好限制区地带。当球在移动时,队员提前向有球的方向移动,而不是等到对方接到球时再行动。场上队员必须准确判断对方的投手在哪里,重点防范对方的最出色投手,必要时对他进行特殊的防守,尽可能不让他接球。

5.防守中锋

如果中锋得分能力很强,当球在弧顶时,则一定要绕前防守封死他的接球路线;反之,就采用3/4侧前防守。当球从侧翼传到底线附近时,防守则从中锋前面绕过,站在底线一端或3/4侧前防守;当球传到底线中锋处时,高位队员要回撤协防进行夹击。

6.转身挡人

转身挡人时,采取每投必挡。转身挡人抢篮板球时,一定要保持跟对手身体紧密接触,卡住位;避免不明智的犯规,不要使自己的行为失控。

四、对不同位置进攻队员盯守方法

1.对前锋的防守

(1)抢位防守

防守队员要紧贴进攻队员,扬手封断传球路线,另一手要触及进攻队员的身体,眼睛要同时看到球的位置和同伴防守队员,从而了解传球的去向和适时调整防守,占据人、球、篮三角区中间最有利的位置。

(2)跑位路线

进攻队员通过中锋掩护溜底,从一侧向另一侧前锋区接球进攻时,防守队员可以根据进攻中锋队员的位置选择防守的跑动路线。

如果对方中锋采用高站位,防守可采用跟防的办法压迫进攻的前锋队员靠近底线移动,不让其在3分区以内接球。

如果对方中锋采用低站位掩护,前锋队员可沿着罚球线附近插入篮下,抢前移动到对手可能接球路线之间。这样不仅有利于阻断溜底队员的接球路线,而且防止和延缓了后卫队员直接传球给中锋的可能性。即使后卫传球给溜底的前锋队员也只能采用高吊球,由于高吊球的传球时间长，球速慢，落点难以控制，防守队员有充分的时间追上对手，快速防守到位，或者在对方传球时进攻抢断球，从而破坏进攻的战术意图，取得较好的防守效果。

2. 对组织后卫的防守

篮球队的组织后卫都有很强的控球能力和开阔的视野，以及良好的传接球技巧，是球队组织进攻的发动者，并且能针对防守体系的薄弱环节，组织相应的技术战术攻击点。因此，干扰后卫的组织作用，是防守后卫的最主要目的之一。

组织后卫的防守应该在全场 2/3 处开始领防，尽量紧逼防守，不让他有足够的时间和精力观察防守位置和进攻同伴，破坏后卫从容地组织进攻，从而打乱进攻部署。因此在防守的策略上要根据对方后卫的能力，迫使对方运球时有压力，忙于保护球，同时又不让对手轻易突破。如果对手突破能力很强，则可采用堵一侧放一侧，把防守重点放在控球能力强的一侧。

1) 现代篮球运动中"攻击后卫"和"小前锋"的角色多数由突破能力强、起动速度快、投篮准确的队员担任。正因如此防守难度较大，必须以特殊的方法进行防守，通常采用减少和控制接球的办法，始终抢位在球与人之间，使传球队员、防守队员与被防守队员形成三点一线，使传球队员感到球不容易传到其他同伴队员手中，就是传出了球，也必须冒越过防守人的风险。为了控制对手反跑空切篮下，防守采用"贴身"的办法限制对手的起动，内侧手控制接球，外侧手顶住对手，感觉对手的位置，调整防守脚步和身体动作，并且在内线同伴的协助下，破坏对手的传切配合。

2) 攻击性强的队员获得球后，通常有中锋队员进行掩护，在这种情况下最理想的办法是在掩护的一瞬间，采用跨步挤过，不让对手掩护，同时身体贴顶对手迫使运球队员后退，从而不失去防守位置，破坏对方的掩护配合。另外，一对一防守时，应采用堵强放弱的办法，干扰和影响对手的动作习惯。

3. 对中锋的防守

现代篮球的中锋进攻，由于距离近、身体好、技术全面，单纯地在篮下一打一，容易得分或造成防守队员的犯规。因此，防守中锋要注意防守技术的运用和同伴的协防。通常防守方法有以下 4 种情况：

1) 中锋进攻队员身材相对弱小，技术特点不突出时，可采用贴身防守，在未获得球时，顶挤对手，使对手尽可能远离限制区，从而减轻篮下得球后的防守难度。

2) 中锋进攻队员身体强壮，篮下进攻能力强时，可采用侧位防守干扰中锋队员的接球路线，或者绕前防守。对于强攻杀伤力大的中锋队员，应该采用不让其靠近限制区，或者进攻队员下压篮下时采用绕前（包括背对传球迎面对人、迎面对球背后对人）的防守方法。异侧区防守中锋的队员注意错位协防，进行保护，防止对手高吊球。

3) 防守身材突出，具有较大空间优势的中锋，由于进攻和防守的身高差异较大，单纯采用绕前防守很容易造成中锋篮下得球后无人防守的被动局面。因此，防守策略上要考虑前锋抢前防守，不让中锋在 3 分线以内接球，使中锋队员远离 3 分投篮线，投篮距离过远。通常进攻中锋只能采用运球行进间传球和较远距离的传球，从而增大传球的难度，影响传球落点准确性。

4) 对于高大中锋队员篮下获传球后强攻篮下的防守，一般而言，防守中锋的队员应该做平步堵防，不让进攻的中锋向前移动，或者向前上方起跳投篮，迫使中锋队员只能向上或向后起跳投篮，这时侧面临近的协防队员应迅速跳起封盖，使中锋攻击时不适应，投篮时没有准备。

五、半场人盯人防守的分类

1. 半场缩小人盯人防守

这是对有球队员紧、对无球队员松，并根据球的位置来掌握松紧度的防守方式。半场缩小人盯人防守防区缩得较小（一般为6～7米），这有利于保护篮下，便于对付内线攻击力强、外线突破能力强，而中、远距离投篮能力较差的球队。

这种防守的重点在内线，密集篮下，围守中锋，要做到对持球队员主动抢前站位去紧逼，对无球队员则进行伸缩性的弹性防守，严密封锁将球传入内线的路线，积极阻止中锋在内线接球，切断内、外线的联系和传接球的路线，整体协同防守篮下，减少内线的犯规，控制篮板球，争取打反击快攻。

示例1（见图5.21）：球在正面的防守。⑧持球在正面，⑧逼近⑧，用手罩住⑧手中的球。⑦与⑥位于强侧、罚球线延长线以下区域进攻，因此，△错位防守⑦，不让⑦接球，掌握近球者紧的防守原则，⑥要抢前防守⑥，切断其接球路线，掌握球在强侧紧的防守原则。④与⑤位于弱侧，因此，△要向纵轴线靠近△的方向后撤，协助△防止⑧从中路突破，⑤要向纵轴线靠近⑥的方向后撤，协助△防止⑥反向切向篮下，⑤还要注意⑤，防止⑤背插限制区进攻。

示例2（见图5.22）：球在侧面时的防守。⑦持球在侧面罚球线延长线以下区域，△逼近⑦，阻止他将球传入内线。⑥虽处于强侧，但由于球在罚球线延长线以下，所以要缩回防守，掌握内紧外松的防守原则，这样一是可以协助△防止⑦从中路突破，二是主动协助⑥围守中锋⑥。⑥要抢前防守⑥，如果用侧前防守⑥，那么另一侧要△或△协防。⑤处于弱侧，⑤要向纵轴靠近△的方向移动，当⑥绕前防守时要保护篮下，以防止⑦高吊球传给⑥；当⑥侧前防守时要协防另一侧篮下，并注意防守⑤背插限制区进攻。④处于弱侧，△要缩回来协防限制区，以防止④空切限制区，同时协防⑤，阻止其在限制区背插进攻。

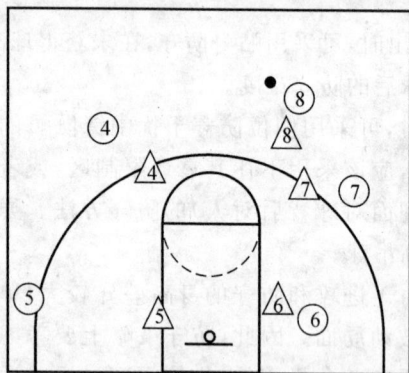

图 5.21

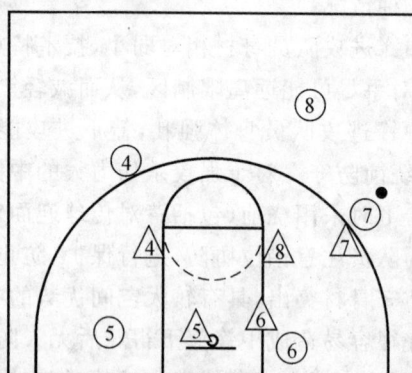

图 5.22

示例3（见图5.23）：球在底角时的防守。④将球从侧面传给底角处的⑤，此时，⑤要防止⑤从底线运球突破，△要缩回协助防守△阻止⑤从中间突破，⑥、△、⑥都应紧缩篮下，严密防守⑥、⑦、⑧插入中区进攻。

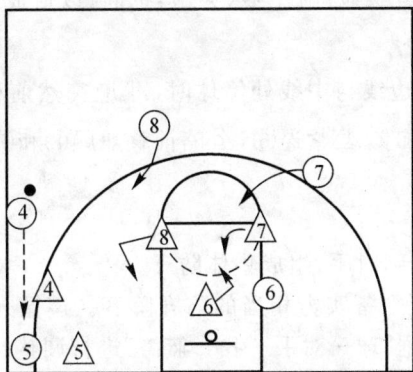

图 5.23

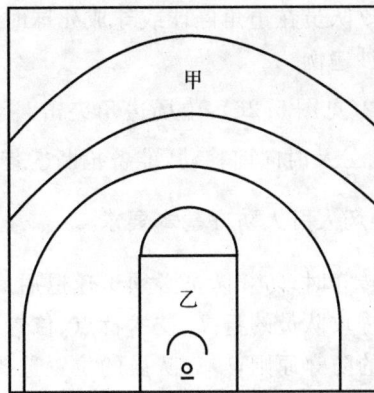

图 5.24

2. 半场扩大人盯人防守

这是一种带有紧逼性的防守阵势,主要以争夺球为目的,封堵、切断传球路线,阻止3分投篮,破坏对方习惯的内外结合进攻配合,给对方心理造成压力,及时组织夹击,争取抢、断球快攻反击的机会。

由于这种防守防区扩得比较大(一般为8~10米),所以虽有利于组织外线进攻,但这种防守的重点在外线,相对而言内线就较为空虚,互补防守较为困难。

在由守转攻时,队员应迅速有组织地退回后场。当对手进入甲区时(见图5—24),要立即迎前防守,特别是对持球队员,一定要控制其速度,防止其突破。在乙区进行防守时,防守持球的队员或邻近持球的防守队员都主动迫近对手,积极破坏对方投篮、传接球、突破和习惯配合。对距离球和球筐较远的队员,则可以采取松动防守,距离对手稍远一点,以便能及时协防、补防,通常是形成三人紧防、两人向限制区回缩态势。

示例1(见图5.25):在45°角接球时一定要紧逼△防止其突破,或阻止其从容投篮或传球,△在紧逼④的同时,要注意⑦从内侧突破,以便及时后撤"关门",△对⑤防守稍松,但要防止其插入篮下,△要绕前防守中锋⑧,△靠近篮下,准备抢断⑦传给⑧的高吊球,并随时要控制⑥的行动。

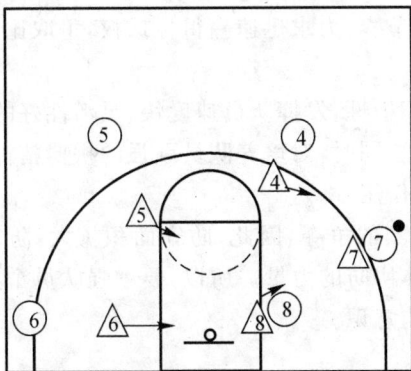

图 5.25

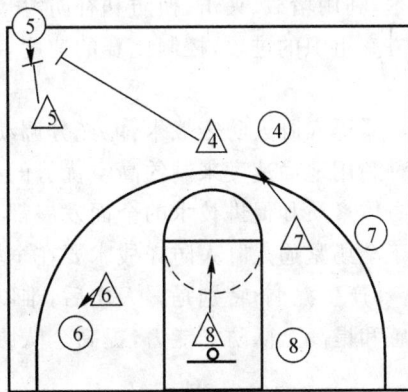

图 5.26

若进攻队员在边角停球或球成死球时,应有组织地进行突然夹击、抢断,以造成对手传球失误或 5 秒违例。

示例 2(见图 5.26):中场边角夹击。当⑤在边线与中线处停球时,△应突然前移与△合作夹击⑤,△及时向前移动,准备抢断⑤传给④的球,△紧逼⑥,△略前移兼顾⑧和⑦。

六、半场人盯人防守基本要求

由攻转守时,防守队员必须迅速退后后场,找到对手,组成集体防御。

根据进攻队员的身高、技术特点、位置分工等配备实力相当的防守阵容。遵循人球兼顾、以人为主的防守原则,防守队员的位置选择应根据"球—对手—我—篮筐"进行调整。例如:防守距离按有球逼、无球截、近球贴、远球堵、近篮封、远篮控,运球要追防的原则进行调整。防守时眼睛余光要观察攻守全局,并要经常保持基本的防守站立姿势,在积极移动中进行干扰、堵截、抢打球等。

对有球队员的防守要根据对手的位置,积极用手臂挥动封堵传球路线和干扰投篮出手。对运球队员要积极追防,合理运用技术动作,堵卡运球路线,伺机抢打球,迫使其陷入被动,邻近的防守队员要积极协防。

对无球队员的防守,要根据对手所处的位置及时调整,通常在外围应做到"球—我—对手—区域"兼顾的原则,选择在便于阻止接球和抢断球的位置上,使对手难以接球,或接球后不易做其他技术动作,不能顺利地进行攻击。在不同防区运用不同的防守方法,近球区与远球区、强侧与弱侧、内线与外线都要有所不同、有所侧重,以便于同伴协防,加强防守的集体性和攻击性。总之,要使五名队员形成一个有机的防守整体。

第七节 全场紧逼人盯人战术

全场紧逼人盯人防守是防守战术中人盯人防守体系里最具有攻击性和破坏性的战术,是由进攻转入防守时,就地迅速寻找对手,立即展开全场范围内紧逼盯人的一种攻击性防守战术。比赛中,要求防守队员具有较强的攻守转换的意识,在全场始终贴身紧逼自己的对手,积极阻挠对手的行动,切断无球队员的接球路线,开展短兵相接的抢位防守,并运用打球、抢球、断球技术,利用堵截、夹击、换防和补防等攻击性防守配合来制造对方带球撞人、失误、违例等。破坏对方有组织的进攻,控制比赛的速度,制约进攻节奏,力求迅速赢得控球权,争取比赛的主动权。

全场紧逼人盯人防守战术,能充分调动队员的积极性,发挥队员速度快、灵活性好的特点,也是一种利用地面速度来制约高空优势的有效方法。同时,对培养队员顽强的拼搏精神、提高队员的身体素质和促进技术的全面发展都有重要的作用。

由于全场紧逼人盯人防守战术要在全场展开激烈的争夺,因此,防守面积扩大,防守队员分散,容易产生漏洞,特别是漏人之后,难以组织集体协防的力量。所以,要增强队员个人防守的责任感和提高全队防守能力,提高全队协同作战的意识。

一、全场紧逼人盯人防守方法

全场紧逼人盯人防守方法,可分为防守固定人和防守不固定人两种。

防守固定人的方法,优点是防守对象明确,针对性强,便于掌握。缺点是由攻转守时,寻找自己的对手有时会出现不及时,所以不利于防守对方的快速反击。

不固定人防守,优点是由攻转守时能有效地遏制对手的反击速度。缺点是容易出现在身高和技术的攻、守不平衡现象。

根据全场紧逼人盯人防守战术的特点和要求,更好地明确个人防守的职责,密切相互间的协同配合,一般将球场划分为前场、中场和后场三段来组织防守配合(见图5.27)。

1. 前场紧逼防守方法

前场防守是全场紧逼人盯人防守的重要阶段,也是防守的第一道防线。在前场必须采取以争夺球为目的的防守策略,要求队员由攻转守时,有目的地快速寻找到自己的对手,立即进行紧逼,迫使对方减慢推进速度,选择有利断球和夹击的位置,并造成强大的声势,给对方施加压力,迫使对方失误或者违例。

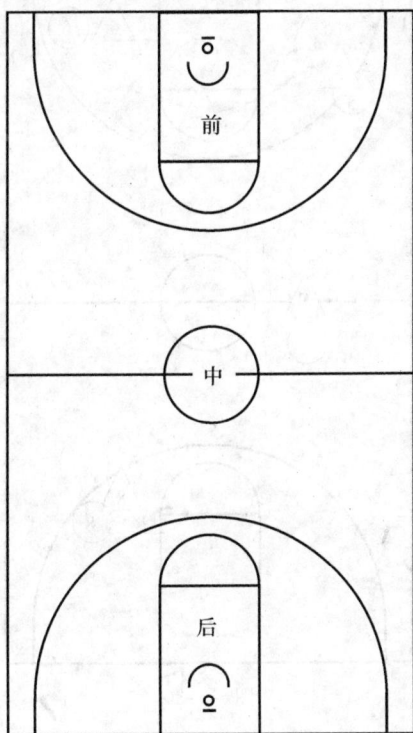 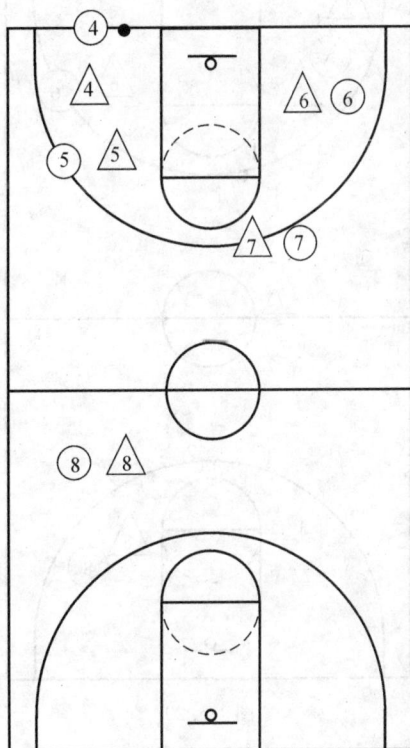

图 5.27　　　　　　　　　　　　图 5.28

(1)对方掷端线界外球的防守

示例1(见图5.28):一对一的紧逼方法。④掷端线界外球,△紧逼④,积极挥动双臂,封堵④的传球路线,并争取断球。△、△、△、△积极堵截各自防守对手的接球路线,迫使④发球失误或5秒违例。

示例2(见图5.29):夹击接应队员紧逼方法。这种方法主要用于防守对手技术全面、控球能力强、善于接球后组织进攻的队员。△迫使④将球传给控球能力较差的队员,以利于组织防守。△放弃对④的防守,去协助△夹击技术全面的进攻队员⑤,△背对或侧对④,面向⑤,

防止其正面接球。△站在⑤前面或者侧后方,防止⑤摆脱快下接④的长传球快攻。△、△、△除控制接球外,还要根据场上的变化,及时调整位置,注意补防或断球。

示例3(见图5.30):机动夹击紧逼方法。这种方法主要是诱惑对手按照本队防守策略做第一传,以便进行抢断或夹击。当④掷界外球时,△主动放弃对④的防守,根据场上情况机动选位,可以选位于两个接球队员的前面,也可选位于后面,△要判断④的传球方向,及时移动进行断球或者与△、△协同夹击接球的⑤或⑥。△和△应在⑦和⑧的侧方错位防守,随时准备抢断长传球和补防。如果对方已将球掷进场,而夹击、抢断又未成功,△和其他队员应及时调整位置,进行紧逼人盯人防守。

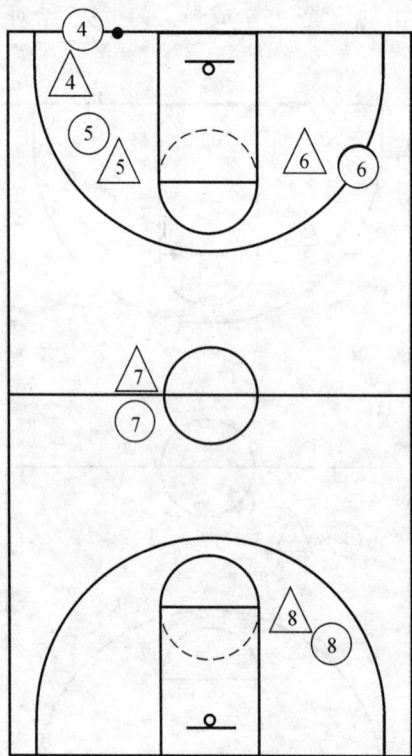
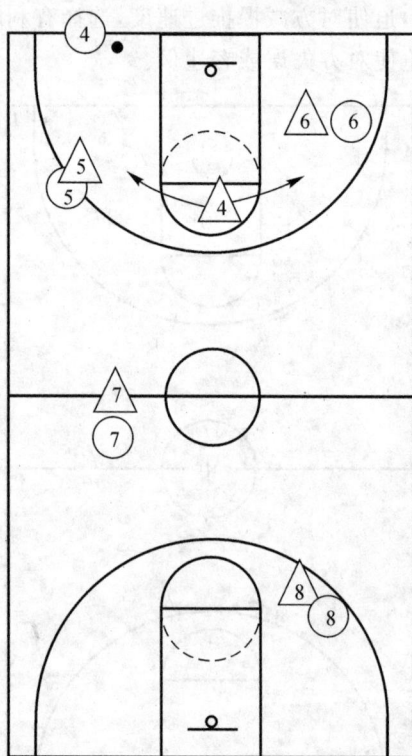

图 5.29　　　　　　　　　图 5.30

(2)投篮未中对方获篮板球后的紧逼方法

当本方投篮未中,篮板球被对方获得时,应积极展开防守,一般由就近队员防守对手。

示例(见图5.31):本方投篮未中,对方△获得篮板球时,邻近的⑦立即上去紧逼△,⑥紧逼插入中路的△,⑧防守△,④、⑤防守快下的△和△。

(3)对方在后场边线掷界外球的紧逼

当对方在后场边线掷界外球时,一般不去紧逼掷界外球者,而是采用夹击接应队员的防守方法。

示例(见图5.32):当对方④掷界外球时,△和△夹击防守距离球最近、最有可能接球的⑥,其他队员要及时抢占有利的防守位置,切断各自对手的接球路线,尽量延误对方的发球时间,并随时准备抢断球,造成对方违例或失误。如果球已经掷入界内,△应及时调整位置,仍防守④。

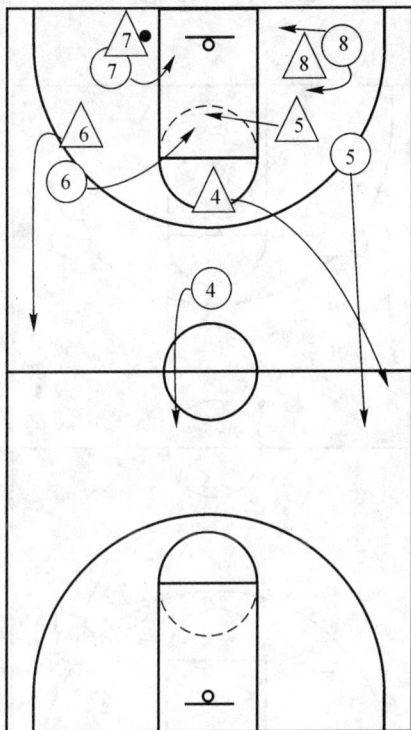 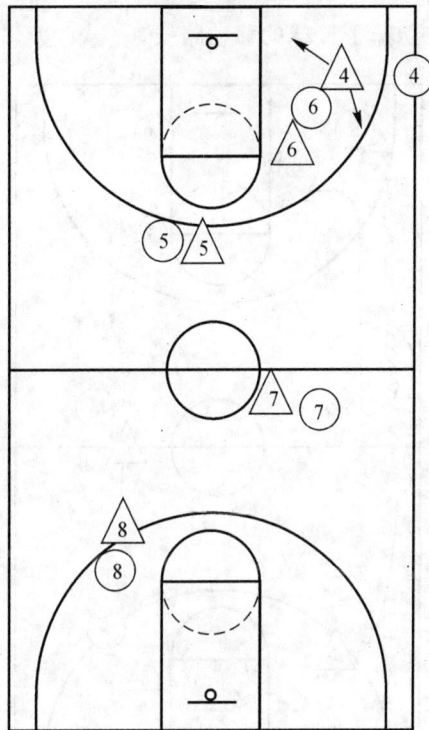

图 5.31　　　　　　　　　图 5.32

2.中场紧逼人盯人防守方法

当前场一线的防守目的未达到时,需要在中场展开争夺。中场争夺时要加强中路的防守,迫使对方沿边路运球或传球,制造夹击的机会,破坏对方进攻。在中场争夺时,防守队员需要较高的默契程度,积极主动进行夹击、抢防、换防、补防等,以提高集体协助防守的质量,取得更好的效果。

(1)组织夹击与补防配合

示例(见图 5.33):⑤接球后突破,△堵中放边,迫使⑤沿边线运球向前推进。此时△大胆放弃对⑦的防守,迎上堵截⑤,并迫使⑤在中线边角停球,与△夹击⑤。△补防⑦,△补防⑧,△向⑥移动,并随时抢断⑤传出的球。

(2)防掩护配合

防有球队员的掩护时,力争抢过防守,不得已才交换防守;防无球队员的掩护时,可采用穿过防守,破坏掩护进攻。

(3)防中线策应配合

中线附近的策应配合是破坏全场紧逼,把球推进到前场的有效方法。因此,应及时识破对手的意图,抢前防守策应队员,断其策应路线,破坏其配合。

示例(见图 5.34):当⑤中路运球遇到阻截时,⑧企图迎上接应,△发现⑧的意图立即抢前防守⑧,切断⑧的移动路线,截断⑤给⑧的传球。如果⑧接到球,△、△、△则要迅速后撤,防止④、⑤、⑥空切,△要迫使⑧向边线运球,△看准时机协助△夹击⑧,△要切断⑦插上做策应或空切篮下接球的移动路线。

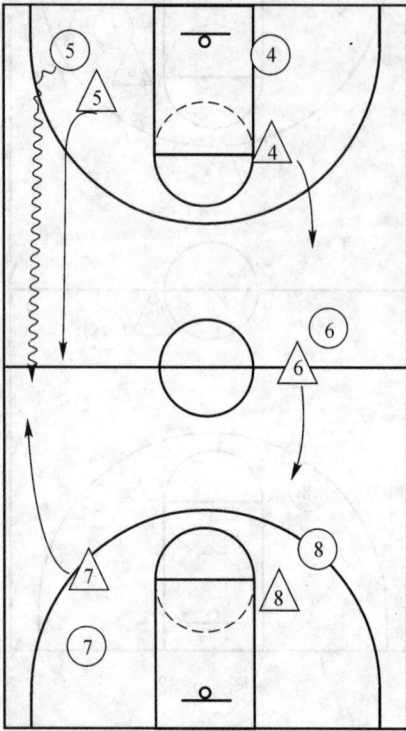

图 5.33

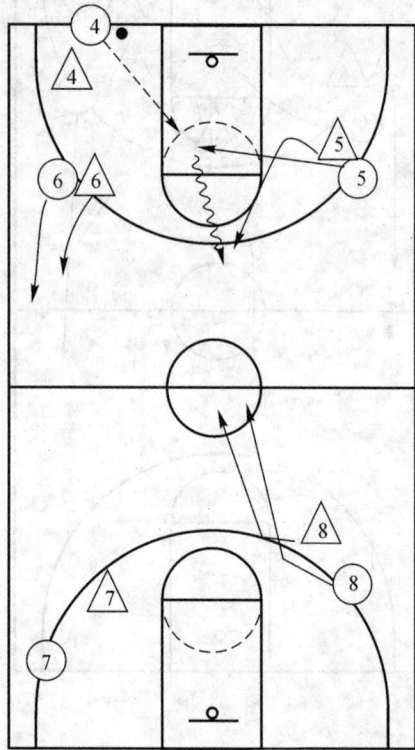

图 5.34

3. 后场紧逼人盯人防守方法

如果进攻队已进入防守队的后场,则防守方法与半场紧逼人盯人相同。防守队员应在紧逼自己对手的前提下,根据场上情况积极地封堵持球队员,破坏对方进攻配合,不轻易让对方把球传到篮下,靠近球的防守队员要错位抢前防守,不让对手接球,伺机抢断对方的传球。球到边角时邻近的防守队员应该果断夹击,积极争夺,远离球的防守队员应大胆放纵自己的防守对象,抢占有利位置以少防多,控制篮下,同时要准备抢断球和补防。

二、全场紧逼人盯人防守的运用时机

1) 在对方体力明显下降或主动消耗对方体力时。

2) 为了扩大战果或挽回败局时。

3) 对付控制球能力差、切入少而中投很准的球队时。

4) 对付平时缺少进攻全场人盯人训练或经验不足的球队。

5) 主动或突然变化战术,使对方出其不意、措手不及,出现不适应的被动局面。

6) 在身材矮小、灵活、快速的球队,采用缩小篮下防守对方高大队员,特别是高大中锋无效时,可扩大防守为全场紧逼,展开全场争夺,改变被动挨打的局面。

三、全场紧逼人盯人防守的基本要求

1)由进攻转入防守时,场上每名防守队员要迅速就近找人、抢位、紧逼对手,在看守自己对手的基础上,还必须随时观察了解、判断全场情况,尤其是持球队员的进攻意图,及时协防。

2)对于无球队员的防守,一定时刻注意保持正确的防守位置和距离,要果断运用抢前防守的动作,迫使对手跑外线,不让其接球,并根据场上具体情况敢于果断放弃自己看守的对手,协同同伴从后面或两侧追截和夹击持球队员;对持球队员的防守要敢于近身争夺,主动迫使对方向两侧外线运球;防守运球队员要"堵中放边",占据中路迫使对手在边角停球,以创造夹击的机会。

3)要有意识地迫使对方长传球或者传出高吊球,为防守队员抢断球创造条件。

第八节 区域联防战术

一、区域联防概述

区域联防是由攻转守时,防守队员迅速退回后场,每名队员按战术要求分工负责防守一定的区域,严密防守进入该区域进攻队员,并且同伴之间有机地联系起来的全队防守战术。

篮球运动初创时期,也就是 1910 年以前,当时的防守以盯人为主,防守队员"各自为战",没有什么换位、换人和其他配合。1914 年美国宾夕法尼亚州的布里大学队在比赛中第一次使用了原始的区域联防战术。到了 20 世纪 40 年代,篮球运动基本上形成了五攻五守的比赛格局,区域联防也已发展成"2—3""3—2""2—1—2"等几种固定的防守战术形式。

20 世纪 50 年代,高大队员开始大量涌现,篮下、空中优势控制了比赛,进攻技术的特点是高度、力量与一定的技巧相结合;进攻战术特点是在外围投篮不准的情况下以高大中锋挤、抗、靠等强攻篮下为主。针对这种进攻特点,区域联防也得到了不断发展和完善,使篮球运动的发展基本保持了攻守平衡。

1970—1980 年,篮球运动进攻技战术发展变化不大,区域联防在比赛中的运用基础仍然存在,所以仍被大量采用。

进入 90 年代,特别是美国职业篮球队首次参加奥运会后,世界篮球运动发生了翻天覆地的变化,攻防技战术水平空前提高,技战术特点与以前相比已有了本质的区别,所以区域联防的运用基础也就发生了变化。目前世界各国都在改进和发展联防战术,以加强它的战术针对性、攻击性和破坏性。

这种战术的特点是防守队员随球的转移而积极地转移和协防,位置区域分工明确,比较集中在限制区周围,因此,有利于内线防守、组织抢篮板球和发动快攻。但由于各种形式的区域联防都存有一些薄弱区域,容易被对方在局部区域形成以多打少而陷入被动。

随着篮球运动不断的发展,区域联防也得到了完善,防守队形从固定变为不固定,加强了区域联防的针对性。同时,在区域联防的运用中,也普遍遵循并贯彻"以球为主"的防守原则,做到球、人、区三者兼顾,扩大了每名防守队员的控制范围,强调与同伴的协防,以及封盖、夹击等防守战术的运用,进一步加强了区域联防的集中性、伸缩性和进攻性,区域联防的发展,使它在篮球比赛中,仍然作为一种有效的防守战术而广泛运用。

在实行区域联防时,要根据它的形式、队员的条件和技术特长,合理分配队员的防守区域,发挥队员在各自防区的作用;由进攻转入防守时,要积极组织队员阻止对方的攻势,有组织地快速退守和及早落位及布阵防守;防守队员要协同一致,随球积极移动,并张开和挥动双臂;相互照应,形成整体防守;防守持球队员,按照人盯人防守要求,积极阻挠对手投篮、传球和运球,严防从底线运球突破;防守不持球队员,要根据离球的远近和防区中进攻队员的行动,积极抢位和堵截,不让对手在有威胁的区域内接球,随时准备协同同伴进行"关门"、补位等防守配合;当进攻队员采用穿插移动时,应根据其行动方向,进行跟防或接防,并迅速调整,防守队员都要堵位和抢位,有组织地争取篮板球,及时地发动快攻。

二、区域联防的优点

在篮球比赛中,区域联防是一种较安全的防守战术,它往往用于对方内线攻击力太强,不能用人盯人防守对付时固守篮下,控制进攻形势,保证有效地争夺篮板球,实现由守转攻的目的。这种防守战术缺乏主动的攻击行动,不能完全抑制对方的进攻意图。但是,在实践中它能起到人盯人防守起不到的作用。

1. 有效地阻止向中锋的传球

在防守中,区域联防的阵形,虽然根据球的转移发生位置变化,但基本的防守任务是不会改变的,对进攻中锋总是通过夹击、绕前及领前防守加强防守,特别是与球同侧的进攻中锋,不管是高位还是低位中锋都要严加防守,并对持球队员采取盯人的防守形势,其他队员封堵传球路线,进攻中锋在禁区周围要想接外侧队员的传球是很困难的。

2. 迫使球远离篮下区域

当球处在中间地带时,进攻队就有能力在任何一侧组织进攻。利用区域防守就可以迫使球离开中间地带,到场地的外侧。在不失去控制边线和高位中锋的情况下,使球到外侧。其中任何一个队员只要迎前防守,就可以迫使持球队员向外侧传球。

3. 防止内线出现一防一的局面

防守的最大危险是内线出现一防一的形势,但是这种对抗往往是不可避免的。当球传到内线时,防守队员必须回缩防守中锋,迫使他再将球传出去,如采用夹击、协防等。

4. 阻截高中锋接球

除去低位中锋之外,高位中锋接到球会比其他任何位置具有更大的进攻威胁,不仅高中锋自己能完成有效进攻,而且能吸引其他位置防守队员的注意力和位置移动,为其他位置上的进攻队员创造进攻机会,而区域联防能阻止外围持球队员向高位中锋的传球,如采用夹击、绕前防守、领前防守,并且配合外围对持球队员的积极防守,封堵传球路线,阻截向高位中锋的传球。

5. 确定放弃哪些外围投篮

任何形式的区域联防都应当准备放弃某些外围投篮,以便增加某区域或位置上的防守力量。区域联防的使用目的,就是使球远离篮下,要想完全阻止对方的投篮是不可能的,防守的主要任务是杜绝内线投篮。因此,在防守中对某些外围投篮不仅不能阻止,而且应当放弃,当然这要通过分析判断,确定应当放弃哪些区域的投篮有利于完成防守任务,特别是有目的地放弃那些命中率不高的队员。

三、区域联防的阵形与方法

区域联防根据防守队员所站的防守区域，组成各种不同的区域联防阵形。如"2—1—2"区域联防的阵形，队员位置和防区分布比较均匀，防守机动性较大，适用于防守正面的进攻以及内线进攻能力较强的队，它的优点是队员之间易于协同配合，并能根据进攻的特点变换其他防守队形。

随着区域联防的发展，区域联防阵形目前主要有"2—3""3—2""1—3—1""1—2—2""2—1—2"等阵形，并且都能针对性地加强某些薄弱环节。

1. "2—1—2"区域联防

"2—1—2"区域联防五名队员分布比较均衡，以中间的一名高大队员为中心，把前排两名锋线队员和后排两名后卫队员有机地组成一个能够前后呼应、左右联系、便于相互协作的阵形。这种防守阵形，能有效地对付内外线攻击力较强的队伍，适用于阻截正面突破和篮下威胁较大而"两腰"攻击力较弱的队。

(1) 球在正面弧顶时的防守配合

示例（见图 5.35）：⑧持球进攻，△应上步防守⑧，△应上步防守⑦，△应防守⑥兼防⑤，△应上步防守⑤，△防守底线的④。

(2) 球在两侧腰部时的防守配合

示例（见图 5.36）：⑧传球给⑥，△迅速上去防守⑥，△退回原来位置或者协防⑤，以防止⑤下移后⑦背插进攻。△要防止⑤下移接球，设法切断⑤的接球路线。△阻止④接球，△向有球一侧的篮下移动。移动中可以抢断⑥给⑦的传球。如果⑥投篮，△、△、△在篮下形成三角形包围圈，挡抢篮板球。

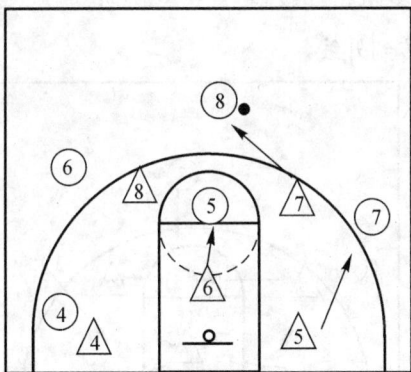

图 5.35

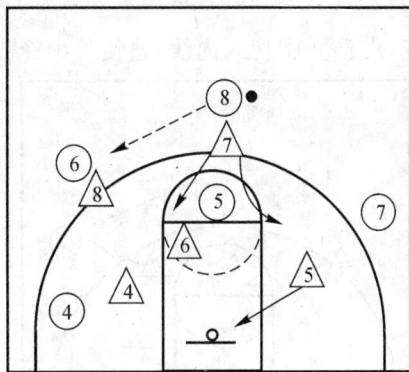

图 5.36

如果⑥回传球给⑧（见图 5.37），防守战术应按照战术需要来移动。如果⑧投篮不准，则△应上前一步阻挠，准备在⑧传球给⑦后快速移动，赶上去防守⑦。△应该在△未赶到前先防守⑦，△赶到后△则退回篮下防守。也可以采用"伸缩性联防"阵形的特殊移动方式，即△与△均采用横向滑步移动，封堵⑥、⑦的投篮点，放弃弧顶投篮不准的⑧。如果⑧投篮较准，⑦投篮不准，在⑧传球给⑦后，则应有一名后卫△上步防守⑦，同时，对⑤要松动防守，以便在

⑦接球回传给弧顶投篮手时能继续上步防守⑧。

（3）球在底角时的联防配合

示例（见图5.38）：⑥传球给底角④，△上步防守④，防止④底线突破。 △应退后协防，△严密防守。如果⑤在内线接球，则△向篮下移动防止⑦背插。 △向限制区中间移动，防止⑧、⑦插入篮下。

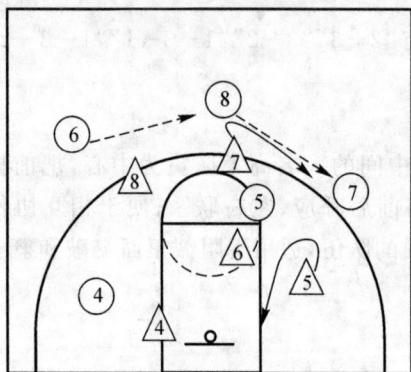

图 5.37

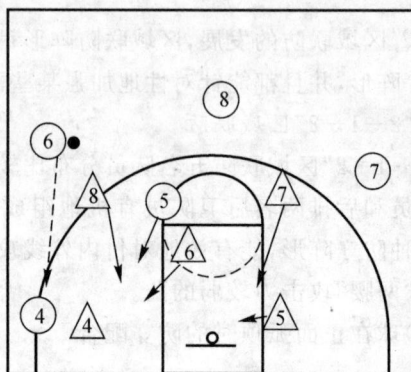

图 5.38

（4）防守溜底线配合

示例（见图5.39）：⑧传球给⑦，④溜底线向有球一侧切入，△要防溜底线的④。 △上步防守⑦，△等到△回防⑦时再从右腰撤回篮下防守溜底线过来的④。

（5）防守外中锋的配合

示例（见图5.40）：⑧传球给外中锋⑤，△要上步阻止⑤投篮，△、△协防⑤，△要防止④插入内线，△防止⑦切入内线，迫使外中锋⑤将球传到外线。

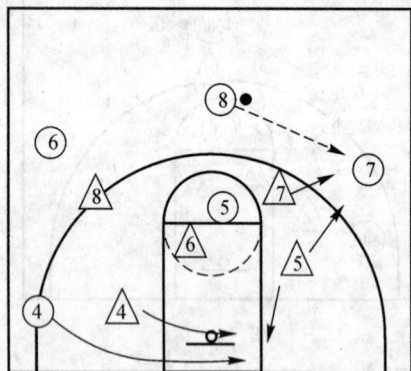

图 5.39

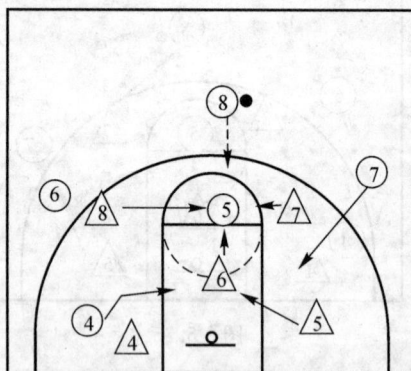

图 5.40

2."2—3"区域联防

这种站位队形由于加强了篮下和两个底角的防守力量，用以对付篮下与底线攻击力强的队很有效果，易于在底线场角进行夹击，并有利于争抢篮板球和发动快攻。但这种站位队形的正面、两侧和限制区的中间地带是防守弱区，不利于防守这些地区内的投篮。

由于"2—3"区域联防与"2—1—2"区域联防有许多相似之处,不同的地方就是中锋稍向下移动,位于篮下中间区域防守。而位于篮下两侧防守的队员稍向外移动,加强场角与底线的控制。因此在采用"2—3"区域联防时,队员应具备的条件与"2—1—2"区域联防基本相同。

3."3—2"区域联防

这种防守队形扩大和加强了外线防守范围,能有效地控制外中锋的进攻行动,有利于防守外围两侧的中距离投篮和抢断球,便于夹击。但是"3—2"区域联防在篮下和两个场角是防守弱区,所以不利于防守篮下和两个场角的投篮,也不利于控制篮板球。

4."1—3—1"区域联防

这种防守队形可以加强罚球区一带和两侧的防守,能够切断进攻队员内、外线,左、右两侧的联系,造成进攻队员之间传接球的困难,抑制对方中锋的进攻,有利于防守外围的投篮和抢断球发动快攻。但是在两个场角空隙较大,篮下防守较弱,容易被对方以多打少,也不利于防守篮下两个场角的投篮和抢篮板球。

四、联防阵形变化要点

1)根据对方开始进攻的队形,有针对性地采用相应的区域联防阵式。例如:对方站位是"3—2"进攻队形,本方就采用"3—2"区域联防阵式。

2)对持球的进攻队员,采取防区范围内的盯人,如果本防区存在两个以上的进攻队员时,应以防守持球队员为主,当持球队员处于死球时要迅速迎前逼封,其余同伴及时调整位置进行协防和伺机抢断。

3)球在前区时,一般采用"3—2"区域联防的防守阵式。如果内线进攻队员上提,同侧防守队员随之跟上变为"1—3—1"防守阵式。

4)当球由前区进入后区时,通过轮转变换补位,迅速变为"2—3"防守的阵式。

5)两底角为夹击区,"堵中放边"诱使持球进攻队员向底角运球,及时夹击封堵,迫使其停球,邻近两个同伴封锁控制其传球路线,其他同伴伺机抢断,加强防守的攻击性。

6)对禁区内有进攻威胁的持球队员要进行助防围守,有球侧密集防守。

7)对向强侧(有球侧)移动的进攻队员,要先堵后送,相互呼应,出现漏洞及时补防。

8)抢防守篮板球时,要注意先挡人顶位,抢占有利位置。

第九节　区域紧逼战术

一、区域紧逼概述

区域紧逼是防守队按预定的战术阵形分区落位,守区盯人,连续组织封堵夹击,力争获得控球权的防守战术。

区域紧逼既有区域联防的特点,又有人盯人的特点,体现了在区域中紧逼,在紧逼盯人中守区,是具有攻击性的一种整体性防守方法,也是两大防守战术体系综合发展而形成的战术系统。

区域紧逼在防守实践中具有整体性、双重性和攻击性的特点。整体性表现在队员的个人防守行动服从于整体,任何一个防区都从属于全场范围的防守,既有分区界限和任务,又有区区相连形成整体区域防守的方法。因此,防守时要加强队员的整体行动和意识的培养。双重性表现在既要在区域中盯人,又要在盯人中守区,防守队员要具备个人防守和协防两重意识和能力,这样才能很好地完成区域紧逼的双重任务。攻击性表现在积极主动地在全场展开争夺,争取时间,控制比赛节奏,展开紧逼、追防、夹击和抢断等攻击行为。

区域紧逼防守能迫使惯于稳扎稳打和采用控制球战术的队无法运用其习惯打法。每当对方得球时,防守队就立即开始紧逼,不允许攻方按其习惯打法发动进攻。采用区域紧逼的另一个理由是迫使善于控制、支配球的进攻队员必须应付两个防守队员,这种防守夹击使仅有一个队员控制、支配球能力特别强的队不能单靠一个人将球推进到前场,他将到处受到夹击而无法向前推进,从而迫使其他进攻队员也要担当这个角色,这样整个比赛中攻方出现失误的可能性就会增加,而防守方会有更多的抢断球机会。区域紧逼还可协助一个球队摆脱某些场次中投篮失常情况下的不利处境。

区域紧逼防守弥补了人盯人防守方法的不足,同时具有以下优点:第一,全队的防守更具整体性;第二,降低攻方掩护配合的成功率;第三,使运球突破的有效性降到最低限度,有效地遏制了运球突破快攻;第四,有利于篮板球的争抢,并创造良好的快攻机会;第五,容易调整为紧逼防守,防守阵形多样化。

二、区域紧逼的基本阵形和方法

不同的区域紧逼防守范围和落位队形,构成了防守重点不同的战术阵形,主要有"1—2—1—1""1—2—2""2—2—1"和"2—1—2"等阵形。

根据比赛需要和本队条件,区域紧逼防守可分为全场区域紧逼、3/4区域紧逼和半场区域紧逼。

1. 全场区域紧逼(以"1—2—1—1"阵形为例)

(1)防守的落位

全场区域紧逼时,每名队员首先必须按照所采用的防守阵形落位,以最快的速度落到自己负责的区域内,寻找进入自己区域的进攻队员,以便展开区域中盯人、盯人中守区的配合。

例如(见图5.41):△、△、△、△、△站成"1—2—1—1"阵形,△的防区最靠前,距离球最近,处于第一线,△与△守住两翼,落位于△的后面。△守住中场,落位于中圈附近,△处在最后的防区,距离球最远。每名队员都位于自己的防区,守住进入自己防区的对手。

(2)个人防守职责

根据全场区域紧逼防守一般规律,每名队员都有自己的防守职责(见图5.42)。△处于第一线,由攻转守时,要立即抢占最前的中区,根据不同防守任务,一是紧逼发端线界外球的队员,迫使他把球传向有利于夹击靠近边线的一侧;二是紧逼接球队员,与△围守夹击④,切断其接球路线,如果④在边线附近接到球,则△与△夹击。△的防守任务是阻止④接球,或当④接到球时与△夹击,如果④向前运球突破,则紧紧地追防。当△在中场堵住④运球或迫使其停球时,△与△要在中场附近对④夹击。△堵截⑧的移动路线,切断其接应点,或者当△向有球一侧移动时,退回后场补防。△阻止⑥或⑦的接应,或与△夹击④,或与△夹击⑤。△与△处于两翼,由攻转守时,其防守任务是立即抢占各自的半个区,并与△保持三角队形,协助△4阻止④或⑤接球,或与△4夹击接球者;如果④或⑤接到球时则应迫使其沿边线运球,阻止向中间突破,以便与△7中场进行夹击。当球已沿着边线推进时,另一侧的防守队员应迅速退回后场,协助后线队员防守篮下。△7处于中场区域,由攻转守时,其防守任务是控制中场区域,进行抢断球,并与两翼的△5、△6保持三角队形,堵截中场区域的运球,或与△5夹击④,或与△6夹击⑤。一旦球越过中场,当后场△8补防时,△7应退回后场协助补防篮下。△8处于后线,距离球最远,由攻转守时,其防守任务是控制后场区域,抢断长传球,由于后线防守往往会出现以少防多的局面,因此△8应以防守篮下为主。

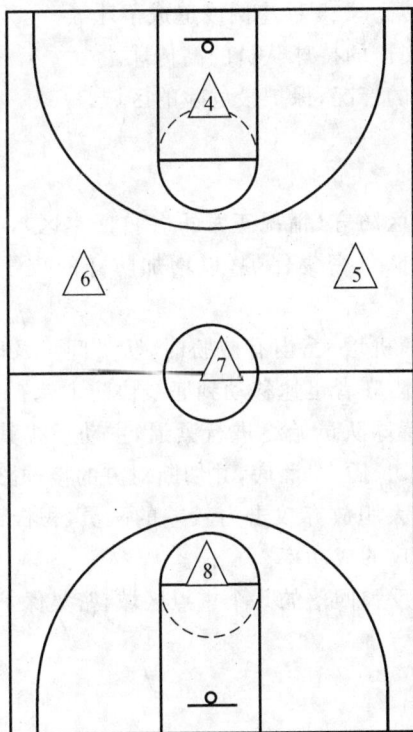

图 5.41

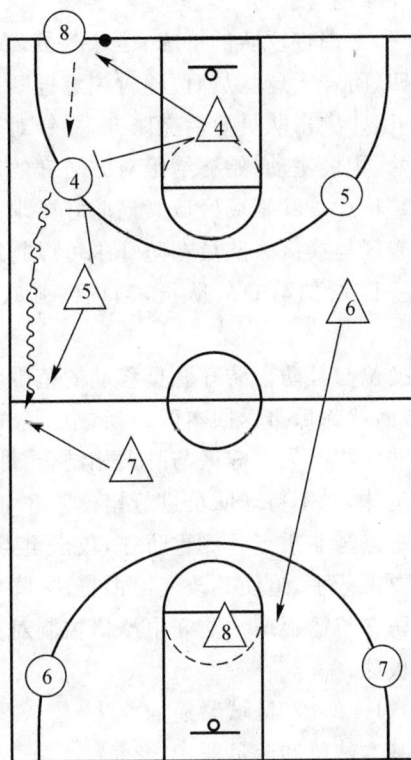

图 5.42

(3)全队的防守

球在不同的区域,全队防守有着不同的要求。

1)球在前场:当对方在端线掷界外球或掷球入场时,全队要做到"以势压人",给对方以心理压力,使其紧张和慌乱。全队每位队员要迅速落位,主动出击,控制防区,紧紧防住进入自己区域的对手,阻止球轻易地越过自己的防区;防守时,以逼抢、夺球为目的,紧逼有球队员,迫使其按照防守的意图运球推进和传球,控制球的走向和路线、速度。打乱对方习惯的进攻部署;抓住时机组织邻近的同伴进行夹击,近球区的防守队员要与持球者的防守队员协作夹击持球队员,封堵传球路线,其他队员要积极错位防守,切断接应路线。要做到近球区紧逼,阻止接球;远球区松动,给持球者以"空当"的假象,诱使他们传出高吊球,以便伺机抢断。

2)球在中场:主要是指对有球队员向前推进时的防守。要求全队做到逼向边线,堵住中路,及时调整位置,要迫使持球队员向边线运球。对无球队员要抢前、错位防守,不让其插入中区接应。要轮转换位,防止传球到底线;当对方突破一线防守时,全队要向球的方向进行轮转补位防守,并防止持球者向对面底角或篮下空当处传球。

3)球在后场:当球越过中场,推进到后场时,这时的防守就进入了半场区域紧逼。

2.半场区域紧逼(以"1—2—2"阵形为例)

(1)"1—2—2"半场区域紧逼防守原则

第一,从中场,刚过中线就展开积极防守。

第二,迫使持球者向边线移动,并在场角、中、底线与边线处发动突击。防守进攻深入前场的队员要采用身前防守。

第三,紧逼进攻队的持球、运球队员,或迫使他传高球、5秒违例或造成争球等。

第四,防守无球队员时,随时注意抢断被紧逼、夹击的持球队员的高传球。

第五,非夹击队员要后撤防守,并针对进攻队员的情况,保护最危险的区域。

第六,积极主动,始终给予对方防守的压力。

(2)"1—2—2"半场区域紧逼防守要求

1)越区与换区。队员在防守中可以越区进行换区防守(情况正常再各自回本区),必要时可在某一区增加防守的队员,当内线强攻时,防守队员密集保护,以增加防守的攻击性、集体性。

2)换位与补防。防守队员移动的范围、距离要随机增大,当有威胁时,队员间可及时换位补防(威胁解除后再返回本区),当球在底线时,弧顶防守者迅速移动到底线协防。

3)守区与盯人。守区与盯人相结合,即对本区持球队员始终进行紧逼,主动干扰其投篮、传球和运球,对不持球队员进行错位防守,防止其空切、插中、溜底,并切断对方的接球路线。

4)重点与非重点。侧重防守,攻击重点,防守中大胆放弃攻击力较差的队员,积极封阻对方的主要得分手,迫使其改变习惯打法,降低对方进攻的成功率。

5)防守与篮板球。防守中严格控制对方投篮后反弹回落的几个重点区域,密集保护,全力拼抢篮板球。

(3)"1—2—2"区域紧逼的方法

1)基本站位和队员职责。

示例(见图5.43):开始时的站位阵形,△位于最前面,站位于中圈附近,是防守的中坚,一般是身材高大、善于夹击的队员。其职责为:迫使对方运球者至中场边线,便于夹击;当球进入底线场角时撤回保护策应区,并注意断球。左侧的△站位距左侧边线2～3米处,当球从这一侧越过中线时,他即为夹击者。其职责:协助△在中场夹击进攻队持球者;后撤与处于中间区域的防守队员夹击持球者;当形成夹击时△随时准备抢断。右侧的△站位于距右边线2～3米处,当球从右侧越过中线时,他就上前夹击,其职责与△相同。 △、△站位于边线和罚球区的边线之间,一般是抢断能力较强的队员。其职责:保护中间区域;防守队员的位置空出时,注意补位;移向场角去夹击对方;当形成中线场角夹击时,移向有球一侧抢断球;积极拼抢篮板球。

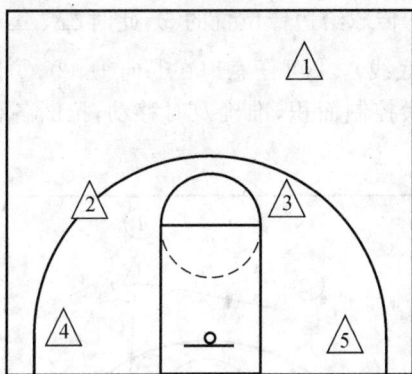

图 5.43

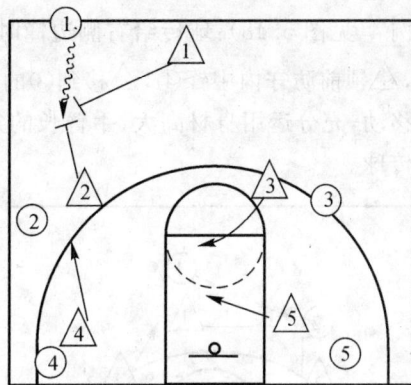

图 5.44

2）球越过中线后的防守。

示例1（见图5.44）：球从左侧越过中线时。当进攻队的运球队员①从左侧越过中线时，位于最前面的△应迫使运球队员①远离中线移向边线，左侧△与△合围夹击①。△上移，负责左边防守并切断向②的传球路线。△移动至篮下切断传球给④的路线。△站在③、⑤之间，防守两个队员。△看到球传出时，即进行抢断。当进攻队员落位于图5—45时，①从左侧越过中线，△移动与上提的△夹击①。△上提伺机断传向④的球。△上升到③前面（绕前防守）注意切断②的接球路线。△向上移动，一定要快，用短促步法贴靠进攻队员①。

示例2（见图5.46）：球从右侧越过中线时。当运球队员①从右侧向前推进越过中线时（见图5.46），位于最前面的△和△夹击①。△上移至③前面，△横移至⑤前面。左侧△防区有两个进攻队员②、⑤，△站位于二者间。△从左侧移动到⑥的前面，负责防守同侧（右侧）区域并封阻传向③的高吊球。

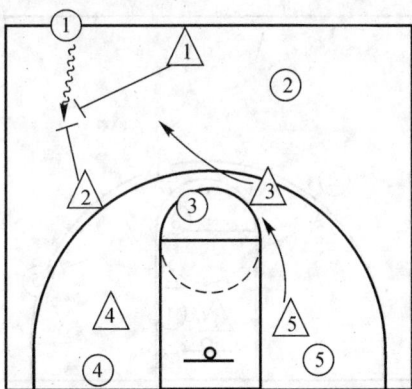

图 5.45

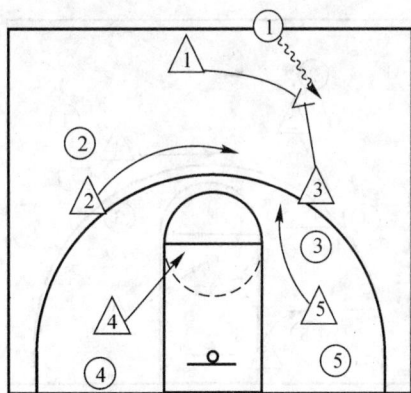

图 5.46

示例3（见图5.47）：球越过中线后向另一侧传球时。如果①传球给②，△和△一起对②进行夹击。△上移注意断传向①的球，△上移切断传向④的球，△上移至③前，同时注意⑤的动向。

示例 4(见图 5.48):球传给右侧边锋时。如果①传球给边锋位置的⑤,此时△4、△3对⑤进行夹击,△4领前防守内中锋④,△2移到③的下侧(近底线),△1可任意地在⑤向①、②、③传球的路线上移动,充分运用身材高大、手臂长的条件,扩大控制面积,准确及时移动,抢断各种超越常规的传球。

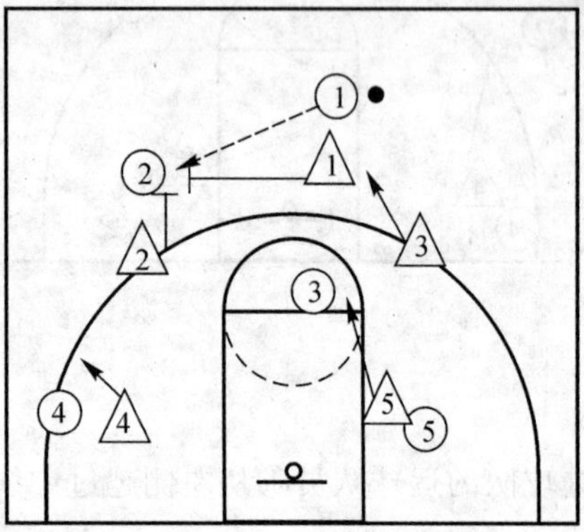

图 5.47

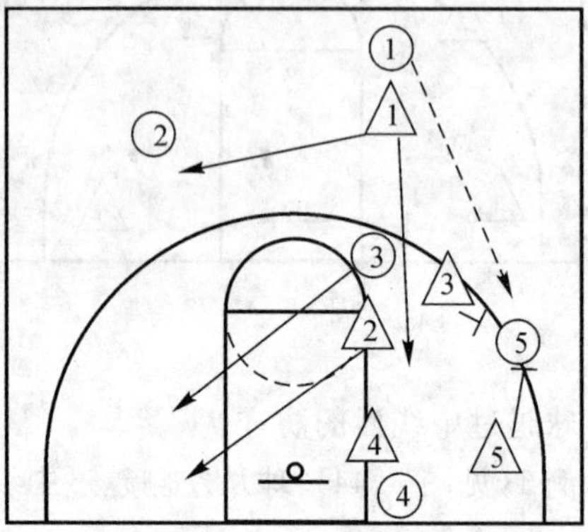

图 5.48

示例 5(图 5.49):球传给左侧前锋时。②传球给④时,△2与△4夹击④,△5绕前防守③,△3移动到③、⑤之间,注意④传吊球给③或高球给⑤,△1则向左侧移,注意④传向②的球,同时兼管可能传给①的高球。

3)球在底线时的防守。

示例(见图 5.50):处在底线附近的⑤接到球后,△3、△5夹击持球者⑤,△4绕前防守④,△2后撤到限制区内保护篮下,防止给④或②的高吊球,并在对方投篮时负责弱侧的防守,△1站位在③上侧,但随时准备断回传给①的球。

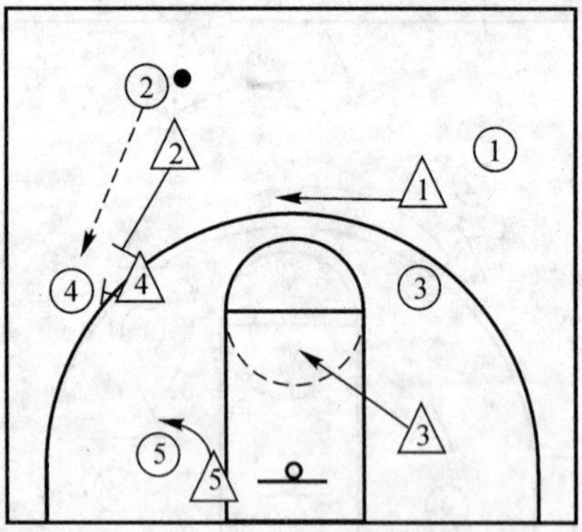

图 5.49

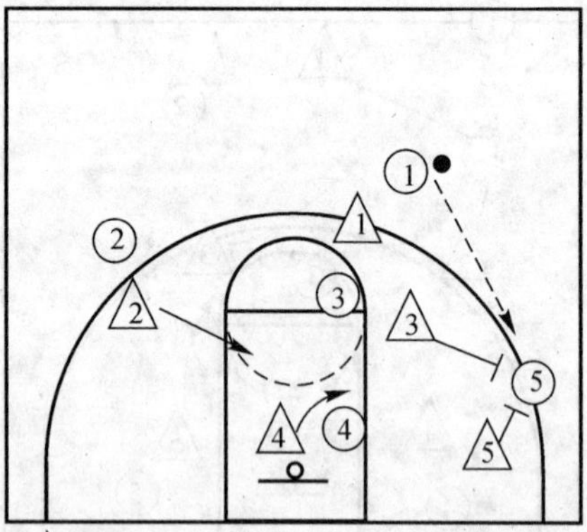

图 5.50

4)球在罚球圈的弧顶时的防守。

示例(见图 5.51):③上提圈顶接②的球,△5移动到限制区保护中间区域和篮下区域,△3紧逼防守③,防止其接球。如果③接到②的传球,那么△1、△2快速上去封堵,△3也应上去与△2合围夹击,力图断球或迫使③把球传到外线,远离篮筐。

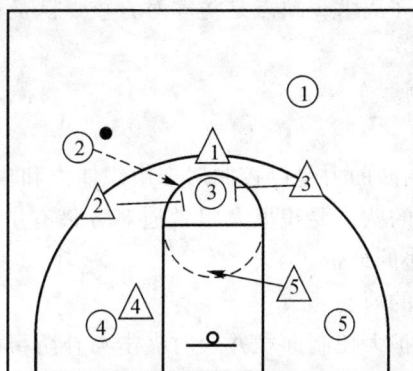

图 5.51

三、战术要点

第一,运用"1—2—2"半场区域紧逼防守应从前场开始,即要由进攻转向防守,要采用"领防"的形式逐渐退回后场防守,前场队员干扰对方的传接球,防止运球突破,控制对方的进攻速度,制约对方发动快攻,以便及时回到后场,迅速到位,布好防守队形。

第二,防守队形一般先以"1—2 2"落位,在运用中要根据对方的进攻队形和进攻特点,随时调整防守的队形,可对对方重点得分手调整成侧重防守落位队形。

第三,运用时每个防守队员的职责分工要十分明确,应根据球的转移、各自的任务和路线进行防守,同时注意相互呼应,协同防守,避免在两个防守者间,由于职责不清而产生漏洞。

第四,"1—2—2"半场区域紧逼防守对于底线两侧的零度角的防守、外围的投篮、内线的保护、外围重点攻击点的防守、拼抢篮板球等方面都有较好的效果。其特点是在加强队员间相互配合的基础上,更加突出防守的集体性,即由外线相互及时补位和配合,弧顶防守者伸缩距离大,既能封堵对方的投篮或突破,又能在球下到底线或球传到内线时回缩协同保护,还能减少本队犯规次数,增加抢篮板球和断球次数,为发动反击快攻创造有利条件。

第十节 混合与综合多变防守战术

一、混合防守

混合防守战术是综合防守体系中的一种重要防守战术,是部分队员按人盯人原则防守,部分队员按区域联防原则防守的一种特殊的防守形式。它是建立在区域联防和人盯人防守基础上的一种混合防守的方法。它能在有效攻击区内对进攻保持最大压力,干扰内线活动,破坏战术配合,限制其投篮命中率。混合防守是将五人组成一个有机的整体,在整个防守过程中,每个队员既能够根据总的防守原则进行防守,又能针对进攻战术的不断变化进行调整,每个队员有明确的位置分工,控制对方进攻的重点区域和重点人。

联防站位区域盯人这种防守形式,是指当进攻威胁最大的队员进人哪个防区时,就由哪个防区的防守队员对他采用紧逼盯人防守,直至他离开自己的防区。这种防守优点是可迷惑对方,使其不易识破所运用的防守战术。缺点是防守对方重点队员的分工不够明确,易出现漏防现象。

1. 混合防守的特点及原则

(1)混合防守针对性较强

混合防守能合理地组织本队的力量以控制对方组织能力和攻击能力最强的队员或制约进攻最有威胁的地区,负责盯人的队员要积极大胆紧逼对方最有威胁的对员,尽量不换人,减少其接球次数或进入篮下有威胁的地带。

(2)能充分利用对方进攻的薄弱环节

混合防守通过协同防守,扩大控制面积并及时夹击与补防帮助负责盯人的同伴防守,及时调整防守的侧重点,以弥补本队的防守弱点,争取比赛主动。

(3)混合防守能制造对方的错觉

混合防守容易使对方在进攻时,思想产生混乱,在配合过程中出现更多困难。

在采用混合防守时,应按盯人和联防的原则进行防守,正确处理"动静"的辩证关系,在进攻穿插较多或配合最熟练的局部地区可采用联防防守。区域联防,防守不应把防区过于扩大,否则篮下易出现空隙,造成对方突破。当进攻已经适应某种防守形式时,可重新组织防守力量,调整防守侧重或转变为另一种混合防守形式。

2. 混合防守的形式及特点

混合防守主要有:"一盯四联""二盯三联""三盯二联""联防站位区域盯人""四盯一守"等形式。

无论采用哪种防守形式都有不同的优缺点,在采用防守形式时,要根据不同的进攻阵形选择合适的防守形式。

一盯四联(一人盯人四人区域联防)主要对付一名队员投篮很准,或组织能力很强的进攻队员,这种防守的优点是队员负责区域和盯人防守的职责分工明确,其缺点是在整体防守上易出现分工分家的现象。

二盯三联这种防守不仅可以重点防守进攻威胁较大的两名队员,还可及时补防进攻威胁较大的两名队员,且有利于争抢后场篮板球。

三盯二联是当对方有三名队员进攻能力较强,而另两名队员攻击能力较弱时,或本队有两名身材高大欠灵活,个人防守技术差,但却有利于控制篮下时,采用较适宜。

四盯一守有利于控制篮下,主要是本方有一名身材高大、欠灵活的队员在篮下机动防守。

3. 半场主要混合防守的方法

(1)一盯四联的防守方法

示例1(见图5.52):防守者△紧逼盯住进攻者⑧,其余队员落位成"1—2—1"联防阵形,主要控制限制区内的区域,在罚球区两侧活动。

示例2(见图5.53):防守者△紧逼盯住进攻者⑧,△、△、△、△站成"2—2"联防队形,△、△在罚球线附近滑步,并适当协防⑧,封锁限制区及篮下两侧。

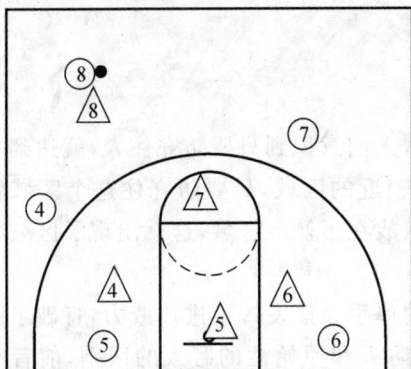

图 5.52

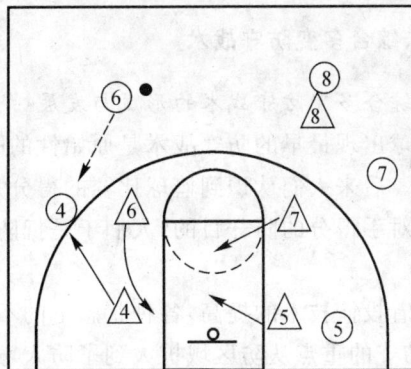

图 5.53

（2）二盯三联防守方法

示例（见5.54）：篮下三人为联防，外围二人盯人和紧逼⑦、⑧，根据进攻队员的位置，在篮下按三角形联防阵形防守，并积极滑步控制中区。

4.全场混合防守方法

以中场区域"1—2—2"区域紧逼、后场对位联防的防守方法为例（见图5.55）。

当攻守转换时，防守队全速退到中线附近，站成"1—2—2"阵形进行区域紧逼。⑧要主动迎上去干扰持球的⑧，采取"堵中放边"方法，迫使⑧向边线运球，⑥、⑦随时准备夹击和协防，△、⑤错位防守并注意补防和抢断。如果球从前场直接越过前场的防守者到后场，则前场队员应快速退回形成后场对位联防。

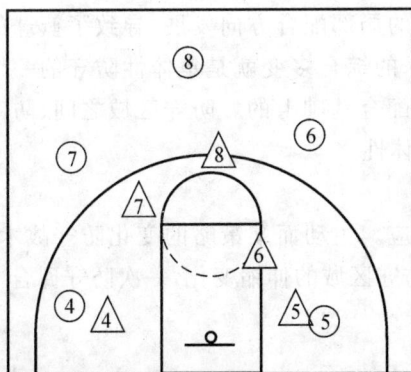

图 5.54

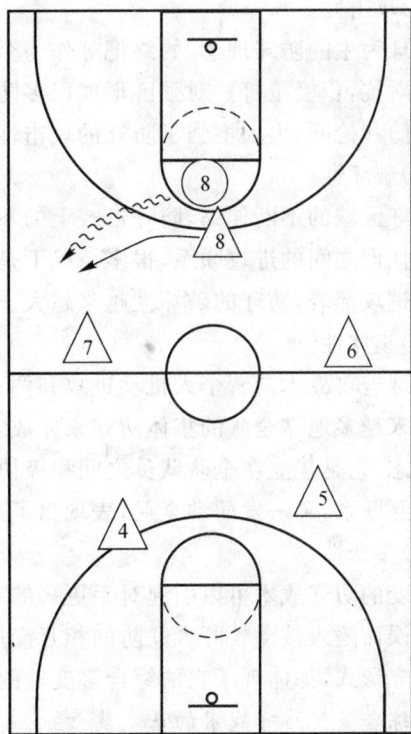

图 5.55

二、综合多变防守战术

1.综合多变防守战术的形成与发展

篮球出现最早的防守战术是原始性的盯人防守,人们意识到只要防守住人,就达到了防守的目的。后来人们认识到篮球比赛的得分是在离篮较近的区域,只要防守住这个区域就达到了阻止对手得分的防守目的,人们于是把防守的重点放在了篮下区域,这就出现了区域联防防守战术。

随着投篮技术的提高,各种状态下的不同距离的单手投篮发挥了进攻威力,打破了防守的区域,防守的重点从防区域扩大到了防人,这时候的防人和原始性的盯人的区别,前者有了明显的区域性的概念,不同区域里的人防守的策略不一样。

20 世纪 50 年代,"错位防守"技术的出现,有效地控制了进攻,并形成了同伴之间的相互协防。70 年代,人们把防守的重点集中在对球的防守上,形成了以球为主,人、球、区三位一体的防守理念。在整个防守过程中,防守队员要根据球的位置、对手所处的区域、自己所在的区域这三个条件,来选择自己的防守位置和防守行动,以及全队的防守策略。随之出现了多种形式的区域紧逼、全场紧逼夹击战术,被人们誉为"防守的年代"。真正把多种防守战术结合起来形成综合多变防守体系的是美国著名教练迪安·史密斯。他把自己常用的紧逼盯人、轮转堵抢、区域紧逼、区域联防四种防守形式,在全场四个不同区域里变化运用,形成了一种行之有效的综合多变的防守战术体系,发展了篮球防守战术水平,并对世界篮球防守战术产生了积极而又深远的影响。

2.综合多变防守战术的基本特点

(1)攻击性

以球为主的防守理念,始终把球作为个人和全队防守的重点。积极紧逼持球人,敢于身体的合理对抗,积极抢打。对强区形成以多防少的包围性防守,对弱区无球队员采用错位防守,积极协防和抢断,大大增强了防守的攻击性。

(2)破坏性

防守区域的不断伸缩,防守形式上的不断变化,破坏了进攻队员的习惯位置和习惯打法,切断了他们之间的进攻联系,很多情况下是把进攻队员从他习惯的位置上给逼了出去,打乱了对手的进攻部署,防守的破坏性越来越大。

(3)集体性

篮球进攻战术向着个人机动进攻和两三人简练的局部配合方向发展,导致了篮球的防守战术越来越多地靠全队的集体防守来完成,防守战术的综合多变就是集体性防守的一个最明显的标志,它是建立在全队队员之间积极协防、协同配合基础上的。防守区域之间、防守队员之间相互联系,牵一发而动全局,表现出了高度的集体性。

(4)多变性

多变的防守战术可以引起对手更多的不适应反应。主动而又策略的变化防守战术,使其出现错误而陷入被动。盯人联防的相互渗透融合,防守区域的伸缩变化,一次防守回合中变化几种防守形式,都体现了它的综合多变性的特点。

3.综合多变防守战术的基本要素

(1)防守区域

综合多变防守把全场分为四个不同的防守区域,即全场、3/4 场、半场扩大和半场缩小。根据对手不同的进攻战术,在不同的防守区域里采用不同的防守策略,把对手分割在较大的区域里进行争夺。这也是身材低、速度快的球队对付高大对手的明智之举。

(2)防守形式

防守形式是指防守战术在外在形态上的表现方式。不同的防守战术由于自身的组织结构、移动路线和配合方法的不同,所表现出来的外在形式也各不相同,这是人们区别防守战术的标志。目前最常用的防守战术形式有紧逼盯人、半场盯人和区域联防。

(3)强区

强区是指篮球比赛中进攻时球所在的区域,是主攻点,也是防守的重点区域。强区的防守任务是对球形成有威胁性的包围性防守,防守的策略是紧逼、打抢、错位、关门、夹击和协防,要形成强有力的防守网络。

(4)弱区

弱区是指篮球比赛中离球较远而暂时无威胁的区域。弱区的防守任务是协防,防守的策略是回缩、补漏和抢断。

4.综合多变防守战术的组织形式

(1)半场综合运用形式

半场混合运用,集中了盯人和联防的两大防守的主要特点,盯人联防相互渗透,混合运用。它和一盯四联或两盯三联的混合防守有着根本的区别。综合多变防守战术是在半场防守中以盯人为主,混合进联防的要素;或以联防为主混合进盯人的要素,强区伸出去盯人,弱区缩回来联防,防守的职责完全随强区弱区的变化而变化。盯中有联,联中有盯,相互渗透,融为一体。

(2)全场综合运用形式

1)变防守区域,不变防守形式:紧逼盯人可以变化为全场紧逼盯人、3/4 场紧逼盯人、半场扩大紧逼盯人、半场缩小盯人;区域紧逼可以变化为全场区域紧逼、3/4 场区域紧逼、半场区域紧逼。

2)变防守区域,变防守形式:全场或 3/4 场的紧逼盯人→半场扩大盯人或半场缩小盯人;全场或 3/4 场的区域紧逼→半场扩大盯人或半场缩小盯人;全场或 3/4 场的紧逼盯人→区域联防;全场或 3/4 场的区域紧逼→区域联防。

综合多变的防守战术的精髓在于多变,通过不断的防守区域和防守形式的变化,使对手难以适应而陷入被动,造成进攻的混乱、延误或失误,获得球并迅速转守为攻。

5.综合多变防守战术的要求

(1)掌握多种防守战术形式

综合多变防守的基础是要掌握多种防守形式,只会一种防守方法,多变就无从谈起。对不同防守形式的特点、方法、变化规律、运用时机要达到熟练掌握的程度,这样在组织多变防守战术时才能游刃有余、富于变化。

(2)争取优势,主动变化

必须要改变一种传统观念:被动挨打时才迫不得已变化防守战术。要树立积极灵活、主动变化、控制局势、抢占主动的战略意识,主动打乱对手的进攻,增加对手的心理负担,使其陷入被动局面。

(3)全队统一思想,协调行动

平时训练要使每一个队员明确自己在每一个战术环节上的任务、职责和正确的战术行动，明白自己和同伴协防的路线和时机，保证全队的协调行动。优秀的球队往往把防守变化规定为不同的信号（伸手指或喊数字），只要场上队长发出信号，队员马上心领神会，及时变化，行动突然，效果甚佳。

(4)前后衔接紧凑，左右伸缩自如

综合多变防守由于防守区域的扩大，队员之间的距离随之拉长，组织战术时要求全队前后队形相互衔接，前动后跟，前夹后断，前漏后补；左右相连，有伸有缩，相互呼应，形成一个灵活机动的集体防守网络。

(5)注重防守效果而不流于形式

组织综合多变防守时，其目的在于遏制对手的进攻，迅速转守为攻，要讲究防守的效果，不能流于形式。

第六章 教学组织与练习方法

第一节 篮球教学概论

一、教学方法发展的基本特点

随着当代教学观念从重视教师向重视学生的转变,当代教学方法的发展亦表现出了与过去有本质区别的特点。这些特点从学生方面看,重视实现学生的主体地位,重视学生知情、智力的统一;从教学方法自身看,重视学法研究,重视现代教育技术的运用和教学方法的模式化。

1.重视实现学生的主体性

学生的主体性是指学生在教育活动过程中作为主体在客体关系中的地位、能力、作用和性质,核心是学生学习的能动性和自由个性。

传统方法的特性是注入式,学生基本上没有能动性,在学习过程中被教师、书本的权威所统治和支配,完全处于被动接受的地位。

现代方法追求与学生学习规律的一致性,张扬启发式,激发和保持学生的学习动机及学习兴趣,还学生以主动学习的地位,使教学过程成为学生积极学习、能动发展的过程,在学习上,重视在过程中体验和自由个性的实现。

2.重视教学中学生知情、智力的整合统一

传统方法明显倾向于把人的智力和情感割裂并对立起来,一味强调智力的重要性,表现为过分突出和重视知识传授和智力发展。

现代教学方法立意超越理性主义,把智力与情感统一起来。马斯洛指出:"健康者的认识、意动和情感主要是相互合作的,而不是对抗的或相互排斥的"。"意动在本质上是认识的,认识在本质上是意动的"。既然认识与意动是统一的,那么智力与情感也应该是统一的,于是"知情互动"理论便诞生了。美国心理学博士高曼(D. Golemman)在这些观念的基础上,大胆而独到地提出了"情感智力"的崭新概念。智力再也不仅仅是认知性的了,情感也是智力,而且是对人的社会生活幸福与否产生重大影响的智力。认知实质上是情感的,而情感实质上也是认知的,智力实质上是认知智力和情感智力的统一。

3.重视学习方法研究

传统方法把学习方法的实质看作是教法,突出了教学法中的"教"的一面,所以讲授法成为课堂教学中占支配地位的方法。

现代方法倾向于"教法的本质是学法",所以特别重视学习方法的研究和应用。首先是重视学习心理学研究,在整个20世纪,世界范围内的心理学界把学习心理作为热点领域,在知识获得、技能形成和智力发展等方面,获得了丰硕的成果。其中学习策略的研究取得了飞速发展,并在教学实践中得到了广泛的应用。

4. 重视现代教育技术的应用

现代教育技术是指以计算机为核心的多媒体和网络一体化的教育技术,它在 20 世纪取得了飞速发展,目前已成为教育现代化的重要标志。

在信息技术高速发展并被广泛应用于教学的大背景之下,越来越多的学校将现代教育技术的应用作为应用现代教学方法的指标。教学方法的技术化、多媒体化、网络化,成为了世界范围内的一种基本趋势。多媒体教学、网络教学,既作为一种教学方法的新理念,又作为教学方法的新形态,在教学理论研究和实践发展两个领域都得到了前所未有的新发展。

5. 重视教学方法的模式化

教学方法从根本上讲,是人们对教学活动的一种特定态度、意向和操作。在多元文化的背景里,方法走向模式化,出现了多种多样的具有教学方法性质的模式。每一种教学模式,由主题、目标(或手段)、程序以及评价等成分构成,使得教学方法涵括了具有一致性的新的心理学理论、新的教学价值观、新的教学内容观以及新的教学方法观,为操作性教学方法的创新和发展奠定了坚实的基础。

二、"教师主导"与"学生主体"

1. 二者的连接点是"学习过程"

"教师的主导性"也可以理解为教师的指导性,应该是指"教师对学生学习过程的指导质量和强度",而"学生的主体性"应该是指"学生朝向自己学习目标清晰度和学习过程中前进动力的强弱",两者的连接点是"学习过程",换句话说,教师的指导性就是"对学习过程的指导性",学生的主体性就是"在学习过程中的主体性"。

其实,教师的主导性和学生的主体性是一件事情的两个方面,教师指导学生是为了更好地发挥学生的主体性学习,学生接受教师的指导,一个去正确"导",一个在主动积极"学",因此,两者应该说是统一的。没有正确"导"的积极的"学",只能是"瞎学";而没有积极"学"的"导",即使正确也只能是白费劲的"导"了。

2. 二者是相辅相成的关系

应该说,在体育教学中,教师的主导性越强,学生的主体性就越强;相反,教师的主导性差,学生的主体性也差。

教师的主导性主要在于,明确教学目标,然后要对学生的学习动机、兴趣、学习步骤等进行深入的了解,并根据目标和学习动机的关系来编制和设计教学过程,这样就可以不断地激发学生的动机和学习积极性,使师生融洽地、互相配合地去达到教学目标。

因此,学生学得越好,学生的主体性越强,越说明教师了解学生,越说明教师对教材理解得透彻,越说明教师选择的教法得当,那么,也就越说明教师的主导性越强了。

3. 强化和优化"教师的主导性",调动"学生的主体性"

在体育教学改革中,不能将发挥教师的主导性和尊重学生的主体割裂开来,更不能顾此失彼。

体育教师要仔细揣摩教师主导性和学生主体性之间的关系,并从中找到教师应该做的工作,并不断地去构建新教材,探讨体育教学中的"学理"(体育学习、运动技能学习的规律),在教学中要通过强化和优化"教师的主导性"来充分调动"学生的主体性",让学生在愉快中去积极地进取,达成教学目标。

素质教育强调学生是学习和发展的主体,在体育教学中重视弘扬学生的主体性,要让学生主动地、生动活泼地进行体育学习。但这丝毫不是要削弱教师的主导作用,而是对教师的要求更高。片面强调"学生决定一切"、强调"学比教更重要",是将主体和主导、教和学对立割裂开来了。

三、选择教学方法的依据

1.依据教学目的

不同的教学目的与教学任务需要不同的体育教学方法。体育教学方法的选择必须从教学的目的、任务出发,在考虑新授课、复习课,还是综合课、考核课、室内课还是室外课的前提下,采用相应的教学方法。

比如新授课的教学,就得更多地运用语言的方法、示范和演示的方法;练习课就要更多地使用练习法、比赛法等教法。

又比如,单元的前段课,发现法、游戏法就可以多用一些,单元的后段课,小群体教学法和比赛法就可以多用一些,等等。

2.依据教学内容

体育教学内容是教学方法的直接性对象,选择教学方法,必须根据教学内容、性质、特点、难易程度、前后的联系等进行选择。

一般来说,不同性质的教材内容,也要求采取不同的教学方法。

例如,对技术动作相对较复杂的动作,可先采用分解法进行教学,然后逐步过渡到用完整法进行教学。

又如,突破分球的教学要使用分解教学法。而对技术动作结构相对独立,动作细节紧密的动作,就不宜采用分解法进行教学,否则就会破坏动作的完整性,影响教学效果。

另外,含有重要科学原理的技术动作就很适合用"发现教学法"。

总之,体育教师应在仔细分析教材的基础上,根据教材的性质和具体内容的特点灵活而有创造性地选择适当的体育教学方法。

3.依据学生实际情况

使用体育教学方法的最根本目的是为了学生的体育学习,而不是教师的"展示"。因此,选择教学方法必须从学生的身体素质及运动能力、体育基本知识掌握的程度、知识储备、运动技能的水平、年龄特点、个性差异、心理状态出发。同时,还要考虑学习态度、班级的学习纪律及风气等方面的准备水平。

例如,对体能较差的学生就不适宜使用"循环练习法",所以应当注意从学生具体实际出发,选择那些最能适应学生条件和能促进和发展学生技能的教学方法。

4.依据教师优势情况

任何一种体育教学方法只有和教师自身的条件和特点密切结合时才能取得最佳的效果。有的教学方法虽好,但实施的教师缺乏必要的素养条件,仍然不能产生良好的教学效果,因此,体育教师的条件和特长都会成为选择教学方法的重要依据。

例如,有的体育教师形象思维水平和语言表达能力强,就可以多用生动形象的语言描绘现象和问题。有的体育教师身体形象和运动技能强,就可以多用示范和帮助的方法使学生产生学习兴趣和信任感。有的体育教师很幽默,就可以多用一些有意义的笑话来阐述一些道理或巧妙地处理一些突发事件。有的体育教师给人以严肃的印象,就不宜开一些不伦不类的玩笑,应多进行正面教育。

总之,教师选择教学方法,应根据自己的实际优势,扬长避短,采取与自己条件相适应的教学方法。当然,作为一个有责任心的体育教师,也应通过努力学习和克服缺点,不断提高选用各种体育教学方法的能力。

5.依据教学方法的功能

任何体育教学方法都不可能是万能的,都有各自的独特功能、适用范围和使用条件的限制等,有各自的优点和缺点。

体育教学方法受教学过程中各种因素的影响,可能有时有非常好的教学效果,有时就事与愿违。

例如,有的时候多讲是循循善诱,有时多讲就成了累赘;有时做游戏是生动活泼,有时则是无聊幼稚;有时用多个教学步骤是循序渐进,有时则是画蛇添足;有时组织比赛是兴趣盎然,有时则是尴尬无味等。这些变化取决于对这些教学法功能是否有深刻的理解,取决于对使用这些教学法的时机是否合适,取决于对这些教学法功能的使用范围是否有了解和运用准确,取决于这些教学法使用的条件是否已经具备等,离开了上述的条件,用任何教学法都不会取得好的效果。

因此,选择体育教学方法时,必须要认真分析教学法的功能、应用范围和条件。

教学方法所需要的时间和工作效率也是不一样的,如发现法要比讲解法费时间,分解法要比完整法费时间等,所以在实际的教学中,选择某个教学方法时,也应考虑其所用教学时间和教学效率的高低。

好的教学方法应该是高效低耗的,能保证在规定的时间内完成教学任务。但是还要注意"有价值的弯路",即看起来费时间但实际上很重要的步骤,比如,要使学生明白一个重要的原理,用点时间让他们探索和发现是很有意义的,是高效率的;但是要防止"无价值的弯路",即又费时间又没有实际意义的步骤。

总之,体育教师应尽可能选用省时又有效的方法,以达到教学效果的最优化。

四、实践课的组织教学要点

1.制定具体明细的教学目标

具体明细的教学目标,涉及教材的环节或内容的相互联系。在组织教材时,最好制定"嵌套式"教学目标。教材"嵌套式"教学目标的制定有两种:一种是将教材环节或内容分解为相互联系的几个部分,使前后环节以叠加形式产生,形成"叠加式"教学目标;另一种是通过不断提高教学要求,以教材内容由低难度扩展到高难度的"扩展式"教学目标。教师一方面可根据教材的特点,教学的不同阶段,在教学过程中单独或结合运用;另一方面,可为教学评价提供实际依据。

2.灵活运用启发式讲解、示范

启发式讲解要根据学生的不同水平、理解及接受能力来灵活运用,这反映出一个教师的知识面及教学艺术。一般有3种形式:

(1)集中学生智慧,教师综合归纳

这就是经常采用的教师提问、学生问答形式,然后教师把学生回答的正确部分再加以综合归纳。这种形式适合于有一定专业知识和较高水平的学生。运用这种形式要注意一个一个要点地启发，一步一步地深入，不能操之过急，这就要求提问要有计划性。教师要有一个总体性的课堂设计，提问要突出教材重点，使学生进一步加深对教材内容的理解与掌握；提问要符合学生的知识水平，使提出的问题深入浅出，举一反三；提问要有趣味性。在提问的时机上，将提问贯穿于课堂的始终。根据上次布置的作业，在课前检查验收时进行提问；在讲解示范前后进行提问；针对学生在练习中存在的问题，在指导纠正错误时进行提问；根据本次课学习情况，综合归纳出几个问题，在总结与反馈时进行提问。在提问的对象上，这种办法对不同技术水平的学生都可采用，但启发的深浅要因人而异，对体育院校专修班更为适宜。

（2）观察示范动作，逐步进行启发

在新的教材内容教学时，通过教师或学生连续几次示范，让学生每次专门观摩一点，然后启发学生。通过若干次示范及逐步观摩后，最后教师再归纳指明要点。这种启发方式直观性强，适合于体育院校普修班的学生。当教材难度大且复杂时，也可适合于体育院校的专修学生，同时还有助于观察能力的培养。

（3）先实践体会，再启发归纳

这是先练再讲、边练边讲的方法。教材内容较简单时，教师开始不讲解动作的要点。示范或辅助练习之后，让学生联系并要求注意体会动作的要点。练习一定的次数后，再把学生集中起来谈谈体会，然后教师再综合归纳。这种方法多在教材内容简单或教学对象为技术水平较高、专业知识丰富的学生时采用。

3. 循序渐进的诱导练习

围绕教学"嵌套式"的教学目标，按先易后难的原则，在若干个诱导练习的实施过程中，动作结构的安排不断扩大；动作特性的掌握由慢到快，作业练习的难度由低到高。不同形式的诱导练习完成"叠加式"的教学目标，逐渐提高难度要求的相同的诱导形式，完成"扩展式"教学目标；两种类型的诱导性练习也可同时安排在完成"叠加式"或"扩展式"的教学目标上。除此之外，还有充分利用各种感觉器官的协同作用，如利用视觉器官设计诱导练习方法，主要是设置标志物。学生通过对标志物和人体在空间的方向、位置关系的判断，按教材的要求来控制自己的身体动作；利用听觉器官做诱导练习的办法主要是击掌、口笛、口令提示。利用肌肉本体感觉做诱导练习的办法主要是"助力"，以帮助学生准确地感知动作方法。

4. 适时的教学评价

（1）诊断性评价

为使教学适合学习者的需要和背景情况，对学生进行是否具有达到新的教学目标所必需的基本知识和技能动作的评价。通过诊断，可以设计一种排除学习障碍的组织教学方案。这种诊断在各学年、各学期或某一教学阶段开始前或结束前进行。

（2）形成性评价

形成性评价是教学过程中为了解教学结果及学生学习的进展情况和存在问题，以便及时调整和改进教学的评价活动，亦称"学习中评定"或"过程评价"。一般可分段进行，指出每部分或每一步有必要改进的地方，以便于组织教学的调控。

（3）总结性评价

总结性评价亦称"学习后评定"，了解学生一学期或一学年的学习是否达到教学目标的要求，对教学成果做出较全面的综合总结和成绩评定。在评价方式上，可采用个人自我评价、教师对学生评价、学生之间相互评价 3 种形式。

5.针对性的指导

(1)根据教学不同阶段学生的心理进行指导

学生在初步掌握动作、巩固与提高的教学阶段,其心理分别为急于掌握要点、注意教材各环节部分、希望把动作做得充实。指导的重点分别为动作关键、动作各环节及其联系、动作细节。

(2)根据学生心理需要进行指导

当全体学生遇到共同关心的问题时,需集中全班指导。指导的内容为共性问题,好的典型推广影响全班,差的典型错误动作要及时纠正。当小组同学遇到共同关心的问题时,需进行分散指导。指导的内容为小组存在的问题。当水平较高同学要求进一步提高水平,水平差的学生缺乏信心及不能领会动作要领时,要进行个别指导。指导的内容为对水平高的学生提出高要求;对水平差的学生热情、耐心,寻找掌握动作要领的途径。当学生要求提高发现问题、解决问题等教学能力时,要安排学生之间相互指导、相互帮助、相互评价。指导的内容为教材内容的难点,以及纠正动作的手段与方法。

(3)根据学生上课所处的状态确定指导方式

学生不能按照教学要求完成动作或对要求不理解时,采用停止练习的方式进行指导。学生学习情绪高涨,兴奋性适宜,不想中断练习时,采用学生边练边指导的方式。

6.合理的运动量安排

运动量是由练习的数量、强度、密度和时间所决定的。众所周知,篮球技术动作的掌握,没有一定的运动量是收不到较好的效果的。练习的强度和密度的大小、数量的多少、时间的长短与运动量成正比。强度大、密度大、数量多、时间长,运动量就大,反之则小。在安排运动量时,要遵循人体工作能力的变化规律、动作技能形成的规律,以及教学过程中心理变化的规律等,并对上述诸因素进行综合考虑。除此之外,还应考虑到班级人数和器材的多少。

7.教学中的应变能力

(1)对学生情绪的应变能力

学生在课上交头接耳或注意力不集中时,教师可暂停指导,或者采取引起兴趣的小游戏或集中注意力的练习,调节学生的情绪,使之达到适宜的兴奋点。

(2)对运动量的应变能力

学生体质上有强弱之分,体力上也有最佳状态和欠佳状态之别。教师要随时观察学生的面色或测量学生的脉搏。一般来说,面色苍白或脉搏急速跳动应停止运动,安排适当休息,可利用休息时间进行指导。面色绯红、大汗淋漓时要减量,不感到吃力时可加量。此外还需采用相同练习不同要求的措施等,在安排运动量方面体现区别对待。

(3)教学手段的应变能力

在课的进行中,常会出现课堂教学完成情况与预期效果不统一的现象。教师应作适当的调整。在运动训练专业专修课中,在大运动量的综合技术训练后,有时会穿插自由罚篮来进行调整。

(4)教学内容的应变能力

备课中预先安排的内容在实践过程中有时不能完成或者提前完成,这时就需要教师随机增减。

（5）遇到突发事件的应变能力

万一发生伤病事故，教师要采取果断措施。如遇到违犯纪律的学生，教师要克制自己的情绪，抓住要害，以理服人，耐心帮助。

五、战术教学中的三种关系

篮球技术、战术教学是完成课程教学任务的两个基本教学内容，而战术教学又是技术教学的必然延续，它既体现了技术的合理运用，又能促进技术的掌握与提高。在传统的篮球教学中，过分强调单个技术的作用而忽视战术学习对技术学习的促进作用、注重集体战术而轻视个人战术、重攻轻守的现象普遍存在。如何根据篮球运动的规律以及学生的篮球认知规律，在正确处理好技术与战术、个人战术与集体战术、进攻与防守三种关系的基础上合理进行教学设计，正确实施教法，提高课堂教学质量，是篮球教学需要解决的关键问题。

1. 战术教学与技术教学的关系

篮球运动的战术是通过技术的良好组织和合理运用来实现的，熟练的技术是完成复杂战术的基础。随着学生身体素质的不断改善和技术水平的不断提高，战术内容也不断丰富，同时战术的发展也不断地对技术提出更高的要求，进而带动技术提高。篮球技术与战术之间是相互依存、相互促进的关系，但这仅仅是存在于篮球运动内部的规律性，反映到篮球教学过程中，则要受到学生对篮球运动认知规律的影响。因此篮球技术教学与战术教学的关系更为复杂，对这种关系的认识是提高篮球教学水平的基础。

（1）合理安排技术、战术教学顺序

篮球运动中，技术相对战术而言具有基础性的作用，但这并不意味着篮球教学一定要以技术教学为起点。在学习篮球之前，学生对这项运动的认识并不是其单个技术，而是具有一定的战术意义的集体项目这样一个整体，篮球运动对学生的吸引力也正是其整体的竞争性和娱乐性。对学生而言，虽然他们也能认识到技术对战术的作用，但大部分学生对篮球运动的参与并不是出于对其更高竞技效果的追求。

在过去的篮球教学实践中，教师往往按照篮球竞技的规律，把单个技术的教学作为起点，忽视学生的经验，如此教学，学生由于缺乏积极的学习动机，难以取得良好的学习效果，即使学会了一些单个动作，没有实践的运用，学习的技术也就缺乏实战意义。因此在技术、战术教学安排上，应首先把具有一定战术意义的篮球运动的整体呈现给学生，学生在游戏与比赛过程中，尤其是在战术的运用过程中，会对技术的意义产生更为感性的认识，从而产生对技术学习的积极需求。抓住这一时机，对学生进行技术教学，这时的技术教学无论从学习效果还是从实战意义上来说，都会更加有效。因此，理想的教学顺序应该首先通过游戏与比赛，让学生先建立篮球运动整体概念，获得一些战术意识，同时也产生对技术学习的积极需求，在此基础上学习相应的动作技巧，在实战中明确技术的意义，在技术教学中渗透战术意图。

（2）技术教学中贯穿战术意识的培养

战术意识是学生在运动实践中具有的知识、才能和经验的反映，是合理运用技术完成战术配合以及判断、应变能力的概括。学生每一项技术、战术的正确运用，都受到战术意识的支配，因而学生战术意识的强弱，也是衡量学生篮球素养高低的重要标志。

由于战术意识不会自然形成，需要有目的地培养，如果一味从局部入手，过多地进行一些战术模式的演练，反而破坏了学生的战术意识。这就意味着在篮球教学中，教师不仅要教会学生技巧运作和一些基础性的战术配合,更重要的是让他们明白如何运用这些技巧,即让学生掌握篮球运动的本质和内在联系,从而避免学生生硬、盲目地完成动作,刻板、机械地进行战术配合,使他们学会技巧和战术的协调配合应用,并有机会在复杂多变的比赛过程中付诸实践。

因此在教学中要注重启发学生逻辑思维能力,加强技术对抗和技术串联配合的教学训练。在技术教学中始终应该贯穿战术意识的培养,以提高掌握技术、运用技术的能力和技术运用中的战术能力,培养和提高学生的战术意识。

2. 个人战术与集体战术的关系

篮球运动无论进攻还是防守,都包含个人根据临场情况有目的地运用技术动作的个人战术和队员之间有目的地协调配合的集体战术。个人战术必须以集体战术为目的,努力促使其更好地融于集体战术之中。而集体战术又必须充分发挥个人战术的积极作用,以提高战术的实效性。因而,篮球运动的个人战术与集体战术是相辅相成、相互促进的局部与全局的关系。

(1)加强技术运用的目的性

篮球个人战术主要体现在个人运用技术的目的性方面。加强运用技术的目的性,就是要提高技术教学中的战术因素,提高学生能根据主、客观情况灵活运用技术的能力。如学生在进行持球突破时,教师要求学生观察场上情况。如果没有防守人补防,突破队员直接突到篮下投篮;如果在突破时有防守人补防,突破队员及时把球分给同伴投篮。由此说明各项技术的教学,除了促使学生掌握技术的要求之外,都应有明确的技术运用要求。

(2)加强集体战术配合

篮球集体战术配合的默契,表现在场上队员的一切技术、战术行动必须以集体为依据,能主动为同伴创造进攻机会和弥补防守漏洞,它取决于个人技、战术技巧性与集体战术分工、配合的协调性。因此,教学中应把发展个人战术技巧与全队的默契配合起来。如抢篮板球进攻战术,当对方投篮时,每一个人都要卡位,争取抢到篮板球,同时还要加强五个人之间的配合练习,以明确相互间的位置关系,以及当某一队员抢到篮板球时的跑动路线,密切彼此间的配合,提高集体攻防战术水平。

3. 进攻与防守的关系

进攻与防守本身是对立统一的两个方面,但在篮球运动中都是统一的、相辅相成的。进攻必须以防守为基础,而防守的目的是为了保证与实现进攻,片面地强调进攻或防守都不符合篮球运动的特点。在战术教学中处理好进攻与防守之间的关系,应该把进攻与防守的教学紧密结合、相互串联,使防中有攻、攻中有防,相互促进,才能提高战术教学的质量。

(1)使学生建立攻防转换的概念

篮球运动的进攻与防守都具有双重性,攻防衔接紧密,转换迅速。如果学生没有建立完整的战术概念,就会出现重攻轻防,当攻守转换时,进攻队员不能立即转换角色。如进攻队员投篮未中,被对方抢得篮板球,进攻队员不能立即转入防守,而是想方设法断球或抢球,不但贻误战机,而且容易造成犯规。因此在教学中必须围绕攻、防转换进行强化,培养快速转换的意识,促进攻防战术教学紧密结合,提高战术教学质量。

(2)加强技术、战术的对抗性练习

篮球比赛中,技术运用与战术的组成都是在激烈对抗中实现的。各项进攻与防守技术、战术的教学都要经过简单战术到复杂多变的战术,从降低对抗强度的条件下掌握到接近实战条件下巩固提高技、战术的教学过程。在学生掌握了攻、防战术后,就应加强技、战术运用的对抗性,使学生掌握的攻防战术符合实战需要。

(3)合理运用竞争比赛的手段

教学比赛是进攻与防守战术综合运用的最直接形式。学生在比赛的对抗中,能体会攻、防战术的运用,巩固战术知识与技能。学生掌握了某种战术后,就应该结合进行竞争性的比赛,促进战术的掌握与巩固。教学比赛的形式应多种多样,如特定规则的比赛、三对三串联技术的比赛等。总之,组织教学比赛要有明确的目的性与针对性,以达到攻防结合、以赛促学的目的。

六、培养快攻意识要点

1.充分发挥运动员的主观能动性

教与学是双边活动,不仅要有教师的积极性,还要有学生的自觉性与主动性,学生对待学习的态度,在一定程度上可以反映出学习的动机,影响学习的效果,只有对学习的目的、意义有正确的认识,才会在学习中产生高度的自觉性和主动性。

2.观察能力是形成快攻意识的前提

观察能力是培养快攻意识的基本前提,因此必须重视观察习惯和观察能力的培养,提高用眼的余光观察的能力。学生在赛场要眼观六路,耳听八方,这样才能精确而迅速地分析周围情况,及时采取相应的行动,发挥技术水平,完成快攻意图,提高快攻意识。

3.提高分析判断能力

比赛场上正确的行动来源于准确的判断,这是一个接受感知信息后进行思维处理的过程,是快攻意识的中心环节,是意识行动的前提。在教学中,应要求学生首先理解快攻技术、战术的特点及变化规律,熟悉各种情况,及时捕捉发动快攻的时机,传球队员要善于观察判断同伴及其防守者的位置,尤其是要准确判断同伴移动的速度、行动意图等,并及时做出反应,根据不同情况,采取不同的传球方法,密切结合比赛实践,不断提高分析判断能力。

4.在技术练习中注重提高快攻意识

在基本技术练习中,要贯穿快攻意识的内容,把基本技术练习与培养快攻意识有机地结合起来,这有助于在练习技术的过程中,不断提高技术的运用能力,加快快攻意识的培养。

5.在战术练习中培养和提高快攻意识

篮球比赛中攻守战术都有它共同的结构特点、形式和配合规律,因此在战术练习中必须让学生从理论到实践明确自己的战术套路,熟悉方法和规律,懂得变化。要重视战术思维的练习,要求学生开动脑筋,勤于思考,想练结合。在快攻战术练习中,应先在固定形式下掌握快攻的方法,然后过渡到机动情况下练习。由区域联防发动快攻开始,然后在人盯人防守情况下进行快攻教学。最后,在接近比赛或正式比赛中掌握和巩固快攻教学内容,把快攻战术练习与培养快攻意识有机地结合起来,不断提高快攻战术的运用能力,有助于加速快攻战术意识的培养。

6.在实战练习中提高学生的快攻意识

只有在激烈的对抗中,不断实践、不断总结,才能迅速得到提高。学生的快攻意识差,是与参加比赛少有关,因此在平时要创造条件让学生参加实际的比赛,以丰富临场经验,培养合理运用技术的能力,这是提高篮球意识的有效方法,只有多打比赛,并认真总结自己在比赛中如何克服困难,如何合理利用技战术的经验和失败的教训,才能迅速提高自己的快攻战术意识。

7.通过心理练习培养快攻意识

篮球运动除了依靠技、战术获得成功外,学生的心理状态也是制胜的保证。平时练习要培养学生的拼搏精神和勇猛顽强的意志,比赛时既要充分发挥个人的技、战术水平,还需要集体同心协力,默契配合,相互理解,以集体的力量、智慧来争取快攻战术的成功,在比赛中,要胜不骄、败不馁,以良好的心态促使快攻意识的提高。

8.发挥教师的主导作用

快攻意识的培养,应贯穿每次练习中,教师要起主导作用,在实施练习过程中,教师要把篮球运动的基本规律、本质特点、关键环节等用形象正确的示范、准确简明的讲解传达给学生,使他们明确在不同情况下、不同位置上职责的具体要求,有目的地促使学生使用快攻战术,同时对练习中出现的问题要及时发现,准确地指出,正确地解决,从而不断提高学生的快攻意识。

七、组合技术教学原则

1.实效性原则

篮球组合技术无穷尽。因此,从名目繁多的篮球组合技术中择优遴选那些在比赛出现频率最高、效果最好的组合技术进行教学与练习无疑对提高组合技术教学的质量具有重大的实践意义。例如,体前胯下反弹变向后转身运球突破,如果掌握得熟练自如、运用及时合理,就是一种难以被防守者识破的有效组合技术。又如,不换手的体前变向接背后运球突破,这种组合技术具有快速突然和双向突破的特点,如果使用得当可使防守者很快失去身体重心的稳定性。

2.匹配性原则

在组合技术教学时,应根据练习者掌握单个技术的数量与质量、运动素质、教学的任务与目的,有选择地选用与练习者能力相匹配的组合技术进行教学与训练。例如,在盯人防守与区域紧逼的教学阶段,只有当练习者掌握了不换手运球突破、体前换手变向、运球后转身3种基本技术,并具有较高的控制球的能力以及个人攻击意识时,才能适度地进行类似的进攻组合技术教学与训练。

3.对抗性原则

现代篮球运动在攻防过程中的身体接触不但在次数上越来越频繁,而且在强度上亦越来越大。从这个意义上讲,任何在无对抗或弱对抗的条件下进行的组合技术教学与训练都是徒劳的。因此在技术教学时,必须重视和强调在强对抗过程中进行各种技术练习,与此同时,还要注重在强对抗过程中对技术运用合理性的要求。因此,组合技术教学应充分考虑对抗因素。

4.与运动素质发展相适应原则

从篮球运动技术合理性含义的角度上看,动作方法必须与运动素质发展相适应,或者说,采用的动作方法应合理地利用自身的运动能力。不难看出,技术完成时的各种参数必须有相应的运动素质作保证。由于篮球运动竞赛对运动员的无氧能力具有较高的要求,因此,在进行篮球组合技术教学时应尽可能选择那些既有助于提高组合技术的运用能力,又有助于提高运动员相应运动素质的组合技术。

八、教学步骤

1.技术教学步骤

(1)掌握技术动作方法,建立正确动力定型和初步对抗的意识

篮球技能的形成首先从技术动作的掌握开始。采用直观手段使学生感知正确技术动作的方法,在头脑中建立初步的动作表象,然后进行体会与模仿练习,使动作表象得到加深。与此同时,教师通过讲解和分析使学生了解技术动作方法、要领和运用时机等关于所学技术的理论知识,从而使知识与动作表象产生直接的关系,这就是"知识—表象"的建立,是对所学技术的认知过程。学生在"知识—表象"的定向作用下继续体会与学习,就可以建立初步的动作概念,形成初步的动力定型。在教学初期向学生灌输技术动作运用的对抗性质,为练习赋予实战的意义,不仅能够增加练习的兴趣,而且可以使学生在一开始就在头脑中打上对抗的烙印,建立起初步的对抗意识。

(2)学会组合技术,掌握初步运用能力,建立对抗概念

由于篮球属于开放性的运动技能,这一性质决定了技术的组合和对抗性,因此,要使学生掌握组合技术。

组合技术学习是掌握篮球技能的必然步骤,组合技术根据实战中技术运用的组合规律提炼出来的结合性练习单元,可分为先后组合、同时组合和附加组合等,例如运投组合、运传组合、接投组合和突投组合等。通过组合技术练习使动作之间建立合理的衔接,体会技术运用的速度、节奏以及攻防意义等。

此阶段的练习,可增加假设对手的标志物或者消极防守者,使学生带着对抗的竞争意识进行练习,使对抗的概念得到进一步的加强,为下一步实战对抗练习打下坚实的基础。

(3)在攻守对抗中提高技术运用能力

篮球教学中一切技术练习都是为了在实战中有效地运用,因此,对抗就成为篮球教学中最为重要的组织形式。对抗练习是在掌握技术动作和技术组合的基础上,在攻守对抗的条件下的,学会根据对手的阻挠和制约而采取的相应对策,准确而合理地运用技术的方法,是学习与掌握篮球技术技能的必然途径。在教学实践中,对抗强度的处理应依据循序渐进的原则,分为在规定的对抗条件下的练习、在消极攻守对抗条件下的练习、在积极攻守对抗条件下的练习和在教学比赛条件下的练习等几种形式。但无论采取那种形式,都必须牢牢地把握技术合理运用与实战对抗意识的有机结合,既要提高技术的运用水平,又要培养顽强的作风和意志品质。

2.战术教学步骤

(1)建立战术概念,掌握战术方法

篮球战术教学首先要使学生建立起对战术概念的认知,了解战术的配合方法,逐步建立相应的战术意识。可采用直观演示手段并结合语言阐述,使学生明确战术的名称、战术的阵形、配合的位置、移动的路线、配合的时机和行动顺序等,重点的配合和环节要进行重复的演示,启发学生的积极思维,加深对所学战术的理解。

1)学习局部战术配合方法。篮球的全队战术是由局部基础配合构成的,因此,要从两三个人之间的基础配合开始学习战术配合。基础配合的教学应根据战术构成的逻辑规律确定学习的先后顺序,一般先练习主要配合,后练习次要配合。如策应配合是传切和掩护的综合形式,所以应先进行传切和掩护的教学;突分是掩护后的发展形式,所以应先进行掩护的教学等。在

教学方法上要遵循由浅入深的原则,首先在固定的无干扰的条件下进行练习配合的方法和路线;然后再设置标志物或对手,进行以简单对抗条件下的练习,建立队员之间的默契配合,同时改善配合性技术;再进行消极攻守条件下的练习;最后在积极攻守对抗的条件下进行练习,提高所学战术配合的运用能力。

2)掌握全队战术方法。全队战术的教学是在完成了局部学习的基础上进行的。一般首先进行战术阵形、运用时机和配合路线的理论学习,然后在消极防守条件下进行配合练习,最后在积极攻守对抗条件下进行实战练习。

(2)掌握攻守转换和提高战术综合运用能力

在学习、掌握了基础战术和全队战术方法之后,应结合实战比赛进行攻守转换和各种技术组合的练习,其目的就是培养学生攻守转换的意识和灵活运用战术的能力。

1)攻守转换意识是现代篮球教学中特别强调的内容,是快速进攻和积极防御的前提条件。攻守转换意识的教学要在日常教学中坚持不懈地进行,使学生养成自觉的意识和行动,在比赛中自觉地加快攻守转换的速度,争取比赛的主动权。

2)战术的运用要根据实战比赛中双方的实际情况,采用不同的战术组合,以己之长攻彼之短,这样才能始终保持比赛的主动权,因此,要掌握多种战术组合运用的方法。如在一个防守回合中,前场采用区域紧逼,到后场后采用区域联防;根据需要立即变为对位联防等。

(3)在比赛中运用战术,提高应变能力

实战比赛是战术练习的最高形式。在比赛之前要提出比赛的具体战术要求,比赛过程中要对战术运用情况进行具体的分析,适时改变,取得主动,比赛结束后要对成功的配合打法进行总结,同时还要找出失误、配合失败的原因,吸取教训,提出改正方法。

篮球战术教学还要注意培养战术意识的培养,同时要强化学生的集体配合观念,使学生处理好个人和集体的关系,养成团结、协作的精神。

九、练习手段的设计方法与要点

练习是篮球教学中采用的最重要的方法之一。由于篮球运动的集体性和对抗性特征,决定了篮球练习方法具有复杂性和专门性的特点。篮球教师不仅要具备合理选择和运用篮球练习方法的能力,而且应具备依据教学的要求科学设计篮球练习方法的能力。

1.练习手段设计要点

(1)切合学生实际

篮球练习方法的设计必须要与学生的实际水平相适应,从教学对象的实际出发,在正确理解教材内容的前提下,设计出学生经过努力能够完成的练习形式,使学生通过练习来正确地掌握教材内容。

(2)内容与形式要统一

设计篮球练习方法首先要使选择的练习形式与练习的内容相统一。练习形式是练习的外在表现,而内容才是练习的实质,因此要使形式能正确地反映内容。篮球练习通常有个人形式、配合形式和对抗的形式,教学组织通常有循环形式和交替形式等。练习的内容与教学内容也要相一致,这是篮球系统性教学的保证。

(3)练习要强调实效性

练习过程和比赛过程无论如何设计都很难达到一致,所以在设计练习时不能仅仅考虑组织的有效性和流畅性,还必须考虑练习内容和比赛过程的一致性,练习的内容越是和比赛内容接近,练习的实效性就越高,因为所有的练习都是为了比赛而准备的。

(4)运动负荷要适宜

任何运动技能的学习与提高都是在一定数量、密度和强度的练习中出现的,因此设计练习方法时,要充分考虑练习的负荷量和负荷强度。要使设计出的练习能够提供较多的练习次数,使每次练习都具有合理的运动强度,使学生在篮球练习的过程中,身体素质也能得到提高。

2.练习手段的设计方法

(1)对实战模拟、提炼和抽象

篮球技战术的大部分练习都是对比赛的模拟,因此,设计练习方法是对复杂实战比赛进行提炼和抽象的过程。要根据比赛中技战术运用的一般规律来设计练习,如传切练习、策应投篮练习和二人快速推进练习等。依据篮球运动特点,把练习开始的位置、起动的时机、移动的路线、动作速度和节奏及练习结束位置的交换方法等,作为影响篮球练习质量的基本要素,在练习方法上要根据比赛中出现的可能性来安排这些要素,这就是对比赛的模拟、提炼和抽象。同时还要根据教学对象的实际情况,对从比赛中提炼出来的方法进行适当的调整,使之成为初学者经过努力就可以完成的练习形式。

(2)对实战比赛典型现象进行简化

在对比赛模拟、提炼和抽象的基础上,设计练习的另一个重要的环节就是对提炼的内容进行改造。通常采用适当简化难度的方法进行重新改造,以达到初学者能够完成和便于多数人集体轮流练习的要求,并提供适宜的负荷量。实际比赛中队员的任何行动都是在防守下完成的,初学者可以在没有防守或者消极防守的条件下进行练习;实际比赛中队员要受到同伴、对手和当时场上情况的制约,而初学者的练习可以仅仅设置某一种制约条件,其他条件进行简化或者不设置;实际比赛中是在快速和对抗的条件下完成技术动作的,而练习可以减慢速度或者在相对消极防守的条件下进行等。

第二节　常用一般教学法

一、语言法

由于篮球属于技术类项目特点,所以在教学过程中,要突出"精讲多练"的特点,无论是讲解还是提示,都要起到画龙点睛的作用。

常用的语言法主要有:讲解法、口令和提示法、口头评定法、自我暗示法等。

1.讲解法

讲解法是体育教学中最为常用的教学方法之一,是为了帮助学生了解教学的目的、任务,练习的要求和方法,是对学生进行思想教育、基本理论和基本技术教学的主要手段之一。

(1)讲解要有明确的目的

篮球课的讲解,无论是指导学生学习知识技能,还是思想教育,都要有明确的目的。通过讲解使学生明确学习的目的、任务,调动他们学习的积极性和主动性,培养独立思考的能力,使学习变为一种自觉行为。在学习某一教材时,要讲明它的作用和练习方法,使学生做到心中有数,有目的地去进行学习。

（2）讲解要通俗易懂，简明扼要

讲解不但要有明确的目的，而且要努力做到通俗易懂，简明扼要。由于篮球课的时间、场所、任务所限，讲解不应长篇大论，要紧紧地抓住教材的重点、难点和关键点，明确讲解各类教材的共性和特性，尽量做到语言生动有趣，反对那种主次不分、平铺直叙、不求实效的讲解。

要想讲解通俗易懂，简明扼要，就必须认真钻研教材，吃透教材的内容，这样讲解才能恰到好处。

（3）讲解要内容正确，符合学生水平

教师在讲授时内容一定要正确，而且要从学生的实际水平出发，使学生掌握正确的理论概念。切忌在讲解时脱离实际，故弄玄虚，哗众取宠。只有通过内容正确、符合学生实际水平的讲解，才能向学生传授正确的理论概念，使其较快地理解动作要领和较好地掌握知识技能。同时还有利于学生将所学的科学知识应用于运动。

（4）讲解要深入浅出，富有启发性

在篮球教学的讲解中，不注意语言艺术，就不能充分调动学生学习的积极性和主动性，使课堂气氛愉快活泼。因此在讲解中一定要注意深入浅出，富有启发性，用生动有趣的语言引起学生积极的思维，使看、听、想、练有机结合起来，用各种行之有效的方式启发学生积极思维，深入理解动作要领及技术动作的结构。

（5）讲解要注意时机和效果

在篮球课上，为了取得讲解的效果，应根据课的具体情况和要求，灵活机动，合理地进行安排，注意讲解的时机和效果，有的内容可以先讲后练，有些内容则可以先练后讲，同时还要注意选择讲解的地点和位置，使学生都能看得见、听得到。

2. 口令提示法

在体育教学过程中，教师正确运用口令和提示提高教学效果，主要反映在以下几个方面：

（1）能集中注意力

教师发出清晰宏亮的口令，必然能使学生集中其注意力。清楚而有节奏的口令，能唤起学生的节奏感，使其随着强弱变化的口令，张弛有序地进行练习。

（2）调节情趣

在教学中，常出现"教师发口令、学生强应""身顺而心违"的现象。究其原因，是教师没有挖掘口令的功能，即没有发挥口令能调节学生的情趣作用所致。

例如，在练习移动步法时，若教师只使用"上、退、左、右"等等速的、单调口令，学生就容易产生枯燥感，教师若能适时地让学生在不同节奏中或者在步法练习中插入其他内容的口令，就能增强练习气氛和调节练习情趣。

（3）提示与纠错

提示口令常在篮球的练习过程中运用，能起到提示与纠正错误的作用。如在投篮的教学中，及时地对投篮弧线有问题的学生给予提示，要比停下来讲解效果更好。

3. 口头评定

在教学中教师通过简单的口头评定，往往能起到鼓舞士气、加强自信心、提高学习兴趣的效果。在教学过程中，学生会经常因为掌握动作不得要领，而表现出困惑和急躁，教师这时对其动作某一点加以肯定，就会扭转暂时的低落情绪。同时，也要指出动作中存在的缺点和不足，这时学生则更容易接受。

4.自我暗示

在学习和练习动作的过程中,培养学生养成"自我暗示"的习惯,对掌握技术要点及纠正错误动作都有积极的作用。这是因为,无声语言不仅能在头脑中有一个表达过程,而且在一定程度上表达动作形象。"自我暗示"在练习中可以默念动作中某些不足和习惯的错误动作,如"注意投篮弧线""防守降低重心"等。

二、直观教学法

直观法教学是在教学过程中,借助视觉、听觉、肌肉本体感觉等感觉器官来感知动作的一种常用教学方法。直观教学法有助于学生了解动作形象、结构、要领、完成动作方法及时间和空间的关系。

直观教学方主要包括动作示范、战术示范、教具、模型、电影、电视等。在篮球教学中,动作示范、战术示范、比赛示范、纠正动作错误与帮助法等是常用的教学方法。

直观教学法的运用要求:

第一,直观教学要防止花架子,要从实际出发,针对性要强,应有明显的目的性,做到在一定教学阶段的适可而止。

第二,运用直观教学法,尽量充实感性认识,以扩大直观的最佳效果,有时单凭语言的表达是不够的,必须伴之有形教具,以便加强感染力,增强学生的学习兴趣,急于求成的做法是不能奏效的,要在反复磨练上下功夫。

第三,要善于把直观的感知与积极思维结合起来,贯穿于教学之中,使学生在获得感性认识的基础上,更深刻地理解、运用所学技术,去掌握所学动作的内在联系和客观性,这样就会使直观性教学原则在教学中取得事半功倍的效果。

1.动作示范

动作示范都是以具体的动作为范例,使学生明确所要学习的动作形象、技术结构、要领的一种方法。

教师正确而优美的示范能提高学生的学习兴趣,激发学生学习的自觉性和积极性,对取得优良的教学效果有着非常重要的作用。

(1)动作示范法的主要作用

1)运用完整准确的示范,可使学生建立正确动作概念,初步掌握动作要领。

教师示范动作时,突出动作重点,示范不宜太快,特别是复杂动作更应缓慢些,使学生尽可能注意到指向动作的主要特点。

学生通过视觉观察示范动作并进行模仿练习,借助视觉来控制动作,初步建立正确的动作概念,明确动作路线和发力方法。

2)运用错误示范演示,让学生消除错误动作,进一步提高动作技术要领。

学生经过一阶段初步学习后,认识了动作要领,能够完成整个动作模式,但是却伴有很多错误的动作。

这时学生在进一步的练习过程中会逐步地把注意由整体动作转到对个别技术动作或某一技术环节上来。教师可以把一些普遍出现的错误动作拿出来给予演示,帮助纠正错误,或者帮助认识错误。但教师的错误示范必须有侧重点,注意细节。

3)提高动作示范质量,结合形象化手语示范,使学生形成牢固的动力定型。

通过初步认识和提高动作阶段以后,这时教师再进行一次完整性的示范,使动作尽量地完美,并以动作优美的形式,促进学生身体潜能的发挥和运动能力的发展,充分调动学生的激情,刺激学生大脑运动中枢,使之高度集中,支配身体做出正确无误的动作。

(2)动作示范法的要求

1)有明确的目的。教师每一次示范必须有明确的目的。在备课时,要根据课的任务、教材特点、学生情况来安排什么时间示范、示范多少次、重点示范什么。

在教新教材时,为了使学生建立完整的动作概念,一般可先做一次完整动作的示范,然后根据教材情况做重点示范。动作的关键环节还应尽量放慢示范的速度,边示范边讲解。

在复习教材时,则应根据学生对教材掌握的具体情况,做有针对性的示范。对低年级学生,由于他们的抽象思维能力差,模仿能力强,应多示范,少讲解。对高年级学生,由于他们的认识已由具体形象思维过渡到抽象思维,可适当减少示范的比例,加强对动作的技术分析。

为了达到示范的目的,要向学生明确地讲清楚看什么、怎样看,使学生边看边想。必要时,还可以用正误对比的方法进行示范,加深学生对动作的理解,防止和纠正错误动作。

2)示范要正确。学生掌握动作的过程,从生理学角度讲,其本质都是条件反射的建立与巩固的过程,是条件刺激物(示范、讲解等)和无条件刺激物(肌肉感觉)相结合的结果。教师示范不正确,就会使学生对动作概念理解不清楚,就会出现错误动作,错误动作经过多次重复,就会形成错误的动力定型。

所以,教师必须认真地做好每一次示范,每次示范力争做到正确、熟练、轻快、优美。由于学生对新事物感兴趣,在教师第一次示范时,他们的注意力特别集中,留下的印象也最深刻,所以教师应特别注意做好第一次示范。

3)注意示范的位置和方向。示范的位置和方向如何,会影响示范的效果。

示范位置的选择要根据学生的队形(为了使学生看得清楚,调动队形也是必要的,但应尽量减少调动)、动作结构的特点和安全要求而定。一般示范者要站在学生的正面,与学生视线垂直,使全部学生都能看清楚。

示范的方向,应根据动作的结构、要求学生观察的动作环节和要素(速度、方向、路线等)而定。为了示范左右两个方向的动作(如步法的左右移动),示范者应正面对着学生,称正面示范。为了示范前后两个方向的动作(如后退步法),示范者应侧面对着学生,称侧面示范。有些练习,教师的示范采取面对学生与学生动作相反的做法,称镜面示范。有些练习,由于动作的技术复杂,教师难以做镜面示范,而采取背对学生的方法进行,称为背面示范。

示范位置与方向的选择,还应考虑到阳光、风向、周围环境等情况,不要使学生面向阳光或迎风,尽量避开繁华和有特殊物的方向,以便集中学生的注意力。

4)示范与讲解相结合,与学生练习相结合。示范与讲解相结合,能使学生的直观(看到的)和思维(通过示范和讲解使学生思考动作的技术要求)结合起来,收到更好的效果。

教师领着学生练习,把教师的示范与学生的练习结合起来,使学生把看到的(条件刺激)立即与肌肉活动联系起来,能提高学生掌握动作的速度。

教师动作示范与简明的讲解相结合可以取得较好的教学效果。讲解重在点拨,技术要领简明扼要、重点突出、语言富有诱惑力、艺术性,示范重在直观,动作要求规范、漂亮、充满活力,只有将二者有机地结合起来,并巧妙地运用到体育教学的各个环节中去,才能焕发出体育的"魅力",给学生上好一堂生动有趣、有实效的体育课。

2.战术示范

在教学进行到一定的深度,学生基本掌握了常用的技术、基本进攻和防守配合等技术之后,则可以适当地安排战术练习的教学内容。虽然学生还不具备进行某一战术的足够技术能力,但注意对战术意识的培养,也是篮球教学环节中的一个重要内容。

实践证明,进行战术练习,对提高学生学习动作的兴趣和进一步提高动作规范,向较高难度动作学习的欲望都有促进作用。

在进行某一战术练习时,教师可以与班上技术较好的学生进行战术练习,教师要把战术运用的要求、打法、应变措施等讲解清楚,充分利用讲解、示范、边讲解边示范的方法,使学生了解战术的运用和意图。

3.纠正动作错误与帮助

纠正错误动作与帮助法是体育教师为了纠正学生的动作错误所采用的教学方法。

在体育教学中,学生的技能提高是伴随着动作错误的不断出现与不断纠正而进行的。体育教学中的纠正动作错误和帮助,不仅是学生掌握运动技能的需要,也是避免运动损伤的需要。

纠正错误动作和进行帮助时,必须分析出产生错误的原因,这样才能选用适合的方法予以纠正和帮助。

(1)产生动作错误的原因

常见的原因有以下 5 个方面:

1)学生对完成动作不认真、敷衍了事,会把动作做错。

2)学生对所学动作技术的概念模糊不清。

3)学生受旧技能的干扰。

4)学生的能力较差导致产生错误动作。

5)学生在疲劳情况下进行学、练导致产生错误动作。

(2)纠正错误动作与帮助的具体方法

1)运用语言和直观的方法,不断使学生建立正确的动作概念,要用生动而准确的描述性语言和手势等帮助学生明确动作的顺序、要领,要运用各种诱导性、转移性练习,来防止受旧技能干扰。

2)根据错误动作的性质,可采用限制练习法、诱导练习法和自我暗示法等进行纠正。

(3)纠正错误动作与帮助时的注意点

1)在指出动作错误之时,也要充分肯定学生的进步,以利于学生接受和增强改错的信心,切忌讽刺和挖苦学生。

2)要纠正主要的动作错误,有时主要的动作错误被纠正了,相关的动作错误也就随之消除。

3)要合理使用各种方法纠正动作错误。

4.比赛示范

在一年的教学结束前,在课内组织不同形式的比赛,以检查教学效果和学生掌握学习内容的实际水平,这已成为教学中常用的教学方法。

比赛示范的目的是让学生了解比赛规则、掌握在实战中的战术运用方法、寻找自己的不足和缺点等。

与战术示范相同,教师与技术较好的学生进行比赛示范,其他学生进行观摩,在比赛中,任何一方战术运用成功、取得漂亮得分、运用得当的应变措施和技术,教师可以暂停,进行讲解,以达到比赛示范的目的。

5.条件诱导

条件诱导是利用附加条件引导技术动作的方向、幅度和用力方法。例如:限制运球、只能通过传球进攻,限制突破上篮等;通过在场地设置标志桶,限制学生的移动路线。

三、练习法

练习法是以身体练习为主的体育教学方法,是通过身体练习和技能学习使学生掌握和巩固运动技能、进行身体锻炼的教学方法。

在体育教学实践中,以身体练习为主的体育教学方法有分解练习法、完整练习法、领会教学法和循环练习法等。

1.练习法的主要形式

在体育教学中,常采用固定条件、变化条件、竞赛等几种形式,让学生进行练习。

(1)固定条件练习

固定条件练习是指在相对固定的条件下组织学生反复地练习某一个动作。这种形式的练习,对于掌握、巩固动作技术和发展学生的身体有着重要意义。

在固定条件下组织学生进行练习应注意到:

1)对固定条件下的重复练习,不能理解为简单的、机械不变的重复,这就要求教师在学生做练习时细心地观察,及时发现问题,对他们不断地提出新的要求。

2)教师在备课时对每项教材都要认真地安排,根据课的任务、每项教材所用的时间、学生实际情况、教材特点,以及场地器材等因素,对学生练习的次数、时间、时间间隔,做出具体规定,以保证每项教材的重复次数。

在班级人数多、场地器材少的情况下,还可选用动作结构和教材基本相同的辅助练习,以便取得增强学生体质的实效。

3)在固定条件下进行练习时,因为条件基本固定不变,学生可能感到枯燥无味,而且当学生对动作已经基本上掌握时,还可能产生厌烦情绪,要求学习新动作。这时教师除了对学生不断地指明新的努力方向之外,还要对学生进行练习目的的教育,也可以在固定条件下利用竞赛方法来调动学生的积极性。

(2)变化条件练习

变化条件练习指的是在变化条件下组织学生练习某一内容,这种练习形式对于改进、提高动作有重要意义。

变化条件包括:变化动作的要素(传球距离等)、变化练习的环境、变化练习的要求(消极防守、无人防守等),以及增加练习的条件等。

采用变化条件方式组织学生练习时应注意到:

1)要有明确的目的性。教师所采用的任何变化手段,必须从达到一定的目的出发,而不要为变化而变化,追求形式。

2)变化条件要做到循序渐进,尤其是在加大练习难度时,不要变化得太大、太突然。

3)由于变化条件,会激起学生的学习热情和兴趣,教学中应充分利用这一因素提高教学质量。但是,有时学生的注意力不是集中在改进动作上,而是被吸引到附加的条件上去了,这就需要教师特别注意正确引导。

4)在利用变化条件的练习纠正学生的错误动作时,时间不宜过长。当学生的错误动作基本得到纠正时,恢复到按动作规格去完成练习。

2.常用练习法

(1)完整练习法

完整法是从动作开始到结束,不分部分、段落,完整地进行教学的方法。它适用于"会"和"不会"之间没有质的区别或运动技术难度不高而没有必要进行或根本不可分解的运动技术。

完整法的优点是一般不会破坏动作结构,不会割裂动作与动作之间的内在联系,便于学生完整地掌握教材内容;缺点是不易使学生较快地掌握教材中比较关键和较难的要素和环节(即重点、难点)。

完整法多用于动作比较简单,学生容易掌握的教材内容。有些教材内容虽然比较复杂,但是用分解法会明显地破坏动作结构,这样的教材一般也用完整法进行教学。

完整练习法教学要求:

1)在进行动作简单、学生容易掌握的教材教学时,教师在讲解、示范之后,就可以立即组织学生练习,在练习中教师发现错误,应及时指导纠正。

2)在进行动作复杂的教材教学时,可以着重突破教材的重点。先解决技术基础(动作的基本环节),然后再去解决技术细节(每一环节中的细节技术)。对动作要素(方向、姿势、幅度、力量、频率、速度、节奏)的处理,一般是先解决关系到动作成败的方向、路线等要素,再对动作的幅度、节奏等要素提出要求。

3)对有一定难度的教材使用完整法教学时,可先简化动作的要求,再按照教材技术规格的要求进行教学。在教技术复杂、难度高的项目时,还可以先原地或慢速做些模仿性练习(即诱导性练习),让学生体会动作的要求,然后再按动作技术规格进行练习。

(2)分解练习法

分解法是把完整教材合理地分成几个部分,逐次地进行教学,最后使学生掌握完整教材的一种教学方法。它适用于"会"和"不会"之间有质的区别或运动技术难度较高而又可分解的运动项目。

分解法的优点是,把动作技术的难度相对降低,便于学生掌握和突出教学重点和难点,同时还有利于提高学生学习的信心,从而有利于学生更好更快地掌握教材内容。其缺点是,不利于学生对完整动作的领会,有可能形成对局部和分解动作的单独掌握,甚至妨碍完整地掌握动作。如果运用得不合理,教材的几个部分或段落分解得不科学,将会破坏教材的结构,割裂动作与动作之间的内在联系,从而影响学生掌握完整动作。

1)分解练习法教学要求。

第一,分解教材时要考虑到各部分或段落之间的有机联系,划分开的段落应易于连接完成并不破坏动作的结构。

第二,在进行分解后的各个部分的教学时,教师要向学生讲清楚每个部分、段落在完整教材当中的位置,让学生明确该部分与上、下部分,特别是与下部分的关系。

第三,分解法要与完整法结合运用。分解法的主要作用在于减少学生在学习中的困难,最终达到完整掌握动作的目的。所以,分解动作的练习时间不宜过长,以免影响学生对完整教材的掌握。只要基本掌握即可与其他段落或部分连接起来进行练习。

2)技术动作分解方法。

第一,按动作技术的结构顺序分。如突分技术可分为突破与分球等环节,可按动作技术结构顺序先练习突破技术动作,再练习分球技术,最后将突破和分球技术动作串联,最终学会这个动作。

第二,按动作技术的结构反序分。如运球行进间低手上篮的教学,可先进行原地的低手投篮模仿练习,再过渡到接球上篮,最后完成自己运球上篮。

第三,按学习难度分。如反手上篮,可以在熟练地掌握行进间低手上篮和勾手上篮后,再练习反手上篮。

第四,按身体各部分的动作分。有些难度较大的动作,如果整体学习就会有困难,则可按身体各部分的动作来分解学习。所涉及的身体各部分有下肢动作、上肢动作、上体姿势和头部动作,分段教学的顺序可以是多样的,基本顺序有分进式、连进式和递进式三种。

3)分解法的几种形式。

第一,单纯分段法。

教学程序(见图 6.1):依次完成 1、2、3 教学内容,最后把完整动作串起来进行练习。

第二,递进分段法。

教学程序(见图 6.2):先分别练习 1、2 教学内容→练习 1、2 组合内容(3 内容)→练习 4 教学内容→练习完整技术动作(1、2、4 组合动作)。

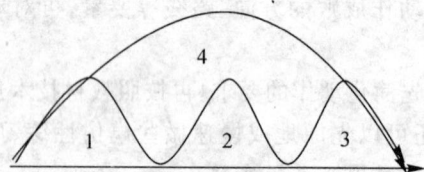

图 6.1

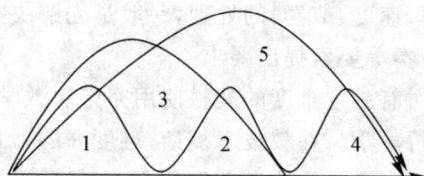

图 6.2

第三,顺进分段法。

教学程序(见图 6.3):按照 1、2、3 的教学步骤逐步地完成完整动作。

第四,逆进分段法。

教学程序(见图 6.4):按照 1、2、3 的教学步骤逐步地完成完整动作。

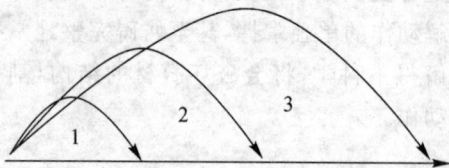

图 6.3

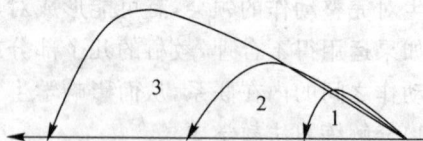

图 6.4

(3)领会教学法

领会教学法是体育教学方法指导思想的一项重大改革,它从强调动作技术转向培养学生认知能力和兴趣。

领会教学法的教学过程主要包括项目介绍、比赛概述、战术意识培养、瞬间决断能力的练习、技巧演示动作完成等 6 个部分。

领会教学法是以"项目介绍"和"比赛概述"作为球类运动的开始,让学生了解该项目特点和比赛规则,从而使学生一开始就对该运动项目有一个全面的了解。

领会教学法与传统的技能教学不同的是:教师不是从基本的动作教起,而是首先对学生进行"战术意识培养"。教师在战术介绍以后,结合实战向学生演示一些临场复杂的情况和应付的方法,对学生进行"瞬间决断能力的练习",培养学生全面观察情况,把握和判断时机以及应变能力,使学生最终可以根据所学的技术和战术,判断出"做什么"和选择最佳的行动方案——"如何去做"。

领会教学法还有一个特点,就是将过去的"从局部开始分解教学",改变为"从整体开始教学再到局部,再回到整体教学"。这个教学过程有利于使学生从一开始就"领会"到项目的基本概况和概貌,并较快地形成球类意识和战术概念等。

领会教学法的主要特点:

1)从项目整体特征入手,然后再回到具体技能学习,最后再回到整体的认识和练习中。

2)强调从战术意识入手,把战术意识贯穿在各个教学环节中,整体意识和战术为主导的特征很强。

3)突出主要的运动技术,而忽略一些细节性的运动技术。

4)注重比赛的形式,并在比赛和实战中培养学生对项目的理解,教学往往从"尝试性比赛"开始,以"总结性比赛"结束。

(4)循环练习法

循环练习法是根据教学和锻炼的需要选定若干练习手段,设置若干个相应的练习站(点),学生按规定顺序、路线和练习要求,逐站依次练习并循环的方法(见图 6.5)。

它主要是一种练习的方法,也是一种教学、组织方法。循环练习的方式有多种,主要是流水式和分组轮换式两种。

循环练习法的特点是有多个练习手段,练习过程连续循环,练习内容可多样,运动量、练习节奏和身体锻炼的部位比较容易调整,可以根据课上的练习需要进行多样化的设计和安排,能较全面地发展学生体能,提高运动能力,还能较好地提高学生学、练的兴奋性。

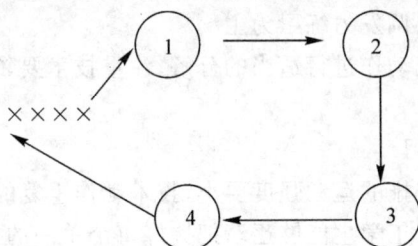

图　6.5

运用循环练习法时应注意:

1)练习手段、练习量、练习站以及循环练习方式的确定,均应服从教学任务和教学条件、学生的运动能力以及场地器材等实际情况,练习站不宜太多,也不宜太少,一般以 4～6 个左右为宜。

2)选用的练习手段应是学生会做的。应将发展基本活动能力的内容、发展身体素质的内容、培养心理品质的内容、激发兴趣的内容、促进学生交流的内容等合理地搭配、组合在一起，以利于全面锻炼学生的身体和全面完成教学任务。

3）每个练习站必须有定量、定时、定性等的要求。

4）各练习站的练习要注意负荷大小不同的练习交替安排。

5）可以从学生最大负荷能力的 1/3 开始练习，以后各站逐步增大运动负荷，但一般不超过学生最大负荷能力的 2/3。练习量大时，强度应相对较小；反之，强度大时，练习量不能多，在循环练习中还要注意合理的间歇。

四、指标完成法

指标完成法，是指学生根据教师的要求，以时间为界限或以一定次数为界限来完成教师的要求指标的教学方法。通过指标法可以及时得到定量的反馈，刺激性强，有利于调动学生练习的积极性。

具体做法：

1）双方共同完成指标法：需要双方共同来完成的指标练习。如行进间传接球上篮，要求两人全场上篮，一组要投进 10 个球。

2）单方完成指标法：要求一方完成规定指标的练习。如罚篮练习每组要求进球 50 个。

第三节　专项教学方法

一、技术动作教学环节及策略

1. 技术动作分解阶段

对于刚刚接触篮球运动的学生，在这一阶段的练习过程中，动作都比较僵硬，在学习和掌握技术动作时肢体协调性差。同时，他们的生理机能由于接触到新鲜事物，非常容易兴奋和扩散，常常出现多余动作和错误动作。

该阶段的教学要求：

（1）分解动作以小力量协调发力练习为主

学习一个技术动作，要把动作进行适当的分解，注重技术要领的讲解和分析。练习中侧重小力量协调发力练习。

（2）小强度、大运动量练习

初学篮球的学生，练习安排的运动强度要小，技术动作重复的次数多，运动量要大，不断加强其肢体的直接感觉，使青少年学生能够逐渐把握好每个单一的技术动作。

2. 动作认知和掌握阶段

通过第一阶段练习，这一阶段学生的身体动作逐步协调，错误的动作逐步消失，技术动作已经基本规范，运动的表现能从上阶段的兴奋和扩散状态转向相对集中状态。

提高练习质量的措施有：

1）通过观看国内外优秀队员的比赛录像，强化对正确动作的认识。通过模仿优秀学生的技术动作，可以达到减少和逐步消除错误动作的目的。

2）将学生的动作进行对比分析，用动作正确的和错误的队员作对比的方法进行实例示范性练习,这样能够使学生更直观地提高技术水平。

3.技术动作的巩固和加强阶段

这一阶段须加强学生身体各机能协调发力,以动作标准化和一致性为要求,加大运动量和运动强度,使技术动作达到动力定型。

教学中应采取的策略是:

1)不断提高学生动作的力量和速度要求,把握动作的准确性,使学生在日常练习中将正确动作作为最重要的练习部分不断强化,为日后的练习比赛做好技术铺垫。

2)不断提高技术动作练习的强度和难度,在牢固基本动作的前提下提高身体的反应速度和协调性,通过力量练习和加大练习强度,使学生达到技术动作的动力定型。

4.技术动作运用阶段

这一阶段技术动作基本定型,已经能够熟练掌握和灵活运用。这一阶段教学要以技术决定战术为指导思想,应采用适当的教学手段提高学生的技术特点,逐渐形成自己的技术特色和战术风格。

教学策略:

1)要区别学生特点,有针对性地进行特长练习,使其在掌握基础技术动作的基础之上,形成自己的技术特色。

2)要适当安排教学比赛,把握每一次球技切磋的机会,使每个人能够全面地掌握和应用技术技巧,不断提高自身的技术水平。

3)在教学过程中,教学内容不仅要针对生理特点,同时还要充分考虑心理特点,制定丰富多样的教学方法。因此,在进行正常的教学中,要适当地采取教学比赛的形式,提高学生对比赛胜利的荣誉感和比赛失败的承受力。

二、技术教学遵循要点

1.遵循由易到难、由简到繁的教学原则

篮球运动发展至今,已拥有非常全面的技战术系统,对学生的体能、协调性和快速反应能力有着很高的要求。

因此,在技战术的教学过程中要遵循循序渐进的原则。例如,篮球双手胸前传球技术教学可采取如下顺序:原地近距离传球→距离传球→行进间传接取→有干扰传接球。另外,在技术动作掌握的不同阶段制定不同教学目标,采用不同的教学方法。

2.根据不同的教学内容,设计针对性的辅助练习

在进行技术教学前,要根据教学内容设计针对性的辅助练习。通过辅助练习学生对将要学习的技术的动作要领有了一个大概的了解和体会。这样在学习技术动作的时候就会起到事半功倍的效果。

3.重视掌握正确的技、战术要领,建立正确的动力定型

在篮球的教学练习过程中必须重视基本技、战术的规范性,不断改进和完善技、战术技能,防止学习中因技术概念不明确、正确要领不巩固,教师没有及时提醒和纠正,形成错误的技、战术习惯的倾向。在明确正确动作要领的基础上,进行反复多次的重复练习,从而使掌握的技、战术要领形成牢固的动力定型。

4.技术学习要带有战术意识

篮球的技、战术之间是相辅相成、相互促进的关系。全面、熟练的技术是构成丰富战术的基础,而基本技术只有在战术意识的有效控制下,才能合理运用,充分发挥威力。

因此,篮球的教学练习过程中不能只局限于技术动作的掌握,更重要的是要使学生在掌握技能的同时,清楚技能的运用时机和战术意识,把击球战术意识的培养贯穿于基本技术练习的始终。要求学生不仅要明确技术的动作要领,而且要明确技术的战术作用及相关的运用方法,增强进攻、防守和过渡技术的战术转换意识,做到技术练习和实战运用并驾齐驱,让基本技术练习和战术意识练习密切结合,从而使学习效果更佳。

5.注重学生学习兴趣的培养

兴趣是学习的动力,一个人只有对某件事物产生了强烈的兴趣,才能对其保持长时间的注意,进而才会自觉、主动、积极地进行学习。篮球的学习也一样。

因此,在教学的过程中始终要重视学生学习兴趣的培养。例如,在做示范动作时,力争向学生展示准确、熟练、轻快、优美的运动技能,给学生一个美的视觉享受。让学生在初学阶段就对篮球的技战术建立一个正确、完美的形象,从而提高学生的学习兴趣和信心。

三、不同教学阶段教学方法的应用

在传统的教学中,篮球教学方法包括语言法、直观法、完整与分解法、预防纠正错误法、游戏法和比赛法等等。

但在实际教学过程中,教师为了取得最佳的教学效果,还需要针对不同的授课对象、授课内容等,在不同的教学阶段采用不同的教学方法。

1.初步掌握运动技术的阶段

这一阶段的教学练习的主要任务是建立运动技术的正确概念和初步形成运动技能。

学生初步了解技术动作,获得感性认识后,进入了动作粗略掌握阶段。在完成动作时,动作之间不连贯、不协调,细节动作技术掌握较差,常伴有多余动作和错误动作。在教学中,除运用传统的方法之外,根据篮球运动的特点,针对此阶段特点还采用以下教法:

(1)模仿练习法

多采用重复练习法,按照示范让学生学习、模仿,从而达到学会和掌握规范动作的目的。

此练习方法要创造模仿条件,如看技术录像、观摩优秀学生的比赛、技术示范等。还可以制作多媒体课件,让学生反复观看,加上教师详细的讲解、示范使学生建立清晰的运动表象,以便于他们模仿。

(2)相似动作模拟练习法

相似动作模拟练习法,是指运用动作技能的迁移规律在教学过程中把一些动作结构和用力环节基本相同或相似的技术进行归纳总结,从中找出共同的规律并加以科学引导和合理安排教学的方法。

这种教学方法可以快速、有效地使学生牢固地掌握技术动作,加快教学进程,提高教学质量。为促进技术动作更快掌握,用学生所熟悉的其他相似篮球技术动作练习,加深篮球技术动作环节的掌握。

(3)形象比喻法

为了促进学生理解动作,用形象的比喻来进行讲解。例如,滑步如滑冰,要求学生在滑步练习时,身体重心不能起伏,从而有利于学生快速地掌握技术动作。

(4)限制法

限制法是指学习技术时,教师采用一定的方法,从外界对学生的动作方向、范围和运动时机、位置进行限制,通过控制某些动作使学生的注意力完全集中在要求的动作上,增加正确信息的感知度,使错误反应不能出现或出现得很少,因而提高了练习质量,加快了运动技能的形成。

2.完善运动技能阶段

这阶段的教学任务是在运动技能初步形成的基础上加以改进、提高和巩固,教学练习方法主要是采用组合练习法、重复练习法和多球练习法。

通过练习,充分利用肌肉的本体感觉,深入体会动作的要领和完成方法,以消除动作的紧张、牵强和多余动作,保证参与完成技术动作的肌肉群协调合理地用力。

(1)重复练习法

学生正确的动作技能形成后,需要反复练习加以巩固。此时,要注意研究动作的细节和学生个人技术特点。

学生通过老师的指导和自己的实践,通过重复的练习和体会,肌肉发力会协调,爆发力会更充分地表现。

(2)组合练习法

把两个或两个以上的单一技术结合起来进行练习称为组合练习。

这种练习的特点是通过一定的套路配合,把进攻与防守等技术在前场和后场有机地结合在一起,从而提高基本技术在比赛中的实效性。进行组合练习时,最初应将移动路线和传接球路线相对固定,以便掌握综合技术,然后再过渡到不固定移动路线和传接路线的练习。

3.进一步巩固运用阶段

学生动作达到自动化阶段表现为动作熟练、准确、轻松,动作技术稳定,根据特点可采用不同的练习方法。

(1)变换练习法

变换练习法,就是使学生在不同的条件下进行练习,从而进一步巩固正确的动力定型,使其动作达到自动化的程度,突变能力强。

这种练习法在于提高动作运用中的应变能力,使学生能够在不利的困难条件下和突发性变化的情况下,随机应变地运用运动技能。

(2)比赛法

采用比赛法在于提高运动技能在比赛中的实用性、应变性,形成可变技巧。在这一阶段,运动负荷要加大,强度可以是比赛的或超出比赛的强度,以保证学生在机体疲劳情况下还能正常地发挥技术水平。

总之,在篮球的教学中,任何一种教学方法都不是绝对孤立存在的。教师应掌握其内在规律,对不同阶段不同因素的影响科学实施,有效教学。

四、常用专项教学方法与要点

1.互助式教学法

"互助式"教学法源自19世纪的导生制,是将参加学习的学生分成2~3人一组,其中1人为指导者。指导者只是比学习者的水平稍高一点,指导者在学习者进行练习时,给予帮助、指点,及时提供反馈信息,使学习者加快掌握技能的速度,达到互相学习、互相促进的作用。

"互助式"教学法是在体育教学过程中为达到培养学生各种体育能力、实现教学内容、完成教学任务而进行的师生和生生相互合作的教学活动。即通过教师对教材的重点、难点讲解示范后,有计划地给学生安排一定的时间,进行生生互助学习,教师根据学生的需要,在巡回辅导的过程中,给学生必要的启发、引导和帮助,让学生主动地、活泼地在愉悦的氛围中进行互相讨论、互相观摩、互相交流、互相学习的一种教学方法。

在互助教学的过程中,能充分发挥学生的主体作用和智力水平,使学生产生积极的情感体验,进而创造性地解决问题。在教学环节上,重观摩、重讨论、重能力培养。在教学效果上要求学生既要"会"又要"懂",既要提高运动技能,还要提高自学能力和创新能力。

互助式教学的优势,主要体现在以下几个方面:

(1)"互助式"教学法能加快学生掌握所学运动技能

反馈是运动技能形成的必要环节,对于初学者,反馈信息延缓越久,获得运动技能的速度就越慢。传统的教学中,学生对所学技能的反馈信息只能通过老师提供,而一次课的教学时间又短,学生人数又多,教师只能针对普遍存在的问题进行集体纠正,不可能逐个纠正,个别学生不知道自己的动作正确与否,即使出现错误的动作也得不到及时的纠正和帮助,从而延长了掌握正确动作的时间。

因此,在课中采用"互助式"教学法,通过指导者在旁的协助、观察,当学习者练习出现困难时,及时给予帮助或对其动作进行评价,提供及时的反馈信息,将有利其动作技能的加快形成。

(2)互助式教学有利于篮球基本技术学习及持久性掌握

互助式教学是通过学生之间的交流和沟通,来提高学生的技能。学生之间通过自己的语言沟通,相对来讲,更容易接受和记忆。学生之间相互交流、相互切磋,不但提高了学生掌握知识、技能的速度和准确性,达到了事半功倍的效果,而且使学生对技术动作的掌握更持久。

(3)互相促进,形成良好的课堂氛围

"互助式"教学,使传统的以教师为中心、学生被动接受教师指导的学习方法转变为突出学生的主体地位,教师则为学生管理者和技术"顾问"的教学过程,真正发挥了学生的主观能动性和创造性。

在每一个学习小组中,指导者只是比学习者基础稍好一点,现在让他们自己做去教别人,他们就会想如何才能教好同伴,这样给指导者技术的进一步发展提出了更高的要求,也为他们各方面的能力培养创造了机会,符合素质教育的要求;同时,在指导同伴练习时,看到同伴的成功,也会激发自己在练习中更努力、更加完善地完成所要练习的动作,形成你追我赶的局面。

这种"互助式"教学的方法其实是通过教来促进学的过程,学生不仅自己能积极主动地学习,还能有效地指导他人进行学习,使学生可以从中更深刻地体验到课中成功的快乐和喜悦,从而形成良好的学习氛围。

2.比赛教学法

所谓比赛教学法,就是指在利用比赛的环境,按照统一的比赛规则来完成教学内容的一种新型的教学方法。

如果只是按照传统的体育教学方法,通过枯燥无味的反复练习,使学生熟练掌握篮球的主要运动技能,这样往往只会让学生对篮球运动产生反感,不能达到很好的学习效果。

在体育教学过程中，如果交叉使用一些比赛教学法，可以使大脑处于兴奋状态，有利于激发学生学习篮球的兴趣，从而学生更好地接受新知识，提高老师教学的工作效率。

所以，把比赛教学法用到篮球教学中，对于加强学生身体素质，提高篮球技术水平，增进同学之间的感情和培养终身体育锻炼的习惯有着重要的意义。

通过比赛教学法来让学生参与篮球教学活动，充分发挥学生的主体作用，让学生主动学习体育，从而提高课堂的教学质量，完成教学目标。老师在教学的过程中，要根据不同的阶段和教学内容采取不同的教育方式。

但是，每种方法都有一定的不足，通过把比赛教学法和其他教学方法相结合，取长补短，从而使篮球教学达到事半功倍的效果。

3.层次教学法

分层次教学是指在人的发展过程中，由于受遗传、家庭及社会环境等因素影响，个人在发展过程中存在着不同的生理、心理及个体差异，根据学生的认知能力和掌握能力，教师在安排课堂教学内容、教学手段、教学方法上要符合学生实际学习的可能性，有区别地进行教学。遵循因材施教的原则，有针对性地对不同类型的学生进行学习指导、检测评价，从而使每一位学生都能在原有基础上得到提高。

分层次教学的最大特点是充分考虑到学生的个体差异，区别对待，因材施教，有针对性地对不同类型的学生进行学习指导，使每个学生都能得到最优发展。

分层教学又称为能力分组教学。19世纪末，西方国家随着义务教育的推广，逐步发现同一个班级中出现了学生之间"参差不齐"的问题，于是揭出并试验了按智力、成绩分班，有教学内容深浅不同的班，还有优等生为快班、差生为慢班等形式。

在20世纪四五十年代，能力分组受到了各方面尖锐的批评。其理由是按能力分组不民主，造成对差生的歧视；对优秀生特殊照顾，助长傲气。60年代西方一些教育家恢复了对能力分组教学的重视和再实验。经过反复研究，证明按照能力分组进行教学，可以因材施教。西方教育家的理论观点是：按能力进行分组教学，不是不民主。民主的教育在于根据个人的特点、能力，提供适当的受教育的机会和受教育的权利。

篮球运动是一项对技术要求很高的运动项目，是集智能、体能、技能于一体的全身性的对抗运动。在篮球教学中，由于学生身体素质、基本技术、基本技能等方面的差异，造成课堂教学中存在着有的学生"不消化"而有的学生却"吃不饱"的矛盾。这个矛盾不仅影响到教学效果，而且会导致学生对学习失去兴趣。针对这些实际情况，把分层次教学应用于篮球课教学中，实践结果表明，分层次教学对全面提高学生篮球技术水平，提高篮球课堂教学质量，具有较大的促进作用。

(1)层次教学法的方法

层次教学法一般按体质和运动水平的差异分为3个层次，即高、中、低。对不同层次的学生提出不同的要求，以及不同的教学方法和学习目标。

高层次组侧重指导点拨，精讲多练，目标是要求学生能够较好掌握技术，形成稳定的运动技能，能独立练习。

中层次组加强细节改进，提高技术动作完成能力，目标是要求学生能够巩固正确技术，提高水平，较好地完成技术动作。

低层次组的方法是细讲解、细示范、多陪练，目标是要求学生能够掌握要点，初步形成正确技术动作,在帮助下能完成技术动作。

(2)分层次教学的积极意义

1)有利于学生个性心理发展。分层次教学能给不同层次的学生设立不同的学习目标,鼓励进步,激发学生的学习积极性和学习兴趣,使低层次学生能由浅入深,逐步提高。高层次学生通过参与辅导,对所学内容有更正确的了解和运用,体会到成功的喜悦,努力达到更高的目标。

2)有利于培养学生竞争意识。层次教学可以使每一位学生都能积极进取,努力达到更高层次,在班级内形成一种既有互助互学,又有相互竞争的良好学习氛围。

3)有利于因材施教。对篮球教学实施"分层次教学",可以正视学生差异的客观性,明确每个学生在练习上都有各自的潜能和发展的可能性,努力创造良好的育人环境,满足不同层次学生的个性发展需要,教学过程只有从学生的实际情况出发,因材施教,才能充分发挥教师的主导作用和学生的主体作用。

(3)层次教学法的要求

1)层次区别明显。篮球教学中运用分层次教学要层次明显,教师应根据篮球教材的重点和难点,选好教学点,设计好问题和练习顺序。

教学过程中,先与学生一起对问题进行观察和初步探讨,使学生形成认知矛盾,从而激发学生的求知欲。教师要充分发挥学生的学习主动性,拟定适合学生水平的尝试层次。

学生在尝试过程中一般进行如下几项活动:观察教师的示范,分析教材,练习体会动作,对所学技术动作进行类比,在练习和研究中发现新的知识和技能,解决提出的问题,达到掌握新知识、技术、技能的目的。适当练习,强化技能形成。

对于一般要完成的教学目标,教师可配置一些素质练习。对于技术性较强的教材,可配置一些辅助性和诱导性的内容,编制好练习顺序,让学生进行反复练习。

安排练习内容必须注意合适的梯度,逐渐增加创造性因素,有时可把某一动作进行适当的引伸和变化,使之与整个学习过程有机地结合起来,同时要注意对各层次学生加以区别对待。

2)区别对待。分层次教学时,不能简单地按身体素质或运动技能的掌握程度将学生分成高、中、低三个层次。这种单一或按某一个因素分层的方式会给学生带来沉重的心理负担,使学生失去自信心。

分层次教学的方式可以依据学生的身体素质、运动技能掌握情况、学生的自我倾向等因素通盘考虑。由学生自己选择,有针对性地在分层的基础上进行分层备课、分层辅导、分层评价,以做到教学中有的放矢,区别对待,并且能最大限度地调动各层次学生的学习积极性,使每个学生在每个层次都得到尊重和发展,使每位学生在不同层次的学习中都能获得最大的进步。

3)明确考核方法。考核标准要严格按照教学大纲规定的成绩考核办法进行。由于分层次后,各层次差异较悬殊,同一标准和内容难以调动学生的积极性,为此将考核内容和标准进行了调整。

例如,内容上,高层次学生适当增加难度,而低层次的适当降低难度;标准中,高层次以 80 分为及格,中层次以 70 分为及格,低层次以 60 分为及格。

此外,对身体素质特差的学生还可适当降低标准,结合课堂学习情况及表现、体质评价增长情况,以达标为主确定考核成绩。为了调动不同层次学生学习的积极性和主动性,要定期进行考核,实行升降级的制度。

第四节　基本技术练习与组织

一、运球

1.熟悉球性练习方法

(1)两手交替接球绕身体练习方法

1)两脚开立,两手持球于胸腹前,两手交替传接球,使球绕腰,上至绕头,下至绕双腿、双踝关节。

2)两脚开立,屈膝弯曲,直腰,胯下绕"8"字练习。

3)两脚左右开立,宽于肩,屈膝下蹲,练习开始时,将球放置于地上,在两腿之间,利用双手手指连续拨地滚球,绕双腿"8"字,前、后、左、右拨球。

(2)单臂、单手交替控球上下挥摆

两脚左右或前后开立,双手持球与胸腹前。练习开始,左手向头右上方推送球,右手引球,右臂向上伸直,球在右手指端稍停,随即用手指、手腕的屈伸,将球回收到胸腹前。左右手可交替进行。

(3)两手左右托、挥、摆球练习

两脚左右开立,稍宽于肩。练习开始时,右手托球,手臂侧平举伸直,将球从体侧抬起,送至头顶上方交于左手,左手接球后保持手臂伸直,然后左手掌心向上,托球下移至胯部位置,随即返回,再将球交于右手。然后重复进行。

(4)体前击掌、身后接球,体前接球、身后击掌

两脚左右开立,稍宽于肩,两手持球于身后。练习开始,持球的双手稍后上抛球,然手在体前击掌后,双手迅速移至体后把球接住。同样,在体后抛、击掌后,在体前接球。

(5)单手头上直臂连续托、拨球练习

在头上用手指或指端连续做点拨球练习,左右手交替。要求托、点拨球时,手臂要充分伸直,点拨前手腕下压。利用5个手指控制好球的方向,随时调整点拨球的力度。

2.运球练习

(1)原地运球

1)原地拍起静止不动的球。原地单腿蹲地,将球置于地上不动,然后用手腕、手指不断地拍球,利用球的反弹作用将球拍起。随后再将球拍至地上静止,再重新重复上述动作。

2)固定手臂运球。准备姿势同上,把运球的手臂的肘关节放在膝关节上固定不动,利用手腕、手指的力量低运球。

3)直臂对墙运球。一手托球于头前上方,利用手腕、手指的力量对墙运球。速度由慢到快,两手交替运球,最后双手同时运两球。

4)坐着运球。运球者坐在地上,两脚向斜前方分开,运球者沿着腿的内外侧进行运球练习。

5)单臂支撑旋转运球。运球者单臂支撑成侧卧撑,以支撑手为轴,另一手运球旋转移动,然后换手支撑练习。

6)双手运球。双手同时体侧运两球,可以用同样节奏同时上下,或者上下交替,不同的节奏。

7)原地高、低运球。运球者两腿开立,约与肩宽,右手按拍球的右上方使球弹向左侧,左手

按拍球的左侧上方使球弹向右侧,反复练习。练习过程中要不断地改变球弹起的高度。也可结合身体重心的左右移动练习,身体重心移动的方向和球的反弹方向一致。

8)原地体侧前后推拉运球。运球者两腿前后开立,运球手按拍球的后上方使球向前弹起,运球手迅速前移至球的前上方,按拍球的前上方使球向后弹回。然后反复练习。熟练后,可以逐渐加大前后的动作幅度和运球的速度。

9)原地胯下左右运球。运球者两脚前后开立成弓箭步,右手持球加力使球从胯下向左侧反弹,左手引球后,再加力使球从胯下向右反弹,依次两手左右交替进行运球。熟练后,动作节奏可以加快。

10)原地胯下绕"8"字运球。两脚左右开立,约与肩同宽,其他动作方法与原地胯下运球基本相同,只是引球的手接触到球时引球从腿外侧绕过后在推向另一侧。

11)原地背后换手运球。运球者两脚左右或前后开立,约与肩同宽,左手持球向左挥摆至体侧,然后用手指、手腕加力,使球经过身体左侧向后右下方落于体侧前方,使球向右上方弹起,右手在右侧将球控制,然后再加力向左侧运球。依次在背后交替换手运球,反复练习。

(2)行进间运球

1)全场直线运球。学生可以分成多组,按直线做高、低运球。

2)弧线运球。沿罚球圈、中圈等做弧线运球。

3)运球急停急起。每人一球,根据老师的信号练习急停急起或者变速运球。

4)曲线运球。教师可以在场地上设置多个标志物,规定运球的行进路线,学生分组按照规定的路线进行各种运球。

5)后转身运球或背后换手运球。教师在场地上设置多个障碍物,并规定每个障碍物前学生所采用的变向技术动作,然后学生分组按照规定的路线和规定的技术动作进行练习。

6)领跑运球练习。一名学生不持球在前面做时快、时慢、变向、急停、转身等各种移动练习,另一学生运球在后面跟随做前面同学相应的动作。

(3)运球对抗练习

1)全场一攻一守练习。两人一组,从球场一侧端线开始,一个防守,一个运球推进,直到场地的另一侧端线。返回时,两人交换攻防。要求:开始时可以要求防守者只能通过滑步进行防守,两手放置于身后,再逐渐地过渡到消极防守,直至强烈对抗,积极防守。

2)全场二防一练习。一人运球,两人防守,进行全场攻守练习。要求同上。

(4)运球技术综合练习

1)运球与传接球技术结合。例如(见图6.6),②开始运球,在运球中将球传给③,然后落位到③排后。③接球后运球中传球给④,然后落位到⑥排后。以此类推,连续练习。

2)运球、传接球、投篮练习。例如(见图6.7),①和④各持一球,同时开始运球,运球至罚球线延长线时,分别将球传给⑧和⑦,传球后迅速向篮下切入,然手接⑧和⑦的回传球,快速运球上篮。投篮后自己抢篮板球,分别传球给⑤和②。依次练习。

3)运球交叉、传接球、投篮练习。例如(见图6.8),①运球与②交叉时,将球传给②,②运球中将球传给①,连续进行,接近篮下时,掩护投篮。然后交叉练习。

4)运球推进结合传接球上篮。例如(见图6.9),①和⑤沿边线运球到中线处,分别将球传给沿另一侧快下的③和⑦上篮,接着跟进抢篮板球,分别传球给②和⑥,然后跑到⑦和⑧的后面,依次进行练习。

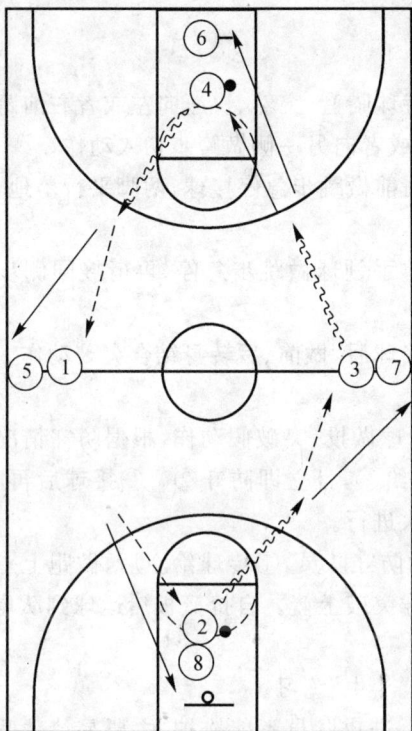

图　6.6

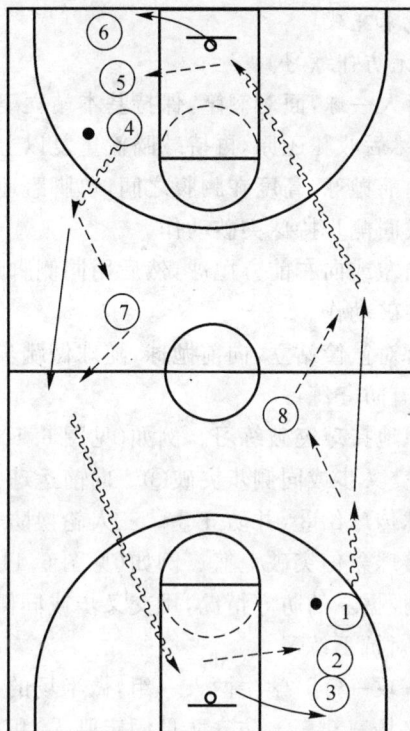

图　6.7

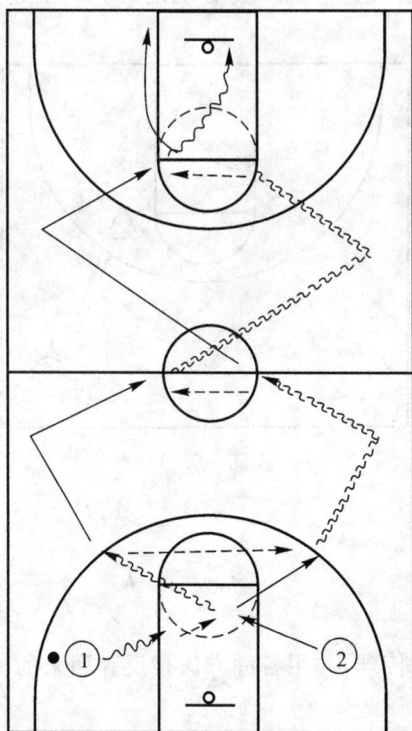

图　6.8

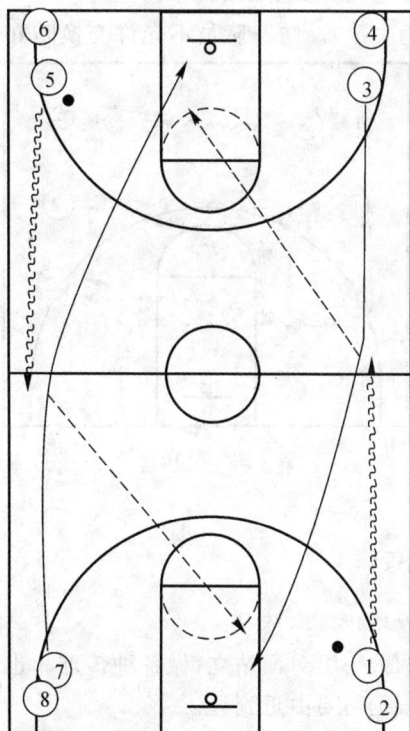

图　6.9

3.持球突破

(1)无防守练习

1)每人一球,面对篮筐,保持基本站立姿势。持球瞄篮,突然、快速向左或者右前跨步做突破动作,然后收腿还原,再持球瞄篮重复以上动作,或者向另一侧做跨步切入动作。

2)向前抛球,高度在胸腹之间;单脚蹬地随球向前做跳步急停接球,两脚平行落地,再衔接交叉步或同侧步持球突破动作。

3)向左或向右前方抛球,然后用同侧脚蹬地,单手领球做跳步急停,再衔接同侧步或交叉步持球突破动作。

4)背对篮筐站立,向前抛球,随球做跳步急停接球后,做前、后转身结合突破动作。

(2)有防守练习

1)原地持球突破练习。例如(见图6.10),①持球做投、突破假动作,根据防守情况选择时机,运用交叉步或同侧步突破③。向前运球并传球给②,且立即防守②。②接球后再突破①,向前运球传球给③,并防守③。三人轮换防守,依次进行。

2)接球急停突破上篮。例如(见图6.11),△为防守队员,①传球给△后,做跑上一步急停接球,再根据△的防守情况,用交叉步或同侧步持球突破上篮。自抢篮板后运球到队尾。

(3)对抗下练习

1)一攻一守。学生两人一组,做半场的一对一"斗牛"练习。

2)半场三对三。防守队员固定盯人,积极防守,进攻队员不能掩护,主要是持球队员运用中投和突破结合技术进攻,进攻一定次数后,攻守转换。

要求进攻队员要大胆运用突破技术。传球次数(包括突破)要有规定(例如,不超过5次,否则即为失败)。防守队员不允许交换防守。

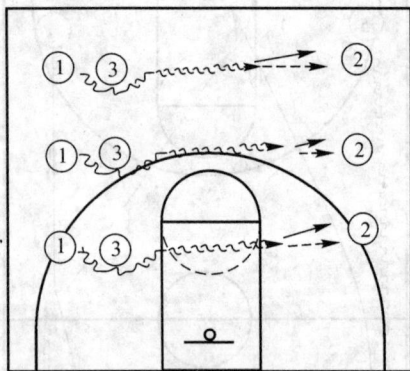

图 6.10

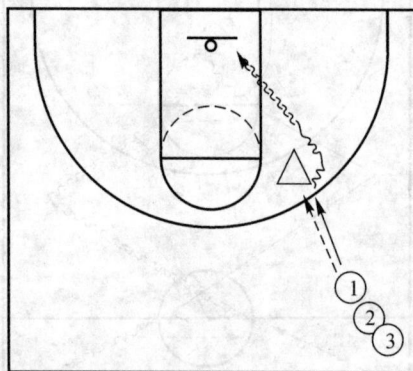

图 6.11

二、传球

1.原地传接球练习

1)两人一组对面站立,做各种传球。也可对墙传球,并用各种方法接反弹回来的球。间隔的距离根据需要由近到远。

2)五角传接球练习。参加者五人一组站成五角形(见图6.12),按图示路线反复传球。要求传球动作衔接连贯,用眼睛的余光看传球的目标。

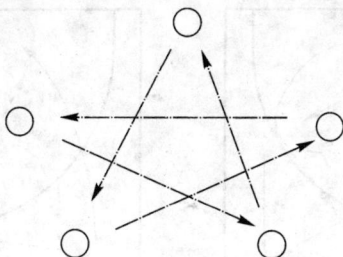

图 6.12

2.移动传接球练习

(1)横向移动换位传接球

例如(见图 6.13),四人一组二球,成口字形相距 5～7 米,④、⑤各持一球,开始时,④、⑤分别将球传给⑥、⑦,然后两人立即横向移动换位接⑥、⑦的回传球。⑥、⑦传球后,同样横向移动换位接球,依次反复练习。这个练习也可固定一组只传球,另一组移动传接球。

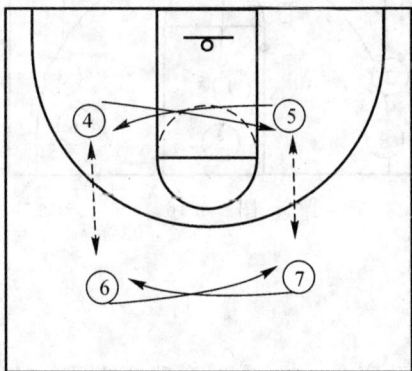

图 6.13

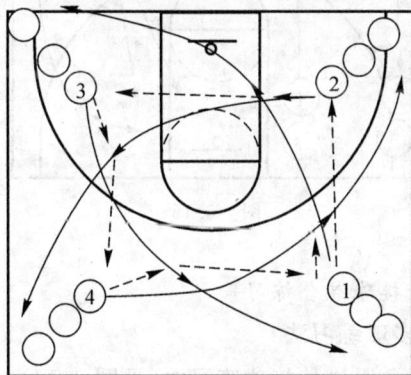

图 6.14

(2)四角跟进传接球

例如(见图 6.14),四人站位成四组,①传球给②后,切入接②的回传球再传给③,然后跑到③的队尾;当①传球给③时,②紧跟着①起动、切入接③的传球并传球④,然后跑到④的队尾,依次连续练习。

(3)全场二人行进间传接球

例如(见图 6.15),二人一组一球,①传球给②后,立即起动向前跑动接②的回传球,②传球后向前跑动接①的回传球,如此反复传接球至前场篮下投篮。然后再传球返回。人多时可在场地另一侧两组同时进行练习。

(4)三人全场传接球上篮

例如(见图 6.16),三人一组一球,开始时由①中间持球,传球给向前跑动的②,②接球后立即将球传给向前跑动的①,①接球后传给另一侧向前跑动的③,③接球后回传给①,依次推进到篮下投篮。然后用同样的方法传接球返回。

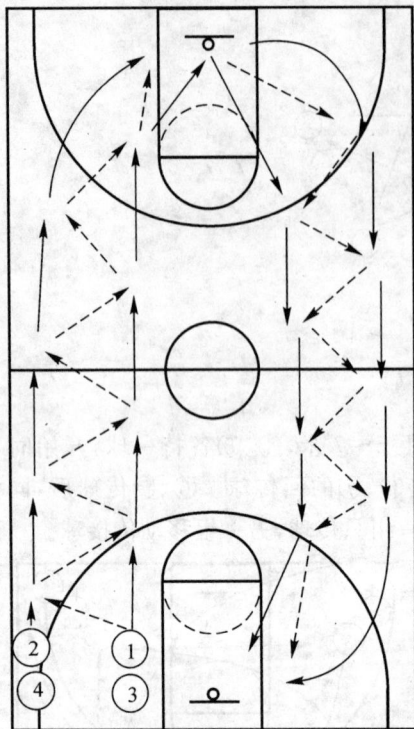
图 6.15

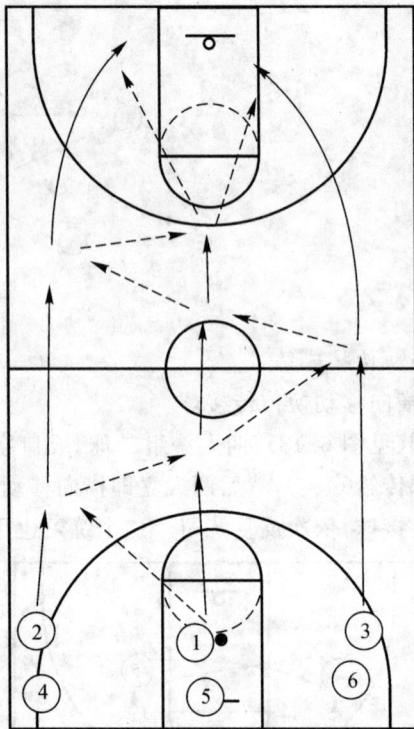
图 6.16

3.传接球综合练习

(1)多球练习法

在四角跟进传接球练习中(见图 6.14),方法移动完全一样,在一个球熟练后,可以同时传 2 个、3 个,直到 4 个球同时传,依次循环练习。

(2)有防守练习方法

1)二传一守练习。三人一组一球,两个人相距 3～5 米进行传球,另外一人在二人中间进行防守,干扰传球。开始时可以消极防守,协助传球队员练习,逐渐地转到积极防守。如果出现传球失误,则防守人和失误人互换位置。

2)三传二守练习。半个球场,五人一组,三人站成三角形相互传球,两人居中防守,积极抢、断球,触到球的防守者与传球的失误者互换位置。

3)全场四角传接球。例如(见图 6.17),④斜插接⑤的传球后传给对角的⑥,并跑到⑥的队尾;⑤传球给④后跑到④的队尾,依此反复进行。

4)接应交叉跟进传接球。例如(见图 6.18),④传球给⑤后斜插接应⑤的传球,⑤传球后跟进交叉,④做向后反弹传球后加速快下,再接⑤的传球后再回传,然后跑到对面一组的队尾。⑤传球给⑥后跑动⑥的队尾。⑥和⑦以相同的形式传球,连续做。

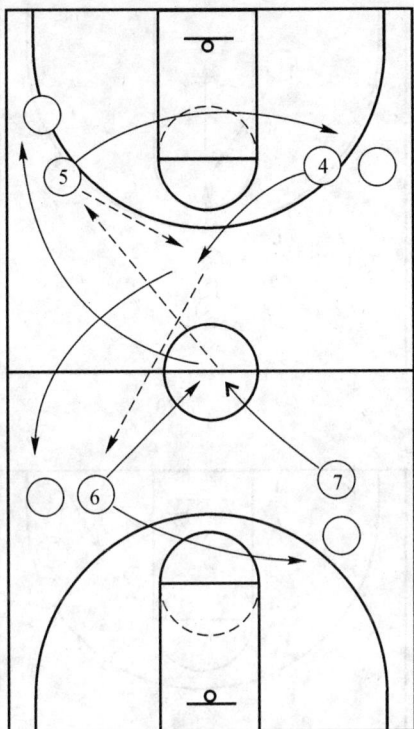

图　6.17

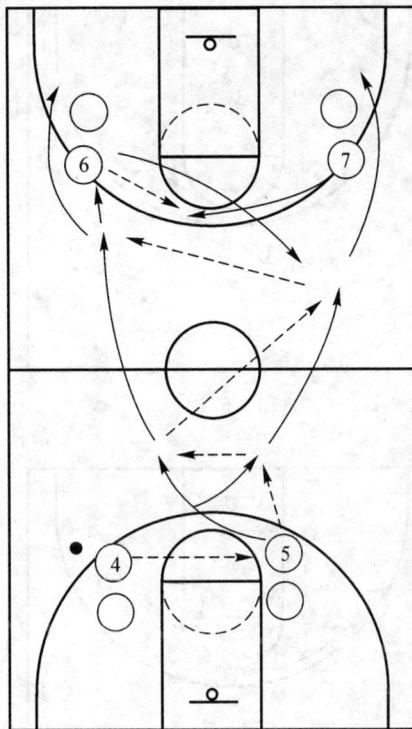

图　6.18

三、投篮

1. 模拟投篮

(1)徒手练习

做原地投篮动作,重点体会投篮的手法和用力过程。

(2)持球练习

学生两人一组一球,面对面站立,距离3~5米,相互对投,体会原地投篮和跳起投篮的手法和身体各环节的配合。

2. 原地投篮练习

(1)正面定点投篮

学生每人一球,自投自抢,投篮距离可以由近至远。

(2)不同角度投篮

教师事先设置好各个投篮点的位置,学生列队站立于各个投篮点后,每人一球,排头自投自抢,并按顺时针方向换位至下一队的队尾,依次连续练习。

3. 移动中投篮

1)斜线移动接球后投篮(见图6.19)。

2)直线移动接球后投篮(见图6.20)。

3)弧线移动接球后投篮(见图6.21)。

4)折线移动接球后投篮(见图6.22)。

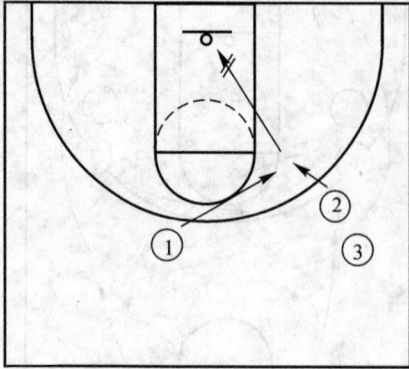

图 6.19

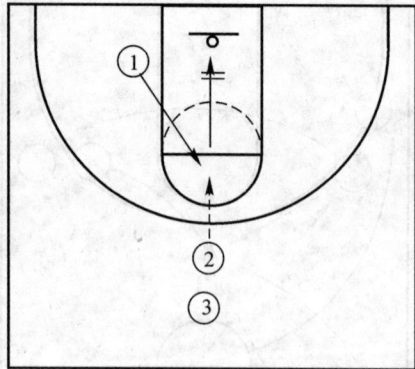

图 6.20

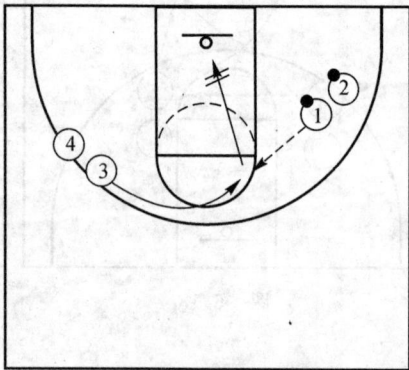

图 6.21

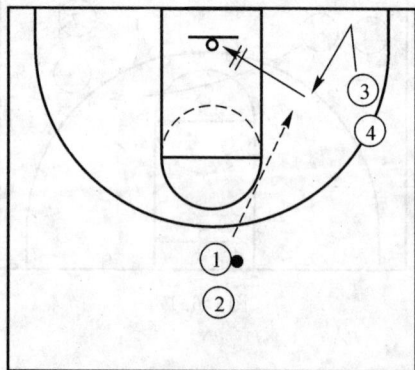

图 6.22

5)运球急停传球切入跑篮练习。例如(见图6.23),右排的队员每人一球,开始时,①用左手运球至圈顶的延长线时将球传给同时起动跑出来的②,然后立即切入接②的传球用左手上篮,投篮后①到④的队尾,②传球给①后跟进抢篮板球后,到③的队尾,连续进行练习。

6)策应交叉切入跑篮。例如(见图6.24),形式同上,只是①传球给②后,跑到罚球线前接②的传球急停,②传球给①后,随即绕①切入,接①的传球后用右手投篮。①策应传给②后跟进抢篮板球将球交给②后,到④的队尾,②投篮后到③的队尾,连续进行练习。

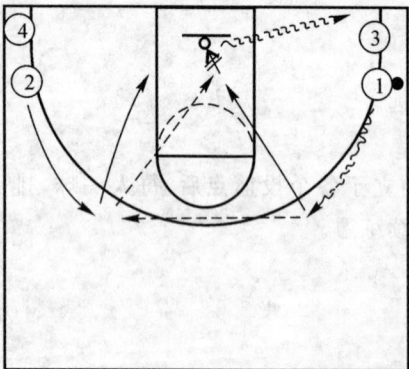

图 6.23

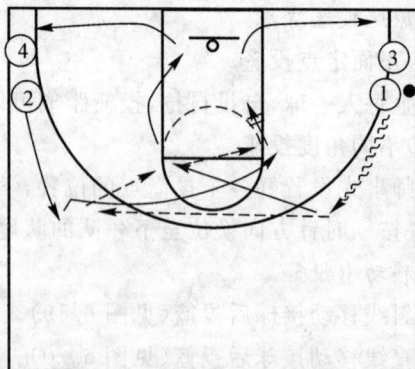

图 6.24

7)全场快速空切接远传球上篮。例如(见图 6.25),两人一组一球,①在篮下获得篮板球后,向前运球两三次再传给沿边线快下的②,②接球后行进间上篮。①传球给②后快速跟进接篮板球后,运球再传给折回的①上篮。下一次两人互换位置,第一组投篮后,第二组再开始练习。

8)交叉换位全场快速切入上篮。例如(见图 6.26),两人一组一球,开始时,①获得篮板球给②后,立即起动沿边线快下,准备接②的传球,此时,②向中场运球与①换位,②在运球中传球给①投篮。①投篮后立即到罚球线延长线处接②的传球。②传球给①后,快速跟进抢篮板球给①,并沿边线快下,①接球后向中场运球传给②上篮。第一组投篮后第二组进行练习。

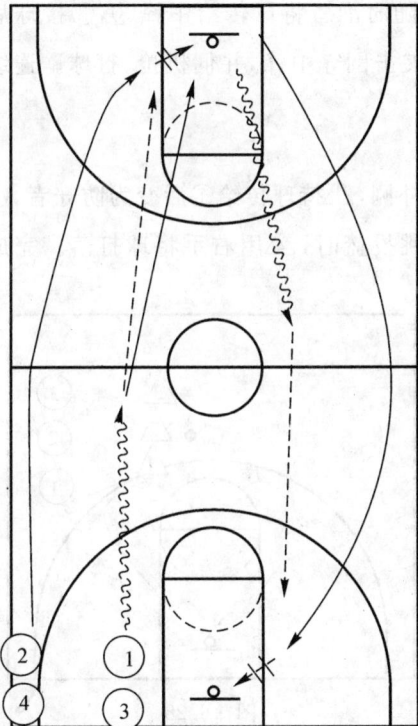

图　6.25

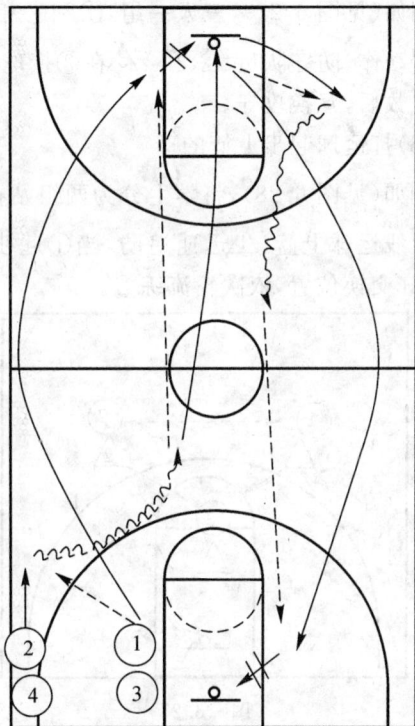

图　6.26

四、个人防守技术练习

1.防有球队员

(1)一攻一守脚步移动练习

两人一组,一攻一守,相距 2～3 米,进攻队员抛接球,防守队员迅速逼近对手,进攻者向左右运球突破,防守者做横向滑步堵截;防守队员可以逐步接近对手,进攻队员开始做投篮假动作,然后突然突破,防守者做撤步、滑步堵截。

(2)全场一攻一守练习

两人一组,一攻一守,进攻队员运球突破,防守队员运用各种防守步法积极移动,保持有利防守位置并伺机抢、打球。一旦防守者被进攻队员突破时,迅速运用撤步、交叉步追防,力争快速重新占据有利防守位置。

（3）防中投练习

两人一组一球。进攻者距离篮筐 6 米左右站立，防守者将球传给进攻者后，立即进行防守，进攻者可做投篮突破结合动作，或者原地跳起投篮，或者向左（右）运球一次急停跳投。防守者练习防守中投动作。练习一定次数后，两人交换。

（4）原地抢、打球练习

将学生分成两人一组。持球队员在原地做投、突结合的脚步动作，防守者体会抢球、打球动作要领。练习一定次数后，互换攻守。

（5）围抢、打中锋队员手中球的练习

例如（见图 6.27），三人一组，①和②相互传球，随时准备将球传给中锋③，③接球后做转身跨步动作，防守队员△、△、△在③接球时，迅速夹击围守中锋，并伺机抢、打球。连续练习一定次数后，互换攻守。

（6）打运球起步上篮的球

例如（见图 6.28），将学生分为两组站在罚球线外侧，△持球传给①后变为防守者，①接球后沿边线运球上篮，△迅速追防，当①起步刚要起跳投篮时，△用右手将球打落。完成练习后，攻守交换位置，依次轮流练习。

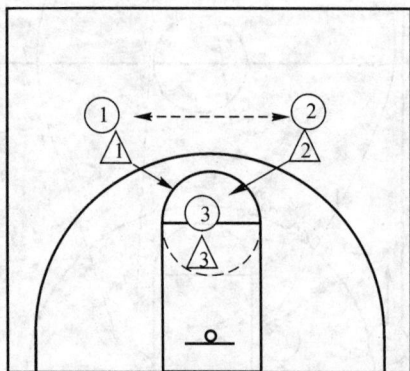

图 6.27

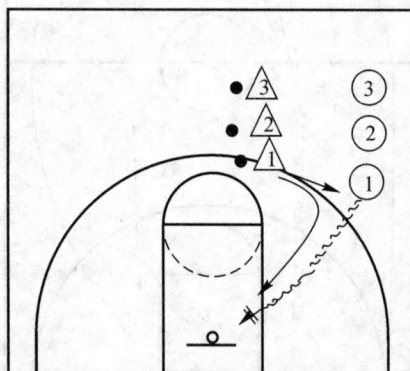

图 6.28

2.防无球队员

（1）移动选位练习

四人一组一球，两个进攻队员之间来回传球，接球后都要做瞄篮和持球跨步突破的假动作，而后将球传出。两个防守者要针对对手有球和无球情况，及时移动选位，做出相应的防守动作。连续数次后互换攻守。

（2）强侧、弱侧防守练习

进攻队员在外围传球，可做摆脱接球动作，但不能穿插、掩护。防守队员根据球的位置做相应选位，积极防守，防止进攻队员摆脱接球。反复数次后攻守转换。

（3）防守纵切练习

例如（见图 6.29），教师持球，△防守①。当①向球纵切时，△抢先移动至对手与球之间，堵截①的接球路线，阻止对手接球。①进攻后变为防守，△防守后到队尾。

（4）防守横切练习

例如（见图 6.30），教师在弧顶持球，△为传接球队员，△防守①。当教师传球给△时，△

及时调整防守位置;当①下压横切要球时,△抢先堵截其接球路线,阻止其接球;如①溜底线接球,△撤左脚面向球贴近对手防△传球给①。①进攻之后去担任防守,防守者替换△传球,△将球传给教师后到右侧队尾。然后进行下一组练习。

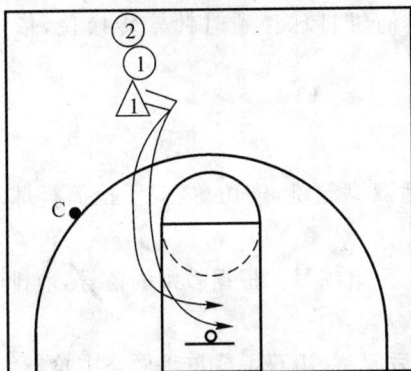

图 6.29

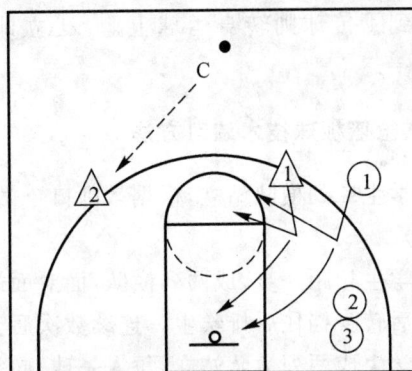

图 6.30

(5)体会断球动作

两人传球,另两人在侧面或者后面练习断球,体会横断球和纵断球的步法与手臂练习动作。一定次数后攻守转换。

(6)往返断球反击练习

例如(见图 6.31),△和△行进间传接球,①和②防守,①断球后与②快速传球推进,站在对面的③和④看准时机及时起动断①和②的传球后进行反击。如此反复进行。要求:断球后两人用双手胸前传球方法推进。

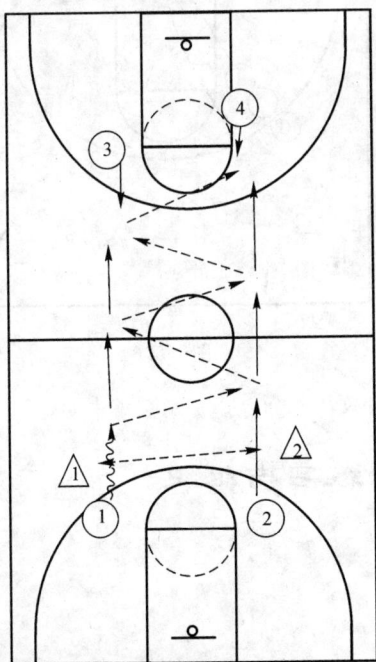

图 6.31

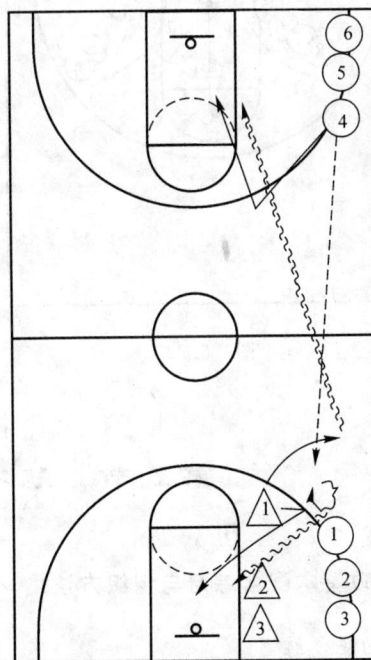

图 6.32

(7)断球后反击和回防练习

例如(见图 6.32),学生分成三组,④组手中每人一球,△防守①,④传球给①,△判断时机起动断球,如获得球则运球向前反击,此时④变防守,防守△运球突破和投篮,并伺机打球。如①接到④传球则转身运球上篮,△立即回防,并伺机打球。顺时针轮转换位,依次连续练习。

五、抢篮板球技术练习方法

1)学生二列横队站立,根据教师口令做徒手原地双脚起跳,模仿单、双手抢篮板球动作进行练习。

2)学生相距一步,成两列横队,面对面站立,两人一组练习。根据教师的信号,前排学生做前转身后转身挡住后排学生。连续数次后交换练习。

3)学生成两列横队站立,每人一球,向头上抛球后起跳,用双手或单手做空中抢球练习。

4)每人一球,向篮板或墙上抛球后,上步起跳,用双手或单手在空中抢反弹回来的球。

5)例如(见图 6.33),学生在篮筐两侧 45°角成纵队站立,排头学生背对球筐。练习时教师向篮板掷球,排头学生迅速转身挡人起跳抢篮板球,抢到球后将球回传给教师,站到各自队尾,各排头再背对篮筐做此练习。

6)例如(见图 6.34),学生在球篮一侧 45°角,距离篮筐约 5 米左右成纵队站立,教师在篮筐另一侧向篮板掷球,排头学生冲到篮下单脚起跳空中抢球,落地后再投一次篮,投篮后原地起跳抢篮板球,回传给教师,然后站到队尾,依次练习。

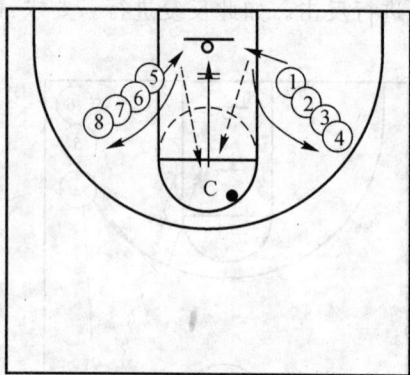

图 6.33

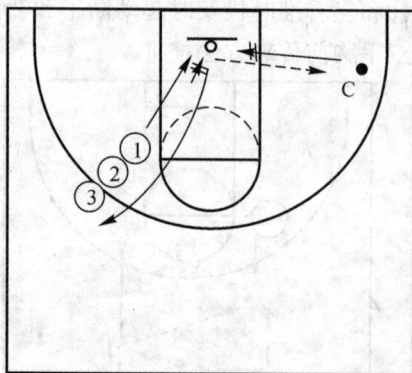

图 6.34

第五节　基本配合练习与组织

一、进攻基本配合练习与组织方法

1.传切配合练习

1)例如(见图 6.35),学生分成④、⑤两组,④组每人一球。④传球给⑤后,快速切入接⑤

的回传球投篮。⑤传球后跟进到篮下抢篮板球。④与⑤交换位置,依次进行练习。

2)例如(见图 6.36),学生分成三组,①、②各持一球,①传球给③后从右侧切入接②的传球投篮。②传球给①后,横向切入接③的传球投篮。①、②投篮后自己抢篮板球传给本组另一位同学。按逆时针方向换位,连续进行练习。

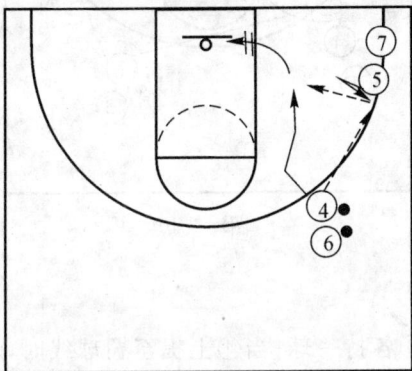

图   6.35

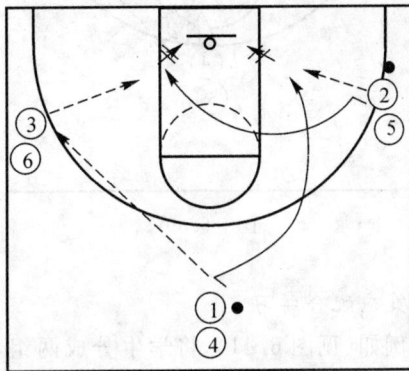

图   6.36

2.突分配合练习

1)例如(见图 6.37),⑦接④的传球后,沿底线突破,当遇到固定防守队员的阻截时,及时传球给④投篮,⑦抢到篮板球并与④交换位置,依次进行练习。

2)例如(见图 6.38),④接⑥的传球后,中路突破,当防守⑥的防守队员补防时,将球传给⑥投篮,防守队员抢篮板球,④和⑥回原位防守⑤和⑦,依次进行练习。

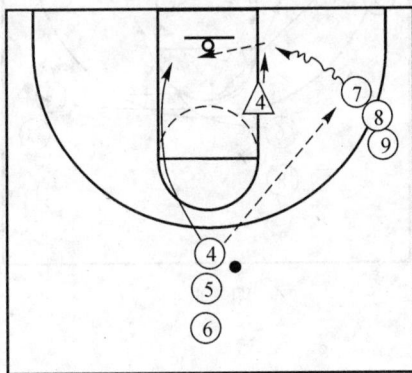

图   6.37

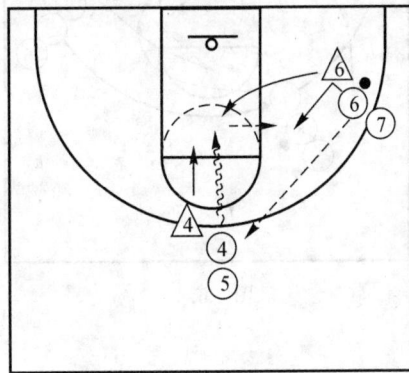

图   6.38

3.掩护配合练习

1)例如(见图 6.39),学生分成两组并设防守。⑥传球给④后,去给④做掩护,④利用掩护运球切入时,防守队员交换防守,则将球传给转身跟进的⑥投篮。

2)例如(见图 6.40),学生分成三组。教师站在④的身前做防守,⑥传球给⑤后,去给④做掩护,④先向左前方下压,待⑥做好掩护时,突然变向加速向右切入接⑤的传球投篮。⑥及时后转身跟进抢篮板球。按顺时针方向换位,依次练习。

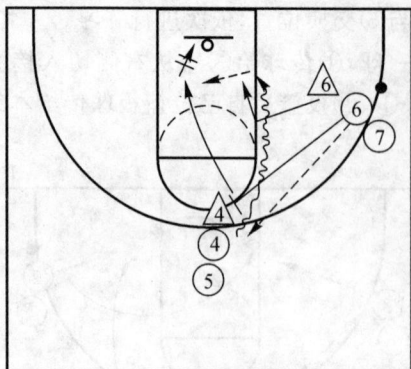

图 6.39

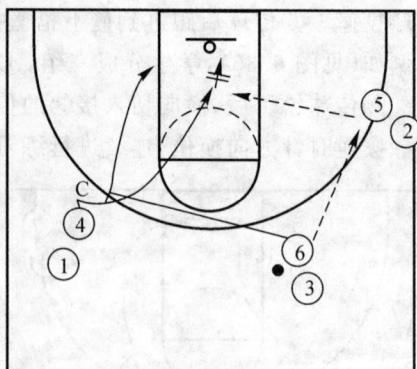

图 6.40

4.策应配合练习

1)例如(见图 6.41),将学生分成两组,⑦、⑧、⑨各持一球,当④上提至罚球线时,⑦传球给④,然后向左侧虚晃,再从右侧绕切接④的传球,④策应传球后转身下切,⑦可投篮、突破或传球给④,投篮后④、⑦交换位置,依次进行练习。熟练后再做攻守对抗练习。

2)例如(见图 6.42),将学生分成三组,⑤插上接④的球做策应,④、⑥在⑤身前交叉绕切接⑤的传球投篮或突破。⑤传球后纵切篮下抢篮板球,然后按顺时针方向换位,依次进行练习。熟练后可做攻守对抗练习。

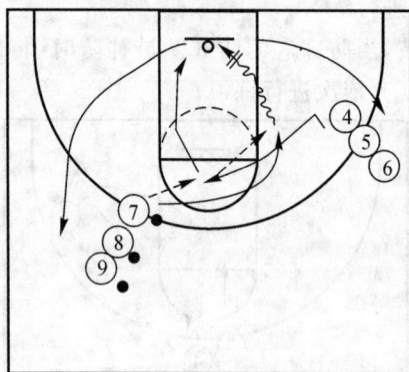

图 6.41

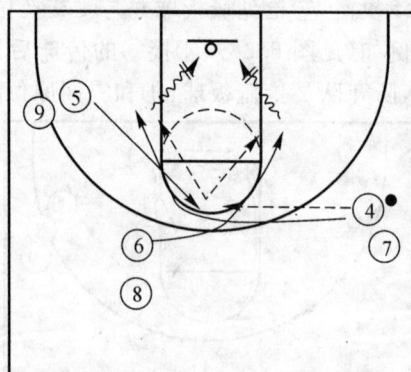

图 6.42

二、防守基本配合练习与组织方法

1.挤过配合练习

1)例如(见图 6.43),⑥给④做掩护,△挤过防守后到右路队尾,▲到左路队尾,④、⑥掩护后,④防守⑦,⑥防守⑤,⑦给⑤做掩护,依次进行练习。

2)例如(见图 6.44),④传球给⑨,④移动至底线为⑤做掩护,△挤过防守。⑨将球传给④或⑤。进攻结束后,▲、△抢篮板球,换位至队尾,④、⑤立即回原位防守⑥、⑦,依次进行练习。

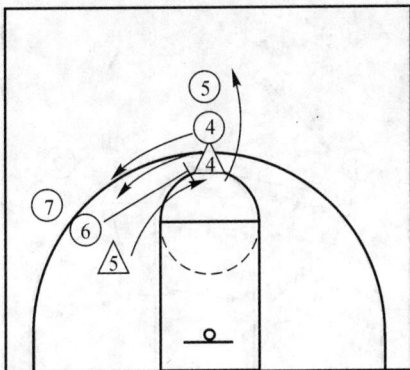

图　6.43

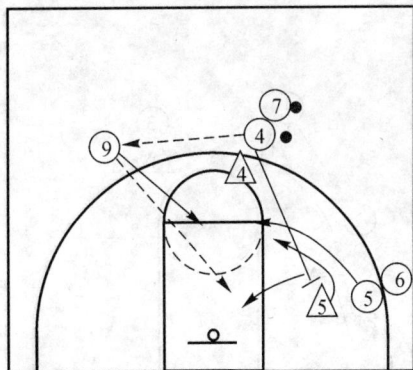

图　6.44

2. **穿过配合练习**

例如(见图 6.45),④传球给⑥,然后向左侧移动给⑦做掩护时,△后撤与△做穿过配合,继续防守自己的对手。完成防守后,抢篮板球换位至队尾,进攻队员④和⑦快速回原位防守⑤和⑧,依次进行练习。

3. **交换配合练习**

例如(见图 6.46),⑥传球给⑧,然后移动到左边给④做横向的底线交叉掩护,△此时及时发出信号与△交换防守,⑧可将球传给④或⑥,进攻结束后④和⑥立即回原位防守⑤和⑦,依次进行练习。

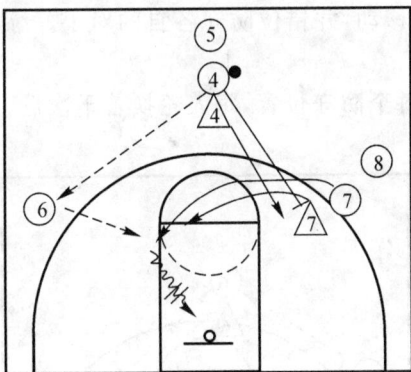

图　6.45

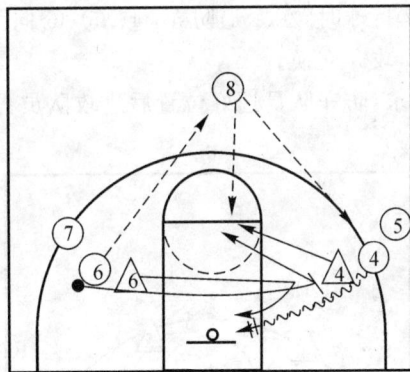

图　6.46

4. **夹击与补防配合练习**

1)例如(见图 6.47),参加者三攻三防。①传球给②,②接球后沿边线向底线运球,△抢先堵截住从底线突破的路线,与此同时△离开①去与△合作夹击②,△向左侧后方移动补防①,并准备断②传给①或③的球。练习一次轮换位置,一定次数后互换攻守。

2)例如(见图 6.48),三人轮转补防换位。参加者三攻三防,教师传球给①,当①接球后运球突破时,△放弃对③的防守去补防①,△去补防③,△迅速去补防②,三人轮转补防。

图 6.47

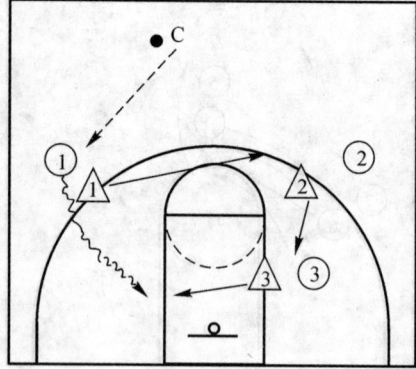

图 6.48

5.“关门”配合练习

例如（见图 6.49），④持球突破，遇到“关门”，④传球给⑤，待防守回位时⑤突破，遇到“关门”后，传球给⑥。依次进行练习，练习一定次数后，攻守交换。

要求：防守队员积极移动，快速回位。“关门”时不留空隙，熟练掌握后，进攻队员可以随意选择突破方向，增加难度，提高质量。

6.围守中锋配合练习

例如（见图 6.50），⚠紧逼防守持球队员⑤，⚠内侧防守④，⚠后撤围守④，⚠移动至篮下附近，防守⑤的高吊球；当⑤传球给⑥时，⚠外侧防守④，⚠回撤围守④，⚠紧逼⑥，⚠错位防守⑦；⑦持球时，⚠紧逼防守，④、⑤、⑥向强侧方向移动，并错位防守各自的对手。练习一定次数后，攻守交换。

要求：防守队员选好位置后进攻队员再传球。每个防守位置，每人轮换若干次后，再攻守轮换。

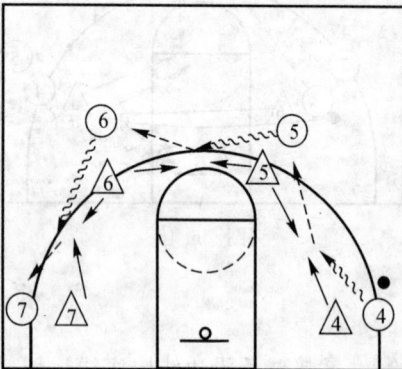

图 6.49

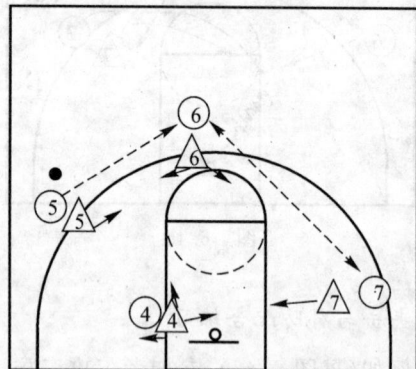

图 6.50

参考文献

[1]   邱红武.场地变化对篮球运动技战术的影响[J].体育科学研究,2012(3).

[2]   毕务萍.篮球移动技术分析及运用[J].山东体育学院学报,1999,15(2).

[3]   贾志强.篮球基础训练手册[M].北京:北京体育出版社,2009.

[4]   戴德翔.篮球接球技术分析与运用[J].上饶师范学院学报,2011,31(6).

[5]   王家宏.球类运动——篮球[M].北京:高等教育出版社,2005.

[6]   薛岚.论篮球技术组合之规律[J].中国体育科技,1999,35(3).

[7]   陶俊斌,彭思源.对篮球投篮时手指拨球动作的分析[J].科技资讯,2006(1).

[8]   王晓东.实用篮球训练300例[M].北京:北京体育大学出版社,2006.

[9]   张枝尚.关于篮球突破技术的探讨[J].体育世界,2008(4).

[10] 孙民治.现代篮球运动教学与训练[M].北京:人民体育出版社,2003.

[11] 张小平.持球突破技术运用中几种变化的理论分析[J].体育科学研究,2006,10(3).

[12] 邓飞,王朝晖.篮球[M].广州:广东高等教育出版社,2003.

[13] 李顺明.持球突破技术在比赛中的运用[J].渭南师范学院学报,2002(7).

[14] 周大鹏.篮板球抢位挡人技术分析与训练[J].鸡西大学学报,2006,6(3).

[15] 李颖川,于振峰,高松山.篮球理论方法——篮球运动经典游戏[M].北京:北京体育大学出版社,2007.

[16] 来博.抢篮板球技术浅析[J].体育科技文献通报,2007(5).

[17] 许博.篮球技巧图解[M].北京:北京体育大学出版社,2005.

[18] 蔺永琴,齐乃润.提高篮板球争夺效率的探讨[J].延安大学学报:自然科学版,2006,25(1).

[19] 李志杰,唐拥军.篮球假动作技术的训练与应用[J].体育科技,2007,28(1).

[20] 黄智誉,王俊.浅谈篮球假动作分类及训练问题[J].中国校外教育:体育与艺术,2008(5).

[21] 梁勇.浅谈篮球防守假动作教学与训练[J].科技信息,2009(6).

[22] 林世勇.浅谈篮球假动作技术[J].广东技术师范学院学报,2007(7).

[23] 刘学奎,牟兀万.谈篮球防守假动作技术[J].哈尔滨体育学院学报,2002,20(1).

[24] 谢铁兔.篮球技术教学训练步骤与方法[M].北京:北京体育大学出版社,2003.

[25] 李庆波.关于篮球进攻基础配合组合的探讨[J].山东体育学院学报,2007,23(2).

[26] 马跃南.关于篮球进攻体系中"完整进攻过程"的思考[J].中国体育科技,2003,39(12).

[27] 郑尚武,向渝.篮球"固定配合"进攻战术探析[J].体育学刊,2001,8(5).

[28] 贾志强.篮球实战技巧[M].北京:北京体育出版社,2005.

[29] 郑尚武,袁明莲.篮球"快攻"战术理论问题探析[J].解放军体育学院学报,2002,21(1).

[30] 郭红卫,冯永生.篮球比赛中快攻战术运用探讨[J].三峡大学学报:人文社会科学版,2010,32(12).

[31] 李春明.篮球快攻战术分析[J].包头职业技术学院学报,2002(2).

[32] 孙民治.现代篮球高级教程[M].北京:人民体育出版社,2004.

[33] 常保荣.浅谈篮球快攻[J].延安大学学报:自然科学版,2001,20(1).

[34] 李万阳.现代篮球进攻战术演进及发展趋势[J].广州体育学院学报,2009,29(6).

[35] 宋晓春.现代篮球快攻战术剖析[J].武汉体育学院学报,1999,33(5).

[36] 陈宏星,曹肇为.现代篮球组合技术的方法学研究[J].武汉体育学院学报,2001,35(4).

[37] 谢义,谭伯模,陈杰伟.篮球移动进攻的"溜底线"进攻战术[J].唐山师范学院学报,2009,31(2).

[38] 李发兵.篮球运动中的个人进攻战术行为.http://www.dxszzs.com/info.asp? id=3236(2012).

[39] 魏云芬.对篮球运动中阵地进攻方式的运用研究[J].青海师范大学学报:自然科学版,2004(4).

[40] 刘大奇,王崇礼."紧逼防守"现代篮球运动发展的趋势[J].周口师范学院学报,2005,22(2).

[41] 郁俊.半场区域对位防守在篮球比赛中的运用[J].河北体育学院学报,2000,14(3).

[42] 程培鹏.从篮球运动进攻的特点看联防的发展趋势[J].徐州师范大学学报:自然科学版,2003,21(1).

[43] 姜明,王武年.当前世界高水平男子篮球运动防守技术特征研究[J].北京体育大学学报,2006,29(4).

[44] 王武年,郭永波,丁正军.当前世界高水平男子篮球运动防守战术特征研究[J].北京体育大学学报,2007,30(11).

[45] 华凤岩,于扬.对篮球个人防守中移动技术运用的探讨[J].河北体育学院学报,2004,18(4).

[46] 陈志贤.对现代篮球攻击性防守的认识和分析[J].漳州师范学院学报:自然科学版,2010,69(3).

[47] 梁红霞,王哲.对现代篮球运动攻击性防守的研究[J].体育世界,2006(8).

[48] 苗凤藻.攻击性的"1—2—2"半场区域紧逼防守[J].体育科技,1996,17(1).

[49] 程保华.篮球比赛中的攻击性防守[J].湖北师范学院学报:自然科学版,2007,27(2).

[50] 黄文新.篮球比赛中破坏对方进攻节奏的防守研究[J].体育科技文献通报,2010,18(4).

[51] 王瑜珲.篮球人盯人防守体系的综合运用[J].湖北广播电视大学学报,2009,29(9).

[52] 陈粮.篮球运动的攻击性防守探析[J].吉林体育学院学报,2006,22(4).

[53] 张俊青.篮球运动防守战术发展的历史回顾[J].体育成人教育学刊,2003,19(1).

[54] 郭永东.篮球运动攻击性防守的理论研究[J].成都体育学院学报,2005,31(4).

[55] 高亮.篮球运动中防守战术基础配合与区域联防[J].科技信息,2008(5).

[56] 刘刚.篮球综合多变防守战术的研究[J].广州体育学院学报,2005,25(5).

[57] 滕朝阳.论篮球比赛中个人防守战术行动[J].成都体育学院学报,2000,26(4).

[58] 张聚民.论篮球运动中对有球队员逼近防守的个人防守战术[J].广州体育学院学报,2003,23(6).

[59] 雷明光.防守篮板球抢位挡人技术初探[J].辽宁体育科技,2003,25(3).

[60]　郭伟.篮球比赛中防守无球队员技术的分析与运用[J].搏击,2011,3(9).

[61]　刘玉林,张勇.论现代篮球防守的观念和要求[J].北京体育大学学报,2004,27(11).

[62]　畅宏民.论现代篮球攻击性防守的技战术特点[J].渭南师范学院学报,2005,20(5).

[63]　戚峰.浅谈区域联防的变换防守[J].山东体育科技,2007,29(3).

[64]　刘元亮,李宏磊.浅谈中锋队员的防守方法[J].黑龙江生态工程职业学院学报,2011,24(1).

[65]　杨跃青,冷纪岚.现代篮球防守技战术发展的历史与趋势研究[J].湖北体育科技,2004,23(4).

[66]　张剑珍,仝二宝.现代篮球防守技战术特征及发展趋势的研究[J].体育科学研究,2009,13(4).

[67]　邹玉享.现代篮球防守战术与时间因素的关系探讨[J].武汉科技学院学报,2006,19(10).

[68]　王琰,李翔.现代篮球攻击性防守分析[J].科技信息,2011(6).

[69]　林志旭.现代篮球运动防守体系中夹击配合的再认识[J].体育科学研究,2009,13(4).

[70]　王新华,陀经地.综合多变防守发展态势剖析[J].北京体育大学学报,1995,18(6).

[71]　郝霞,林芳玉.对现代篮球运动中联防战术发展趋势的探讨[J].科技信息,2006(6).

[72]　吴衍忠,高延军.混合防守战术的分析与探讨[J].哈尔滨体育学院学报,2002,20(4).

[73]　徐跃捷.篮球半场人盯人防守与配合[J].武汉体育学院学报,2000,34(1).

[74]　杨虎坐.假动作在篮球进攻技术中的特点、规律及其教学训练方法[J].湖北体育科技,2012,31(2).

[75]　魏丕来,马策.篮球实践课中组织教学研究[J].沈阳体育学院学报,2005,24(6).

[76]　刘建和.乒乓球教学与训练[M].北京:人民体育出版社,2004.

[77]　谭朕斌.论篮球运动多层面的节奏变化规律[J].首都体育学院学报,2006,18(2).

[78]　梅玉萍.普通高校篮球战术教学中的三种关系[J].山东体育学院学报,2002,18(4).